[美] 潘维廉 著

精艺达翻译服务有限公司 译

厦门大学出版社
XIAMEN UNIVERSITY PRESS

厦门海滨

厦门国际会展中心

沐浴在阳光中的厦门岛（前面是鼓浪屿）

朱庆福 摄

温馨家园

厦门大学

中山公园

守望

厦门园林植物园

朱庆福　摄

中山路

化工失玉帛

环岛路　　　　　　　　　　　　　　　　　　　　朱庆福　摄

集美龙舟赛

海滨雕塑

厦门爱乐乐团

朱庆福　摄

厦门首届国际马拉松赛（2003年3月31日）

厦门建筑

Amoymagic.com

厦门博物馆（鼓浪屿）

天主教堂（鼓浪屿）

思明电影院

原美国领事馆（鼓浪屿）

鼓浪屿宾馆

原英国领事馆

原荷兰领事馆

原瑞丰参店

新街礼拜堂——中国第一座新教教堂

厦门的吉祥物
(Haihai 海海)

乐在厦门

花园城市

放风筝去！

挥杆

沙滩上读《魅力厦门》

嬉戏

舞龙（厦门国际学校）

环岛路上骑自行车

南普陀素菜

福建见闻
Amoymagic.com

中国最长的睡佛——佛在休息？（三明·沙县）

中国最棒的海外交通史博物

漂流（长泰）

红宝石和蓝宝石（闽西）

三都澳水上渔村（宁德）

崇武古城

惠安女

客家土楼（南靖、永定）

撑竹筏（神奇的武夷山）

南少林功夫（周宁·宁德）

唐代山城（长汀——"红色小上海"）

原著作者介绍

阿 潘 正 传
——"洋雷锋"潘维廉在中国的日子

文汇报记者　李浩明

一直听说厦门大学有个自称"洋鬼子"却被厦大师生称为"洋雷锋"的美国教授潘维廉，在又一个怀念雷锋的日子，记者走近了来自大洋彼岸的他。

春雨滋润着绿阴环抱的厦门大学校园。2000年2月21日上午，厦大开学日。在厦大党委宣传部部长颜章炮的安排下，厦大工商管理教育(MBA)中心美国教授潘维廉(William N. Brown)和记者见面了。

自然是先交换名片。"威廉·布朗先生，我该如何称呼你呢？"当记者按着名片上的英文名向潘维廉提问时，潘维廉闪烁着又绿又蓝的眼睛："我有中国名字，请你给我'国民待遇'，叫老潘我也不反对。"一口纯正的汉语，一种美国式的幽默。"我早已取得中国永久居留证了，为何你们还把我当外宾来对待呢？"说到这里，潘维廉对去年8月在上海新城饭店受到外宾待遇还"耿耿于怀"：当他驾车带着太太和两个儿子来到上海后，为了寻找房价便宜一点的宾馆，从虹桥一带找到外滩，新城饭店总台小姐不解地问：你这个美国家庭怎么不住高星级宾馆？潘维廉耸耸肩回答说，我和厦门大学中国教授拿相同的工资，请你给我"国民待遇"。这一说，真把小姐逗乐了。

这个小姐怎能知道，平时节衣缩食的潘维廉为中国的"希望工程"做的奉献已经难以计算，"洋雷锋"的称呼已经陪伴他13个春秋了。

向西藏捐款，10年资助山区的保姆家庭，兴建厦大儿童乐园——

1

从 1989 年起,潘维廉用他微薄的薪水建设他的中国"希望工程"。

　　潘维廉很小就迷恋于中国文明。1956 年 4 月出生于美国路易斯安那州的潘维廉 18 岁入伍美国空军,从军队退役后,潘维廉先进入美国得克萨斯州立大学学习,1980 年获得法学学士学位后,开始了"半工半读":一方面,和朋友合伙开设一个公司,并在这个有 300 余个雇员的公司中任副总裁,到 1986 年,他已身跻美国"年薪 10 万美元俱乐部"。与此同时,潘维廉又先后在美国两家大学获得了"比较文化"硕士学位和管理学博士学位。

　　1988 年 1 月,学业有成、财运亨通的潘维廉对妻子苏珊说,这会儿,我们可以到中国去看看了,在台湾出生的美国姑娘苏珊这时已经是两个孩子的母亲了。当时,夫妇俩就决定,潘维廉去中国学中文,苏珊带着两个孩子一起去陪读。但是,到中国哪个大学去读书呢?说来也巧,当时惟一能够接受妻儿陪读的只有厦门大学。

　　那些安静的住宅小区,就像一个个祥和的港湾。春风秋雨滋润着林荫,绿色的草坪收入眼底,飞动的红尘已经被挡在院落之外……"这里就是曾经被西方称为'红色威胁'的中国吗?!"刚刚到厦门大学,每当课余、休息日,潘维廉带着妻儿一次次徜徉在闽南沿海,望着曾经留下青春的海峡对岸,潘维廉总是心潮难平。

　　从平面的中国走进立体的中国,潘维廉深深地被这片有着悠久历史文化,并正在释放出无穷活力的土地所吸引。在厦大,一位中国朋友曾讲到"中国 5000 年灿烂文化",这时,潘维廉就记下了 5000 这个数字,以至在接受记者采访时,潘维廉几次提到"中国有 5011 年历史文化",记者不解,潘维廉的解释是:"我听到的时候是 5000 年,已经过了 11 年,不就是 5011 年了吗?世界上哪个国家和民族有这么悠久的历史?"

　　1989 年 1 月,厦门大学工商管理教育(MBA)中心向潘维廉发出邀请,希望他担任厦大的外国专家。潘维廉一家就下了在中国定居的决心。

　　当时,按照中国有关政策,厦大支付给潘维廉的专家月薪是 1100

元人民币,但是,潘维廉坚持只要400元,他说,我要享受厦大中国教授的同等待遇,不要以为我鼻子高一点就搞特殊化。

中国实施"希望工程"后,潘维廉立刻向西藏寄去2000元人民币。与此同时,他在家里也建立了一个小小的"希望工程":来自闽中地区的保姆陈阿姨,家里有三个孩子,潘维廉让她将三个孩子带到厦门读书,由他承担一切学杂费,并为陈阿姨家在外面租了一套房子。从1990年开始到今天,该花去多少钱啊!

"不管什么事,大家一起参与,什么都是'希望工程',这便是公益心。"潘维廉说。在厦大教工住宅区,有一个儿童乐园就是潘维廉发起兴建的。他掏钱买水泥并亲自搬运石块,垒起了一座假山,还装上了喷泉;后来又在一棵相思树上搭了一间"空中小木屋",用白铁皮做了一条滑梯;再到海边向渔民讨了一条旧浮球,从自己的车上卸下一个旧轮胎……于是又有了孩子们喜欢的秋千。

到海边去捡垃圾,是潘维廉一家平时的休闲方式之一。周末,在胡里山一带海滨,当地人已经十分熟悉潘维廉一家了。他们开着车来到海边,两个孩子提着"专用工具",和父母一起捞垃圾,装入一个大塑料袋,然后将垃圾袋送到远处的垃圾箱。每当有人问起这两个小孩,两个孩子都会用中文说,环保,需要全人类的参与。因为,我不是世界上惟一的人,这个世界与我们息息相关。

这潘维廉也真是个工作狂。在厦大,他担任"比较管理学"、"组织行为学"、"经营战略"、"商务英语"四门课的教学工作,其工作量超过厦大教师额定工作量的50%。中午,他一般不回家,啃几只馒头而不是面包便算是家常便饭。

厦大一位研究生告诉记者,潘教授为帮助同学们提高英语口语和听力水平,自费从国外购进不少英语音像资料,在正常授课之外,每星期五晚上,他还把同学们请到家里,吃完他太太包的饺子后,再给大家上课。

潘维廉经常在《中国日报》、《北京周报》、《中国之友》等中国外宣报刊上撰文,用一个在华工作的美国人的视角,公正地评价变化中的中国。"我赞赏中国领导人鼓励中国人民走向富裕时不放弃道德和社会公德。这不是逃避改革,而是保证改革进行下去的惟一途径。中国应该向全世界证明它能在保证社会主义体制的同时,使人们富裕起来。也许这时,西方国家会重新考虑它们衡量成功的标准。"这是潘维廉在《中国日报》上发表的文章的一段。厦大的师生们把潘维廉热衷的"向中国以外的人们介绍真实的中国"称为"跨国界的雷锋行为"。因为,这种外宣得的稿费,还不够买一杯咖啡。但是,潘维廉乐此不疲。

为报刊撰稿,在影视剧中扮演"洋鬼子",潘维廉还有他的"第二"、"第三"职业,这些收入助他走遍了中国的山山水水

时至今日,潘维廉在厦大还是和中国教授同工同酬,月薪人民币2000元,住了十年的房子也不过80多平方米,没有一点特殊化。一个美国家庭,太太苏珊在家照料两个儿子,两个儿子上学还要不菲的学杂费,潘维廉一人的工资养4个人还真够紧的。

"你不用为我担心,在中国,我有'第二'、'第三'职业,稿费可以补贴生活,如果你们《文汇报》需要我的稿件,我也想多赚点稿费。另外,我这个'洋鬼子'在中国的影视剧行业很抢手,已经在8部影视剧中担任过'洋鬼子'的角色,不过都是欺侮中国人的大坏蛋,最坏的是《林则徐》中的义律,这个角色还是在你们上海拍的呢!这些出场上镜费还够我们一家每年在中国的旅游费用。至于写书什么的活儿那就更多了。"潘维廉坦率地说。

1992年,潘维廉取得了"中国永久居留证"。手持这张"中国绿卡",潘维廉还感到不太满足,因为他提出的申请是一家四口全都加入中国国籍,但是,中国有关方面为他考虑得很周到,如以后孩子去美国读大学等问题,因此,只向他颁发了"中国绿卡"。

尽管如此,潘维廉一家已经融入中国文化,他除了为自己取了潘维廉这个中国名字外,太太苏珊这个名字已经被中国名字潘淑琴所取代。两个儿子的名字则"中美合资",大儿子叫马太,小儿子叫神农。

1993年中国国庆节,潘维廉在北京领取外国专家"有杰出贡献的友谊奖章",当时李鹏总理曾与他握过手。说到这件事,他幽默地说:

"我曾经三天不忍洗手。"说着还做了个嗅手状。

1999年1月,潘维廉一家去北京电视台参加"外国人唱中国歌"比赛,一曲《蜗牛的家》轰动京华。在福建电视台举行的文艺晚会上,这家子用汉语演唱的《同桌的你》又获得了极高的评价。"如果不看画面而仅听歌的话,已很难想像这是一个'原版'美国家庭演唱的中文歌曲了。"这是厦大一位老师的评价。

不久前,厦大搞房改,潘维廉享受厦大教职员工同样的"国民待遇"。他花了5万人民币,买下了那套已经住了10年的80余平方米的住房。对此,潘维廉"很中国"地说,我比同事们多花了二三万元,因为我的工龄比较短。

惟一能表明"洋鬼子"潘维廉还有特殊化的是那辆私家车。不过,这是辆购于1993年的丰田面包车,是15座的。

这辆已经行驶了70000公里的面包车,平时静静地停在厦大校园,和潘维廉熟悉的厦大师生需要搬运家什,同学们要搞什么活动,潘维廉自然成了"车夫"。每到假期,潘维廉就开着车带着一家子去实现"走遍中华"的计划。最漫长的一次旅行是"80天走遍中国",在那个夏天,丰田面包车载着这个美国家庭从厦门出发,经过杭州、上海、南京、北上青岛、北京后进入内蒙古大草原,再到延安、西安,又从青海穿越青藏高原到达拉萨,再从拉萨来到成都,经贵阳、桂林,从井冈山回到厦门。80天直径35000公里。为此,还改装了面包车,让两个儿子有记录旅途的"写字台"。在漫长的路途中,这一家子还不停地宣传环保,在藏民区,潘维廉还和孩子一起为藏民打扫环境。

于是,每当潘维廉拖家带口返回美国探亲时,他们总会细细地说起大洋彼岸的中国正在发生的变化,说起粤菜川菜闽南菜,说起占世界人口五分之一的这个国家的喜怒哀乐,当然也会有"在那里现代化的高速公路将两个小时的路程缩短为10分钟,付交费却花了15分钟"的中国式埋怨。对于这个家庭来说,短暂的故里之行常常在陌生感中匆匆地结束,又飞回到厦门的大街小巷中,中国的山川阡陌中。厦门、中国就这样长久地驻留在这家子的心中,他们日日与之相厮守,分

担着它的荣辱。常常,潘维廉会用很士大夫气的中文说:"好在共一城风雨。"

一个没有中国国籍的人,已经打过两次入党报告。是什么让一个美国的有钱人,拖家带口在中国度过了13个春秋,并将继续生活下去?

在厦门13年,潘维廉已经打过两个入党报告,尽管他知道,作为一个没有中国国籍的外国人,要实现这个崇高的夙愿几乎是不可能的。

究竟是什么动因,使这个曾经加入"美国年薪10万美元俱乐部"并据称"在美的积蓄几辈子也用不完"的有双重学位的美国人,放弃美国优越的物质生活,在中国当起了"洋雷锋",并拖家带口在中国度过了13个春秋?

记者试图在访谈中找到答案。以下是潘维廉的一些见解——

"在来到中国以前,我并不知道雷锋这个中国人民的英雄。1989年,我还在厦门大学学中文时,有一天,我的一只手提包在厦门街头掉了。但是,一对厦门夫妇捡到后送还给我,我至今还记得他的名字叫方福强。从此,我知道了雷锋。我认为,每个人都需要榜样。中国人学习雷锋,就是要培养每个公民的公益心。美国人学习林肯,也是要强化每个人的责任感和公德心。我生活在中国,当然要以雷锋为榜样。

"在中国已经13年了,人们称我'洋雷锋',我感到我还不称职。至少在厦大,有多少中国知识分子在现代化建设中表现出极大的公益心,他们一直默默无闻。作为一个外国人,感到最为荣幸的是,我见证了中国社会的全面进步。在这以前,谁曾料想到,到了90年代,中国会成为世界上经济发展最迅猛的国家?谁曾料想到,像我这样曾对中国满腹狐疑的美国人,能和中国人一起,为中国的现代化与开放大业而工作?!

"今天,中国确确实实成了世界上最开放的国家之一。在过去的几十年中,我们一家驱车走了50000多公里,南起海南,北到内蒙,西到西藏。没有任何导游及事先的安排。我看到了真正的中国。

"当然,我也看到了贫困和落后,但我更看到了巨大的希望。在每个省份,新的企业、学校和住房都在拔地而起。比起我初到中国时,人们饮食衣着已大为改善。难怪没有人再畏惧或怀疑我,自信的人民是不必畏惧别人的。

"我越理解中国,就越尊重她过去的伟大。但更重要的是,我还期望将来的更大成就,这成就将使一切国家得益。只要这些国家表现出中国的勇气,丢掉那已过了时的恐惧与偏见。

"这就是我们,在中国的西方人的特殊使命。这也是生活在西方的中国人的使命,是研究两种文化的学者的使命。他们最有资格来打破这个分裂,打破一切爱好和平的人们间的愚昧隔阂。"

临分别时,记者受上海东方电视台节目主持人袁鸣小姐委托,邀请潘维廉一家到东视作谈话类节目,并承诺包括来回机票在内的一切开支均由东视承担。潘维廉乐了:"我太太太喜欢上海这座城市了。她会很高兴的。"接着,潘维廉谦谦地说:"这样的话,国家的支出太大了。我们自己开车来吧!说实在的,在中国,我们一家很少乘飞机。你想,这13年来,我打往美国的长途电话只有6次,这国际长途太贵了。"

潘维廉,上海见。

——原载《文汇报》2000年3月1日

前言

魅力厦门 ©2006
—— 厦门指南

William N. Brown（中文名潘维廉）版权所有©2000—2007，除经美国版权法许可之外，以任何形式对本书及其部分内容的复制皆涉及版权保护。

本书的正文、绘图、照片及封面设计由维廉博士完成中文版翻译：精艺达翻译服务有限公司(MTS)：www.mts.cn

特别鸣谢 世界各地的读者，他们寄来了数百封函件（参见第516页）。《魅力厦门》之再版正在火热进行中！

若有评论、建议、疑问及指正，请联系：

电子邮箱：amoybill@amoymagic.com

邮政地址：中华人民共和国福建省厦门市厦门大学1288信箱

潘维廉博士收　邮编：361005

阅后不满？找我妻子投诉！

警告 厦门日新月异。周一我们刚恋上一家新餐馆，不想周三中午却已难觅其芳踪！所以，最好事前致电——或请查阅我妻子苏珊·玛丽所苦心经营的魅力厦门网站，浏览最新动态。

www.Amoymagic.com　（面向海外）

www.Amoymagic.mts.cn （面向国内）

同时也请参阅 http://www.Xiamenguide.com！

享受厦门！

潘维廉博士

厦门大学 MBA 中心

本版亮点

英语/拼音/中文　在本版的英文版中，对于所涉及的大部分专有名称，笔者给出了英语、中文和拼音(带有声调)三种形式。可能有些读者觉得这样会影响阅读，甚至烦人，不过，若想真正享受厦门，还是采撷一些语言点滴吧，还有比这更好的学习日常用语的方法吗？(参阅第471页"痴迷普通话"一章，其间载有拼音指南和语言小贴士。)

厦门吸血鬼——本版增加了很多新的史料，包括19世纪西方人如何在厦门发现传说中的恐怖之物——厦门吸血鬼——的真实经历(参见第106页"野生动物"部分)。对挣脱地球引力的怪坡的真相感到好奇吗？(参见第78页"厦门的公园和花园"部分。)

双语周刊(Common Talk)　是《厦门日报》在周六的英语增刊，曾在中国同类刊物中开风气之先，现已走向国际！今天就订阅吧。更多资讯，请访问其网站：www.common-talk.com。

厦门外国人联谊会 (AXE)　为刚到厦门的老外提供系列安家服务，并每月举办一次咖啡聚会(每月第一个星期二)、体育活动、读书俱乐部活动、购物和文化旅游活动以及每月一次的为UNICEF(联合国儿童基金会) 募捐活动。联系人：黄嘉力 (Eunice Chau) 电子邮箱：qp21@public.xm.fj.cn　电话：13906028020

购在厦门！　那些我们必须去乡下购粮以及在笨重的石磨上碾麦为粉的日子 (至少在厦门如此)已渐行渐远。现在老外维持生计所需的物品在厦门都能买到！岛内现已开有两家沃尔玛、一家麦德龙(临近机场)、数家好又多(台湾版的沃尔玛)、多家闽客隆(恰似小型的好又多)、一家家乐福以及众多大型商场。您想要的，厦门总有地方能买到！请查阅"购物全攻略"一章(第343页)。

厦门图书文化城　我们过去常常感叹英语读物的匮乏，无处可

觅,然而现在厦门建有福建最大的图书文化城(位于 SM 城市广场三楼),从恐怖故事到"心灵鸡汤",无所不有。同样,新华书店以及位于厦门大学附近的外图学府书城也值得一去。您也可以在"光合作用书房"享受时光(有点像中国的巴诺书店)。这样的书店已有 40 多家。如果您在厦门找不到自己想要的读物,还可以上网订购,卓越的因特网服务不会让您失望。

相关书籍……欲求更多有关厦门和福建的资讯,请参阅本人所著:《魅力福建》、《老外看福建》、《魅力泉州》、《魅力鼓浪屿》和《魅力厦大》等(大都有英、中文版或双语版)。

何处能买到?厦门的大部分书店皆有出售,其中尼西书屋有签过名的版本在售 (参见第 362 页)。

鸣　谢

魅力厦门网站　未感谢市长大人,倒先谢起自己夫人,在中国未免有越礼之嫌,不过待您阅过明朝惧内故事(第16页),您就不难做出推断。个中曲直,或许张市长是懂的吧。

只是希望市长夫人也能体谅我的良苦用心。

为弥补本人以往著作的缺憾,为您提供最新的资讯,我那"台湾制造"的夫人开办了"魅力厦门"网站。对她来说,这并非易事。对网站知识所知甚少的她曾经以为HTML(超文本链接)就是HMO(美国联邦保健规划)。不过苏珊坚持了下来,现在我们拥有 amoymagic.mts.cn (面向中国国内)和 amoymagic.com (面向海外)。请查阅网站的最新资讯,以及对既往信息的修正、增补等(站内内容多多,并有数百幅照片养目)。

张昌平市长　曾有一位中国朋友夸口说,厦门的变化堪称360度。想必这位老兄的数学知识让人不敢恭维,然而现在我们生活和工作的这个怡人小岛,与我们1988年刚迁来时的那个相对落后的城市相比而言,已经有天壤之别了。这其中大部分要归功于诸如张市长(张市长现任福建省常务副省长)等不拘一格的领导人。

在我重写《魅力厦门》的过程中,张市长的鼓励举足轻重,是他曾动员人们配合我这个一手握着相机、一手拿着笔记本的到处奔波的外国人(曾有人开玩笑说,这人做了这么多笔记,肯定还在为美匡军方服务!)。

同样,深深感谢,张市长在本书封面上留下的墨宝。

您有什么要谢张市长的、有什么要问的或有什么要建议的？可以拨打**市长热线——968123**（参见第334页,可知市长热线何以这么热）。

副秘书长曹放 年仅19岁,就已经从江西的大学毕业。1998年调入厦门,时年35岁。在过去八年中,这位才华横溢、精力充沛的先生所做的成就让本人备感惊诧。在我得以叩开官方机构（诸如工会）和民营组织的大门方面,曹先生功不可没。是他将我引见给诸如贾强（东林电子公司的创始人）等年轻的企业家。在此,感谢曹放副秘书长。

韦忠和(Frank Wei)——网站奇才(《魅力厦门》的指定译者)。

韦忠和似乎不应该姓"Wei(韦)",而应该姓"Way(路)",因为他是一位总能找到某条出路、最终事成功达的人。

他于1996年酝酿和引导了曾获殊荣的Chinavista.com（中国指南）网站的组建,该网站为当时中国的第二家英语网站。现在韦忠和正在筹建www.xiamenguide.com网站。韦先生同时也是精艺达翻译服务有限公司(福建第一家专业的、迄今也是最优秀的翻译公司)的创始人和CEO。

想要了解更多有关这位年轻企业家的资讯,请阅读"厦门成功故事"（第453页）,也可以访问www.xmmaster.com网站。

鸣谢

双语周刊 福建地区唯一的中英新闻周刊——《厦门日报·双语周刊》是全国党报第一份双语刊物，它秉持国际风格，突出地方特色，以介绍本地新闻，风云人物和时尚生活为办刊内容，见证城市经济，融会中西文化，营建和谐社区，是海内外了解厦门乃至南中国的重要窗口。

双语周刊努力提高学习型刊物容量，举办多种丰富活动提高读者素质：首届英文演讲比赛，首届中外青少年才艺大赛，两届大型读者调查及回馈日活动，连续三届双语征文比赛，创刊百期庆典系列……成立两年的周刊读者俱乐部周周都举办英语沙龙，已是厦门市区最具规模和影响力的英语组织。首次代表福建承办中央电视台"希望之星"英语风采大赛，获得团体总分全国第七的好成绩，同时获得由中央电视台和第29届奥委会组委会联合颁发的最佳组织奖，创下福建英语教育最高记录。

双语周刊的创刊奇迹曾在《新闻出版报》、《中华新闻报》等长篇刊载，新华网、福建教育电视台等多家媒体先后采访报道其主创的各类活动。

2006年2月，双语周刊正式获得全国外宣刊号，十一个国际友城征订双语周刊，足迹遍布五大洲十个国家。

蒿志强(Timothy Hao)牧师 作为鼓浪屿三一堂牧师，蒿牧师于十年前从内蒙古迁居至此。他通晓厦门方言，对本地文化和历史的了解比大部分土生土长的人都多。在此，鸣谢蒿牧师在《魅力厦门》和《魅力鼓浪屿》写作过程中所给予的帮助，或者我应该用蒙古语道一声 Баярлалаа！

黄嘉力[来自恩加公司(OrientPlus)] 对于刚来厦门的外籍人士和国外公司(也包括像我这样的老外来户)来说，这一位堪称救急救难

者。她所供职的恩加公司既提供诸如投资合作之类全方位的商业服务,同时也提供找房、定位服务以及迁入协助等。黄小姐的另一公司——信而立公司(Symphony)则负责提供市内最好的矿泉水。

恩加公司电话:5811891　13906028020

电子邮箱:Eunice.orientplus@gmail.com

信而立公司电话:5811621　电子邮箱:symphony@public.xm.fj.cn

经验丰富的丛林旅者特里斯·波曼 (Trish Boman) 这位可爱的女士来自澳大利亚,她撰写了本书中"厦门丛林之旅"一章。

朱庆福 获得过多种摄影奖项的摄影家朱庆福曾为首版《魅力厦门》提供了所有精美的图片,新版中加入了本人所拍摄的一些图片,当然不敢和摄影家的相比,所以,凡由朱庆福提供的图片均标有 ZQF 字样——不敢坏了他的名声哦。

朱庆福,1963年生于江西南康,1980年参军入伍,1994年9月成为厦门新闻媒体的一位新闻摄影工作者——摄影记者,直至今日!迄今,朱庆福已有大约300幅作品在国内外影展、影赛中获奖或入选,并有3000多幅作品在各种媒体报刊上发表。

朱庆福的职衔包括:《福建画报》闽南记者站站长、中国摄影家协会会员、世界华人摄影协会会员、美国洛城摄影协会博学会士、福建省摄影家协会常务理事、福建青年摄影协会会长和博学会士、厦门市摄影家协会副主席以及厦门市青年摄影家协会主席。

地址:湖滨北路28号建业大厦12层《福建画报》闽南记者站

邮编:361012　电话:(0592)5073766　13906006689

传真:5073767　电子邮箱:zqfsy@vip.sina.com

朱庆福所获得的部分奖项

1982年10月：作品《小提琴手》(处女作)发表于《前线报》。

1984年5月：作品《谈心》获华东八城市青年艺术作品联展优秀奖。

1987年8月：作品《神往》获华东陆、海、空军摄影展优秀奖。

1997年9月：作品《中华男儿》获十八届全国摄影艺术展金奖(实现福建摄影在国展中奖牌零的突破)。

1997年9月：福建省文联和厦门市文联联合召开"朱庆福表彰大会"。

1998年11月：作品《中华男儿》获文化部"群星奖"优秀作品奖。

2000年5月：作品《挥洒汗水海沧架彩虹》获中国摄影作品银奖。

2000年12月：作品《中华男儿》获福建省百花文艺奖一等奖。

2000年9月：出版大型礼品画册《美在厦门》。

2001年5月：被福建省政府授予"福建省杰出青年摄影家"荣誉称号。

2001年5月：作品《抹香鲸有了归宿》获全国新闻摄影作品年赛铜奖。

2001年9月：出版大型画册《今日厦门》(中国摄影出版社出版)。

2002年12月：应邀赴新加坡为第十八届亚洲影艺联盟大会举办摄影艺术讲座。

2003年9月：出版画册《思明情思》(海潮摄影艺术出版社出版)。

2003年10月：被美国洛城摄影学会授予"博学会士"。

2004年1月：策划组织了"美丽新厦门"摄影展。

2004年6月：出版画册《魅力思明》。

2004年10月：作品《眺望海峡盼团圆》获中国·丽水国际摄影大奖赛优秀奖。

2005年9月：主编大型摄影画册《舞动厦门》并出版。

2005年9月：出版《海之旅》摄影文集。

2005年10月：被聘为厦门文学艺术奖评审委员会评委。

2006年5月：作品《眺望海峡盼团圆》荣获厦门市第三届文学艺术奖一等奖(连续三届荣获厦门市文学艺术政府奖)。

附 录

厦门在2002年国际花园城市竞赛(Livcom[①])中荣获金奖!

国际花园城市竞赛(被誉为"宜居社区评选中的奥斯卡")

评语:"在国际社区中以环境优秀见称"

www.livcomawards.com

2002年,本人有幸入选厦门市的竞选团队,去角逐在德国斯图加特举办的国际花园城市及国际花园社区竞赛。在参赛的40多个城市中,厦门遇到了一些包括诸如芝加哥和亚利桑那州的菲尼克斯市(该市在2001年的比赛中获得了银奖,2002年再次出师目标直指金奖)在内的强劲对手。

其他诸如杭州在内的城市也实力强劲,但就城市发展、变迁的速度和综合程度而言,还没有哪座城市

潘维廉博士与国际花园城市竞赛活动创始人阿兰·史密斯先生合影

能和厦门比肩。20年来,在中国城市中,厦门的经济增速名列榜首,环境的可持续发展位居第二,这是非常令人吃惊的成就,要知道,厦门的发展差不多就是白手起家,没有多少基础可言。

厦门的兴盛起源于700年前,当时厦门还是泉州的一部分,而泉

[①] Livcom:为宜居社区而设的奖项,更多内容请访问魅力厦门网站:http://amoymagic.mts.cn/NationsinBloom2002.htm。

州在当时有"海上丝绸之路的起点"之称。在20世纪20年代,除了加州的帕萨迪纳(Pasadena),地球上其他地方的富人密度恐怕都没有鼓浪屿多。但是后来,先有二战中日本人的洗劫,后有解放后台湾的炮轰……

自1949年解放,直到20世纪80年代初改革开放政策的实施,中央对厦门或福建的投入资金很少。毕竟,何必辛苦建设等待蒋介石来炮轰呢!在20世纪五六十年代,全中国只有厦门的大学生要面对这样的标语:"一手持笔,一手持枪!"1988年,当我们在和平码头从驶来中国的慢船上下来时,厦门只有一座高楼——海滨大厦(现在在其第24层上开办有必胜客)。当时用电一周要停好几天,用水也时不时地停,土路崎岖不平,整个城市为煤烟笼罩,肮脏一片。但是,弹指十年间,厦门已荣居中国最清洁城市。

厦门最早推出空气质量报告,并且是最早采用空气质量和污染控制国际标准的城市之一。总之,厦门在很多方面开创了中国的先河。

厦大学生持枪漫步海滩(于20世纪50年代)

尽管我深爱着厦门,但是只有在历经8个月的、帮助备战国际花园城市竞赛上的陈述之后,我才真正体会到厦门发展成就之巨大。当我在斯图加特进行陈述的时候,作为一个"厦门人",我深以为傲——并且为厦门在"宜居社区的奥斯卡"奖角逐中一举夺魁而备感自豪。

深深感谢我们的厦门大家庭给了我参赛的机会。在此,要特别鸣谢国际花园城市竞赛的创立者艾伦·史密斯先生,打那以后,我们已成为好友。

史密斯先生为《魅力厦门》撰写了有关国际花园城市竞赛的特别介绍,您可以在魅力厦门网站上阅览相关内容。

国内登录:　http://www.amoymagic.mts.cn/main.htm
海外登录:　http://www.amoymagic.com/main.htm

整个世界都是中国的吗?

1994年,在我们驱车环游中国40000公里的行程中,时年6岁的马太每天都要好几次地问:"我们还是在中国吗?"

大约是在第三天我告诉他:"听着,马太,我们整个行程都会在中国!"

马太的眼睛瞪得老大,发出疑问:"整个世界都是中国的吗?"

目　录

第一部分　导言

　第一章　欢迎老外 …………………………………………… 1

　第二章　厦门的历史 ………………………………………… 20

第二部分　厦门搜奇

　第三章　乐在鹭岛 …………………………………………… 48

　第四章　鼓浪屿——音乐之岛与"万国建筑博览会" ………… 59

　第五章　厦门的公园和花园 ………………………………… 78

　第六章　野生动物 …………………………………………… 106

　第七章　厦门丛林之旅 ……………………………………… 120

　第八章　运动与休闲 ………………………………………… 128

　第九章　厦门博物馆 ………………………………………… 143

　第十章　集美——中国"学乡" ……………………………… 163

　第十一章　同安和金门 ……………………………………… 178

　第十二章　福建搜奇 ………………………………………… 188

　第十三章　中国的节日和文化 ……………………………… 209

　第十四章　厦门的"中国"宗教 …………………………… 236

　第十五章　中国基督教的发源地 …………………………… 252

第三部分　居在厦门

　第十六章　中国美食荟萃 …………………………………… 267

　第十七章　中英对照菜谱 …………………………………… 282

第十八章　厦门的餐馆 ··· 295
第十九章　国际菜系 ··· 321
第二十章　中西家常菜谱 ··· 332
第二十一章　购物全攻略 ··· 343
第二十二章　观光旅游在厦门 ·································· 385
第二十三章　厦门酒店——家外之家 ······················· 405
第二十四章　中国现代教育的摇篮 ··························· 418
第二十五章　厦门卫生保健 ······································ 432
第二十六章　言归正传生意经 ·································· 438
第二十七章　厦门成功故事 ······································ 453
第二十八章　痴迷普通话 ··· 471
第二十九章　向上看 ··· 485
第三十章　鸦片主 ·· 488

应急电话号码 ··· 511
关于老厦门的参考文献 ··· 512
读者来函 ·· 514

第一章 欢迎老外

老外！

已经习惯于被人称为"老外"了。汉语"老外"指的是"尊敬的外来客人"或"外国人"。我常以"你好,老内！"（即尊敬的本土人)应答。一些中国人马上申辩说,汉语里没有'老内"这个说法。我答曰："现在有了。"

除了老外,您还会经常听到人们叫您"外国朋友"。

莫非中国人都认为,自尼克松以后,外国人个个都成了教友派信徒？

溶于血液

玩笑归玩笑。中国人的确把我们老外当朋友。有时候,还当一家人呢。也许正是中国人的热情、友善,使得中国情结很容易溶于您的血液(和疟疾有得一比)。我们全家都已经爱上了中国,特别是厦门(以前被称为 Amoy,请见第 3 页)。看看我们的第二故乡,相信您也会爱上她的。这也是本人撰写此书的原因。

《魅力厦门》的发端

20 世纪 90 年代初期,我于仓促间为新抵厦门的老外赶写了一本仅有 24 页、名为《老外厦门生存指南》的小册子。这些新老外刚到厦门，磕磕碰碰，老问一些非常老外的问题。比如：

"上哪儿可以买到奶酪？"(当时厦门哪儿也没有！)

"哪种牌子的卫生纸用起来舒服一点儿？(其所用的有可能是再生的砂纸)"

或者"上哪儿能找到西式的坐式马桶？"(当时只有蹲坑的权利，请阅读本章节结尾"失去宝座的日子"部分)

如今，旅居厦门的 3000 多名老外再也不需要什么《生存指南》了。因为现在生活在这座花园般的岛城是如此充满乐趣，回味无穷，这与当初的生存状况实难同日而语。然而对于刚到厦门的(甚至那些长期旅居于此的)外国朋友来说，在诸如购物、餐饮或度周末等方面依然存在很多问题。希望这本《魅力厦门》能对其有所帮助。

厦门探幽

现在所有厦门指南都面临的问题是：厦门几乎每天都在变，在种种指南上几乎都来不及反映。新开的餐馆、商店和旅游景点如雨后春笋纷纷涌现(不过有些只是昙花一现，以关门大吉作终)。若想了解最新动态，请访问苏珊•玛丽的网站，还望您踊跃向魅力厦门论坛：http://amoymagic.mts.cn/forum/

www.amoymagic.mts.cn（国内） www.amoymagic.com（海外）投稿，帮助我们一起创建一个在线社区。

安居？

请致电恩加（Orientplus）以期在住房、迁入和商业服务等方面获得帮助。手机：(86) 13906028020 电子邮箱：eunice.orientplus@gmail.com

第一章 欢迎老外

"Amoy"一词的由来

有一次在漳州,当给围坐一堂的300个学生上完课后,一个毛头小子倏地跳起来大声质问:"你为什么用'Amoy'一词,而不用'厦门'?哼?哼?"那阵势就好像一个"红卫兵"要给一个思想陈腐的学究扣上一顶傻瓜帽子。

很多中国人提出过这个问题,但如此出离愤怒的倒罕见。故而我接口道:"为什么中国人称'旧金山',而不说'圣弗朗西斯科'?哼?哼?"他反驳说:"那是因为中国人发不出'圣弗朗西斯科'这个音!"

"说得好!"我回答道。

"Amoy"一词是在第一次鸦片战争(1840—1842年)之后产生的,其时厦门被迫开放为通商口岸。当一个外国人问及福州海关的官员该岛(厦门岛)的名称时,那位官员用当地方言答曰:"Ah Mo。"(听起来就像含有鼻音的"Amen"一词)"Amoy"是外国人所能找到的最贴近该发音的词。时至今日,海外华人依然沿用"Amoy"一词,并且全亚洲的闽南人说的不是闽南话,而是"Amoy(厦门)话"。

我宁愿外国人能够学会称呼我们的岛屿为厦门,但是我在书名中却用了"Amoy"一词,其原因在于:(1)厦门一词对于外国人来说依然很难发音;(2)甚至海外华人也称呼厦门为"Amoy";(3)对于那些对亚洲历史知之甚少的人而言,"Amoy"一词带着一丝异国情调,激起无限遐想。"Amoy(淘大)酱油"世界通行,而没有人称之为"厦门酱油"。在香港,禽流感爆发于"Amoy(淘大)街",而不是"厦门街"。马来西亚的赤道艺术学院位于"Amoy巷",而不是"厦门巷"。最后一点也很重要,厦门大学的拉丁文印鉴(其铸造者不是外国人,而是一个中国人)上铸的是"UNIVERSITAS AMOIENSIS",而不是"UNIVERSITAS XIAMENENSIS"。

故而,"Amoy"一词并非外国帝国主义侵略留在词汇上的烙印。"Amoy"既是一个汉语词汇,也是一个外来词汇,较之于"圣弗朗西斯科"被称为"旧金山"来说,在发音上其更接近于"Ah Mo",因此,争议到此为止吧。但是,出于对我的好客的中国主人们的维护,我个人称呼我们所居住的岛屿为厦门,而不是"Amoy"。

至于那些在我对"Amoy"一词使用得近乎悭吝的情况下依然感到耿耿于怀的少数人,我自有言词应对。当中国人称呼"Washington"而不是"华盛顿"、称呼"California"而不是"加利福尼亚"或"加州"时,我的词汇表也自当去除"Amoy"一词。只恐到那时,一生也过得差不多了。很高兴来自世界各地的游客再次云集我们的岛屿,且不论您如何称呼她。

就此打住!

享受厦门!

希望这些书籍和网址能够有助于您更好地欣赏我们城市

的丰富的历史、文化和传统,有助于引导您如愿以偿地找到旅游景点、饭店、商店等。然而熟悉厦门的最好的方式是步行、骑车或乘坐巴士(不妨尝试坐一下双层旅游巴士,请见"交通"一章),这样您才能细细地探究这座城市。

快速抢答

在京的美国大使馆报告(1999年1月)中提到哪一座中国城市为"绿中之绿,是环境建设成就的典范"?在2002年德国斯图加特举行的国际花园城市竞赛(环保方面的奥斯卡奖,见链接 www.livcomawards.com)中,中国哪一座城市荣获金奖?全球

第一章 欢迎老外

唯有哪座城市荣获2004年联合国人居奖?20年来,中国哪一座城市经济增速位列第一、环保成就位列第二?又是哪一座城市既有怡人的气候、清新的空气(中国最早实行空气质量预报的城市)、漂亮的海滩和公园、丰富的海味产品,又有古今中外不同风格的建筑、中国最出色的国际空港、世界最好的深水良港,同时在中国的经济特区里唯一建有重点大学的,拥有无限商机,使您尽享诸多优势?

答案是:海上花园——厦门,舍我其谁!

没有厦门,就没有美利坚!

无论您是匆匆过客,还是到鹭岛小住,我们希望您会喜欢厦门这个迷人的海岛。数百年来,厦门以其温和的气候,跌宕起伏的绿色山野,无数的庙宇宫观迷倒了无数老外和老内。厦门甚至在美利坚独立运动中发挥了至关重要的作用。1773年12月,在波士顿倾茶事件中所倾入海中的茶就是从厦门港装船的安溪茶。

因此,没有来自厦门的安溪茶,美利坚没准儿还是英吉利的殖民地呢。

厦门一瞥

位置：东经 117°53′~118°25′，北纬 24°25′~24°54′

人口：截至 2005 年底：2 640 900（包括 1 069 000 非常住人口）

民族：汉族、畲族、苗族、回族、满族、高山族以及老外

语言：普通话、闽南语（福建南部方言）和英语

气候：亚热带海洋性季风性气候

冬季均温：12.8℃

夏季均温：27.8℃

年平均降雨量：1 315 mm

土地面积：1 569.3 km2

岛屿面积：130 km2

海域面积：超过 300 km2

海岸线：234 km

已开发区域的绿地覆盖率：42%

人均绿地面积：13.57 m2

GDP 年均增速：15.3%（截至 2005 年）

人均 GDP：5000 多美元（截至 2005 年）

城市居民年均收入(2005 年)：16403 元（比 2004 年增长 13.6%）

农村居民年均收入(2005 年)：6230 元（比 2004 年增长 10.3%）

平均寿命：78.23 岁

厦门大学教师平均收入：往多处说够交税了，往少处说没有它不行。

国外友城：加的夫郡（英国）、佐世保市（日本）、宿务市（菲律宾）、巴尔的摩（美国）、惠灵顿（新西兰）、槟岛市（马来西亚）、马卢奇郡（澳大利亚）、考纳斯市（立陶宛）、瓜达拉哈拉市（墨西哥）、祖特梅尔（荷兰）

意大利餐馆数量：40 家以上

第一章 欢迎老外

砾中之钻 厦门今昔

藏身中国?

我喜欢中国无处不在的标语——"走向世界",因为这方土地有时候的确让人有恍如在另一星球的感觉——或者在这个星球的"远方"(原谅格雷·拉森①吧)。早年间,我们的这种与外界的隔膜感尤其强烈,当时的厦门和现在这个我们所热爱的田园诗般的岛城还相去甚远。一位在亚洲旅居30年的美国人于1988年探访我们时说:"有那么多的地方你不去选择,单单选了这个差不多是中国最糟糕的地方!"

糟糕邮政

当时,外界的来信要经过一个月或更长时间才能送达我们手中,还常常被撕开过,然后又用钉书机钉上或用胶水粘合起来——要命的是,信笺和信封都粘在一起了。有时候空有信封,信笺却不知所踪,不过信封上倒盖了大陆的红印:"收到时就这样。"

安上电话

电话比起信件来说,情况要更为糟糕。在来厦的第一年我们只打过一次电话——从市中心打到厦门大学。负责所有电话传送的厦大的接线员说了句"没有这个号码"就挂掉了。第二年我打过两次电话。一次接通了,另一次以失败告终。最后我花了400多美金安装了一部家

---

① 专为中国读者:格雷·拉森曾有一部连环漫画《在远方》。

庭电话,还是三年后才装上的(如今,安装一部电话只需 6 美金,并且往往当天就可以装好,不过没有多少人去费这个事了,因为在中国手机也同样便宜)。

电流事件

每星期我们都要停好几次电,即使来电的时候,电流也极其微弱。若逢半个街区外的某位芳邻用电水壶烧水,电压立马会从 220 伏降至 160 伏,可当其拔去插头时,电压又会飙至 280 伏。

我们"烧"过的电脑和打印机比我们所烧过的鱼和菜还多。

密室藏书

我们钟情于英语读物,可是为数极少的、在售的英语书还是深藏在书店密室里的盗印本,密室前还标有"外国朋友免进"字样(由于和国外出版社签订了互惠协议,这种现象现在已经不存在了)。

尽管当时在厦门生活存在着诸多问题,我们还是慢慢地爱上了这里的人民,爱上了这方水土。我们并不认为这里是中国最糟糕的地方,相反我们觉得她仿佛是沙砾中的钻石,总有一天会释放出应有的光彩。我们很高兴当时逗留了下来。

钻石溢彩

经过 20 年的打磨,这颗钻石几乎在各方面都熠熠生辉起来。在 20 世纪 80 年代后期,厦门的清洁程度还位于全国较差城市行列。到了 90 年代中期,厦门已一跃成为全国最清洁、最宜居的城市。实际上,厦门变化得如此之大和如此之快,使得国外来的访客那本已准备好的、对我们在一个发展中国家的生存处境的满腔同情都无处倾泻了,只好消失于无形。

绿色发展

厦门发展的一个核心指导思想是:"不以牺牲环境来求繁荣。"自1997年以来,厦门已经把国内生产总值的3%用于环境的保护和建设。厦门已被命名为"全国卫生城市"、"全国花园城市"和"环境保护模范城市"。

2002年,在德国斯图加特所举行的国际花园城市竞赛中我有幸代表厦门陈述。厦门凭借美丽的风光一举夺魁,其中一位评委感叹道:"我此前绝没有想到中国竟然存在这样美丽的城市。"

2004年,厦门是唯一荣获联合国人居奖的城市。联合国副秘书长安娜(Anna Tibaijuka)对于中国城市把发展经济和保持良好的居住条件并重的做法大加赞誉。让我们感到高兴的是,现在优质的服务也纳入了那些"良好的居住条件"中!

良好沟通

现在邮政服务比过去好多了。每周有好几天我们都能收到邮件,风雨无阻,并且每封信都保存完好,想必他们要么是放弃了拆阅我们信件的做法,要么是把重新封缄的技艺练到炉火纯青的地步。

现在安装一部电话,不用再花上400美金和三年的等待时间。只需花上6~7美金就能在一两天内把电话装好——可是大多数人都还嫌麻烦,因为在中国,手机同样很便宜,并且要方便得多。在厦门,可以实现向全国1800座城市以及全世界210个国家(地区)通话直拨。

身处固话、手机、传真、因特网和电子邮箱之间,我们的沟通未免太好,有时我甚至怀念起寂静的80年代。

或许我该买一条无电话之绳(而不是无绳电话哦)?

书籍网络

现在厦门很多地方都可以买到外文读物(请查看"购物"一章)。我们也可以通过因特网随时随地了解到地球另一端的新闻,有时甚至简便到连账号都不需要,仅需拨16300(以分钟计费,资费计入所拨号码的话费中)就可上网。

健康生活

最后,目前岛上居民的人均寿命已高达78.2岁,这一点儿也不奇怪。此乃美境之功也。此外,厦门有895家医疗机构,包括27家市立医院、福建省最好的血液中心和心血管疾病研究中心。厦门还有全国技术最先进的眼科中心,在这里,可以实施激光手术治疗眼睛(不必担心,进行手术的医生可都是医学院的"高材生"哦)。

地理气候

厦门是一个占地130平方公里的岛城,距离福建省蜿蜒的海岸线约一英里,和台湾隔海相望。北距上海695海里,南距香港287海里。途经816海里可到达日本长崎,距洛杉矶几千海里。

本地人老说厦门的外形就像一只飞翔的白鹭,我倒是没看出什么相似之处。厦门的方圆大约为:南北距离13.7公里、东西距离12.5公里——倒像一只坠落在地的白鹭。

厦门岛北端是一堆堆累积成的火山岩,海拔150米;南部多山,以海拔339.6米的云顶岩为冠。厦门地质结构稳定,尽管相邻的台湾地震

第一章　欢迎老外

厦门天气

平均值	1月	2月	3月	4月	5月	6月	7月	8月	9月	10月	11月	12月
最高气温(华氏度)	61/64	60/63	64/67	71/74	78/82	83/87	88/92	88/92	86/89	80/84	73/76	65/69
最高气温(摄氏度)	16/18	15/17	18/20	22/24	26/28	28/30	31/33	31/33	30/32	27/29	23/25	19/21
最低气温(华氏度)	49/52	49/52	52/56	60/63	68/71	73/77	77/80	76/80	74/78	68/71	60/64	53/56
最低气温(摄氏度)	9.0/11	9.0/11	11/13	15/17	20/22	23/25	25/27	25/27	23/25	20/22	16/18	12/14
降雨量(英寸)	1.4/1.5	3.0/3.1	3.7/3.3	5.5/5.6	6.4/6.5	7.6/7.7	5.5/5.6	5.9/6.0	4.4/4.5	1.0/1.1	1.2/1.3	0.9/1.0
降雨量(毫米)	35/40	75/80	90/95	140/145	160/165	190/195	140/145	150/155	110/115	25/30	30/35	20/25

频繁,厦门硬是从来没有经历过强烈的地震(不包括我妻子开车时所引发的几次震动)。

厦门的花园常年繁花似锦,这缘于20.8℃左右的气温——但要除去6月到9月期间,此时厦门的气温能够窜至28℃或更高,而湿度则高得仿佛可以用吸管来吮吸。

每年有三到四次台风,通常发生在7月到10月期间,台风使好得有点儿烦人的好天气增加了活力,并帮助吹走些许累积数日的热空气,不过发生于1999年10月的14号台风所吹走的可不仅仅是热空气。

14号台风以及灾害准备

1999年,当14号台风不期然光顾厦门的时候,刚刚抵厦的柯达公司的工程师里克·亨廷顿(Rick Huntington)问道:"这里的台风都这么恶劣吗?我们倒没经历过。"

"不,"我回答说,"它们过了台湾(阻挡了台风)之后就是强弩之末了,此外,本地人还说郑成功的雕像在守卫着厦门港呢。"

当时郑成功肯定是出去吃饭了。作为50年来最恶劣的台风,14号台风夹着暴雨铺天盖地般倾泻下来。巨大的菩提树被刮得东倒西歪,电线杆和电话线倒伏在地,邻居墙上的木制窗户被刮跑。

尽管损毁严重,公共设施还是很快就被恢复了,即使是在遭受重创的厦大。不过自此以后我们再也不敢对台风预警掉以轻心了,本地的渔民也吸取了教训;100多人为此丧生。要有所准备啊!

台风/地震时的备用物品

饮用水(可维持3天)、蜡烛(或应急灯)、换上新电池的收音机、罐头水果和蔬菜、面包(面包店可能关门)、急救箱(包括10天一疗程的口服盘尼西林,在厦门药店可买到的非处方药)。

即使是14号台风也没影响到我们的通信服务,因此您可以登录http://www.weather.com 以查询最新的天气情况。

入乡随俗……要穿"三明治"袋子!

我喜欢中国人的不拘礼节。除了中国,还有什么地方的大学校长会身穿棉制大短裤、黑短袜、脚蹬皮凉鞋,头戴一顶白草帽(还缀着粉色的、用于勒在下巴颏上的帽带呢),踩着自行车去上班呢?

即使是国务院总理在举行记者招待会时也没有打领带,这似乎表明,至少在中国,"衣着意味着成功"的金科玉律或许全然不灵验了——除非您和这两位衣冠楚楚的朋友一样……

一天早晨,一大批乘客走出厦门国际机场,此时开始下起倾盆大雨(rain cats and dogs,恐怕

这些猫狗没砸到地面之前,就先砸锅里了)。人们披着免费赠送的、可随意取用的塑料雨衣奔向巴士和的士,一个个看起来就像巨大的三明治袋子,很是滑稽,不过衣物倒得以保持干燥。

这时,有两位老外迈步而出,他们腰背挺直,头颅高昂,手抓着昂贵的公文包和古驰包。看着那群用塑料雨衣把自己包裹起来的当地人,他们相视一笑,然后就大无畏地走出候机大厅,没有哪位想到要避一下雨。不一会儿,他们那价值400美金的细条纹套装就被雨水浸透了,漂亮的垫肩也塌了下来,不过他们依然昂首挺胸地走到的士站。

路人窃笑着,显然没人佩服他们的英勇举动。

所以,入乡随俗,要穿"三明治"袋子。

不过棉制大短裤和粉色的、勒在下巴颏上的帽带,我还是免了吧。

附录

我怎么来到这里

怒火中烧

在20岁之前,我对中国一无所知。此前,我没有遇到过中国人、没吃过中餐、没拿过筷子,对中国毫无兴趣。我听说过四分之一的世界人口是中国人,不过对此我高度怀疑,因为我们家就有4口人,这当中却没有一个是中国人。但是后来美国空军把我派到了东方。

1976年,我自愿来到了世界最大的岛屿——冰冷的格陵兰岛(人口只有区区58000人)——度过了孤独的两年时光。后来山姆大叔理所当然地把我派到"福摩萨"(台湾),一个有20000001人(算上我)的小岛。

我埋头于地图中,欣喜地发现"福摩萨"的意思是"美丽

的岛屿",是台湾的葡萄牙语名称。不过,我随后发现台湾距离共产中国的巨大"黄祸"威胁不过100英里之遥。

我把车子送给姐姐并写下了遗嘱。

来自天堂的符号!

幸运的是,到了1976年,海峡两岸发射的不是武器而是文字。在春季里的一天,一批来自大陆的传单通过气球像彩色的雪片一样降落在空军总部。疯狂的台湾士兵如同嗅到糖味的蚂蚁四处急跑,把这些传单塞到袋子里。

我看不懂中文,因此我对它们一点儿兴趣都没有——直到有警察说,任何人要是看了它们,甚至接触过它们,都将被关进监狱。被禁的果实总是更加香甜。我急速地把一些违禁宣传品塞进口袋,匆忙返回了房间。

我拉上窗帘,目光数小时地停留在这些反映幸福的中国农民以及技艺高超的杂技演员的图片上。我怀疑共产党都是带着红色眼镜看世界的,我不相信来自他们的任何话(或任何图片),可是我的好奇心被激起来了。

我至今还留有一张当年的传单,就放在厦大MBA研究中心我的办公室里。

岛屿热

我爱上了台湾和她的人民。我花了两年时光,

1977年,台湾

徒步或骑车跑遍了岛屿,为一家儿童医院筹募资金。但是就像所有宝石一样,宝岛显得小了,双倍剂量的对岛屿的狂热以及违禁的宣传品激起了我对"恐怖海峡"对岸的好奇心。我曾长时间地坐在海滩上,凝神于地平线,揣测着"敌人"到底长什么样。当时我绝没有想到,十年以后我竟然携着两个幼子和我那"台湾制造"的夫人(金发碧眼的苏珊·玛丽生于并长于台湾)迁居到厦门。

基于我对台湾的热爱,毫不奇怪,我也爱上了厦门。75%的台湾人的祖先来自于闽南,因此,海峡两岸分享着共同的文化、风俗、艺术、工艺等等。海峡日渐变窄。

几年前,一个大陆的摄制组在一座离岸3英里,由台湾控制的岛屿上为一部电视连续剧拍摄部分场景。等他们回到厦门之后,导演才发现他们把一些东西落在了那个由台湾控制的岛屿上了。"我们要误工期了。"导演抱怨道,这时他准备让一个摄制组成员途经香港折回台北、台中、金门然后再返至厦门。

当地的一个渔民说,"不要紧,我那边有亲戚"。借着夜幕的掩护,他摇着自己的舢板出发了。次日一早他带着丢失的物品返回了厦门。

垂钓而不是争吵

1998年9月,我们举办了第一届年度台湾—厦门垂钓比赛。后来,就像世界上所有的垂钓者一样,双方人马返回家中,吹嘘着自己所钓到的鱼的大小,叹息着一些大鱼的脱钩。

很高兴看到两岸的人们能在一起垂钓而不是争吵。现在由台湾控制的金门岛上的居民有15%在厦门置有房产,并且每月有50000多人搭乘厦门—金门间的渡船。我盼望着有一天我们老外也能搭乘这样的渡船……

厦门—金门间的乘客达到51768人

"有记录显示4月份在厦—金直航线路上总共有51768名往返乘客,创下了自2001年该航线开通以来的最高值。乘客人数的激增要归因于往返于两边的拜庙香客、旅行团以及贸易代表团数量的上升。清明节期间,大批台湾人拜访大陆也是一个原因。"

——摘自2006年5月10日的《厦门日报·双语周刊》(Common Talk)

历史补遗

明朝俱内故事

这些明朝的老故事表明,老外和老内有很多共通之处。不过,我可不希望苏珊看到这些故事……

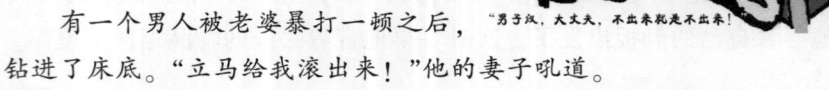

"男子汉,大丈夫,不出来就是不出来!"

当我想出来时

有一个男人被老婆暴打一顿之后,钻进了床底。"立马给我滚出来!"他的妻子吼道。

"我是一家之主,我想怎么着就怎么着!"男人回答说,"等我心情好,想出来时,我会出来的。"

至死我们才分开

一群怕老婆的男人召开紧急会议,商讨重树尊严的办法,一个还在打光棍的促狭鬼走到他们当中说道:"你们的老婆听说了这次聚会,都正朝这儿赶来,要收拾你们呐。"其他人都十分惊慌,夺门而逃,只有一个人例外。

"他是唯一一个有胆量对抗老婆的人!"这个光棍汉感叹道。

可是走近一看,才发现这个人已经吓死了。

愤怒的葡萄

一个县官问堂上师爷他脸上的抓痕是怎么回事。那个尴尬的师爷说:"昨晚,我正在院子里散步呢,想呼吸一下夜晚清冷的空气,不想这时一个葡萄架落到我脸上,这才刮伤了我的脸。"

县官断言道:"只有恶妇才弄得出这样的抓伤。把那个妇人立马给我带过来!"

可是县官的夫人就躲在隔壁的房间里,听到这话,咆哮着就进了公堂。惊恐万分的县官吼道:"退堂!退堂!我家的葡萄架要掉下来了!"

倒夜壶

两个怕老婆的男人聚在一起相互诉苦。其中一个说:"我老婆也太厉害了点,她竟然要我去倒夜壶噢。"

"岂有此理!"另一个人说,"干吗这么贱!如果我是你……"

"是你怎么样啊?"其身后传来了他老婆的声音。

"如果是我,我就去倒了。"

"女人之毒"——真实的故事!!

出自赫伯特·吉尔斯(Herbert Giles)1876年的《中国人画像》(Chinese Sketches)一书

"大夫人(中国女人)时不时地和二夫人吵,夹在中间的丈夫被弄得坐卧难安,烦躁得要死。'你们外国人不也是惧内吗?'某一日这个惧内的中国男人对我们说道——我们在想,如果他听说悍妇不仅中国有,外国也有时,也许会感到慰藉的。"

附录

失去宝座的日子
（事后诸葛亮）

我热爱中国,可是在许多世俗的事情上,她有时真的让我们这些老外无所适从——比方说中国的马桶。

中国人实际上大约在 2000 年前就发明了坐式抽水马桶,可如今他们用的是陶瓷制的蹲式马桶。"我究竟坐哪儿啊?"我问妻子道。

"你不要坐,"苏珊·玛丽解释说,"你把脚放在垫高的鞋样的台子上,然后蹲下来。"

"开什么玩笑!"我勇敢地试了一下,可是技术不到位,脸丢大了。

当苏珊得知我只有扶着墙和管道才敢让自己蹲下来时,她火了:"你什么意思,你不会蹲坑?我会!你的儿子也会!潘维廉,你恐怕是世界上唯一一个不会蹲坑的人!"

"对你当然简单啦,"我回答说,"你生长在台湾,神能和马太是在厦门长大的。可是我是美国人,我不会蹲坑!芭比、肯恩和大兵乔或许都能完全弯下来,可我不会。

我必须承认,蹲式马桶在中国至少要切合实际和经久耐用得多。只有一个陶瓷坑,再错也错不到哪儿去。免得还要去安装和清洗那些被弄得脏兮兮的桶盖和坐圈,而这正是一些不文明的人(诸如在中国西部的饭馆里那些食客)所留下的杰作,本该坐着的西式马桶,他们非得蹲在上面。但是不管实际与否,我还是怀念那些坐在宝座上读书的日子。

幸运的是,尽管中国人的陶瓷蹲坑还一如既往,但如厕用的卫生

第一章 欢迎老外

纸的质量大有改进。这并不奇怪,卫生纸和马桶都是中国人发明的。约在1000年前,皇室的御臀就用上了四四方方的撒了香水的卫生纸。即使平民也用上了循环再用的纸——尽管有位文人坚决反对使用上面写有诗句的纸去如厕。可是当我1988年来厦门时,我很难相信卫生纸是中国人发明的。当时厦门的卫生纸摸起来就像循环再用的砂纸,我们的资产阶级嫩臀好几个月后才适应下来。

幸运的是,厦门的公司现在生产出了优质的卫生纸,看来晓得享受的不只是资产阶级的玉臀。中国人不断改进卫生纸,很多新品上都带有香味并印有精致的花纹。一位在泉州的美国女士曾告诉我她最喜欢的卫生纸品牌是"心相印",其广告语是"柔软舒适好感受"。

Enthroned Again!

不过要让我生活得柔软舒适,我还是离不了美国的坐式马桶。尽管苏珊鄙夷不已,我还得说如果要让我蹲坑,我非垮掉不可。

第二章
厦门的历史

5018 年

福建的历史可以追溯到 5018 年前①中华文明的滥觞时期。事实上，有人曾经告诉我，有科学记载证明三明万寿岩的洞穴遗址有 180000 年的历史。

留给中国人一保存就是 180000 年。②

关于诸如闽人等古代福建居民的资料人们知道得很少，因为流传下来的记载很少，只是在惠安一个村落的一块岩石上发现了一些商朝时期(公元前 16 世纪到公元前 11 世纪)刻下的图片而已。

最终，中国古代的某个哲人发明了书写——或至少知道了如何画得更好（中国的汉字就是一些图画）——并大约在战国时期(公元前 475 年到公元前 221 年)开始有关于福建历史的记载。当时楚国(今湖北、湖南省)吞并了地处今江苏、浙江省内的越国③。越人开始逃往史称闽越的广东、广西、越南和福建境内。

中国——古老而永恒

中国厚重的历史简直令人不可思议。对于美国人来说，1959 年诞

---

① 一位大学教授说中国有 5000 年的文明史——不过这话是他 18 年前说的。
② 我并不感到惊诧。纸张和文书记载就是中国人发明的。
③ 越(Yuè)部落激发了披头士创作出热门歌曲"她爱你 Yuè, Yuè, Yuè"。

第二章 厦门的历史

生的芭比娃娃都可以称得上古董;而对于中国人来说,称得上古董的是 2018 年前的青铜马,古代的锅、盘——甚至古代的酱! 四川的酱汁愈久愈香,那是因为酱钵从来都不洗的缘故。厦大一个享有盛名的画家唐少云曾告诉我他家的酱有 14 年的历史了。并且据说某个成都人家的酱历经 200 多年了。一个调皮鬼慧黠地对我笑道:"这酱的寿命比贵国的历史都要长!"

一个古老的国度对于年龄有与众不同的看法。1990 年 8 月 11 日的《中国日报》报道了"中国十大杰出青年"。名列其中的有世界围棋冠军聂卫平。当时这位青年已经 39 岁了。伤心去吧,庞塞·德·莱昂(Ponce de Leon,西班牙探险家,曾寻找过青春之泉——译者注)。

古代福建人留下了一些相当奇怪的遗迹,诸如有 4018 年历史的、船形的、悬于武夷山数百英尺陡崖上的棺木。我特别想知道他们为什么并且是如何制造这些棺木的。如果《神之战车》(Chariots of the Gods) 的作者

凡·达纳康(von Danaken) 见识到这些棺木,肯定会断言古代外星人曾经常在福建逗留,可能是为了叫中国餐馆的外卖。NASA(美国航空航天局) 或许也会这么认为。

NASA 在月球上搜寻闽南人

自打在地球上寻找智能生命失败之后,NASA 通过发送不同语言的星际信息,开始了对太空的搜寻。他们用闽南语发送的问候是:"太空

病友,汝好?汝吃没?有闲来踢投。"(太空朋友,你们好吗?你们吃了吗?有空来玩啊。)

如果闽南语信息都没有得到回应的话,其他语种就更别提了,因为闽南人的生活的确是出离这个世界了。

在福建,古代闽越人是由畲族、苗族这些部落组成的。起源于长江流域的畲族,声称是一个传说中的帝王的后裔——因此他们有独特的"凤衣"和"凤凰发式"(在中国人看来,凤凰是和皇家联系在一起的)。

这其中,还有一个部落叫但族,但族的祖先是蒙古人,大约在700年前,这部分蒙古人长途跋涉来到了福建。他们和犹太人部落"但"并没有关系,尽管的确有很多犹太裔中国人分布于各地,以至于一些专家声称他们是以色列遗失部落的残存力量。在见识过一些地图之后,我有点儿明白他们是如何遗失的了。

中国到底有没有遗失的犹太人,这是存在争议的,但是中国的确有遗失的阿拉伯人。泉州在古代就有至少40000个这样的阿拉伯人。他们的后人包括今天的丁姓家族和郭姓家族,这些人当中有的生有卷发和鹰钩鼻,从外貌上看,说他们是老内,倒不如说他们是老外。

传说中的犹太裔中国人

犹太人或许是在2500年前的巴比伦流亡时期开始向中国行进的,当时中国和波斯之间已有贸易往来,但是最早的书面证明(当时只有中国产有纸张)是一封于公元前718年用犹太—波斯语(一种贸易语言)写成的商业信函。

公元9世纪末,有"巴格达邮局女局长"之称的伊本·科尔德比(ibn

Khurdadbih)谈到了这些从葡、法出发,行进到中国然后又沿陆路和海路返回的犹太商人。马可·波罗大约于1286年在北京就遇到过犹太裔中国人。1346年,穆斯林旅行家伊本·白图泰(ibn Battuta)通过"犹太人之门"进入杭州。他写道:"犹太人、基督徒以及信奉太阳崇拜的土耳其人,为数众多。"

公元16世纪中叶,一个葡萄牙旅行家写道:在中国的"摩尔人、非犹太人以及犹太人各自有其自己的咒语"并且中国的法官们让他们"以他们所信奉的"在法庭上立誓。

著名的天主教传教士利玛窦(Matteo Ricci)被认为在开封(位于河南省东北部)发现了犹太人社区。事实上,是犹太人发现了利玛窦——还以为他是一个犹太人呢!

一个犹太裔的中国高官艾田于1605年6月离开了开封,意欲前往北京谋求更高职位并会晤利玛窦。艾田读过利玛窦的一神论论述,并且利玛窦又矢口否认自己是个穆斯林,因此中国籍犹太人得出结论,利玛窦肯定是个犹太人。

对和艾田会晤,利玛窦很是激动:既然艾田是个一神论者,并且又矢口否认自己是个穆斯林,因此利玛窦得出结论,艾田是一个天主教徒。于是利玛窦就领着艾田去了教堂(艾田还以为是犹太人进行活动的会堂呢),并在圣母玛利亚、婴儿时的耶稣以及年轻的圣·约翰的画像面前下跪。艾田断定他们一定是丽贝卡(Rebecca)、雅各布(Jacob)和以扫(Esau),于是这位礼貌的中国人跪下了。艾田评论说他的乡人是不行跪拜礼的,不过对于利玛窦祭拜祖先的奇怪做法他也并不反对。

面对一幅绘有马太(Matthew)、马克(Mark)、路加(Luke)和约翰(John)的肖像画,艾田问道这上面为何没有雅各布的其他几个儿子。最终让他们感到高兴的是,两人总算澄清了误会,不过值得思考的是天主教似乎是犹太教的一个分支。在1608年写给利玛窦的一封信中，开封犹太会堂(建于1163年)的那位年长的经师对利玛窦坚持认为弥赛亚(Messiah)已经到来的看法持反对意见。但是他认为他们之间在其他方面无太大分歧，他认为利玛窦可以接替他出任开封会堂的首席经师——前提是他必须首先戒食猪肉。

开封的犹太人被认为是来自波斯、印度、布哈拉或者也门。事实上泉州及其他沿海城市存在着犹太社区，这表明他们作为商人是经海路而不是陆路进入中国的。但是明政府关闭了丝绸之路和海上丝绸之路，犹太人屈从于这种隔绝(和在几乎所有其他国家所遭遇到的不同，犹太人从来都没有受到来自中国人的迫害)。如今，数百名犹太裔中国人依然居住在开封的一条名为教经胡同的巷内。唉，只是没有了熏鲑鱼和百吉饼。

客家

1000多年前，整个"客家"村落从中原地带迁移到福建的偏远地区。由于他们很好地保留了古代的语言和风俗习惯，以至于许多人都误认为他们是少数民族，但实际上他们是汉人，并且为之自豪。

但是有点儿滑稽的是，时隔1000年，他们依然自称为"客家"。对于某些客人，只要一星期，我就可以让他们不敢以客人自居。如果我处在1000年前，周围要是有根棍子的话，我非把这些客人赶出门外不可。

为了避免被驱逐出门，这些勇敢的"客人"建起了巨大的土砌堡垒，而这些堡垒如今却引得全世界的建筑师纷至沓来(联合国教科文组织授予其"世界第八大奇迹"的称号。)。

这些圆形的居所也引起了美国中央情报局的关注。

第二章 厦门的历史

客家发射井？

我对一些客家朋友说过，他们的房屋是圆形的，这样他们就不会被老婆逼到角落里去了，我的这一观点竟然还得到某些人的认可！但是若回溯到1985年，里根总统和中情局对此却另有解释。在一份情报中，曾这样警告：

预备、瞄准、开火！

"运用'群'这个词，我们绝没有开玩笑的意思。核基地群有可能就是一个事实。根据我们通过KH22人造卫星所侦测到的，在中国福建省境内存在1500多座不明的、巨大的蘑菇状建筑物，它们和核设施极为相似。新的穿透式卫星能够透视到巨大建筑的内部，但是在这1500座高大建筑面前却无能为力，由此可见中国核研究的精密性。因此有必要搞清这些建筑的实质。"

（上述内容刊登于2004年4月7日的《人民日报》）

1985年12月，一对来自纽约摄影研究所的夫妇走访中国，拍摄了一些图片——表面上这些图片反映的不过是风光和文化，但是他们的真正目的是来拍摄这些"发射井"的。漳州市文联热情地接待了这对"摄影家"夫妇并很自豪地让他们去土楼一游。这对夫妇后来向中情局报告称，那些所谓的"精密的"的发射井不过是一些土堡而已，且有些已经有数百年的历史了。

与此同时，美国航空航天局或许还想知道这些飞碟状的居所是不是证明了古代的闽人真的来自于太空呢。

遭到炮轰

我曾在一座偏僻的圆屋上看到过一个卫星天线,于是就对一位客家长者说:"是用来跟踪导弹的?"

老者并没有发笑,而是说:"不,不!是用来看电视的!篮球!不是什么导弹!"

我猜这个笑话是要遭到炮轰的。

垂直福建——海外华人的故园

福建能成为大多数海外华人的故园主要出于地理原因。比起伊甸园来,福建的地质和植物种类要更为纷繁,我怀疑没准儿伊甸园里的那条毒蛇都会被福建这边长达33英尺的巨蟒(福建的昵称就是"蛇类王国")给比下去。而我们真正稀缺的是平坦的土地。

本地人会说福建是"八山一水一分田"。 如果古代某个道家神仙整平它的话,福建说不定能成为中国最大的省份。

在古代,福建农民靠在山上开辟梯田度日,1000年前,政府还在沿海地区开展了大规模的围海造田工程。但是耕地还是不足,因此饿极了的福建人毅然背井离乡去国外谋生,尽管

当时皇帝颁有诏令,若有人胆敢登上外船,抓住即被处死,他们也全然不顾了。

如今,那些流离海外的福建人的后裔执掌了亚洲经济,留下来的福建人也为家乡建设做出了不菲的业绩。

亚洲的亚历山大

从厦门沿海北上70公里就是泉州。泉州在古代是世界上最重要的港口,与埃及的亚历山大比肩。泉州是海上丝绸之路的起点,传说辛巴达(Sinbad,《天方夜谭》中的人物)本人就访问过这个当时被阿拉伯人称为刺桐(源于"绸缎"一词)的、传奇的港口城市。马可·波罗写道:

"我可以向你保证,如果亚历山大城和其他某个信奉基督的城市需要一船胡椒粉,会有一百艘或者更多的运载胡椒粉的船只来到刺桐港,缘于它是世界上最大的商务港口之一。"

亚洲的耶路撒冷

联合国教科文组织称泉州是"世界宗教博物馆",世界上几大宗教都曾在泉州有所传播。一块明朝的石碑(骄傲地立于福州一个清真寺里一堆锈迹斑斑的自行车后面)上记载,穆罕默德派生中国的4个信徒中就有两个来到了泉州,泉州最终建起了7座清真寺,拥有穆斯林40000人,另有基督徒、犹太教徒、印度教教徒、喇嘛教教徒、圣芳济会修道士(有3个大教堂)以及耆那教徒等信众。如今,泉州拥有全球硕果仅存的摩尼教(古代波斯宗教,声称人类是介入光明和黑暗势力之争的无辜的走卒)庙宇。摩尼教教义对圣·奥古斯丁极具吸引力,他祷告道:"主啊,赐予我纯洁吧——可是没有。"奥古斯丁追随摩尼长达十年。

中国的巴别塔（普通话或不懂话？）

福建的山地地形不仅影响了经济和政治，而且对文化也有影响。山脉、峡谷和河流把村庄有力地隔绝开来，使得福建比中国的其他任何省份拥有更多的方言土语。1878年，传教士J·E·沃克写道：

"一个本地人几乎不能超越自己村庄的限制，他所运用的语言泄露出了他的出处……这些腔调听起来完全没有章法。"

在时隔一个多世纪的1993年，丘恒兴[①]写道：

"福建的方言在中国称得上是最复杂的了。福建的两千六百万人口所说的方言有数十种之多，主要包括闽南话、莆仙话、闽东话、闽北话以及客家话，另外还有三十多种使用人口相对较少的方言。至于在每个县内所用的方言土语，简直就多得数不清。一位福建的朋友曾经告诉我，一次他村上的一个人结婚，让他去相距不过1.5公里的邻村去借一些器皿。结果他既听不懂别人说的话，而他自己所说的别人也听不懂。"

上升中的厦门

正当犹太人、阿拉伯人、蒙古人和汉人在讨价还价、喋喋不休的时候，厦门岛上的白鹭和毒蛇也在进行着争夺霸权的殊死搏斗。根据传说，白鹭最终获胜了，从而厦门的众多昵称中又多了个"鹭

[①] 摘自《中国民俗采英录》。

第二章 厦门的历史

岛"。想必有些蛇没有得到这一败讯，我曾在厦大公寓楼外面没少邂逅这些滑来滑去的家伙，但是不论是毒蛇还是白鹭都没能挡得住宋朝（公元960—1279年）的农民，这些农民把厦门昵称为嘉禾岛（意为"盛产作物之岛"）。当时，我们这座翠绿的岛屿还隶属泉州府同安县。现在，同安转而成了厦门的一个区，没准儿同安人还很乐意这样，谁叫厦门钱袋子丰厚呢！

厦门的大本营

"厦门位于同名的岛屿上。从严格意义上说，该市的大本营方圆约为一英里。其形状近似菱形或钻石形。四周围有用大块的粗花岗岩构建的、高约二十英尺、厚约八到十英尺的城墙。有四座城门。外城（城墙外面的城）的幅员就广阔多了。其方圆，据我推想，约有六英里。"

——泰尔玛德（Talmadge）牧师 厦门 1847年

宋朝的军队于1058年在厦门驻扎。1282年，有1000名士兵在"千户之区"视察政务和军务。

江夏侯周德兴增援厦门抵御常年为祸的"倭寇"（形容日本海盗的用语）。4000户人家被分成22个行政区，由一个市政当局统一管理，城镇为110公里长的加固了的厚重城墙所包围，该城墙在倭寇的侵扰中幸存，但是却在1928年被夷为平地，为的是给城市的现代化让路。不过，即使没有城墙包围，生活却仍旧精彩。

中国赶走了倭寇，但对来自欧洲的老外态度就不一样了。继1516年葡萄牙人开始了和厦门的贸易之后，漳州和泉州的商人在厦门港入口处的浯屿和外国鬼子做起了走私交易。

1575年，西班牙人从马尼拉派遣一个使团来到福州，可是福州方面拒绝接纳,于是他们转变意向,把资金带到厦门,厦门的当地人为了比索——抑或元、货贝等敢作敢为。

"厦门通货问题的复杂程度差不多能让一个人愁白头发……在这个港口上至少有六七种货币在流通,诸如日元、墨西哥元、港币、台币、银元,还有一些马尼拉比索……所列举的这些币种都没能获准成为这个港口的标准货币。西班牙元仍旧是标准货币,可是它却不参与流通。"

——选自1912年的《厦门内外》(In and about Amoy)第221页,毕脾力(Pitcher)牧师撰

荷兰人步西班牙人的后尘,于1624年攫取了对台湾的控制权后,在台湾岛和金门岛(现为台湾所控制,距离厦门海岸约3英里)之间进行丝绸和食糖走私。可是郑成功来了之后,丝绸和食糖贸易就变得既不顺滑也不甘甜了。

郑成功——日本制造的中国英雄[①]

进入厦门港的船只迎面会遇到一尊魁梧的雕像,本地人称这尊雕像保佑厦门港免遭狂风恶浪等恶劣天气的侵袭。这就是郑成功(1624—1662年)的雕像。

郑成功于1624年生于日本长崎,其父郑芝龙是中国人,其母田川松(Tagawa Matsu)是日本人。郑成功是明朝最后一位抵御满族入关的英雄,同时也是把荷兰人驱逐出台湾的中国民族英雄。今天,郑成功在台海两岸为民所景仰,在日本也受人敬畏。19世纪,日本有多个有关郑

---

① 请阅读《魅力鼓浪屿》中有关郑成功和荷兰驻台总督揆一部分。

成功开疆拓土的戏剧,其流行程度不亚于莎士比亚戏剧之于英国。

郑成功的父亲曾在澳门学习对外贸易。在把所学到的葡萄牙的贸易原则施诸与日本的海盗交易中,他和日本人田川松小姐结了婚,生下了郑成功。日本人传说在郑成功诞生的那个晚上,有星星从天而坠,大地为之震颤。

和大多数父亲一样,郑芝龙希望儿子弥补自己年少时的欠缺——作业做得少了。他把7岁的郑成功送入祖籍南安的学

我说的是铁甲,不是围裙!

校。郑成功完成学业后,21岁前往南京国子监,不过后来他没成为穷经皓首的学者,反而在战争中成就了一番功业。

自农民军推翻明政府之后,满族人乘虚而入,建立了清王朝。满人的狂妄自大激怒了汉人,像大多数人一样,汉人自己狂妄可以,却容不

维廉教授版的
总督大人

下别人的自大。他们揭竿而起,1646年福州一役战败后,郑成功的母亲田川氏为免受辱愤而自杀,而其父亲却投降了清军。

出于孝道,郑成功也认输了,但是让郑芝龙没想到的是,自己的儿子对明王朝依然忠心不改。郑成功选择了厦门作为反清复明的最后基地,并把该岛重新命名为思明("怀念明朝")。时至今日,厦门的一条主要街道还命名为思明路。

郑成功在鼓浪屿的日光岩峰顶指导和训练他的传奇勇士。为了配得上"虎军"的称谓,士兵要举得起重达600磅的铁狮子。这些肌肉发达的勇士头戴铁盔、身披

铁甲，挥动绿色弓箭和长柄宝剑，这些长柄武器是用来刺杀战马的——这是郑成功在学校时学习有关长城（用来挡住野蛮的外族人和他们的战马，马背上的鞑靼人几乎无人能敌，可是一旦下了战马，就威力顿失，任由汉人摆布）的内容时所习得的非凡战略。

1661年4月21日，郑成功率领25000名士兵和数百艘舢板从其反清复明运动的基地——厦门——出发，把荷兰人赶出台湾。

1662年1月，荷兰人交出了他们盘踞了38年的台湾（在后来所拍的电视剧中我扮演了当时的荷兰总督揆一（Coyett）一角，"我"在投降以后，还和"郑成功"共进了快餐）。

海峡两岸的中国人为之欢欣鼓舞，郑成功的军队齐奏凯歌，返回厦门，玩起了"博饼"游戏（每年中秋节，如果您在厦门或台湾，也可以参与到这一民俗活动中）。可是满腔爱国热情的郑成功却在五个月后的6月23日英年早逝。自那以后，郑成功被尊为民族英雄——不光是在海峡两岸，在日本也是如此。而近来有一位中国史学家撰文认为，郑成功是"死于操劳过度"。

或许这是我们每个人都应该吸取的教训。

台湾末任总督所描述的郑成功军队

《被忽视的台湾》，揆一撰，摘自《魅力鼓浪屿》

"这些射手组成了郑成功的精锐部队，即使和目标相距很远，他们也能把弓弩运用自如，其技艺之高超几乎令荷兰的来复枪手们相形见绌。"

"他们每10个人一组，第10个人就是组长，这些组长负责并驱使组员冲入敌阵，他们低头弓腰，借助盾牌的掩护，以大无畏的气势和不屈不挠的勇气冲破了对手的阵地，那气魄就仿佛家中还有一副备用身体似的。他们不断地逼上去，全然不顾许多战友已倒伏在对手的枪口之下,只是更加疯狂地向前推进,甚至都不顾及一下自己的战友到底有没有跟上来。"

台湾的收复对于邻近的厦门商家来说无疑是喜从天降,厦门此时变成中外商船沿途停靠的最佳口岸。1684 年,清政府批准厦门成为"中国的南部门户",建立了海关。英国人和西班牙人如潮水般涌入厦门。18 世纪初叶,那些一度受到排斥的荷兰人竟然也受到了热情的接待。

正当外国鬼子涌入时,龙的传人却在涌出,这令皇帝大为惊慌。1728 年,皇帝发出诏令,如果移民海外的国人不返回,将被驱逐,若被抓住,格杀勿论,以期扭转国人大规模移民海外的趋势。但是这一潮流难以阻止。到 19 世纪中叶,移民海外的厦门籍中国人是当时厦门实际居民的 2.5 倍。1920 年,保罗·哈奇森(Paul Hutchinson)写道:

"……每年大约有 60000 人途经厦门,踏往海外,他们主要去往马六甲海峡沿岸的殖民地、爪哇、婆罗洲以及南太平洋诸岛……厦门成为对外贸易的中心,这几乎比中国任何其他城市都早。荷兰商人和葡萄牙商人早在 1300 年就来到了此地。现存的一些外国人墓穴可以溯至 1698 年、1702 年和 1710 年。"

如今,厦门成为 350000 名海外华人的祖籍地,70%以上的台湾居民可以在闽南找到他们的根——这有助于解释为什么海峡两岸的人们在方言、着装、风俗和烹饪方法方面如此相似。

"猪猡"贸易

"大部分苦力来自中国的南部、中部省份,特别是福建……许多人

经由香港、澳门和诸如厦门之类的港口被输出。他们从一开始就为中国苦力运载代理商和船长——有三分之一以上是美国人——所剥削,然后又受到雇主残酷的虐待。"

"在这些不幸的人身上所从事的贸易被俗称为'猪仔贸易'("毒品贸易"则是鸦片交易的俚称)。正如1852年英国驻广东领事所看到的那样,这些苦力像奴隶一样被关进畜栏,身上经常被画上P、C或S之类的字母,P表示秘鲁、C表示加利福尼亚、S表示英国的三维治港口。"

"有些人是豁免的罪犯或绑架案件的受害者(时至今日,我们还在使用'shanghaied'(先麻醉再劫掠到船上去做苦力)一词),95%以上为合同制工人,这些人先由未来的雇主代为支付渡海所需的50美元费用(作为借贷,以未来的工资抵付),至于工资他们永远也看不到,因为在贷款和生活费上的扣减超过了他们的收入。航行条件极为恶劣,但因为钱已易手,他们在法律上不是奴隶,无法对船主提起诉讼。许多人死于途中:一艘英国航船(约翰·加尔文号)上就有50%的乘客殒命,而据知美国船只上的死亡率常常是40%。"

"妇女有时也构成了'猪仔'贸易的一部分。根据中国法律,女性不能移民,但海外的雇主需要妇女:目的在于使他们的合同制苦力能够在新的国家安定下来,这样就不必进口更多的苦力了。这些妇女大多是被诱拐来的或根据当时中国的制度(允许购买年轻的姑娘作为使唤丫头或童养媳)买来的。这一贸易在某些方面是特别招人反感的:1855年,一艘英国船只(英格尔伍德号)满载一船八岁以下的女童,停在厦门港外时,船员厌恶运载女童,就向英国领事汇报,结果在该领事的安排下,这些女童被遣返回乡。"

——摘自马丁·布斯(Martin Booth)的《鸦片的历史》(Opium – A History)一书,由纽约 St. Martin's Griffin(出版社)于1996年印行

第二章 厦门的历史

猪猡和毒品

清朝皇帝诉诸道德和"天道",试图制止西方的鸦片交易。作为最后的手段,禁烟大臣林则徐在甲板上焚毁了英国的鸦片。此后,英国宣战。

19世纪40年代初期,英国军舰不断侵袭中国的海岸,洗掠沿途的城市和村庄,抢走农民的鸡、鸭、牛等家禽、家畜甚至女儿。当他们离开被焚毁的村庄时,还在村中张贴布告:"鸦片大减价!机会难逢,不可错过!"他们甚至还贷款给农民买鸦片。

腐败的清政府投降了,根据1843年的《南京条约》,厦门成为五个通商口岸之一(其他四个分别是广州、福州、宁波和上海——译者注)。国门被打开了,东方巨龙沉迷于鸦片所导致的昏睡当中,而厦门则成了"猪猡和毒品"贸易的主要中心。

19世纪50年代,传教士泰尔麦基(Talmadge)写道:"至少半数的厦门男人都或多或少染上了毒瘾。"到1900年,中国有四分之一的成

移民离开厦门(毕腓力牧师摄于1912年)

1840年的厦门城门

年人变成了瘾君子。直到1925年,欧洲在亚洲所谋取利润的一半依然来自鸦片贸易。英国直到1945年才放弃其在香港鸦片贸易上的垄断权,当时英国处境的尴尬让其在鸦片贸易中的获利退居其次。

整整一个多世纪,西方列强在亚洲的主要利润来源还是鸦片,然而,西方的普通民众对两次鸦片战争或引发鸦片战争的贸易知之甚少或一无所知。若想了解这段历史,请阅读位于书末的"鸦片主"部分。

时髦的厦门!

汤姆森在1873年4月为一对厦门夫妇拍下了这张照片。他写道:

第二章 厦门的历史

"这对厦门夫妇的装束和外貌……包着头巾的这位应该是一个苦力,在美国或他所移民的其他国家干着类似于产业工人的活,而产业工人对这些国家来说非常重要。坚持不懈和节俭的习惯使得这个人还能过上凑合的日子,如果他能抵御住大烟枪的诱惑并远离赌桌,不出几年,他就能攒下两三百美金,用这笔钱,他可以回乡买些地做个农民或置办些渔具当个渔夫……"

鼓浪屿公共租界

1902 年,鼓浪屿"选出"六个外国人和象征性的一个中国人,组成了市政机构。鼓浪屿变成了一个公共租界,岛上建有 14 个国家的领事馆,这些国家包括美国、英国、法国、日本、德国、西班牙、丹麦、葡萄牙、荷兰、奥地利、挪威、瑞典、菲律宾以及比利时。正当西方人在苦力和鸦片贸易上大攫财富时,中外人士在鼓浪屿上的合作共事对现代中国的发展做出了重大的贡献。如今,中外游客云集鼓浪屿,不仅在于其存留下来的殖民时代建筑的空前多样性,而且在于这个袖珍岛屿在现代医学、音乐、教育、艺术、运动的发展方面发挥了很大的作用——我们现

鼓浪屿公共租界(1913 年)

在只是一笔带过，而当时鼓浪屿上的人们却在这些领域身体力行！

鼓浪屿
——热带医学的摇篮

"热带医学之父"帕特里克·曼森（Patrick Manson）爵士曾在这个弹丸小岛——鼓浪屿——上有了里程碑式的发现。就是在这儿，曼森发现了世界上最致命的生物——"厦门吸血鬼"（绝对是真实的故事！请阅读"野生动物"一章的附录）。这个无畏的苏格兰人好不容易才获得了中国人的信任，当时的中国人在数十年间传闻，这类外国人会吃了中国人的婴儿并用他们的眼珠子装饰镜子。当曼森医生坚称他是来为他们服务时，他们或许还以为他要把他们"服务"到大盘子上。最后，为了让他们放心，他开了一个露天诊所，这样大家都能看到他的解剖刀并没有和刀子、叉子等餐具一起上。好在，他们从来没有捕捉到曼森手持刀叉、夜半更深偷袭墓穴的身影……

曼森努力想搞清楚厦门人一些不寻常的疾病的来龙去脉，于是他解剖了很多物体，小到蚊子，大到人的尸体，但是只能在黑夜的墓地里做这些事。因为中国人很忌讳解剖尸体。曼森的坚持最终得到了回报。他是第一个把蚊子和疟疾联系到一起的人。同时，他也专长于象皮病的诊疗，并发明了一些一直沿用到今天的手术用具。

当曼森为老外和老内爱

曼森医生（右二）摄于 1873 年的厦门

第二章 厦门的历史

戴时,他却启程前往香港去创办一所医科学校。就在这所学校里,他教过一个学生,此非旁人,而是孙中山!

另一个杰出的老外

一个从鼓浪屿公共租界走出来的老外注定对界定20世纪的走向有所帮助。沃尔特·H·布拉顿博士是罗斯·R·布拉顿和Cttilie Houser(曾在厦门教授科学和数学)的儿子,1902年2月10日生于鼓浪屿。自从1929年在明尼苏达大学获得博士学位以后,他把余生都献给了贝尔实验室,并和约翰·巴丁博士一起发明了点接晶体管——奠定了现代电子学的基石。

厦门的陷落

1939年,美英士兵用武力终止了日本人的接管,但是就在1941年12月,日本攫取了对厦门的控制权,建立起一个傀儡的中国国民政府,并把一度优雅的岛屿变成了屠宰场。

英国在1930年交出了其对鼓浪屿的所有权(但保存其在公共租界的权利)。日本在1945年退出了对鼓浪屿的占领。到1946年年底,最后一项外国特权也被废止了。接着毛主席来了。

在带领数千人走完了长征(Long March,另一个意思是"漫长的3月",接下来还有一个鲜为人知的"短暂的4月")路后,这位伟大的舵手声名远播。1949年,毛主席把我们老外给永远驱逐了。

好在,这个永远还不是太远。我们又回来了。是开开心心地回来了,这回,我们用不着砸门了,而是作为外国朋友受到热烈的欢迎。

解放后的厦门——经济火车头

1949年后,北京政府开始把厦门改造成一个经济火车头。首要措施之一就是结束该岛经年累月的隔绝状态,建起了公路和铁路与大陆

相连("集美"一章有更多介绍)。

到20世纪50年代后期,厦门的公司可以生产出先进的电解电容器、碳电阻器和渔情探测器。厦门的化工在1958年飞速起步,现在几乎可以生产出任何产品,从橡胶轮胎和合成氨到中西药,包罗万有。

纺织工业开始生产人造和天然纤维产品,市粮食局开始组建,以监管粮食的生产和向几十个国家的出口事务。

历史证明厦门人与生俱来就有一种银行意识。在20世纪初,成群的中国银行家肩上扛着一篮篮的钱在厦门小跑如飞。到了20世纪20年代,这些"篮子银行家"扩大经营,开办了100多家"钱庄"。因此,在50年代,中央政府在招聘一些能人充斥到厦门各银行的问题上一点儿也没费力。

一个世纪前,孙中山梦想把厦门和海沧改造为一个"东方大港"。解放后,他的梦想眼看就要实现了。可是,厦门经济的繁荣时期结束得太快了。

当北京政府下决心建设新中国时,蒋介石却是一心一意想回到旧中国。他命令炮轰厦门,想让其回到旧石器时代。北京政府暂停了厦门的后续建设,犁铧又被打造成利剑。当中国的其他地域在大力发展时,福建省,尤其是厦门市却变成了抵御台湾的前线。到20世纪70年代后期,曾经辉煌一时的福建变成了中国最贫穷的省份之一,厦门不再是进入中国的门户,而是变成了火药桶。当然,在20世纪60年代末,台湾问题被人遗忘了,"文化大革命"(1966—1976年)的十年浩劫席卷了整个中国,从广州到拉萨无一幸免。厦门也在劫难逃。

第二章 厦门的历史

厦门筼筜湖

一度是船只的小小避风港和厦门水产中心的筼筜湖，到了"文革"高峰时期的1971年停止了发展。港口为淤泥所阻塞，一些所谓的专家甚至称筼筜湖与其作为港口还不如改作农田。

到了20世纪80年代初期，中国才开始集中分散的力量，北京政府再一次追寻要把厦门建设成为经济火车头的旧梦。

由于投入了4亿元用于清理整修，那个曾经又脏又臭的筼筜湖现在已成为厦门的文化中心，吸引了大批游客和房地产开发商，那些数十年前飞离的野禽也再次驻足。筼筜湖承办了多次国际性的水上运动赛事。每到周末，人们蜂拥至湖畔公园，聆听音乐，观赏多姿多彩的音乐喷泉。

筼筜湖的彻底清淤不仅得到了中央政府的褒奖，也被联合国开发署遴选为"东亚海域海洋污染预防与管理区域署"的示范基地。

厦门的重生！

20世纪90年代初，厦门依然被认为是中国最脏乱的城市之一。但是到90年代末，厦门已被公认为中国最宜居的城市——这绝非浅层次的转变。厦门的田园美景不仅让游客感到适意，身在其中的厦门人也其乐陶陶，且不管也从事哪一行当。 在第25章和第26章中，您将了解到为什么说中国厦门是做生意的好地方。

历史补遗

洪卜仁教授的双语画册《厦门旧影》让老厦门丰富的西方遗产和国粹重新焕发生机。

作为中国最早的通商口岸之一,厦门也是亚洲最早拥有当时的新奇发明——相机——的城市之一。自打青年时代起,洪教授就收集了许多关于厦门历史的图片和文字记载,以至于他的两套相连的公寓里塞满了文献资料和书籍(他的夫人可比我那位有耐心多了)。

洪教授按说已经退休了,可是在我眼中,他依然精力充沛,正积极地给政府、大学以及对厦门丰富的历史有兴趣的外国研究人员提出建议。

尽管洪教授非常和蔼地让我从他的书籍中选取照片,为《魅力厦门》一书增色,不过我还是希望借此能让您更有兴趣去购买老先生的书(我就买了25本呐!)。

洪卜仁教授

"厦门的活史书"

鼓浪屿美国领事馆
(建于1844年,1904年毁于大火)

鼓浪屿英国领事馆
(建于1844年,
20世纪初拍摄)

鼓浪屿德国领事馆(建于1870年)

鼓浪屿码头(20世纪30年代)

 第二章 厦门的历史

引自《厦门旧影》，洪卜仁教授编著

厦门（1905年）

1000年前，厦门只是泉州的一部分，而泉州当时是海上丝绸之路的起点，并且是全球自然深水良港之一。世界在走向现代化，厦门也概莫能外。厦门曾经接待首个环球飞行队，比林德伯格（Lindbergh）飞越大西洋要早三年。

英国新夏轮船公司（1858年开始运营）

日本大阪轮船公司旧址

繁忙的曾厝垵机场

引自《厦门旧影》,洪卜仁教授编著

鼓浪屿市政警察

厦门旧城北门

全副武装的外国警察为厦门保持富庶提供了必要的稳定局面。但是,他们也曾执行过悬挂于厦门俱乐部和公园门口的那句臭名昭著的标语——"华人与狗不得入内"。(我们老外应庆幸中华民族是这样一个宽容的民族!)

到教堂、医院、学校避难的中国人

日本士兵在鼓浪屿轮渡码头搜查旅客

第二章 厦门的历史

引自《厦门旧影》，洪卜仁教授编著

厦门中山路（1928年）

存续了600多年的厦门的古城墙曾在600多年前抵御过倭寇和西方强盗的侵袭，但是却没能在20世纪二三十年代房地产开发商的手下幸免。

瑞芳参行（1912年）

繁忙的曾厝垵机场

引自《厦门旧影》，洪卜仁教授编著

鼓浪屿三一教堂（1934年启用）

厦门教会学校学生

"竹林礼拜堂"（1859年）

中国第一座新教教堂
（新街教堂，1948年拍摄）

鼓浪屿赫普医院
（美国传教士1989年创办）

鼓浪屿岛上的外国人墓碑

第二章 厦门的历史

引自《厦门旧影》,洪卜仁教授编著

熙熙攘攘的老外或许认为这些闲散的当地人过于懒惰,可事实并非如此。厦门人一直都很勤奋。在过去的几十年中,他们显示出了非凡的适应性和竞争力,不仅在商业领域表现卓越(诸如下文中由中国人开办的荷兰奶牛公司),而且在运动领域也独领风骚。直到现在,厦门依然以一些世界级的运动员以及厦门国际马拉松赛(我常常参与其中,直到大汗淋漓,实在撑不住为止)而闻名。

厦门街景

厦门乡下儿童等候夹零食的商贩

1935年世界游泳冠军——杨秀琼

荷兰奶牛场

第三章
乐在鹭岛

"无所事事是反动的,一向如此。"
——法国哲学家居伊·德波(Guy Debord)

小香港?

几年前,我的大儿子曾经说过这样一句话:"哇噻!厦门快变成小香港了!"不过在1988年我们刚来的时候,厦门的天际线只比海平面高出那么一点儿。当时唯一的高层建筑就是海滨大厦——但情况也不是太好,频繁的用电管制把电梯变成了摆设。记得有好几次,我在中山路书店里那些散发着霉味的书架上淘书的时候都离不开蜡烛——这间书店有着"BYOC"(bring your own candle,自备蜡烛)的政策。

热饭热汤

那时候,厦门的好餐馆少之又少,服务也很糟糕。我们曾经坐公交车穿过整个市区去新开张的厦门东南亚大酒店,就因为那里是全市唯一能供应冰水的地方。

我们的第一辆"车"

1988年,在折腾了两个月之后,我们终于获准购买一辆三轮脚踏车!"外国人不能购买商用车辆!"自行车商店的店员起初还态度坚决。

第三章 乐在鹭岛

"我漂洋过海来到中国不是来当车夫的！"我说"纯粹是为了方便家人。"

最后他们的态度软了下来，同意把车卖给我，因为我从厦大外事处要来了一份公函。即便这样，他们还是逼我在一份合同上签了字，保证不会用这辆车来赚外快。

当我春风得意地蹬着三轮车从店里出来，沿着思明路回厦大的时候，一位正和女朋友轧马路的年轻人指着我大声问："喂！送我们去中山公园多少钱？"

我们的第一辆"车"

卖方市场

与现在扎堆鹭岛的商场、购物中心和国际零售连锁超市相比，很难相信在90年代初我们还没几家商店可逛。那时的商店里通常只有十几种到几十种商品，密密麻麻地挤在落满灰尘的货架上，因为这样能让货架看起来满满当当。而且，所有商店都在同一时间卖东西，然后在同一时间断货。如果意外发现平时踏破铁鞋也没找到的东西（葡萄干、麦片、可可、果酱等），我们肯定是成箱地买，因为我们很清楚过了这个村就没这个店了。

马太找到了一个盟友

没有 Mayo（蛋黄酱，音"梅欧"——译者注），只有"没有"。1989年，我头顶烈日，脚蹬三轮（那叫一个沉啊），载着全家老小跋涉10公里去厦门唯一一家经销进口食品的商店，因为据说那里有卖 Mayo 和金枪鱼。结果到那儿一问，人家根本没有金枪鱼和 Mayo——有的只是"没有"！

马太来厦门的时候才六个月大，因此对他来说这里很大程度上就是他的家。他五岁那年曾经这么问我："老爸，你在台湾当空军的时候要来轰炸厦门；现在来厦门了，你会不会去轰炸台湾？"

我因此得出一个结论：孩子们一定是打仗游戏玩多了。

神能和马太守卫堡垒
(1993年摄于厦门)

胜地中的禁地

当年的厦门也有它的自然之美，可惜大部分美景都禁止外国人进入。台湾控制的金门岛离厦门不到5公里，所以说这里更像一处军事前沿，而不是一座旅游城市——士兵们曾经把我们一家从厦大外的海滩上赶走，还因为我们的儿子在小山上玩耍就把他们关禁闭。

1988年——逃离厦门！

当时在厦门的生活是相当乏味的，因此我们不放过任何一个离开厦门的机会，去香港或周边的城市，比如漳州。那里虽然比厦门偏僻些，但是购物环境比厦门好。有一次在漳州，我们淘到了两箱上海产的上等草莓酱。在我们的精打细算之下，这两箱草莓酱足足用了三年。

1993年，我们买了辆"偷油塔"（丰田汽车），从此开始了探索全中

第三章 乐在鹭岛

国的旅程。在玩遍福建和周边省份之后，我们驱车4万公里去西藏打了个来回(回程还绕道内蒙古和戈壁沙漠)。具有讽刺意味的是，去过的地方越多，我们就越欣赏我们安家的福建省——特别是厦门。而近年来厦门发生

的巨大变化更是让我们不再拼命逃离厦门，而是努力逃往厦门。

2006年——逃往厦门！

如今的厦门有太多东西值得一看，太多事情值得去做。我们有时会找家本地的酒店度过一个美妙的周末，试着以游客的身份去体验这座海上花园。我们在装饰考究的餐馆里享用美食，在昔日的公共租界——鼓浪屿上沿着崎岖小径探秘。我们在公园里徜徉，或是骑自行车畅游美丽的环岛路——沿路的花岗岩坦克陷阱现在已换成了姿态各异的花岗岩雕像，还有各种用于帆板、冲浪、日光浴和游泳的设施。

厦门有放映最新进口大片的影院、PGA(美国职业高尔夫球协会)水准的高尔夫球场，有保龄球馆、台球馆、博物馆和图书馆，有一座水上乐园、一座中国最好的水族馆和一座台湾民俗村。"音乐之岛"也不是浪得虚名——这里每周都有精彩的演出，厦门爱乐乐团和来自世界各地的艺术家们轮番登台，各领风骚。

此外，我们还有多到数不清的购物场所，包括商场、购物中心、专卖店和跨国零售巨头，比如德国的麦德龙、法国的家乐福，还有两家沃尔玛超市。

就像我在接下来的几章里所说的一样，现在的厦门绝对没有任何理由让您"反动地"无所事事！

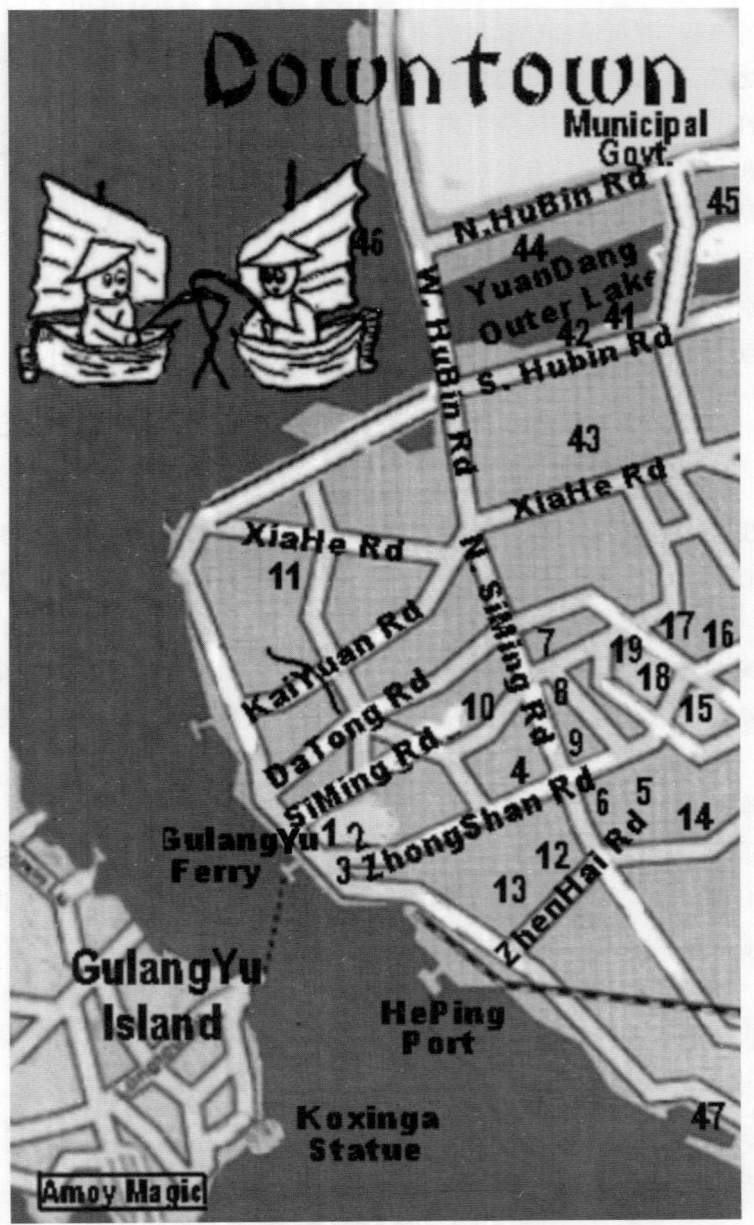

第三章 乐在鹭岛

厦门地图图例

1. 鹭江宾馆
2. 东海(华联)商厦
3. 中国银行
4. 外文书店
5. 新街堂(建于1843年)
6. 药店
7. 思明电影院
8. 育兴电器商场
9. 人民剧院
10. 电器商店
11. 竹树堂(建于1848年)
12. 假日酒店(后面是诚达购物广场)
13. 中医院
14. 第一医院
15. 华侨大酒店
16. 工人文化宫
17. 公安局
18. 邮局(邮票很棒！)
19. 电子游戏商店(X-box、Play Station、等等)
20. 花鸟市场
21. 图书馆
22. 口腔医院
23. 厦门日报社
24. 烈士纪念碑
25. 青少年宫
26. 厦门宾馆
27. 倍顺超市、麦当劳、加油站、等等
28. 餐馆用品(橄榄油商店)
29. 塑料制品商店(家居用品)
30. 自行车厂
31. 友谊商场
32. 东南亚大酒店
33. 民航订票处
34. 闽南大厦
35. 人民银行
36. 中山医院

白鹭洲中心(位于白鹭洲上)

保龄球馆、宠物商店、古玩商店、海鲜餐馆等

37. 体育中心
38. 厦航订票处
39. 酿酒厂
40. 食品厂
41. 电子城
42. 长途汽车站
43. 广播电视大学
44. 马哥孛罗东方大酒店
45. 厦门外国语学校
46. 同益码头
47. 石雕厂
48. 船舶修造厂
49. 海洋研究所
50. 厦大医院、顺龙汽修

第三章 乐在鹭岛

没落的拱门

探索老厦门……要趁早！

在关于19世纪末20世纪初老厦门的影集里，总有几张照片记录着雄伟的拱门状石头牌坊。这两座牌坊建于300多年前，是用来纪念两位伟大的中国将军的。牌坊在二战期间部分毁于日军炮火，在解放后又被彻底夷为平地，以便为新建筑腾出场地。因此，我从来不知道它们的具体位置，直到今天早晨。

高大的牌坊曾经耸立在塔厝社路和将军祠路的交汇处。将军祠路是厦门宾馆附近一条蜿蜒的小路。牌坊早已不复存在，但原址上还有一些残存的石刻，这些石刻和我以前见过的中国艺术品完全不同。

中国象背上的骑士

从将军祠路50~58号的大门进去，左边有两个小门。第二道小门里面的小院中有几根老旧的柱子，至少有100年以上的历史，但真正的宝藏是院中一座老房子的屋檐下、窗框上的那些雕刻。我的同伴们说这些雕刻反映了西方对中国的影响，我对此不以为然，直到我们从一辆绿色的废弃汽车旁边的小门进去，在这座房子的另一侧看到了更加奇异的雕刻。

我惊讶地发现,这处浮雕刻画的是一个须发浓密的外国人。他戴着高帽,骑在一只中国狮的身上(象征外国人在中国横行霸道?)。这个外国勇士的两侧各有一只飞鹿,长着鹿角和翅膀(看来,圣诞老人不是第一个驾鹿旅行的人)。

另外一处浮雕描绘的也是一位骑士,而他的坐骑,按照越南华侨周教授(Prof. Chau Tam Luan)的说法,绝对是一头中国象。我开玩笑地说,那头象的眼睛看起来很西化,但教授说判断它是中国象的依据是它的耳朵,而不是眼睛。至于这位骑士是中国人还是外国人已经无从判断,因为他的面部损伤十分严重。如果我们再不采取保护措施,这些仅剩的历史遗存也将消失殆尽。

骑着中国狮的"洋鬼子"

当我和《厦门日报》的朋友们拿着白华(音译)先生的黑白老明信片与眼前的景物对比时,我为人们的蓄意破坏或视而不见感到悲哀,这让厦门失去了太多的历史遗迹。邻近的自行车修理店旁边,两只石狮子风化得厉害,几乎无法辨认了。

我明白我们无法留住过去的所有点点滴滴,因为真要这么做的话就不能把握现在(特别是在中国,因为她有着太多的过去)。但可惜的是,在今天的厦门,麦当劳的金色拱门是我们唯一能见到的拱门了。我希望厦门能采取措施去保护这座城市里为数不多的历史遗迹,并立起铜质铭牌,把它们的历史意义告诉人们。

几年前,邻近的泉州市官员告诉我说:"厦门和泉州不一样,厦门只有六七百年的历史。"我的看法是,尽管厦门的历史相对较短(至少相对中国历史来说是这样),但是仍然有它深厚的内涵。无论如何,我们应该珍惜我们的过去,让后代能够从中学习,从中受益。

厦门街道名称的由来

费 菲(英文名 Robin)

厦门和鼓浪屿街道名称的来源有两大类:传统习惯和政府法令。其中第一大类又可以分为五小类:

1. 以行业或职业命名的道路:打铁街、打锡箔巷、卖鸡巷、熟肉巷;
2. 以当地特征命名的道路:石壁街、土堆巷、矿仔井、芒果脚、蓼花路;
3. 以寺庙或宫殿命名的道路:美仁宫、妈祖宫、城隍庙;
4. 以当地名门望族命名的道路:周厝巷、苏厝巷;
5. 以名人墓葬命名的道路:白厝墓、马墓、傅厝墓等。

政府命名的道路也分为两小类:

借用其他地名命名的道路:福州路、漳州路、同安里、泰山路;
以理想的品质或特征命名的道路:太平路、自强路、兴安路。

注:许多城市都有以孙中山先生的名字命名的中山路和以郑成功的爱国心声——"思念明朝"命名的思明路。

百家姓传奇

中国人大约有8000个姓氏,其中汉姓大约有3050个。不过,大约87%的中国人使用常见的一百来个姓氏——"人民"因此也被称作"老百姓"。最常见的三个姓氏是李、王和张,大约有两亿五千万中国人——几乎相当于美国的人口总数——使用这三个姓氏!其中姓张的就超过一亿。

想象一下,如果全美国的人都姓李、张或王,那么由于同名同姓的人太多,你拨出的电话可能有大半都是打错的!如果你不小心把女朋友家的电话也打错,我估计她得跟你说拜拜了。

百分之四十的中国人使用十个最常见的姓氏:张、王、李、赵、陈、杨、吴、刘、黄和周。中国人随父姓,女性在结婚后不用改随夫姓。

在古代,大声说出皇帝的名字是死罪一条,甚至跟皇帝同名也不行——如果有5000万人跟皇上同名,那么肯定会天下大乱。刘邦当上汉朝(公元前206年—公元220年)皇帝后,所有名字带"邦"字的人要么改名,要么脑袋吃上一棒(这就是中国的"大棒政策")。这场大规模的改名运动大概把户籍普查人员给逼疯了。

近代以来,父母给孩子们取的名字常常反映出他们对孩子的期许——希望他们幸福,或者希望他们不犯政治错误。"文化大革命"期间,孩子们常被叫作"兴国"、"建军"、"爱华"或"国庆"。"红"理所当然地成为许多人名字里的主色调。你可能无法想象,你的孩子们分别叫作"朝红"、"永红"和"红兵"会是怎样一种情形。难怪那一代人普遍都加入了"红卫兵"。

现在的父母在给孩子取名时往往更注重经济性而不是政治性,例如"致富"就表示希望变得富有。

通常,女性的名字都带有与美丽、自然、珠宝等相关的字眼,如"美"、"花"或"婷";而男性的名字则带有阳刚气或军事意味,如"刚"或"劲松"。

我在少年时代也有一个跟树木有关的绰号:榆木疙瘩。

第四章

鼓 浪 屿[①]
—— 音乐之岛与"万国建筑博览会"

福建省第一旅游景点是鼓浪屿,面积1.77平方公里,与厦门市区仅有一水之隔,从厦门港仅需乘坐短程渡轮便可到达。20世纪初,鼓浪屿是公共租界,有13个外国领事馆,拥有比世界上任何地方(帕萨迪纳和加利福尼亚除外)更多的富人。现今,数百座鸦片战争时期的官邸使鼓浪屿堪称无与伦比的露天万国建筑博览会。不仅如此,鼓浪屿也留下了丰富的历史遗产,它是"热带医学的摇篮",是中国基督教新教传教团的发源地,也是曾在中国开一代风气之先的医生、教育家、艺术家和作家们的故乡,真是不胜枚举!

"《南京条约》签订后,厦门被迫开埠通商,从那时起居民就享有完全豁免,中国政府无权驱逐他们。厦门是中国所有领事港中最容易进入的港口……一千多年来,厦门以贸易市著称,曾经是中国最早在欧洲贸易占有一席之地的城市之一。在厦门从事贸易的欧洲人在鼓浪屿均有各自的住所……这里可以被称为是中国最有益健康的港口之一,几乎没有受到流行性疾病的侵袭,从公墓上可以表明这一点。与其他港口相比,鼓浪屿是个格外有益健康的、璀若海上明珠的美丽岛屿……鼓浪屿的气候也位列中国最佳……

"外国居民(包括海关关员)的总数是300人……

"鼓浪屿竟然还有个令人羡慕的机构——会所,主要由这些居民

[①] 参见《魅力鼓浪屿》。

资助的。也有赛跑、板球和草地网球俱乐部,由社区的主要成员和两个共济会会员组成。"

——选自《中国评论》第22卷第5期(1987年)《关于"厦门地况风貌、纪念碑、寺庙和俱乐部"》,J. S.撰

音乐之岛

只需须臾时间便可理解为什么老外选择这个小岛作为他们的公共租界。鼓浪屿至今还拥有在中国其他地方少有的一份宁静!鼓浪屿禁止使用汽车和自行车,因此这里的人们以步代车,连买卖都是通过手推车来实现。正因鼓浪屿是"音乐之岛",在这宁静的岛屿上,您却能欣赏到美妙的钢琴声!

闽南有形式丰富的本土音乐,包括备受青睐的"南音戏曲"。南音戏曲有1000多年的历史,可追溯到隋朝。同时,厦门也擅长现代音乐。鼓浪屿已有100多位音乐家出道。如今,这个小岛上的人均钢琴拥有量比中国其他地方都多(350架钢琴,即每5户就有1架钢琴)。所有这一切在19世纪40年代已初露锋芒……

钢琴与传教士

19世纪40年代,基督教传教士来到鼓浪屿,一手拿着圣经,一手拿着的就是钢琴(这得多大的手啊!)。如今,这个仅有2万人口的小岛的钢琴普及率居全球之首,鼓浪屿也因此被誉为"琴岛"。

早年,基督教新教教徒就已在厦门岛和鼓浪屿建起了许多教堂。天主教教徒同样也忙得如火如荼。1883年厦门代牧区(隶属于多明我会)创立,一度监管着11位欧洲传教士和8位中国传

第四章 鼓浪屿

教士、32所教堂或礼拜堂、3座孤儿院以及13座学校。台湾也是厦门代牧区的管辖范围。当时钢琴在所有的宗教活动中起着不可或缺的作用,鼓浪屿人也从此迷恋上了钢琴。

厦门钢琴博物馆——亚洲最大的一家

著名的钢琴大师包括20年代的周淑安、30年代的林俊卿、50年代的吴天求、60年代的许斐星、80年代的许斐平、90年代的陈佐湟和许星。如今,鼓浪屿依然人才辈出,因为几乎每晚都会举行家庭钢琴音乐会。许多人到厦门音乐学校进修学习,从那儿到伦敦、纽约、巴黎,有的则在当地最早有钢琴的教堂中演奏。难怪鼓浪屿拥有**亚洲最大的钢琴博物馆**,其风琴博物馆也位居世界前列(参见"博物馆"一章)。

厦门爱乐乐团

成立于1998年,在国际知名指挥郑小瑛教授的得力指导下一举成名。尽管他们的座右铭是"高雅艺术将越来越受欢迎",像我这样的

庸俗之辈却竟然也欣赏了100多首爱乐乐团的作品(可见下里巴人和阳春白雪有时也是相通的)。

比利时指挥埃里克·莱德汉德勒说:"我已经和中国国家交响乐团、北京交响乐团和上海交响乐团等其他乐团合作过。厦门的这个乐团比较不一般,因为其成员很年轻、技艺高超且训练有素。"

——2004年11月《厦门日报·双语周刊》(Common Talk)张薇薇所写的《训练有素的乐团》一文

中国戏院

约翰·麦克格文牧师(《厦门内外》,1889年①)

"在本市最繁华的街上建了座戏院。在戏院两侧40或50码范围内挤满了观众,他们兴高采烈,昂着头盯着台上的演员。一出滑稽剧正演到结尾,不时爆发的笑声表明观众非常喜欢这出滑稽剧……

"在我们眼前的表演是一流的,因为中国人天生就有演戏的天分……让人印象深刻的是这些演员在演各自的角色时所表现出的镇定、放松、自然、逼真。举个例子:演'两个妇女正在争吵,互相责骂'这一幕。因为当时女人不能做演员,所以只好男扮女装。外表,手势,女性的甩头,激怒时越来越高、越来越尖的声调和随便哪一天在厦门街头所看到的妇女之间的吵架情景没什么两样。我们差不多忘记这是在表演,还以为是在现实生活中。演员们给我们呈现的是如此贴近现实生活的表演,以至于让人感觉舞台好像没有了,仿佛我们正站在市里的某条狭窄的街上围观两个女人吵架,周围还有一大群其他看客,这两个演员完全投入到角色之中,就如同真有两个妇女在情绪失控地激烈争吵,全然不顾周围还有这么多双眼睛在盯着自己。"

① 约翰·麦克格文牧师:《厦门传教纪事》,Butler & Tanner, The Selwood Printing Works, Frome, and London(出版社),1889年8月。

第四章 鼓浪屿

中国戏剧

在胡里山炮台（不在鼓浪屿,而是在环岛路上）边上有一个露天舞台,在那里你可以欣赏当地人最喜欢的消遣之一：一种独特的中国歌剧风格,是几个世纪以来台湾和闽南艺人协作的结晶。

1662年郑成功通过武力打败荷兰侵略者,收复台湾。随后,福建人移居台湾并把他们的民间音乐（渐渐发展成歌仔戏）传入台湾。歌仔戏是在梨园戏、高甲戏、京剧的影响下应运而生的。最终,歌仔戏越过台湾海峡传入厦门和闽南地区。经过创新,其再取名为"芗剧"。

无论在城市还是农村,观众们都被歌仔戏那通俗朴实的唱词、活泼动听的唱腔迷住了。最喜欢的芗剧是《梁山伯与祝英台》（被称为是中国的《罗密欧与朱丽叶》）。其他还有《哑女告状》、《白蛇传》、《真假太子》和《五女拜寿》。

厦门人还喜欢高甲戏。这种唱歌与杂技表演的灵巧组合源自200多年前的泉州,因为演的是古典小说《水浒传》里的大英雄宋江,故被称为"宋江戏"。丑角是讽刺喜剧的灵魂。

想听更多音乐？请试试……

厦门钢琴博物馆(亚洲最大)和**风琴博物馆**(参见"博物馆"一章

厦门音乐广场——露天音乐博物馆、表演(参见"公园"一章)

学弹古筝！查干古筝艺术培训中心可提供课堂式或单独式古筝课程。 电话：5882168

地址：厦禾路883号(金榜公园对面)

尽情享受鼓浪屿的宁静

(偶尔会被学龄前儿童练习钢琴指法的琴声打断),然后登上日光岩领略海天一色的厦门港（看在60元门票费的份上,真想把日光岩上看到的风景"偷"回家。其实,这60元门票还包括缆车、百鸟园、郑成功纪念馆费用,您若中暑,也算白送的啦）。

鼓浪屿日光岩

小心翼翼地下了日光岩,凉风习习,您可以就此冲浪,也可以乘快艇绕岛一周。之后还可以看看"龙头山"、"升旗山",浏览众多的公园或花园,中国的同事们还会迫不及待地向您介绍那里的历代文人石刻题咏。5018年来,中国人一直在为每一座山、每一块岩石、每一条河、每一个湖题词作诗。

"外国人通常住在厦门港的小岛上——鼓浪屿。鼓浪屿的海岸线长约3英里,是中国整个沿海最风景如画的地方之一。顺便说一下,鼓浪屿拥有比世界上任何地方(帕萨迪纳和加利福尼亚除外)更多的富人。"

—— 哈奇森撰于1920年

厦门海底世界

下了轮渡,踏上鼓浪屿,往右便是厦门海底世界。您会发现这儿的

第四章 鼓浪屿

鱼比当地餐馆的鱼要多得多。这是中国目前种类最齐全的水族馆,350多种近万尾海洋、淡水鱼类分住在17个大小鱼缸、一个池塘、一个圆柱形鱼池、两个巨大的鲨鱼馆和礁石馆里。

您可以在两条80米长的隧道中走动,上面就是盛有100万升水的大水池(可见到鲨鱼),却不用担心要被水淋着。还有"企鹅馆"、"淡水鱼馆"、"海洋鱼馆"、"抹香鲸馆"、"海豚馆"以及"海狮表演馆"可供参观。

厦门海底世界由新加坡新湾控股有限公司与鼓浪屿风景区建设开发公司合作兴建。

每天开馆时间:上午8:30—晚上8:00。持有效学生证可优惠。

地址:鼓浪屿龙头路2号。电话:2067668

鼓浪屿的建筑

闲暇之余,沿4公里长的环岛路闲庭漫步十分写意。路的一边是沙滩,另一边尽是各种英国式、法国式、德国式、日本式、西班牙式、中式的建筑。我喜欢鼓浪屿宾馆,1972年尼克松历史性访华时就曾下榻于此。我还在这里拍过三部电视短剧。(我曾经问一位上海的导演为什么老让我演坏人,她说:"洋鬼子中从来就没有一个好东西。")

鼓浪屿宾馆

为了保护鼓浪屿的建筑，厦门市政府制定了《鼓浪屿建筑保护规划》，并斥资 7600 万元专款用于维护一些建筑如法国式的林屋、新哥特式的天主教堂、八卦楼、菲律宾人黄荣远堂别墅以及鼓浪屿师范学院（该建筑由擅长将建筑风格中西合璧的美国建筑师亨利·默菲设计）。

鼓浪屿天主教堂

鼓浪屿天主堂

鼓浪屿天主教堂内外一般壮观秀美。木雕穹顶更是巧夺天工。我是在一次偶然的机会和苏珊一道在鼓浪屿参与拍摄一部电视剧时才得以一睹这座教堂的全貌。当时，我们扮演的是女修道院院长和天主教神父。那次经历令人难忘，苏珊至今还觉得自己就是女修道院院长或是至上的母亲……

美国领事馆旧址

美国领事馆旧址位于鼓浪屿东北角，靠近三丘田客运码头。该馆建于 19 世纪 30 年代，据说用的砖都是从美国进口的。1949 年领事馆改为海洋研究所，1992 年归属中华人民共和国外交部。如今，您可以在里面过夜，因为领事馆又改为金泉宾馆。

地址：三明路 26 号

电话：(0592) 2065621/2/3/4

鼓浪屿花园

摘自《魅力鼓浪屿》一书

为大众所喜爱的公园和花园

鼓浪屿日光岩 原明朝英雄郑成功的水师操练基地。从山顶上可一览厦门全景。门票包括百鸟园和缆车的费用。电话:2026851

菽庄花园——鼓浪屿最大的花园,包括亚洲最好的钢琴博物馆。参见《魅力鼓浪屿》"艺术与音乐"一章的"钢琴博物馆"部分。

电话:2063744,2063722

琴园 位于菽庄花园内

皓月园 与郑成功雕像

电话:2063401,2063930

延平公园 与国姓井

百鸟园 充满美丽的热带植物,有100多种鸟,还有鸟类表演以及大屏幕戏院

漳州路 鼓浪屿最典型的花园式马路

厦门华侨亚热带引种园

毓园景区 专为纪念现代中国妇科医学的奠基人林巧稚教授

地址:从皓月园沿漳州路或复兴路往上走

鼓浪屿厦门海底世界 鼓浪屿轮渡右边,世界最大的章鱼铜雕后面

电话:2067668

鼓浪屿茶园 免费欣赏闽南"功夫"茶道(可能是日本茶道的前身)

地址:田尾路8号　电话:2069917

一些私人公园和花园

李清泉别墅 宜人的花园和假山

黄荣远堂别墅——福建路32号

广阔的花园；假山、天主教堂全景

杨家园——安海路4~8号

菽庄花园

"九曲四十四桥"逶迤蛇形，飞跨海上（别走太快，又该转弯了）。

菽庄花园是台湾一富绅为躲避1894—1895年中日甲午战争的炮火举家迁往厦门而建的。园内石桥过道傍山临海，蜿蜒而卧，正如中国人所说的"海中有园，园中有海"。在菽庄花园，您尽可以赏花、品茶、观海、涉滩，其乐何极！还有，别忘了去钢琴博物馆。

地址：鼓浪屿晃岩路45号

电话：2063744

网址：http://www.shuzhuang.com.cn

鼓浪屿电动观光车

四处逛逛

如果您受不了步行两小时之苦，倒还有其他选择。您可以坐在竹轿上被那些穿着统一编号制服的抬轿人抬着游览。就像在那洋人耀武扬威的旧社会，他们的祖先抬着我们的先辈出入写有"华人与狗不得入内"的公园或私人俱乐部一样。厦门当时的情况也大抵相同。

如今,这些抬轿人的报酬颇丰。这让我颇感安慰。他们给那些爱好摄影的老外提供了极好的素材。

如果您对竹轿还不中意,那不妨乘坐电瓶车或船。8公里环鼓浪屿游送入您眼帘的还有猴岛、宝珠岛以及火烧屿(因曾是死火山而得名)。

鼓浪屿购物

无论是老外还是老内,对鼓浪屿的工艺品都特别钟情。珍珠世界给的是跳楼价(只要您识货)。美国前总统吉米·卡特曾对中国瓶、地球仪(以及精美的圣诞节球)内部的手工绘画赞叹不已。他说:"太不可思议了!"(要是您喜欢,还可以让人在其内部手工绘上您的名字。)

经过音乐厅,就在珍珠世界的拐角处,有一家小店。店主是一位女士,卖的是贝壳、珊瑚、小摆设之类的,还有从福州进货的精致纸阳伞。据说,几世纪前纸阳伞就源自福州。又据说日本人通过对纸阳伞的模仿和改进,后来就成了纸质的沙滩伞。

在鼓浪屿还有一些艺人,他们竟然可以把您的名字作成一幅国画!

鼓浪屿商业中心

豪华的鼓浪屿商业中心位于轮渡码头的正前方,尽管看上去有些殖民地时期的建筑风格,其实2001年才完工。在这里,您可以一边享受顶楼的自助餐、俯瞰厦门港、品尝爆玉米花和棉花糖,一边欣赏现场的传统音乐表演。

购物固然不错,但最吸引人的不是这些商店,而是鼓浪屿商业中心里的传统艺人和热情好客的店家。傅重军就是其中一位,他总是热情招待外国朋友:"喝茶!"(闽南话"m'dei",据说英语单词 tea 即源于此。)

龙头路

是绕过鼓浪屿商业中心的那条路,上百年来,龙头路一直是鼓浪屿的主要街道。路的两旁,各种茶叶、茶具、中国工艺品的商店林立。丁字形路口有一书店,左侧有一"珍珠世界",那可是老外的至爱。

龙头街(鼓浪屿的"主干道")

这些早期(外国)商人的唯一当地记录是在鼓浪屿的墓碑上,墓碑上还标着他们最后的安息地点。近来(1905年)他们的尸体被取出并安放于外国公墓。墓碑上的日期是 1698 年、1700 年和 1710 年。甚至传统上也没有留下任何英国工厂的厂址。

——摘自《厦门内外》第 43 页,毕腓力牧师撰于 1905 年

木偶把戏①!

马可·波罗在其游记中提到的刺桐城(今泉州)位于厦门以北约 110 多公里的地方,有"中国牵线木偶之都"之称;而厦门以西的漳州自古以手工木偶闻名。现在,在鼓浪屿就可以欣赏漳州木偶表演了。

---

① 把戏:魔术师快速、巧妙的变戏法;戏法。

第四章 鼓浪屿

这些木偶可不是我们孩提时代玩耍的普通木偶，也不像我们的朋友大卫·霍林格在鼓浪屿买的那种让乔治·布什和萨达姆·侯赛因打拳击赛的玩具。在大师手里，漳州木偶是现实生活中最逼真的小精灵！

一个木偶吸了一口旱烟，悠然地吐着烟圈。另一个木偶将茶水从小罐倒进尖尾船形的杯子。木偶还会表演舞龙、喜剧和令人惊叹的杂技——将两个旋

木偶抽烟　B.B.

转的碟子抛向空中，然后分别用两根杆子接住；或头顶着圆木桶，时而抛起，时而翻转！

有机会一定看看漳州木偶表演，只要花 100 元，还可买个手工木偶回家。要不然干脆在厦门举行一次木偶表演！找厦门自然科普馆的洪明章，不仅可以安排木偶表演，还能买到正宗的厦门制造的漳州手工木偶。

电话：2069933 或 8973331

手机：13666008151

地址：鼓浪屿中华路 2 号

没有木偶，没有鞭炮！

中国人对我看见木偶时就如同孩子般兴奋很是吃惊。有人说："那是因为美国还没有这样的木偶。"

他的话使我想起龙岩的村民。看着我们激动地放着半吨鞭炮，其中一个一本正经地说道："瞧他们兴奋的样子！你知道吗，只有中国才有鞭炮！"

事实上，美国也能买到鞭炮，只不过在中国要便宜得多。我们也有手工木偶——尽管似乎还不具备让它们活灵活现的魔力。我甚至偷偷跑到后台看个究竟，好不容易才相信原来这些木偶都是没有生命的。

鼓浪屿名胜

一些城市制作的精美旅游小册子总喜欢吹嘘说有"1043处中外闻名的景点"之类的。照此说，泉州就有2000多处！但鼓浪屿的风景名胜却是货真价实的。鼓浪屿有许多好景点，包括1000多座老外在鸦片贸易鼎盛时期建造的风格各异的西式建筑。

下面两页介绍鼓浪屿主要景点和旅游分布图（据英健博士说，在26号至36号景点之间有一处日本人建的地下监狱，如果您进去的话，最好带上手机）。

1. 轮渡码头
2. 原英国领事馆(1844年)
3. 海底世界
4. 书店
5. 原西班牙领事馆(1850年)
6. 厦门第二医院
7. 天主教堂(1917年)
8. 琴岛酒店
9. 丽之岛酒店
10. 中国银行
11. 音乐厅
12. 厦门音乐学校
13. 海洋环境预测中心
14. 图书馆
15. 原荷兰领事馆
16. 人民体育场
17. 鼓浪屿宾馆
18. 龙头山
19. 日光岩
20. 郑成功纪念馆
21. 人民小学
22. 基督教三一堂
23. 秦俑馆
24. 鼓浪屿区政府
25. 恐怖城
26. 笔山公园

第四章 鼓浪屿

27. 厦门二中
28. 体育场
29. 厦门博物馆(八卦楼)
30. 龙山洞
31. 原美国领事馆(1865年)
32. 原救济医院(1898年)
33. 燕尾山
34. 厦门 KLI 仙人鬘娱乐园
35. 邮政培训中心
36. 积德宫
37. 福建省工艺美术学校
38. 福建省农业研究所鼓浪屿实验中心
39. 浪洞山
40. 鼓浪屿渔场船坞
41. 鼓浪别墅
42. 鼓浪别墅码头(C.T.S.)
43. 鼓浪石
44. 美华浴场
45. 厦门华侨亚热带园
46. 百鸟园
47. 琴园
48. 通往日光岩缆车
49. 鼓浪屿海军疗养院
50. 鼓浪屿陆军疗养院
51. 鼓声洞
52. 港仔后浴场
53. 福音堂
54. 延平公园
55. 菽庄花园
56. 干部疗养院
57. 观海园度假村
58. 原大北电话局
59. 观海园码头
60. 观海园浴场
61. 毓园
62. 原田尾女学堂(1880年)
63. 大德记浴场
64. 干部经贸学校
65. 休闲小屋
66. 郑成功雕像
67. 皓月园
68. 覆鼎浴场
69. 升旗山
70. ……结束!

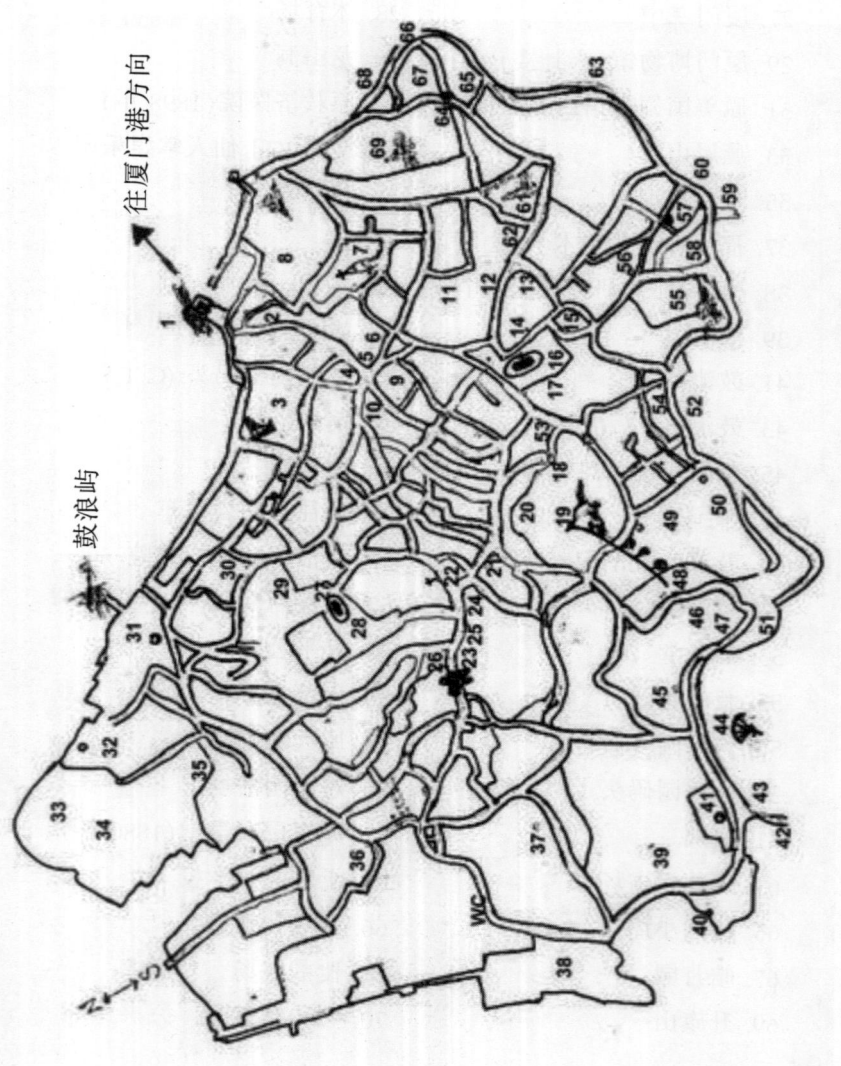

注：《魅力鼓浪屿》有更大的地图，还有1908年鼓浪屿历史地图。登录魅力厦门网站查看更多有关鼓浪屿的信息和图片。

附记

乞丐——厦门的最佳演员？

"厦门和加尔各答一样糟！"有一位游客告诉我，"乞丐到处都是！"

看起来乞丐真好像到处都是——港口、公园、小餐馆外面都有。大多数乞丐真的需要乞讨。但是怎样才能将真正的、迫于生计的真乞丐同那些经过一番乔装、以没办法为幌子的假乞丐区别开来呢？要知道，这些假乞丐的表演技巧可比您在任何剧场里所欣赏到的精湛演技要高。我在中山公园就碰到一个这样的家伙……

流浪的女儿、走失的儿子

一个衣冠楚楚的男人在厦门中山公园抱紧他的包轻轻地呻吟。我上前问道："出什么事了？"

他回答说："没，没什么事。"他悲哀地看着我，像一只被打的小猎犬。但是正当我和苏珊转脸要走时，他说："我从南京来厦门看望我女儿，昨天刚到。我所有的就是这个地址，"他把那个皱巴巴的脏信封晃了一下，说道，"我找不到她，我已经花掉所有的积蓄来这里。"

苏珊大为所动，感叹道："是很糟糕！"我伸手就准备从钱包拿钱。

"不要帮助他！"一个男人插了进来，对着那个抓狂的父亲说："你还有没有脸？你怎么能占外宾便宜？"

"但是他需要帮助啊！"我反驳说。

这个男人说："他是个骗子！一分钱都不要给他。"

围观的人多了起来，这个不幸的家伙抓起他的黑包拖着脚步走开了，转过头还用责备的眼神盯了我一下。此后的几个星期，我和苏珊还一直在后悔听了别人的冷酷忠告,没有帮助那个人。事实上,在两年后再次遇到他之前,我还是时常会想起他。

他仍然拎着同样的黑包,在厦门港截住一位外国商人,说:"我从上海来,昨天刚到,是来看望我儿子,但是我找不到他,身上的钱都花光了……"

这位外国人正要拿钱包,我赶紧上前,搭住这个骗子的肩膀说:"你好!还记得我吗?我们两年前在厦门的一个公园相遇,当时你已经花掉所有的积蓄来找你的女儿,虽然那次你是从南京来。你的孩子可真不让你省心哦!"

当他悻悻然地走开时,围观的人一阵哄笑。此后我又有一年多没看到他了,但是就在上周于南普陀附近的厦大旧校门外,我竟然又成了他的目标(您想啊,他早该记住我的长相了,但是错就错在我们这些老外在大家眼中,长得都差不多!)

"我需要你的帮助,"他说,"我刚刚……"

"你刚刚到这里找你的儿子?"我问道,"那你有没有找到你几年前走失的女儿?"他盯着我,咆哮着走开了。

1847年"厦门丐帮" 在洛杉矶,乞丐和骗子多得很。每个国家都有这些人,中国也不例外。事实上,在1847年,传教士约翰(John Talmage)就对厦门那运作效率极高的丐帮有所描写。18个"丐帮帮主"实际上由地方官正式任命,一旦任命,终身有效(除非因行为恶劣而开除。按月缴纳"乞讨税"的商家有权出示标牌,这样就可以免受本市住在"乞丐集中营"的2000个"正式"乞丐骚扰,这一做法在18个乞丐区通行)。

因此乞讨的行为在厦门已不是新鲜事。但是当游客告诉我中国和印度的加尔各答一样贫穷,因为中国有如此多的乞丐,我觉得有义务提醒大家,并不是所有伸手寻求帮助的人都需要施舍。但是我们要如

何分辨是贫困需要帮助的还是骗术呢?

一些在厦门的美国商人飞到安徽省去证实一个乞丐的不幸故事,结果是真实的。然后,他们给那个家庭很大的帮助。但是,就我个人而言,在给所有人或一个都不给的抉择中左右为难——特别是当我10多年来在中山路看到同一伙乞丐互相配合"工作"的情形。

我希望厦门政府采取措施帮助真正需要帮助的人,让剩下的假乞丐卷铺盖回家。施助迫于生计的真正的乞讨者是一回事,与那些假装贫困的职业乞丐作斗争则是另外一回事。

(请翻到第467页了解厦门政府帮助民工规划)

谁向谁乞讨?

中国的老师同美国老家的同行们一样,工资不高——这一点竟然连乞丐都知道!

一个着装入时的女士在中山路吸着雪茄烟向我走来,她说:"给点钱,帮帮忙吧。"

我说:"不好意思,我身上没有多少钱。"

她傻笑着说:"得了吧,你们外国人都很富裕。就给我几块钱。"

我回答说:"我并不富裕,我只是厦大的一个教师。"

她笑着说:"不好意思,如果我早知道你是老师,我该给你钱!"她给我一支雪茄烟(我谢绝了)之后,接着寻找下一个更有希望的受骗者。

第五章
厦门的公园和花园

有着"花园之岛"美誉的厦门是一个由无数市级、区级、社区花园和公园组成的大花园。我最喜欢的公园有白鹭洲公园,那里也是厦门的文化中心;还有31公里长的"环岛路公园",沿路有音乐广场、木栈道和美不胜收的海滩风光。

顺便提一下,请注意厦门街道两边的5000多棵芒果树。它们不仅为行人遮荫,还担负着为我们的公园筹集维护资金的重任(当地人说芒果条蘸酱油吃有螃蟹的味道!)。

白鹭洲公园

位于筼筜湖畔,占地59000平方米,于1995年建成开放。公园由西区和中区两部分组成,而厦门的地标——13.6米高的白鹭女神雕像就位于中区。陪伴着这位女神的是400只从荷兰引进的白鸽(为什么她不叫作"白鸽女神"?)。这些白鸽一天喂食两次,当然,游客投放的食物它们也会笑纳。

占地10000平方米的西区于1997年竣工,这里最著名的景致有12根星相柱、1200平方米的音乐喷泉和成群结队缠着让你给女朋友

第五章 厦门的公园和花园

买玫瑰的卖花童。

白鹭洲公园还有厦门最好的古玩市场，外加一个供应优质猫、狗和其他小动物的屋顶店面(别误会，不是广东菜馆，而是宠物商店)。

海湾夜游

夜幕降临，你可以坐上游轮，沿着海湾来一次浪漫的巡游，欣赏两岸的鼓浪屿和鹭江道的迷人夜色。有些游轮还提供晚餐和传统的文艺表演——木偶戏、地方戏，等等。

15分钟还是5分钟？

2002年，在德国斯图加特举行的国际"花园城市"竞赛期间，我准备了这样一句话："在厦门，你步行不用15分钟就能发现一座公园。"在我演说的头一天晚上，斯图加特的市长在发言时说："在斯图加特，你步行不用5分钟就能发现一座公园。"

有人对我说："他明显偷了你的创意！"不过，我又把它给偷了回来。第二天上午，在介绍厦门的时候，我说道："在厦门，我们步行不用15分钟就能发现一座公园。"听到听众当中有人在窃笑，我又补充说："当然，我知道斯图加特市长说你们步行不用5分钟就能发现一座公园，但是我们比较幸运，因为在厦门我们不用走得这么快！"

厦门的主要公园

公园名	占地面积(公顷)	等级	功能
思 明 区			
植物园	227.2	1级	科研
白鹭公园	2	1级	多功能
白鹭洲公园	10.5	1级	市级公园

公园	面积	等级	类型
南湖公园	16.7	1级	多功能
忠仑公园		1级	多功能
白鹭洲东公园	15	1级	市级公园
日光岩	5.4	2级	风景名胜
菽庄花园	4.43	2级	风景名胜
皓月园	3	2级	风景名胜
华侨亚热带植物引种园	8.9	2级	科研中心
中山公园	11.09	1级	风景名胜
金榜公园	48.16	1级	风景名胜
鸿山公园	17	1级	风景
莲花公园	2.2	2级	社区公园
嘉禾公园	1.8	3级	区级公园
海滨公园	4	2级	位于环岛路
狐尾山公园	70.63	1级	市级公园
景州乐园	30.84	1级	休闲娱乐
松柏公园	7.22	2级	社区公园

湖 里 区

公园	面积	等级	类型
湖里公园	11.76	1级	市级公园
仙岳公园	227	1级	市级公园
牛头山公园	6.49	2级	风景
江头公园	6.02	2级	社区公园

集 美 区

公园	面积	等级	类型
杏东公园	3.03	2级	区级公园
日东公园	10.78	1级	区级公园
敬贤公园	4.74	2级	区级公园
南堤公园	2.1	2级	海滨公园

嘉庚公园	6.65	2级	历史
同 安 区			
双溪公园	1.43	3级	区级公园
东溪公园	3.38	2级	河畔公园
大轮山公园	20.85	1级	区级公园
小坪森林公园	1600	1级	自然风光
海 沧 区			
火烧屿科技馆	27	1级	物种保护
海沧野生动物园	18	1级	野生动物

环岛路——31公里长的公园

海上巨龙　31公里长的环岛路在地球上可以说是绝无仅有,它像一只美丽的花环围绕着厦门这座"花园之岛"。它的起点在

市区的港口——雄伟的跨海大桥在海面上划出一道优美的弧线,绵延数公里。

　　这座跨海大桥被中国人称为"海上巨龙"。白天,大桥是欣赏鼓浪屿风光和海景的极佳地点,而到了夜晚,大桥本身就成了一道亮丽的风景。在间接式照明的灯光映衬下,远远望去大桥就像一支由萤火虫组成的大军,正沿着海岸巡行。

　　从厦大出发,六车道的环岛路直达机场。道路宽44~60米,两边是宽80~100米的绿化带和非机动车道,人们可以在上面徒步游览、骑自行车或踩轮滑。沿途是众多的公园、花园,还有一望无际的海滩。

刀剑变坦途

1988年我们刚来的时候,围绕厦门岛的还是密布的花岗岩坦克陷阱和混凝土碉堡。不过20年之后,厦门已经实现了化刀剑为犁锄——或者说化刀剑为坦途。用来连接军营的曲折土路不见了,取而代之的是一座没有边界的"花园",在青山碧海之间无限延伸。

在环岛路上小憩

尽情享受海滩和公园吧。你可以租一辆双人自行车或一艘帆船,或者背起帆伞、蹬上轮滑一试身手。你也可以在海滩上野餐,或者找一家滨海餐馆尽情享用美食。在餐馆里你还能租到沙滩伞、小木筏、气垫和橡皮艇……下海畅游之后,你还可以再HIGH一把——乘坐租来的热气球或电动滑翔机翱翔蓝天。

或者不妨带上一本好书和一杯安溪茶,彻底放松身心。享受着亚热带海岛的沙滩和海浪,看着巨如城郭的货轮和英姿挺拔的中国式双桅木帆船从眼前缓缓驶过,还有渔民们的小舢板在海面上随波起伏,好像大水池里的软木塞。运气好的话,你还能一睹白海豚的芳容——这种珍稀动物时常在我们的海湾里追逐嬉戏。

鼓浪屿之波

环岛路沿路景点包括胡里山炮台,音乐广场,数不清的公园、花园和雕塑,还有国际会展中心。其中胡里山炮台就在厦大校门外。

环岛路上的艺术品数量相当丰富,据我估计至少有200件,其中第一件就在厦大白城校门外面道路中间的绿化带上。这是一座247米长的雕塑，上面刻满音符，记录着著名的乐曲《鼓浪屿之波》。这件作品完成于1998年，并在2001年被吉尼斯世界纪录确认为世界上最长的音乐雕塑。

胡里山炮台

位于厦大后面的海滩上，历来被看作是厦门的门户。因为厦门被称作是"中国的大门"，胡里山自然也就成了中国的门户。

胡里山炮台建于1891年，选址在海面上方25米处的绝壁上。建造这座占地7万平方米的炮台历时五年，使用了大量沙、土、樟脑树脂、石灰和糯米浆。这样造出来的炮台不仅坚不可摧，在被敌人长期包围的情况下，士兵们也许还能啃碉堡来充饥呢。

世界古炮王

胡里山炮台的大炮是名副其实的世界古炮王，不信可以查吉尼斯

世界最大的海岸炮！
（胡里山炮台）

世界纪录！）。德国造的克虏伯280毫米口径海防主炮于1896年安装到位。它重达60吨，长13.96米，价值6万两白银。两尊120毫米口径的副炮和12尊稍小的钢炮也都是德国造的。

胡里山炮台曾经有两尊克虏伯主炮，其中一尊在20世纪50年代被毁。克虏伯主炮的射程达16000米，有记载说它发射时产生的巨大声浪曾经震毁附近的房屋，受到惊吓的牛跳起足有一米高——这也许就是"牛气冲天"的由来。

胡里山炮台的大炮的确曾经发过威，最著名的一次是在1937年9月3日。当时有三艘日本军舰侵入厦门港，并向白石要塞和胡里山炮台开炮。炮战的结果，日军驱逐舰"若竹丸"沉没，其余两艘则在日军轰炸机的掩护下仓皇逃窜。

"两"和"亩"的故事

一份英文旅行指南说大炮价值6万两白银，真是让人挠头——即便你知道一两大约等于一盎司，但你又怎么知道白银在1896年价值几何呢？

中国的英文旅行指南也把Mu(亩)这个单位直接抛给我们。例如，厦门的一座公园有1400亩。在英文字典中，关于"Mu"的唯一解释是"希腊文字母表中的第十二个字母"。莫非那座公园里有1400头牛同时发出"哞"的叫声？

厦门第一百货商店(一百)花了不小的一笔钱做了一个英文招牌，上面写着"Xiàmén lst Yibai Store"。难道他们认为"Yibai"也是英文单词，还是在提醒路人"E-bay"(易趣)是中国人创立的？或者是他们故意在迷惑我们这些野蛮人？玩笑结束，言归正传吧。

荣光宝藏展览馆位于胡里山炮台的兵营中，由厦门市政府和新加坡亿兆宝石私人有限公司合资兴建。这个收藏世家的第七代传人张荣光先生提供了五个展馆的全部展品,包括455件枪支、刀剑和大炮。

世界古代战炮陈列馆的展品中有一尊12世纪的大炮,据说是世界上最古老的火炮。

世界古代火枪陈列馆(中国人也发明了火枪)

世界古代宝剑陈列馆(中国的宝剑的确有开刃)

古树化石展示区

世界奇石陈列馆收藏了3850块形状各异的石头,其中包括乾隆皇帝的"宠物石"和一块面积达8平方米的缅甸黄玉(康熙皇帝的最爱)。一块来自法国的石头酷似一片腌肉。据说原本还有一块这种石头,体积有馆藏这块的8倍,不过被蒋介石带去台湾了(他夫人说他早该带些腌肉回家了)。

地址:曾厝垵路2号(厦大校外)　　电话:2084184、2099603

电子邮箱:hlspt@163.com　　网址:www.hlspt.cn

前进到厦门木栈道!

我小时候最喜欢的娱乐活动之一就是玩地产交易游戏"大富翁",而最开心的一刻莫过于拿到"前进到木栈道"的卡片。木栈道是游戏中最昂贵、最赚钱的地产,其原型是新泽西州大西洋城的木栈道。不过在游戏的最后,我通常是支付而不是收取巨额租金。大西洋城的木栈道是世界上第一条木栈道,于1870年6月26日建成开放,全长7.5公里,两旁尽是赌场、餐馆、商店和娱乐场所,至今仍是全世界最负盛名的木栈道。不过别看现在世界各地都建起了木栈道,地球上最美的(也是最长的)木栈

道却出现在厦门!

景色怡人的厦门环岛路全长31公里,沿路景点密布,这在世界上是独一无二的。因为面积太大,要游遍这个景区实在有些困难,除非坐公交车或自己驾车粗略地走一遍(用中国人的话说叫作"走马观花")。不过,新建成的木栈道倒是为我们提供了一个与厦门的独特之美亲密接触的好机会。

木栈道的起点在厦大海滩,已建成路段向北延伸5公里,沿路景点包括胡里山炮台、音乐广场,还有数不清的海滩、公园和餐馆。最终建成后的木栈道将延伸至国际会展中心,全长超过10公里。

有些路段很有地中海风光的味道,一边是白色的别墅群,另一边是蓝色的大海。约翰·费舍尔(John Fischer)说有一段路让他想起了加利福尼亚的蒙特里(Monterey, California),因为那段路面用钢架支在海面上,从岩石上风舞婆娑的树木旁边蜿蜒而过。有些路段则具有明

显的中国特色,五颜六色、带有闽南风格的渔船停泊在海边,还有露天的传统戏院。

厦门木栈道很快成了我们最爱去的地方。大多数清晨和傍晚,我们夫妻俩都会沿着这条小路散步,偶尔在小木亭里驻足小憩,或者欣赏那些总也看不完的艺术品。将来大部分路段都会安装夜间照明设备,不过现在周边的灯光已经足够亮了,即使在没有月亮的晚上也可以在栈道上

第五章 厦门的公园和花园

随意漫步。

但是木栈道还是有它的缺点：涨潮时有部分路段会被海水淹没。如果工程师们能事先问问当地渔民潮水能涨多高，也许就不会有这个问题了。虽然栈道使用了弗吉尼亚产的高品质木料，并且经过Dura-Guard防腐处理，但是没有哪一种木头能经得起海水的长期侵蚀。他们最好能垫高路基——否则就该向游客分发水下呼吸管。但总的说来，我还是很欣赏厦门能有这种创意(而不是施工水平)，给原本已经风景如画的鹭岛再添上这么神来一笔。

那么现在就定好闹钟，明天一早起床，直奔木栈道！只要能为我的车也找到"放松"的地方(停车场)。

白鹭和船桨

白鹭雕塑表达了雕刻家对家乡厦门的思念，而12支船桨则象征着厦门与台湾金门之间的紧密联系。当地渔民说，用船桨划4000下就能到达小金门——距离实在太近了，甚至拿起望远镜你就能看到对岸正在巡逻的台湾士兵。

台湾民俗村景州乐园

是台胞黄景山先生出资修建的，目的是增进两岸交流、向游客介绍台湾人民的生活。(参阅"运动和休闲"一章)

金钥匙

是中国国际投资贸易洽谈会(CIFIT)具有高度象征意义的标志，也是打开投资中国成功之门的钥匙。钥匙图案由数字"9"和"8"组成，因为投洽会在每年的9月8日开幕。

黄厝环岛路椰风寨

这里有餐馆、咖啡厅、茶馆、浴场、烧烤设施和供出租的游泳装备，还有儿童游乐场。坐29路或47路公交车，然后在一座有点像加菲猫的建筑旁下车即到。

海韵休闲游乐景区

海韵景区有你想要的任何东西。即使没有你想要的东西，他们也会告诉你有，然后在你等待期间挖地三尺去找(开个玩笑！)。这里有游泳和淋浴设施、海鲜大排档、野味烧烤、沙滩排球、沙滩足球、旅游用品、旅行社、电瓶车，等等。

电话：2566766

厦门音乐广场——肖邦是中国人？

这个漂亮的户外音乐博物馆有十几座著名音乐家的雕像，雕像旁边配有中、英双语的铭文。请注意那些雕像的眼睛——即使是西方音乐家也长着一双中国眼睛！

流连在这里，你可以试着猜一猜"音乐广场谜语"(哪座雕像铭文记录的音乐家生卒年月有误？)。

你也可以在这里欣赏厦门爱乐乐团和其他乐队的现场演出。

龙虎山路

厦门岛内也有乡间小路！这是一条连接环岛路和上李村的公路，

第五章 厦门的公园和花园

途经驿缘酒店。请注意,沿着这条风景优美的山路有许多雕塑。道路两边甚至低洼的中间带都是天然的花园,其间点缀着蜿蜒的小径、潺潺的小溪和造型奇特的拱桥。

这是一个微缩的中国山水景观,但对找乐子的游客来说已经足够大了——而且它直达著名的怪坡!

怪坡!

在这条从山顶通往山腰"半岭宫"的山道上,你会发现你的汽车实际是在上坡!表面上看起来汽车的确是在上坡——即使从照片上看也是这样。这到底是重力异常还是光学幻象?答案在本章内找!

关于潮汐的提示

高潮前两小时的水是最干净的。计算高潮时间,首先从中国日历或《厦门日报》上找出农历日期,然后乘以 0.8。十五日以后的日期,先减去 15,再乘以 0.8。例如:一日的高潮时间 = 1×0.8,即 0.8(大约在 00:50 和 12:50);十五日的高潮时间 = 15×0.8,即 12(大约在 00:00 和 12:00);十八日的高潮时间 =(18-15)×0.8,即 2.40(大约在 2:25 和 14:25)。

如果还是觉得太伤脑筋,那么随便找个七岁的中国娃娃来帮你算吧。

上李水库

位于怪坡附近。

厦门市花园

一座蜗牛雕塑旁的石砌小径蜿蜒山间数公里,让人感觉来到了福建省最偏远的地方。正当你怀疑自己已经被文明世界抛弃的时候,可爱的"稻草人农场"会突然出现在你眼前。尝尝这里的茶、烧烤和农家菜!

地址:黄厝环岛路示范路段之一景点服务区(海韵台)

一国两制三只手

路边一幅巨大的标语写着"一国两制,统一中国",路对面的三个手形雕塑则表示海峡两岸的和平统一是几代中国人奋斗的目标。

如果你的望远镜够好,还能看到对岸小岛上台湾当局树立的标语,上面写着"三民主义[①],统一中国"。

刀刃儿上的高科技

两岸间20年的和平相处极大地影响了台湾金门岛上的支柱产业——以大陆炮弹的弹片为原料的餐具制造业。现在,为了保证产品质量,岛上的餐具制造业者不得不从大陆进口废旧炮弹作为原料。去大嶝岛买把金门菜刀吧(参阅"同安"一章)。

在路上

另外一项吉尼斯世界纪录是路边99尊栩栩如生的马拉松运动员雕像。自2003年成功举办第一届以来,厦门国际马拉松在每年的三月开跑,而厦门的赛道是世界上最美的马拉松赛道。

每尊高约两米的青铜雕像姿态各异,形象逼真。第一尊雕像是一位非洲选手(迄今为止,历届马拉松的冠军都是非洲人),最后一尊是一位坐着轮椅参赛的残疾运动员。有两尊雕像的复制品被瑞士洛桑的奥林匹克博物馆收藏。

---

① 孙中山先生的"三民主义":民族主义、民权主义和民生主义。

第五章 厦门的公园和花园

我参加了 2004 年的马拉松。实际上我参加的是 10 公里的赛事,不过充其量只能算一次慢跑,因为事实上那 99 尊雕像差不多都跑得比我快……打住!

会展中心

99 尊马拉松运动员雕像一路延伸到宏伟的厦门国际会展中心。据说这座造价 14 亿元、占地 47 万平方米的建筑外形酷似一艘扬帆远航的巨轮。我想即使它真的象一只船,那肯定也是一只造型奇特的船。

99 尊马拉松运动员雕像!

99 尊雕像中有两尊的复制品保存在瑞士洛桑的奥林匹克博物馆。猜猜看是哪两尊?

五层的会展中心里有多个展厅,可容纳 2000 个展位和 10000 人。会展中心前面是五星级的悦华海景酒店,酒店和环岛路之间的大片草坪是放风筝和野餐的最佳地点。

会展中心和机场之间的广阔区域还在建设之中。用不了几年,一个亚洲最大的游艇俱乐部将在这里诞生。

乘车路线:厦门双层观光巴士

万石植物园

顾名思义,这里的石头比厦大食堂米饭里的沙子还要多。风景秀美的植物园里有20多个分类园区、5300多种热带和亚热带植物,包括很多只有在厦门才能见到的珍稀物种。

万石植物园是中国第一家植物园,也是中国第一家通过ISO认证的花园,

于1960年建成开放。植物园位于厦门市中心,占地2.27平方公里(虽然里面没有几块地是方的)。

郑成功曾经在此驻军,并且经常来视察。其他各界名流也常常光顾,留下许多证物:名人题写的书法石刻(古人的涂鸦,因为年代久远而备受尊崇)在园内随处可见。

巨大的石头上刻着诸如"太平石笑"之类的大字,散落在轮廓优美的群山之间。地下还有几十处"洞穴"(中国人把两块石头之间的缝隙都叫作洞穴)。

我最喜欢的景点有:

万石湖,其实是一座水库,建于1952年。

春秋桥,位于竹林径和棕榈岛之间。

松杉园,有80多种松树、柏树和杉树,包括美洲杉(仅产于美国加利福尼亚州和中国华中地区)和银杏,后者据中国人说已经有20亿年历史了(我想应该不是瞎编的)。

竹林径,我的最爱。中国有句老话:宁可食无肉,不可居无竹。竹子是一种巨型的禾本科植物,有1000多种用途,而中国拥有全世界1000

第五章 厦门的公园和花园

多种竹子当中的200多种。在闽北你甚至能见到罕见的方形竹子！（最好用这种竹子去喂熊猫,准保能让它们"方"心大悦。）

　　建议你去看看蔷薇园、棕榈岛和占地1000平方米的百花厅（有1000多种花卉）,还有南洋杉草坪(邓小平曾经在这里亲手种下一棵樟脑树)。

　　植物园在早晨7点之前免费入园,是晨练的好地方。

植物园周边的寺庙

　　虎溪岩寺位于植物园附近、醉仙岩的西侧。据说寺里的山洞中曾经住着一只老虎,因此石砌的"仙人桥"也被叫作"渡虎桥"。寺里的古代书法石刻远近闻名(可是中国的哪块石头上没有刻字呢？)。

　　虎溪夜月　据当地人讲,每逢农历十五,满月东升,月光照进寺里的伏虎洞,正好照在洞里泥塑的老虎头上,使它双目炯炯,似欲奔跃而起,十分神威。伏虎罗汉手擎镇虎环安坐虎旁,形成绝妙的"虎溪夜月"胜景。每年中秋节的夜晚,这里都会聚集数千信众,争相一睹月光的魔力。

　　地址:虎园路,植物园附近　电话:2021732

植物园里的尼姑庵

　　虎溪岩寺素餐馆　电话:2121799

　　万石莲寺位于植物园内,由施琅将军修建于明朝末年。山门上的对联是著名的弘一法师亲笔题写的。

　　天界寺也位于植物园内,最著名的景点是寺里的晨钟,被誉为"天

界晓钟"。天界寺还因为"天界书生"的传说和厦门俗语"既没老婆也没猴子"的典故而名震一方(参阅"厦门的传说"一章)。

植物园周边还有云中岩寺、太平岩寺、白鹿洞寺、紫云岩寺、紫竹林寺、万寿岩寺和甘露寺等寺庙。闽南佛学院的尼姑庵就在紫竹林寺里。

乘车路线：17路公交车或的士。植物园在厦门烈士陵园和牡丹万鹏宾馆的对面,距厦门宾馆约五分钟路程(就在厦大旁边隧道的出口处)。喜欢探险的人可以去厦大情人湖边的山上远足。顺着曲折的小径拾级而上,经过一处日军占领时期的遗址和"天赐矿泉水公司",通过一座桥后继续前进,绕过一处写有"外人止步"的标牌,最后到达林木茂密的山顶。60年前,丛林之王老虎曾盘踞在这里,而不久以前,人们在这里发现了一条30英尺(约9米)长的网纹大蟒。

别害怕,网纹大蟒比巨蟒组(Monty Pythons,英国六人喜剧团体,他们的"无厘头"搞笑风格在七八十年代影响甚大——译者注)还难得一见,而且它怕人胜过人怕它——至少他们是这么跟我说的。不过我不清楚说这话的人有没有听说,在距厦门两小时车程的南安——郑成功的家乡,一条大蟒吞吃了一个农民和两个孩子(当然不是一次性吞下的)。我猜那儿的人现在已经不太相信"蛇怕人"的说法了。

鸿山公园

从厦大坐上公交车,在思明南路(穿越铁轨之后、到达海景酒店之前)下车。在参观铁轨对面的民居之后,建议你去鸿山公园转转。这里应有尽有,从小型的寺庙(专门为小个儿信徒修建)到美丽的花园,从老式的旋转木马到山顶的摩天轮。在125米高的山顶,坐上带你原地

第五章 厦门的公园和花园

兜圈但又让你乐此不疲的摩天轮,就能饱览厦门全景了。

在雨天,山顶独特的气流会把雨点同时向垂直和水平的方向吹,相互交错而形成状如织布的奇观,本地人美其名曰"鸿山织雨"。

山壁上刻着四个大字:攻剿红夷,意思是消灭了穿红衣的野蛮人。这是在1622年,当地军民赶走荷兰侵略者之后刻上去的。

电话:2025696　公交车:1、2、21路

回到植物园
——一个关于"文化大革命"的真实故事

张力(音译)把他的陶制茶杯放到棕色塑料茶盘里,幽幽地说道:"那时我还是个'红卫兵',跟其他人一样蛮不讲理。但是在万石园里,我的思想发生了巨变。

"'文化大革命'期间,'红卫兵'有权夺走他们想要的任何公共财产。

"我们当时也是这样,没收了我们想要的所有东西,而且没人敢对我们说一个不字。有一天,我和一个朋友突发奇想,要用既珍贵又漂亮的鲜花来装点我们的房间, 于是我们一人拿上一只大口袋,出门去了植物园。

"温室里争奇斗艳的热带花卉让我们眼

花缭乱。当我正想把一盆鲜花装进口袋时,一个声音在我背后响起。我转过身,看见一位老太太,正弯着腰给几棵植物除草。

"我们并不怕她,因为没有人敢质疑或妨碍'红卫兵'的行动。不过当她抬头看见我们的时候,她好像也不害怕,对于我们闯进她的温室来偷花也丝毫不感到惊讶。相反,她竟然笑了起来!

"我还没反应过来,她先向我走过来,捧起我刚才想拿的那盆花,举到我的面前。'是不是很好看?'她说,'这种花产自南美洲,非常珍贵。培育这种花很困难,但是非常值得。你喜欢吗?'

"一时间我竟张口结舌!我瞪了她一眼,转身去拿另外一盆看起来比较稀罕的花。但是在我碰到那盆花之前,那位老太太已经放下手里的花并冲到我身边,问道:'你知道这种花叫什么名字吗?'

"'不知道!'我咆哮着,她开始让我觉得不自在了。

"她面带微笑,向我解释着花名、产地和培育方法。最后,她说:'非常漂亮的花,不是吗?'

"我气急败坏,跺跺脚走开了。可是每当我们伸手去拿一盆花的时候,她总是微笑着站在我们身旁,耐心地解释那盆花的产地、生长环境和条件,而且从来没有抬高声调。当我终于拿起一盆花并准备装进我的口袋时,她只是默默地看着我,脸上仍然带着一丝笑意,眼里却是掩饰不住的悲伤。

"我彻底被打动了。我曾经那么愤怒和狂躁,并且打算用这样的态度去面对社会,但是她用温和与耐心浇熄了我和朋友的怒火。我们扔掉口袋,走出了植物园。虽然有一些挫折感,但更多的是重生后的喜悦。

"令人高兴的是,不久之后'文化大革命'就结束了。现在,这件事已经过去20多年了。我曾经不止一次回到植物园,希望能见到那位老太太,告诉她我的人生因为她发生了多大的转变,但是我再没见到她。也许她已经去世了,但是我会永远记得她……"

第五章 厦门的公园和花园

金榜公园

是厦门文化的摇篮,位于火车站西南方约500米处。在这里,你可以参观陈黯的故居,也可以在茶馆里品尝茶点。这里的茶馆,按照魅力厦门论坛会员Sirius的说法,是个"小坐的绝佳去处(快赶上德国的啤酒园了!)"。

金榜公园——厦门文化的摇篮

据说厦门最早有人居住的地方是金榜山(不包括3000年前新石器时代的定居者)。公元7世纪中叶,有一家人从西安迁居福建南部,陈黯就是这家人的后代。他在金榜山上为自己取了个别号曰"场老",以慰藉自己虽才高八斗却屡试不第的郁闷心情。

陈黯是个天才,10岁就能作诗,长大后曾经18次参加科举考试,但都名落孙山。在60岁那年,陈黯终于放弃了科举,隐居金榜山。具有讽刺意味的是,"金榜山"的金榜正是"金榜题名"的金榜,而给这座山取名"金榜"是为了纪念陈黯锲而不舍的精神,而不是揶揄他郁郁不得志的科举之路。陈黯一生授徒无数,被公认为厦门的文化先驱。

1990年,厦门建起了占地860000平方米的金榜公园,园里有陈黯的雕像和故居。附近有紫竹林寺,是一座尼姑庵。

公交车:1、19、21路

中山公园

建于1927年。中国的大多数城市都有以孙中山先生的名字命名的公园或道路。孙中山先生毕生致力于为中国人民争取自由,并最终取得了成功——中山公园无须门票,可以自由出入。

公园里有孙中山先生的雕像,底座上是他孙女的题词:"伟大的民主革命先行者孙中山先生。"她这么形容自己的祖父好像有自卖自夸的嫌疑,但13亿中国人的确是这么称呼孙中山先生的。

中山公园里的碰碰车很受欢迎,虽然我每天开着"偷油塔"在厦门市内穿行都像在开碰碰车似的(参阅"交通运输"一章中的"达尔文式驾驶"部分)。公园里还有小船出租。如果你担心没有船桨的小船动不了,那么你可以试试天鹅形的玻璃纤维脚踏船。不过最好别在大热天去,免得你的天鹅船为你唱起"天鹅之歌"(天鹅之歌:传说天鹅一生中所唱的唯一的、也是临死前唱的美妙歌曲——译者注)。

孙中山先生

中山公园里有几个小花园、一座花卉展厅、许多小桥和亭台楼阁,还有一座小型动物园。在节假日,比如元宵节(农历正月十五),公园里还有许多来自全国各地的演出和展览。

每天早晨,中国的公园里总是挤满了运着气、练着太极拳的人们。你还能看到身材苗条的老太太们在舞剑或是跳绸带舞,或者表演其他的艺术形式(参阅"体育运动"一章)。

地址:中山路　公交车:19、27路

鹭岛日落

"如果不提及壮美的日落,这篇文章就不能结束。欣赏日落是鹭岛赋予我们的特权。当夕阳在西边的群山之上做短暂的流连,那景色真是太壮观了。那种绚烂的色调、别致的光晕和壮丽的华彩,简直无法用言语来形容,绝对是绝无仅有。"

——选自《厦门内外》第286页,毕腓力牧师撰,1912年

南湖公园

位于筼筜湖的北岸,占地16.1公顷。公园于1995年建成开放,是

第五章 厦门的公园和花园

厦门八景之一。园内7.2公顷的草坪和计时出租的小船极受大人小孩的追捧。这里还是白鹭的栖息地。

地址：湖光路，火车站附近 公交车：32路

随处可见的公园

湖里公园 占地1126公顷，园内有人工湖、脚踏船、碰碰车、"阿拉伯飞毯"，等等。地址：华泰路 公交车：97路

南普陀寺景区（参阅"厦门的'中国'宗教"一章）

厦门快乐谷水上乐园（参阅"运动与休闲"一章）

人民会堂就在市政府对面。严格说来，这里不能算是公园，但是这里有面积达70000平方米的草坪，而且周围全是花园。这座占地10000平方米的建筑是厦门的十大地标之一。会堂的总建筑面积达25000平方米，包括地上五层和地下一层。最大的会议厅可容纳1500人，国际会议厅可容纳260人；厅里配有四种语言的同声传译设施。而且，修建这座会堂只用了不到一年的时间！

海沧野生动物园

地址：海沧区 电话：6895666

鼓浪屿花园——参阅"鼓浪屿"一章（第59页）或《魅力鼓浪屿》一书

火烧屿原名绿岛、钓鱼岛，它地处偏僻——不是远离道路，而是在道路下面（这个面积27公顷的小岛上建有海沧大桥的桥墩）。

有人说火烧屿得名于岛上的沉积岩,包括棕赤色的砂岩和火山流纹岩;还有人说宋朝(公元960—1279年)末年有村民在这个岛上逃避战火,入侵的蒙古人为了赶他们出来放火烧了小岛,因此叫作火烧屿。1970年,厦门市恢复了岛上的植被。现在的火烧屿已经遍地是花草树木,品种包括成为当地民间传说主角的相思树(参阅第225页)。

海沧大桥管理处负责经营火烧屿并向游客出售门票,每张50元,可游览的景点包括**科技博物馆**(有人赞美它,有人批评它,孩子们则很喜欢它)、林荫道、钓鱼池和专门观看海洋珍稀物种白海豚的"观豚平台"(亲眼看见珍贵的白海豚的确让人有一种想跳下海去一亲国宝芳泽的冲动)。

亲亲动物园号称是华东地区第一个向公众开放的动物园,不过它的规模实在太小了,我都不想专门去参观。园里有一个供游客垂钓的小鱼塘,按分钟计费。(我想这里的鱼是唯一你花钱就能捉来大快朵颐的展品。)

总结:人工景点其实不是太好玩,不过不能说政府没有努力。他们在岛上投入了大量的时间和金钱,但游客实在太少了,因而无法实现盈利。希望人们读了这篇文章或访问了我的网站之后能经常光顾这里,也给政府一个继续开发它的理由。

注:每周一是火烧屿的内部维护时间,不对外开放。电话:5617771

火烧屿上的休闲项目! 你可以尝尝Apple Travel旅行网会员店——海江餐厅的海鲜。这间餐厅还提供5.8米的帆船和小艇出租,不过得先电话预定,因为这些小船在夏天很抢手,但在冬天可能就不出租了。

Apple Travel旅行网:www.appletravel.cn/index.php?action=boating#
电话:5053122　手机:13860139909
电子邮箱:apple@appletravel.cn

火烧屿乘车路线: 从鹭江道旅游客运码头乘船前往,就在鹭江宾馆对面。

厦门——火烧屿: 08:30 09:00 10:00 11:00 14:00 15:00 16:00 17:00 18:00

火烧屿——厦门: 09:00 09:30 10:30 11:30 14:30 15:30 16:30 17:30 18:30 20:30

集美区公园

(参阅"集美"一章)

鳌园

陈嘉庚故居

归来堂

嘉庚公园,占地5000平方米

龙舟池,面积100×800米

延平故垒,郑成功的堡垒,建于1660年

厦门天竺山森林公园(在建)总投资7亿元人民币,占地2651公顷,有5个人工湖。园中大多数山峰的高度都在700米以上,主峰天竺山高达933米。

距厦门市中心36公里,距漳州35公里。

万宝山观光果园 从集美沿324国道至坑内路口即到。可乘坐53路公交车(思明北路——角美),或乘坐93路公交车从集美直达坑内,也可以坐厦门往返漳州的小巴到坑内下车。这里有美丽的风景和垂钓设备,而且一年四季都有新鲜水果。设施有四个套房、八个标准间,还有会议室、餐厅和茶馆。

四季鲜果

龙眼、荔枝、柿子、余柑、橄榄、菲律宾芒果、泰国芒果、美国红肉葡萄柚、美国南方水蜜桃、美国油桃、台湾黑金珠莲雾、台湾蜜枣、台湾甜

糖橘、台湾青花梨、台湾释迦凤梨、台湾树莓、南非葡萄、枇杷、草莓、马来西亚杨桃。

同安区公园

(详情参阅"同安"一章)

同安小坪省级森林公园 同安以北25公里。

厦门同安影视城 参阅"同安"一章。

北山十二龙潭 位于五显镇,离影视城不远。不知道什么是龙潭吗?请看"同安"一章。

北辰山景区 方圆122平方公里,位于五显镇境内,影视城附近。

同安蝴蝶谷 位于汀溪镇荏畲村。

同安莲花山风景区 位于莲花镇后埔村,距同安约10公里。

英雄三岛和大嶝岛前线广播站 距台湾控制的金门岛仅1.8公里。参阅"同安"一章。

我家的后院

作者:厦门国际学校校长 帕特丽西亚·普亚(Patricia Puia)

我发现我有点厌倦国外的生活了,这也成了我最近不再像从前那样勤快动笔的原因之一。我总是觉得没有什么值得跟大家分享的趣事。我必须提醒自己,在我看来平淡无奇的生活,在别人眼里也许仍然充满了异国情调。为了驱赶这种安于现状的思想,同时也为了让新买的数码相机派上用场,我开始强迫自己重新审视我的生活环境。这样做的结果是:我高兴地发现,我家的后院其实就是一个充满欢乐的地方。

南普陀寺就是一个例子。这座佛教寺院是厦门的地标之一,经历

第五章 厦门的公园和花园

了"文化大革命"的浩劫之后依然香火旺盛,虽然现在中国的年轻人和传统越来越疏远了。南普陀寺由多处建筑和走廊组成,所有的设计都体现出对佛祖的歌颂和对信徒的欢迎。山门的两侧各有一幅高约8英尺(2.4米)的画像,还有一些色彩鲜艳的佛像,上面的罗汉身着古装,慈眉善目。

大殿(如图)外面,善男信女们双手捧着买来的香,虔诚地祈祷。他们握着点燃的香,攀上陡峭的石阶,来到供着金色佛像的大殿里,或站或跪,恭敬地朝佛像鞠躬叩首,祈求佛祖保佑他们或是给他们指引。这里的气氛庄严肃穆,空气中弥漫着浓郁的香气。游客们安静地从信徒身边走过,不去打扰他们的祈祷。大殿边上,人们纷纷用手掌去敲打一个小锣,希望能为自己带来好运。

寺院后面有几条上山的小路,沿途都有安静而别致的小景。一个小山洞里藏着一排排神态各异的佛像;山洞后面,情侣们坐在石砌长椅上俯瞰大殿。再往上走,山顶上可以看见邻近的大学校园,还能远眺大海,距离不到3公里。除了周末络绎不绝的游人之外,这里总能给人一种安静、平和的心境,跟走在巴黎圣母院里的感觉别无二致。这个地方足够大,大到能让你享受独处的时光;也足够小,小到能让你拥有舒适的心情。

离家再近些,就在我的卧室窗外,有一个小小的公园。我住在一条横贯市区的人工河边,河中间有一小片狭长的土地,我把它叫作岛园

（它应该有个更好的名字，但我实在想不出来！）。在晴朗的周末，我会在那里漫步、参观菊花展和盆景展、为我的公寓楼拍照片。这是一个可爱的小地方，有别致的小桥、开阔的空间，还有迷人的海景。在夜晚，这里有时还有乐队现场演出。我总也琢磨不透他们的日程安排，但是有许多个美丽的夜晚，我是在阳台上听着音乐度过的。节目从中国的民乐到拉美的萨尔萨舞曲，应有尽有。

不过，市区里最好的去处应该是以孙中山先生的名字命名的中山公园。我曾在那里度过一个愉快的星期天，摆弄着我的相机，欣赏着人文和自然的双重景观。中山公园位于市中心，但并不是确切意义上的中央公园，尽管它的确在尝试着扮演这个角色，而且有一些中央公园的特征——这里有一个小型动物园，有脚踏船和儿童乐园，还有供人们踢球的僻静场所。

我最喜欢高大的菩提树下的一小块地方，老人们常常聚在这里玩纸牌或打麻将。这里安静祥和、绿树成荫，某张桌子上偶尔传来的笑声或清脆的骰子声是你能听到的唯一声音。在这里，我能看到许多可爱的面孔——苍老而清瘦，对我这个手持相机、大胆放肆的白人妇女投来略带猜疑的目光。老先生们大都很乐于在我的镜头前摆造型，而老太太们则更喜欢对我视而不见。不过这都没关系，因为这才是最美的中国风情画，无论过去、现在还是将来，都是那样的生动（如图）。

这才是真正的中国。人们对这个地方有着一种发自内心的、肃穆而单纯的感情。在星期天下午，去公园散步或去参观南普陀寺仍然是人们消磨时光的好方法。而在中国人眼里，外国人仍然属于"异类"。

这种感觉非常好——融入这幅美丽的风情画，沿着崎岖不平的小径漫步，在市区随处可见的绿地上徜徉。也许这里的异国情调已经不像我初来乍到时那么浓厚，但它能随时提醒我：在这片土地上，我还只是个陌生人而已——不过我一点儿也不介意。

第五章 厦门的公园和花园

怪坡答案

德国来的工程师们查看了这个地方之后,得出的结论是怪坡属于一种重力异常现象——我想如果他们不是故意糊弄我们的话,那么他们的学历就是买来的。厦门市政府的工程师测量了70米长的怪坡路段,发现这里的坡度是 2%,汽车行驶在上面看起来是在"上坡",但事实上"坡底"比"坡顶"高出了 1.395 米。

尽管知道了事实真相,怪坡仍然是个有趣的地方,而且我很喜欢带朋友去那儿玩。

第六章
野生动物

福建的生物物种众多,真堪称"伊甸园"。自18世纪起,西方的自然科学工作者就纷至沓来。这里有33英尺长的巨蟒,还有所有老虎的祖先——厦门虎,甚至有地球上最致命的生物——厦门"吸血鬼"(详见本章末尾)。

想亲眼看看活生生的厦门虎吗?可以去福建西部的梅花山自然保护区,那里还有将近1500种植物和数百种爬行动物、鸟类等动物,包括40种濒危物种,诸如豹和黑熊。

厦 门 虎

"体形巨大的老虎时常出没于内陆地区的乡村,人们惶惶不可终日。农民在田间地头劳作时,还时不时地被老虎叼走,且无论大人或小孩。之后除了偶尔剩下些骨头外,一般见不到其他什么了。不过,老虎们也为农村地区做了件好事——有效地震慑在夜间四处流窜的强盗和小偷。"

——《厦门地理综述》刊登于《中国评论》1896年第22卷第3期

你好,凯蒂猫

"老虎是种神兽。虎爪可以辟邪,虎骨和虎筋有康复治疗和强身健体的功效。中国人认为老虎头上有个'王'字,因此把它们作为王者的

第六章 野生动物

象征。"

"马可·波罗对福建有两件事印象深刻:其一,女人美丽绝伦;其二,老虎体形巨大。福建人在岛上高山脊上的岩洞里捕猎老虎。一般比较保守的做法是两人同行,一人拿着火把深入虎穴,直到看见老虎的眼睛反映出火光,然后迅速让开道,由其同伴用矛或枪攻击。而比较现代的做法是把电灯绑在额头上,独自一人向虎山行。据背鱼人说,岛上仍然有很多老虎,但是数量正在减少。"

——摘自《绿姜根》(A Race of Green Ginger)第 68、69 页,1959 年由 Putnam 出版,作者 Averil Mackenzie-Grieve(英国人,20 世纪 20 年代居住在厦门)

厦门猎虎

摘自《中国评论》1897 年第 22 卷第 5 期的《厦门运动》一文,作者:H.R. Bruce

不过,最高尚的运动就是追寻丛林之王——狡猾的老虎,这项运动总是与厦门的名字"Amoy"联系在一起。中国沿海地区是老虎活跃的地区,而据当地的捕猎者说,广东省的老虎比福建的还多。

这些捕猎者四处搜寻虎穴,足迹遍及好几个省。他们发现,老虎出入时总是循着同一条路线。他们勘察这条路线,选择其一侧倾斜并低于地面的几处。

在高一点的地方,他们挖一个像墓穴一样的洞,在里面安装上强力的弓弩,箭头涂上毒药,从连接洞穴和路线的小隧道伸出。弓弩由一根跨过此路径的细绳触发,路过的老虎触碰到此细

你好,凯菁猫

绳便会被射出的箭刺中,烈性毒药随即发作,少有能生还的。

老虎全身都是宝,从虎须到尾巴都是很好的药材,是强身健体之特效药,人们为之争夺不休。而且,没有打假的法律来保证买卖老虎的真伪,因此,用一只老水牛或死马掺假,一只300磅重的老虎零售能卖出1000磅来。

当地人对在他们附近安家的老虎有种奇怪的想法。如果有人被老虎吃了,他们会热烈欢迎外国冒险家的到来,将他奉为人民的救星。但是,如果这只老虎并没有伤人的前科,他们则会劝阻这位冒险家,谴责说激怒它可能使一只脾性好的野兽变成一只食人魔。他们还会说:"为什么要杀死它?杀了它之后,马上会有两只新来的老虎占领它的洞穴的。"

有的老虎可能从来不伤害邻近的村民,尽管它可能会吃掉不少陌生人和过路人,但村民们知道自己是安全的。如果一个外人在这个村子里住上些天,他也不会遭到老虎的侵犯。这都是由于长期以来与老虎为邻,村民们养成了一种根深蒂固的习惯,每天迟出早归,可怜的老虎没有机会,所以它只好袭击那些缺少这种生活习惯的陌生人。

厦门的老虎都会频频光顾各个村子,也常吃人。夜晚时分,猪、牛、羊都被关起来,老虎只能望"羊"兴叹,于是村民养的狗就构成了老虎5/6的食物来源。老虎的猎食区域甚至包括人们常去的地方。每当黄昏降临之时,它们便会失去所有与生俱来的对人类及其声音、味道的惧

厦门虎(2003年于福建梅花山)

第六章 野生动物

怕。人们就寝之后它们便开始在村道上流窜,还会闯进猪栏捕捉猪狗。有的人还不幸从被窝里被老虎叼走,这也不是没有的事。天气热的时候,有人就睡在门口或屋檐下,却因此丧了命。

也许你会问:"为什么探险家们喜欢在厦门捕猎老虎,而不是其他港口?"30年来,捕捉到老虎是罕见的事,直到10多年前,不知疲倦的艾伦(A. L. B. Allen)先生成功证明了耐心、毅力、时间和勇气是捕猎老虎的关键所在。自此,这项运动开始盛行,而老猎手弗兰克·莱本(Frank Leyburn)先生百折不挠,以捕杀20只老虎名列榜首。

厦门岛上,20英里内丛林并不多见,但山腰上常有岩石峡谷,老虎大多栖息于这些峡谷的地洞中。为了将它们赶出地洞,当地的猎人手持长矛,并将火把固定在很长的竹竿上,然后勇敢地钻进地洞。如果这些满身条纹的家伙有逃生的洞穴,它们肯定会逃脱。但如果被困在死胡同里,冒险家们就得爬进洞穴,越过这些猎人,在20码内开枪。这相当于在露天情况下遇到一只老虎,那场面就乏味得多了。

当然,捕猎老虎过程中充满了艰辛与困难,但也有许多东西令人赏心悦目。若能幸运地碰到一座远离尘嚣的山间庙宇,在此欣赏附近峡谷间的秀丽景色,以及无与伦比的农田乡野,正是这一方水土养育着一方人。那清新的空气、迷人的风景都将让你流连忘返。另外,还可以欣赏田园山村,了解民风民俗,何乐而不为?尽管你不可能每周都捕猎到老虎,但当幸运的时刻降临时,你一定会觉得,这项高尚的运动值得我们倾注一生的热情。

鹭岛观鸟

早在1860年,英国驻厦门领事郇和(Swinhoe)先生就报告厦门的鸟类种类达174种。可惜许多野生动物都已灭绝,幸好有严格的环保政策,如今鸟类的品种正慢慢恢复,而观鸟者也日益增多。厦门的观鸟爱好者成立了厦门观鸟协会,他们在每年三月份都会宣传"爱鸟周"活动,还为所有观鸟爱好者提供野外出游的机会。

外交官及博物学家——罗伯特·郇和

罗伯特·郇和(Robert Swinhoe)于1836年9月1日出生在印度加尔各答,其家庭在印度为英国服务多年。父亲是一名律师,哥哥是陆军上校。

回英国接受大学教育后,18岁的郇和去了香港,在那儿学习中文以及中国自然历史。他于1855年来到厦门,学习当地方言,并研究这里的飞禽和动物,家里还养了一只猫香、一只穿山甲、一只大雕鸮和一只小猎鹰。有一次去台湾,他仅在两周时间内就记录下了93种新鸟和17种哺乳动物。

罗伯特郇和驻厦门领事

郇和回到厦门后帮助组建了厦门文学与科学协会,但不久后就宣告解散。

1856年11月17日,在协会的第一次会议上,郇和朗读了他发表的论文《关于厦门动物的几点评述》(A Few Remarks on the Fauna of Amoy)(我在本章后面附了一个编辑后的版本)。

郇和是英国驻台湾省的第一位领馆官员。1862年他因患病返回英格兰,在伦敦展览上设的"台湾展台"获得大奖,还为社会各界做了多次演讲。查尔斯·达尔文曾在其著作中提到,郇和曾为他送来鸽子皮肤标本。

郇和认定中国是鸟的天堂。他于1866年再次回到厦门,后又于1869年请病假回英格兰休养。1875年在中国又患上中风,后返回英格兰,于1877年英年早逝,年仅41岁。

关于厦门动物的几点评述
罗伯特·郇和(1856年)

……刚刚进入厦门港,第一眼看到的便是厦门光秃秃的小山,随后又是许多巨石,层峦叠嶂,绵延不绝。你可能心里会想:这里可能有

第六章 野生动物

野生动物吗？虽然这里的动物种类不算丰富，但是在这片当地人民辛勤耕耘并赖以生存的土地上，我们仍然应该尽可能寻找我们感兴趣的研究课题。

狡猾的狐狸是我们首先想到的。尽管狐狸在哺乳动物中的地位较低，但因为它在这儿是最大型的食肉动物，所以就显得重要⋯⋯

狐狸是穷人家家禽最大的威胁，属于**鼬鼠**科（学名 *Mustelideae*）动物，虽然分布范围广，却还是很罕见。一般约1.5英尺长，浅黄色的毛皮，鼻口部为黑色⋯⋯

结束关于哺乳动物的描述之前，还得提一下一位当地人活捉给我的一只奇怪的动物。我关了它几个月，最后终于知道，它属于**麝猫科**（学名 *Viverridae*），约1.5英尺长，很长的黑褐色毛，头部黑色，有一道白线从头顶一直到嘴部，尾巴末梢是白色⋯⋯

我们还听说，**海獭**也偶尔在六岛附近游荡，深夜时分出来寻找有鳍的猎物，避开白天的阳光⋯⋯

⋯⋯下一个四足动物要提到**穿山甲**⋯⋯这里的穿山甲是种小型穿山甲（学名可能是 *Manis brachyurus*），从头到尾长约两英尺三英寸，尾巴就有1英尺长。其走路的步态很奇特——身体弯曲如弓，头和尾朝下，跑起来的时候多用前面的两只脚。⋯⋯当地医生要花很高的价格才能买到穿山甲，因为其肉和骨头有多种药用功效，其身上的一个鳞片可以固定在棍子一端，作为一种安全的工具用于挠痒，不会引起皮肤溃疡。⋯⋯在这个海港还可以见到鲸目、鼠海豚属动物，有时会看见它们排成一列，露出它们圆形白色的背部，然后消失在水里，再次看到时已是相去很远的距离了⋯⋯

郊和的鸟儿们

……**游隼**(学名 Falco peregrinus)时不时地会光顾这里,去年就有一对游隼把巢安在南太武的高山上,这里的顶峰上矗立着一座宝塔……在这个海港有时还会见到**鱼鹰**(学名 Pandion),但是人们对它知之甚少。我亲眼见过一只鱼鹰贴近船舷下方袭击一条鱼,然后抓着鱼扬长而去……冬天偶尔也能见到**雀鹰**(学名 Nyctipeles,Swam.)和小型茶色的**角枭**(学名可能是 Scops rufiscens of Horsfield)……

画眉和矶鸫(学名 Petrocincla violacea)常常与我们作伴。画眉歌声嘹亮动听,令我们的花园生气盎然;矶鸫或伫立在大块巨石之上吟唱,或扶摇直上云霄放声高歌,用它粗犷的歌唱技艺让行走在寒冷山间的孤独路人心醉不已……

中国人误以为矶鸫和画眉是同一种鸟,都叫它们"Ok'ee",尽管前者是蓝红相间的,后者是黑色的。最熟悉且可能是最家喻户晓的要数**鹊鸲**(学名 Gryllivora)——一种杂色羽毛的喜鹊,生活习性像歌鸲。它总是在清晨或日落时分在人家屋顶高歌,歌声却并不动听,总是充斥着刺耳和不和谐的音符……

最小的鸟儿要数**缝叶莺**(学名 Orthotomus),特点是有一个长而尖的嘴,可以将树叶绕着鸟巢缝合在一起。它一般选择白豆蔻(Alpinia nutans)树的一长叶下侧,用蜘蛛网和纤维将长叶的边缘缝合在一起。我见过最漂亮的这种"工程"是一个由三片橘子叶从侧面接合在一起的鸟巢,而且它被安置在一棵橘子树树枝的末端。

一大群美丽的**白鹭**(学名 Herodias Garzetta,我们比较熟悉,所以也叫稻田鸟)经常吸引我们的视线,它们慢慢地从夏季朦胧的蓝色暮色中掠过,从它们捕食的田野飞回筑巢的树林,落在树上,仿佛在墨绿色的树叶上飘落的雪花。夏天常见的是**黄头白鹭**,它们组成比白鹭更大的群队四处飞翔。还有一种比较喜欢独居生活的鹭鸟学名叫 *Herodias flavirostris*，可以从它黄色的喙和长在后脑勺顶部的一蔟雪白的羽毛辨认出它们。除此以外，还有五至六种**苍鹭**，大都以形态优雅美丽而闻名。

情感丰富的中国人给予白鹭诸多赞美之词，常在诗歌作品里提到它们。由于这种雪白的鸟儿经常成群结队地光顾厦门，厦门岛因而常被诗意地称为鹭门、鹭江或鹭岛。在厦门发现的 92 种栖木类鸟中，有 9 种来自英国。有 7 种涉禽类鸟，以及除了**鹈鹕**、**信天翁**和少数几种**海鸥**和**燕鸥**以外的几乎所有的游禽类鸟和在英国发现的确是一模一样……

……探索大自然给人带来的美好和快乐无须赘述。当人们注视着造物者的杰作时，每个人的心都会因兴奋而驿动，会因为在这个神奇的自然界里发现了新的规律而喜悦地颤抖。自然界是那么完美地控制和安排着地球上所有的动植物。

所罗门说："天下无新事。"很可能的确是这样。但是，发生在人们身边的事物有许多对其来说是新事物，当他们注意到时会感到惊奇，这只不过是因为人们还没运用自然所赐予他们的观察能力。最后，我想最好还是引用米尔顿(Milton)通过造物者之口对人类的始祖(亚当和夏娃)所说的几句话来作结束语："万物生长的地球，还有充满地球的空气，和所有你支配的事物，难道不是为你而生存的吗？"

——罗伯特·郇和

郇和的 174 种厦门鸟摘选

1. **鵟**(学名 *Buteo vulgaris*)：冬季常见候鸟。

2. **鹗**(学名 *Pandion haliaet*)：生活在海港入口处的岩石上，偶尔来厦门，生性胆小，不易接近……

第六章 野生动物

3. **游隼**(学名 *Falco peregrinus*)：在附近繁殖，并不少见。

10. **褐鹰鸮**(学名 *Ninox scutellatus*)：离群的冬季候鸟，夏天在福州常见，在福州繁殖。幼鸟羽毛呈褐色……

11. **大雕鸮**(学名 *Bubo maximus*)：在附近地区繁殖，每年早春，镇上有幼雏出售。

17. **褐雨燕**(学名 *Hirundapus nudipes*)：春天下暴雨时四处游荡。

18. **家燕**(学名 *Hirundo rusticas*)：数量众多，在中国人的棚屋门上方筑泥巢，形似半只碟子，以稻草和少量羽毛衬里。人们认为家燕来筑巢会带来好运气。

19. **赤腰燕**(学名 *Hirundo daurica, alpestris*)：冬天偶尔有几群在厦门停留一到两天。在台湾此鸟代替了普通的燕子，在屋檐下以粘土和泥搭半球形的鸟巢。

21. **白喉翠鸟**(学名 *Halcyon smyrnensis*)：常见留鸟，中国人叫它"翡翠"。人们用它的羽毛(主要是翅膀上的毛)粘在妇女戴的装饰品上，使亮丽的蓝色羽毛看起来像绿宝石的颜色……

24. **花斑翠鸟**(学名 *Ceryle rudis*)：常见于河边，在河面上飞行，时而扶摇而上，时而俯冲而下捕食鱼类。我曾见此鸟贴近水面飞行时斜斜地拍打水面。

27. **鹪莺**(学名 *Prinia sonitans*)：因其在树枝之间跳来跳去或飞来飞去时发出的劈啪声，我给它起了这个名字……

34. **褐色柳莺**(学名 *Phylloscopus fuscatus*)：冬天常见……最常听见的鸣叫声为"喊喊"。

56. **紫啸鸫**(学名 *Myiophonus caeruleus*)：在岩石洞中生活，不常见，极为胆小，本地人叫它"黑雀"。

64. **黑脸噪眉**(学名 *Garrulax perspicillatuas*)：身长 12 英寸。翅膀长 4.7 英寸，尾长 5.2 英寸，喙长 0.9 英寸，喙张开后高 1.3 英寸……生性

胆小,不过因为大声鸣叫"啼偶—啼偶",在大老远就被人知道。它不时这么叫着,或者接着来一声清脆的低声啁啾。

65.**斑纹画眉**(学名 *Garrulax sinensis*):这才是中国人说的画眉,以歌喉动听、生性好斗而备受中国人喜爱。

79.**棕背伯劳**(学名 *Lanius schach*):非常常见,喜尖叫。比在印度群岛上发现的种类大得多,毫无疑问,值得特别予以区分……

82.**玉颈鸦**(学名 *Corvus torquatus*):厦门唯一的乌鸦种类。

83.**喜鹊**(学名 *Pica media*):极为常见。

84.**八哥**(学名 *Acridotheres cristatellus*):从香港到上海都非常常见的鸟类。在树上或墙上的洞中居住,或者在树上筑椭圆形的大巢。有学说话的天赋,很容易被驯养。

94.**雀**(学名 *Ligurinus sinicus*):一半是黄雀,一半是金翅。一年里都能见到,叫声清脆悦耳,以蓟的花冠、谷物等为食。

147.**鹅**(学名 *Anser segetum*)

151.**斑嘴鸭**(学名 *Anas poecilorhyncha*)

162.**信天翁**(学名 *Diomedea brachyuran*)

164.**海鸥**(学名 *Larus canus*)

168.**潜鸟**(学名 *Gavia Kittlitzii*)

173.**鹈鹕**(学名 *Pelecanus crispus*)

175.**始祖鸟**:侏罗纪灭绝的鸟类。要是你见到一只始祖鸟飞过,你最好少喝几口米酒。

附录

发现厦门"吸血鬼"

(一个真实的故事)

我杀死过许许多多吸血魔鬼,甚至超过吸血鬼猎人巴菲。但是这

第六章 野生动物

不算什么,因为我住在厦门(前称 Amoy),曼森医生(Dr. Patrick Manson)于19世纪70年代在这里发现了地球上最致命的生物。我说的可不是凶猛的厦门虎,也不是眼镜王蛇,更不是福建33英尺长的巨蟒。不,地球上最危险的生物是厦门"吸血鬼"——所谓的蚊子!即使是在21世纪的今天,它们仍然每年杀死200万人。

在厦门,"热带医学之父"曼森医生解剖了这些藏身于暗处的小东西,发现它们并不只是在你脖子上叮一口,它们还是疟疾的传播者。

我与这些凶残的家伙进行了18年抗战,还是以失败告终。就在那个血腥的夜晚,我挥笔写下了《厦门"吸血鬼"》。下面是一个清朝时候的故事,充分说明中国人民已经与这种"吸血鬼"战斗了几个世纪。

和尚与蚊子(清代故事)

一个和尚发誓说愿意以自己的鲜血来拯救其他活着的生物,但在他被蚊子叮了几个小时后,奇痒难忍,于是开始疯狂地拍打蚊子。

有人问:"你不是发过誓吗?"

那和尚感叹道:"太过分了!它们每几秒钟就来叮我一次!"

厦门"吸血鬼"

桑拿天,不眠夜,飞虫纷扰,辗转反侧。
奋力拍打,看它们尸横遍地。
恼羞成怒,双手飞舞,顿时灰飞烟灭。
突然,书房竹门上现黑影。
"定是那魔虫又来袭,"我喃喃,
"肯定是!"

悠悠笛声传来,飘荡在六月的空气里,
而被击落的飞虫们仍在地板上挣扎。
顿觉忐忑不已,我遂祈祷黎明的到来,
赶走那正在袭击房门的魔鬼。
在这夜风中,仿佛能闻到
往日那血腥盛宴的气息。
它在纱窗上的撞击声更大了,我怒火汹涌。
但心中却突然升起一种从未有过的害怕。
不,不要害怕,或许这只是它搞错了?
这疯狂的东西是不是敲错了门呢?
"我不是你要找的!"我大叫,"我邻居能给你更多鲜血!
找他们去吧,就在隔壁!"
黑暗房间渐渐凉爽下来,我亦壮起胆来。
为什么畏缩在这儿惧怕门后的它呢?
"朋友,事实上,我刚开始吃东西,你就蠢蠢欲动了。
来,这儿有糖醋鸡肉、青椒牛肉——不,还有
木须肉、饺子。美味若此,夫复何求?
这才是你想要的饕餮盛宴!"
在黑暗的注视下,在冷漠的恐惧中,
我如此这番请求,它会答应吗?
不,它仍然沉默。看哪,我的心都要碎了!
从门口吹来一阵微风,恍然如梦,
我却在梦中尖叫战栗,我歇斯底里,
"只有这些外卖了!只有这些!"
我的噩运即将降临,你看它正磨刀霍霍,
针头一般的武器又开始四处搜寻我的血管。

纱窗已慢慢被撕开,我的颈部像被扼住一样疼。
"吸血僵尸德古拉都比不上你,你这古老传说中邪恶的魔鬼!
离我的鲜血和身体远些,去别处寻找你血腥的宴席。"
嗡嗡嗡……它说:"最后再吸一口。"
我还是被这会飞的吸血鬼俘虏了,恐惧在折磨、嘲笑我。
我昏厥在书房地板上,不省人事。
此时,那被我拍得鲜血飞溅的虫子的鬼魂在大笑,一切于事无补。
它们继续在我身上跳舞,吮吸着鲜红的血液。
"告诉我!你还要吸多久?"我揉着脖子上的痛处呐喊。
蚊子终于应答:"你永无宁日……"

潘维廉于 1996 年 11 月

第七章
厦门丛林之旅

想要了解为什么19世纪时的老厦门曾经令众多老外着迷？不妨你自己踩着前人的脚印去感受一下。澳大利亚人特里斯·波曼是个经验丰富的丛林旅行家，非常感谢她为我们奉上了在厦门的五次徒步旅行的详细经历。

"丛林游侠"波曼生平

我住在澳大利亚昆士兰州首府布里斯班，虽然我出生在另一个小一点的城市——洛克汉普顿(Rockhampton)，旁边有一条山脉，就在那儿我生平第一次徒步旅行，整整走了一天，那年我14岁(世界如此之大，那些山脉并没有什么可以"斯开特(skite)"的美景)。

严格来说，我并不是登山运动员，更不是什么攀岩高手，虽然我也曾拽着登山绳攀上几座火山口，甚至爬过艾尔斯岩(位于澳大利亚中部)。

布里斯班被群山环抱着，那里的山脉(在游客眼里那只能算是小山丘)长满了干燥的桉树林和其他温带雨林。我钟爱雨林穿行，对付那些虱子、蚂蟥、泥沼，还有一种叫"等待藤(wait-a-while vines)"的藤本植物我很有一招。我还曾在昆士兰州北部的凯恩斯城(Cairns)小住过一段时间，那儿繁茂的热带雨林真正激起了我对丛林旅行的热爱。在那儿我徒步跋涉去寻找纯净的瀑布，在清澈的溪流中游泳，身旁是巨石林立，还有淡水鳄鱼与我作伴……

第七章 厦门丛林之旅

在厦门我碰到一个与我志同道合的人,他介绍我去厦大后面的五老峰。从那以后,我们每周都选择一座不同的山,结伴去登山。厦门许多山的山头都是军事基地,经常有军犬和哨兵看守着,我好几次不得不败兴而归。常常出现在这些不该出现的地方,我开始担心他们不会把我想成一个愈挫愈勇的特务吧。——"丛林游侠"特里斯·波曼

澳洲俚语管窥

在翻遍所有字典仍自不能破译特里斯的澳洲英语后,我只能给她发电邮求救。她回复说很愿意向我解释澳洲俚语。具体如下:

"啾克(chook)"是指小鸡或母鸡,也可用于嗔怪或怒斥他人,如"你这只愚蠢的老啾克(大概相当于北京话中的"老家雀(读巧音)")!"也常见于男性间互相的昵称。

"斯开特(skite)"意为"吹牛、炫耀",也可用作名词指说大话的人。

"等待藤(wait-a-while vines)"指生于雨林的藤本植物,常伸出长有倒刺的长枝条挡路。但逢有人经过,这些倒刺就会勾着衣服、皮肤、头发等,不由你不花工夫就地等上一会儿。对付"等待藤"的最有效方法就是保持原姿势往后退出避开。不管怎么说,这可是轻易不饶人的家伙,长大后又成了老师教训孩子的工具。

一些澳洲俚语能被阁下收入《魅力厦门》,真是件值得弹冠相庆的事,这或多或少让我体验到我们澳洲人的存在。

特里斯·波曼丛林游记一

上李(半天时间):从上李出发

乘20路车坐到终点站铁路疗养院。从疗养院的背面穿过一座小桥,左边就是一条正在施工的大路。沿这条路往前直走,别忘了欣赏沿途山上的桉树、合欢树。要是在清晨,还会有种柠檬口香糖的味道漫延

其间,让了解澳大利亚的人联想起澳大利亚的阳光气息。往右,你会看到一个长长的蛇形水库,水库的管理处就在你的右前方①。

从起点步行约一公里后,整个城市的风景在你眼前慢慢展开,你会在右边发现一个上山的岔路口。沿岔路向上几百米,你会看见一个毛石砌筑的石门,上书几个大字"半岭宫"(从右往左读),这是道教庙宇的名称,因为有个"宫"字。再往上走,应该就能看到庙宇建筑了。然后,拾阶而上,曲径通幽。

"丛林游侠"特里斯·波曼

石径旁是一排铁路部门立的白色杆子,杆子上面标着红色数字,大概是从 41 数起。路的尽头是正在搭建的一个颇具规模的佛教寺院,这倒有些意外,唯一与道教有关的只有左边的一个小神龛,里面摆满了道教先祖的雕像。而这个神龛往上却是那座正在用红砖建造的佛寺。站在佛寺前的广场上,放眼望去,满目葱翠,你可以尽收山谷美景(山谷中有条蜿蜒而上的新路),还可以远眺厦门市容。另外,对面山顶还可看到军事设施。

若从佛寺循阶下山,你可以走左边的那条石阶路,其后靠南通往一条沟壑。殊途同归,从这里仍会回到出发的那个岔路口,然后折回厦门市区或是回到上李。

如果还有精力,不妨到上文提到的那个水库岔路口,这个路口通往厦门的一条乡间干道(详见"前埔徒步旅行")。沿路前行,就到了一座农舍前,只见许多"啾克(chook)②"啊、狗啊的,在农舍的左边,有一

---

①如果你愿意多走点路,这里最终可以通到厦门市区两个地点:文灶(往右侧路口)或文园路(往左侧路口)。83 路公交车在这里始发,可以带你到火车站。

②啾克(chook):见潘维廉博士的澳洲俚语宝典。

第七章 厦门丛林之旅

条通往东坪山的土路,东坪山上坐落着厦门地势最高的村庄。在丁字路口向右就是台湾民俗村的背面。再往下的另一个岔路口,切记一定要左拐,这条路才通往山下,如果右拐的话,你会发现自己置身于一条杂草丛生的上山路,妄想通过是不太可能的。

在台湾民俗村,你可能会被工作人员挡住。他们的职责就是防止游客走"后门"偷溜进去。如果你运气够好,没人拦你,你倒真可以溜进去逛逛。若被把门的工作人员发现,他们会要求你通过最近的路出去,这条路通往黄厝村,沿这条路下去,在你左边有个饭馆,其楼上包厢配备空调、躺椅、电视,小憩一番,有助于恢复体力。

稍事休息之后,继续沿林间小道往下走,就到了环岛路。向左走几步就会看到公交车站,可直达厦大,或是终点站胡里山炮台,方便你转车。

沿途主要景观:

1. 沿新路下方的小溪,一条优美的人行道正在施工中,还配有一座天桥,设计上极具艺术感。竣工后,能将机动车与行人很好地分开。

2. 通往寺院的那条石阶路,一路树影婆娑,鸟语花香,一派田园风情。

3. 从寺院广场前眺,视野空旷,山谷风景郁郁葱葱。

4. 由于这条线路可通往横跨厦门的主干道,根据线路的长短,你可能会走上一天的时间。

特里斯·波曼丛林游记二
同安大轮山

这是一次轻松之旅,需要半天时间,先乘车后步行。到火车站坐开往同安的公交车,或是在胡里山炮台与集美间主大道的任何一个公车站上车都可以。坐车大约一小时后,在同安区的梵天寺站下车。梵天寺的入口就在街对面不远处。

好在这个寺庙不用门票,你可以遍游各个大殿,观察各种祭拜仪式,开始大轮山的登山之旅。

终于,你发现一个金碧辉煌的新大殿,大殿的右边有条上山的路,你也可以走左边的山路,不过更陡峭。山顶有一个供休憩的凉亭,坐在那儿,周遭的田园风景可一览无余。沿途经过的几个典型的马蹄状墓地更给这并不太累的行程平添几分安宁色彩。

沿途主要景观:

因为梵天寺不是对外开放的乡间庙宇,所以你可能获得更真实的旅行体验。当地人很友好,见到游客甚至于有些惊讶。不过,也不能太冒昧。放心!这里绝不会有乞丐或算命先生骚扰你。

这次乘车之行可以带你领略厦门偏远地区不一样的风光。

特里斯·波曼丛林游记三

仙岳山—天竺岩寺

仙岳山算是厦门比较大的山脉之一,是分割湖里区与市中心的天然屏障。要是步伐轻快,仙岳山半天就能游完。若是闲庭漫步,得花上一整天才行。如果时间有限,也可以直接开车上天竺岩寺,这样的话,行程会缩短很多。到天竺岩寺有很多条路,最便捷的是从侨岳路上去。侨岳路是莲岳路的延伸段,而莲岳路是筼筜湖最东侧的一条干道,横跨湖滨北路。13、31、33路公交车都有经过莲岳路和仙岳路的交叉口。可以沿侨岳路步行上山,不过在侨岳路的第一个转弯处有一条山间捷径可直达山顶。这条捷径入口处的唯一标志是"进入林区,严禁烟火"的警告标语。从这里爬到顶就是机动车道,抬眼就是天竺岩寺。由于主殿正在修建,一派忙碌的光景。目前这座寺庙作为临时过渡使用,包含一些古老的建筑,香火却一直很旺。善男信女们忙着捐献香火钱,祭拜先祖。新大殿的施工设计图就在一边可供憧憬。山那边新建的厕所遥遥在望,可惜还未开放。眼下,您还是得将就着用现有的简陋厕所。

如果您意犹未尽,还想顺着那条修得蛮不错的路向西走走,那么绕过寺院向左(东面)走。沿途有很多瞭望点和"旁门左道",其中一条路上有个亭子,可俯视厦门全景。当然,这一路你也能注意到林间有几个"科学试验"点,用于采集昆虫标本和提醒路人防范有毒物质。走到尽头,是个毫无标志的岔路口。要想下山呢,就走右边这条(靠湖里方向),它会带你来到一个住宅小区背面的楼梯间。再往前走,向左拐,到吉普车培训场时,也就到了海沧大桥下。15路车站就在右边,可以带你一路穿行厦门市区,直达厦大。

沿途主要景观:

1. 仙岳山是厦门市区最大的山峰之一。无论俯瞰城市还是海港,都有不少美丽的风景。带上些吃的、喝的,在天竺岩寺附近或是往东渡方向的路上随便挑座小亭子坐坐,轻松愉快的一天就过去了。

2. 天竺岩寺香火旺盛,香客们传统的朝拜方式也是道不错的风景。

3. 如果时间宽裕,不妨探探其他"旁门左道"。

特里斯·波曼丛林游记四

狐 尾 山

狐尾山实际上是仙岳山向西往海沧大桥方向的延伸。要想好好地游玩,得费些脚力,不过半天时间绰绰有余了。一路上的设施如观景台、厕所还有供野餐用的桌子都不错，在这里你可以眺望到市政府大楼甚至更远的风景。

进山有两条路：一是从湖滨北路凤凰山庄出发步行进山；一是开车从海山路(此路在东渡路上，湖滨北路丁字路口过一个街区的位置)出发，经过

厦门市政府（背后走狐尾山）

狐尾山西头的气象站，最后到达电视发射台。其实撇开汽车步行的话也是段不错的行程。从凤凰山庄出发的那段森林小径一定不会让步行者失望。如果决定要步行上山，你可以搭乘87路车，在湖滨北路的市政府站下车。

要是想避开那些车水马龙的大道，不妨从凤凰山庄的那条路一直往上走。从市政府大楼往东渡方向大概半个街区的位置有个门，向门卫打声招呼说你想爬山，便可畅通无阻。沿路一直前行，到了有几处曲里拐弯的地方停下来，留意寻找该处的林区指示牌，指示牌处则有一条上山的石阶。这条石阶通往机动车大道，继续向前跨过这条大道，是一座已建了一半的凉亭，再往前行，路的尽头是工人在山顶的棚屋。原路返回，在机动车大道向左走一小段距离，你会发现一条石头路，沿这条路有观景台和野餐区。气象台就在野餐区再往上，而出口在下坡方向。不过你也可以沿森林小径原路返回凤凰山庄，不必与机动车打交道。

特里斯·波曼丛林游记五

南普陀寺和五老峰

南普陀寺是福建最著名的寺庙之一，但它的魅力多少还得益于它

第七章 厦门丛林之旅

背靠的那座"山路迷人眼"的五老峰。这条步行路线还可以通到万石植物园，并可以在厦大校园穿行，你甚至可以安排其他一些有意思的行程，所以不妨多安排点时间，因为一天可能是不够的。假如只有半天时间，那建议你就在南普陀五老峰游玩然后下山，或者翻过山直抵万石植物园，从植物园出去。我们先来沿这条路线走一遭！

1路、15路、71路、45路等等，随便哪路车只要途经厦门大学，你只管跳上便是了。到厦大一下车就可以看到南普陀寺了。花上3元买张门票，然后你会经过几个坐禅或敬拜的大殿，那里通常挤满了香客。你可以长驱直入进到后院。这里有好几条路，让你不知所措，不过不用担心，因为所有的路都可以通上山，而且标识牌也很清楚，所以你只管闷头爬石阶就行了，不过，除非你想欣赏沿途的亭子、人工洞穴、观景台等等，否则最好不要太靠近山的边缘。越靠近山顶，风景眺望台就越多，尤其是那座搭在一块巨石上、修了栏杆的观赏平台。再往上爬大约半小时后，就能到达五老峰顶供休息的地方。那儿有个卖冷饮的小摊，旁边就是万石植物园的售票处。其实可以绕过大门，从山顶右边那条小路拐进去，不过路不太好走，也容易迷路。除非有当地人给你带路，否则最好还是乖乖地掏钱买票。不妨也为探险家们描述一下这条省钱的路线。先要下到山谷里，然后再上山，穿过一条水泥路，这条水泥路会通到一部队基地，周围山峰林立、层峦叠嶂。一路上千万留心种着仙人掌的玻璃房，这里是仙人掌景区。景区右侧有条迂回的路，可以穿过另一座山去领略其他美景，并可以在别处连接到植物园的大路上。记住！每逢一条路，向左一般是往万石植物园方向，而反方向则最终会到达部队基地或回到厦门大学。反方向的路线也值得一游，不过，最好还是另外再安排一天吧！

第八章
运动与休闲

体育运动

近来，中国人义愤填膺地宣称是自己发明了高尔夫和足球，就连国际足联都对此给予了认可。但是从本质上说，在过去的几个世纪里，除了武术运动——如射箭、骑马、功夫以外，大部分中国人似乎还没真正参与"体育运动"。不像我们这些粗俗鲁莽之人，文明的中国人更喜欢文化娱乐，如书法、绘画、吟诗、品茶等等。然而，外国人还是带来了网球、狩猎、马术、篮球、游泳等运动。

1924年的奥运会金牌获得者伊利克·里达尔(Eric Liddell)曾到中国传教，他写道，中国的学者即使是在踢足球的时候也坚持要穿着象征儒教的长袍，结果常常是跌得踉踉跄跄。不过，他们很快就脱掉了那些儒雅的长袍，与外国人一较高下。在现代体育方面以及现代教育、医学、音乐、艺术和文学方面，厦门一直都在全国名列前茅。

英国人于1898年把足球带到厦门，当地人也从此喜爱上了这项运动。另外，当时的厦门还是捕猎老虎的理想猎场(参见"野生动物"一章)，即使在今天，厦门的运动健儿们仍然在射击项目上创造世界纪录。

第八章 运动与休闲

"现代中国体育之父"——马约翰(John Ma)出生在鼓浪屿,他是新中国第一个职业教练(详见《魅力鼓浪屿》),带领厦门健儿们几十年来屡次创造世界纪录。仅三名厦门运动员就荣获19项世界冠军头衔。

在厦门玩什么呢?

你可以在鼓浪屿上玩帆板、皮划艇或动力伞。在赛道上驾驭高卡车(一种微型竞赛汽车),这里曾经举办过国际赛事,筼筜湖还举办过国际水上运动竞赛。你可以在环岛路上慢跑、玩轮滑、骑自行车或打沙滩排球,这里是一年一度的国际马拉松赛的跑道。你可以攀岩,打网球、羽毛球或篮球。厦门还有亚洲顶级的高尔夫球场(其中有一个球场是由戈雷格·诺曼(Greg Norman)亲自设计的)。你还可以试试打野战和彩弹游戏。当你累了需要安静下来时,可以徜徉在众多公园里或海边绵延数英里的木栈道上,然后从数以千计的餐馆中挑选一家,美美地饱餐一顿,最后享受一次中式足底按摩,让疲惫的身心得到彻底的放松……

厦门基督教青年会(YMCA)引领厦门体育运动

你知道吗?是基督教青年会成员发明了篮球、排球和短柄墙球,也是他们创造了"健美"和"垒球"这样的新词,他们是第一批职业的美式橄榄球运动员。同样,基督教青年会在厦门乃至整个中国也是现代体育的引领者。

厦门基督教青年会成立于1912年4月,是在中国最早成立的基督教青年会之一。基督教青年会(详见"宗教"一章)创立了厦门第一项体育赛事,举办了厦门第一届运动会(1915年11月27日于演武亭)和厦门第一届赛艇比赛(1934年)。安德鲁·莫里斯(Andrew Morris)写道:

"到1907年,天津基督教青年会的成员们都还在为振兴中国体育而努力,他们呐喊道:中国何时才能派出一名运动员参加奥运会?中国何时才能邀请全世界来北京参加一届国际性奥运会?而就在一个世纪后,在奥运会前夕,这本创新概念的书让我们第一次了解到:在从中华民国到一个现代民族国家的发展过程中,体育文化和意识形态扮演着多么重要的角色。"

"国之精华——中华民国体育文化史。"

厦门健身中心

青年时代的毛泽东的第一篇论文发表于1917年,他用有力且幽默的笔触指出中国人亟须锻炼。无疑,厦门人相信他的话。每天清晨在环岛路、木栈道、筼筜湖畔、海边大道你都会看到晨练的人们在步行或跑步。我自己呢,每天早晨也是以跑步开始的(从卧室冲进卫生间)。

厦门也有许多现代健身中心。如果你有钱,可以去高级酒店,它们大多数都配备了健身中心,如:海景皇冠假日酒店、马哥孛罗东方大酒店、厦门国际会展酒店、厦门京闽中心酒店、宝龙酒店等等。或者你可以体验一下希尔福大酒店的水上健身中心,就在厦门大学附近。可以办一张5000元的贵宾卡,每次健身只要25元,包括使用健身器械、桑拿、极可意浴缸和各种泳池(咸水和淡水的都有)设备。贵宾卡的另一项优惠是:入住客房只收取半价。

厦门健身俱乐部

菲尼斯健身俱乐部
地址:厦禾路美仁宫广场三楼
电话:3993386/3993396 传真:3993576
网址:http://www.newfitness.com.cn

第八章 运动与休闲

公交车：1、8、25、28、44、52、53、54、55、56、85、86、87、526路

都市风健康俱乐部(天虹店)

地址：嘉禾路天虹商场5楼

电话：5080170　网址：www.170.com.cn

公交车：10、27、51、52、105、108、509路

都市风(帝豪大厦)(麦当劳楼上)

地址：厦禾路820号帝豪大厦二楼

电话：2966188　公交车：1、3、19、21、25、507、519、529路

厦门都会健康俱乐部

地址：江头北路32号　电话：5568589

电子邮箱：shany@xduhui.com　网址：www.xduhui.com

公交车(开明电影院旁)：6、7、10、39、41、81、96、98、805路

保龄球

华益保龄球娱乐有限公司

地址：湖滨北路体育中心旁

电话：5121999　公交车：13、15、16、31、36、98路

金利保龄球馆

地址：汇城娱乐中心6楼

电话：5125333　公交车：6、7、42、46、79路

老年活动中心保龄球馆

别让这个名称给骗了！这里有时半夜还有人在玩保龄球呢！

地址：万石植物园对面　电话：2123588　公交车：17、87路

鹭辉保龄球公司

地址：湖里海天路　电话：6027239

保龄球专卖店

兼售二手保龄球用品。

地址:后江埭路 126 号永康大厦 16 楼

电话:2222412　网址:www.kt114.cn

羽毛球

伟仕羽毛球馆　地址:湖滨北路体育路 2 号,体育中心内

电话:6054898　公交车:13、15、16、31、36、89 路

金榜羽毛球馆　地址:金榜公园旁

电话:25860777　　公交车:1、3、21、26、55、56 路

海促会运动中心网球场　地址:厦门市环岛路珍珠湾花园对面

电话:2514239

威林体育用品　地址:湖滨南路 272 之一号,闽南大厦对面

电话:5804682　公交车:10、27、30 路

厦 门 体 育[①]

根据辞典解释,"体育"是指消遣娱乐活动。人们需要多种形式的消遣娱乐,于是便诞生出了板球、草地网球、曲棍球、骑马、射击等运动。而厦门则能够很好地迎合不同品味的人们的需要。在鼓浪屿上有个娱乐场——运动竞技场,它可以作为网球场备受美丽女士们的青睐,或是作为曲棍球场吸引老少男士们前来一展身手,每天下午你都可以在这里见到一次欢乐、友好的竞技聚会。

不过,骑马则主要是在厦门岛这一侧。这里有六英里长的沙滩,可以折返跑一趟,是很好的训练场,安全而且路况好,但十分单调。有时

---

①　摘自《中国评论》1897 年,第 22 卷第 5 期。

第八章 运动与休闲

从北边南下的野兽会吸引住骑马者的注意力,而全然忘记了身边的景色。

赛马跑道(今天的厦门大学)

某年一月份,一个中国的训练场被改造成赛马场,并举行了三天的厦门职业赛马骑师俱乐部比赛。每天有八场比赛,虽然奖品价值肯定不高,但当地的运动员们却争夺得十分激烈。对于喜欢矮种马的人来说,冬季数月的训练可是需要极强的毅力和健康的体格。而想要在赛马运动上取得成功的年轻人,必须有健康的生活习惯,如果次日清晨有一场训练,当天晚上他是绝不能熬夜的。在人们的思想里,赛马与赌博是不可分割的;所幸的是,在厦门赌马的危害并不大,与惠斯特牌(桥牌的一种原始形式)差不多,赌资很小。

接下来的运动就要数射击了。除了老虎,在厦门还有许多动物。在内陆地区可以发现雉鸡和鹧鸪,但是要走上两天的路程才能看到它们。在某些冷门的运动中,有时有些冒险者愿意抛弃他们舒适的猎船,而与野生藤蔓同宿在天然的矮棚里。顺着河流往上4英里,便可进入一片淤泥滩,随着冬天的到来,这里聚集了一大群的飞禽,有野鸟、野鹅、野鸭、水鸭等等。由于缺少伪装,这些鸟儿很难靠近,要想逮到它们,需要借助猎枪和一条平底船。捕猎者往往双手冻僵,两腿潮湿,双肩淤青,但是这仍然挡不住他们的热情。中国常见的鸭科种类都可以在这片淤泥滩上找到,但是鸳鸯却不多见。鹈鹕和天鹅偶尔会光顾这里,它们的到来就是寒冬的预兆。不过,最了不起的运动就是追寻丛林之王——狡猾的老虎,这项运动总是与厦门的名字"Amoy"联系在一起(详见"野生动物"一章)。

R. H. 布鲁斯(R. H. Bruce)

高尔夫球

东方(厦门)高尔夫体育休闲中心——中国第一所亚洲职业赛球场。该中心拥有长7074码的球场,在此举办一年一度的东方名人高尔夫巡回赛,被美国高尔夫球协会评选为世界100强高尔夫球俱乐部之一。

地址:海沧台商投资区

电话:6531313　公交车:62、89、450、802、804、814路

电子邮箱:zeng.q.h@orientgolf.com　网址:www.orientgolf.com

凯歌高尔夫球俱乐部　位于集美和同安交界,据说是由曾获得多项殊荣的戈雷格·诺曼(Greg Norman)亲自设计的。

地址:福厦公路同集干道415公里处　电话:7011678

传真:7011679

富士高尔夫球训练有限公司　地址:华侨大厦四楼

电话:2053881　公交车:13、15、16、36路

伟仕高尔夫球馆　地址:湖滨北路　电话:5086469

公交车:12、27、36路

贝隆高尔夫用品专卖店

地址:仙岳路273-12号　电话:5051216　传真:5051216

公交车:15、80、89、109、811路

高锋高尔夫球用品社　地址:仙岳路273-1号

电话:5327826　公交车:8、15、16、24、31、49、89、95、101路

伟仕高尔夫球用品店

地址:体育中心内　电话:5086469

铭友高尔夫球用品店

第八章 运动与休闲

地址:侨岳里 37 号　电话:5107836

户外娱乐

彩弹　该企业由中国军队创立,他们最清楚战争是怎么回事!
电话:13599533387

东南花都野战俱乐部　使用的是 AK-47 BB 枪,不是彩弹。
地址:厦门软件园盛世大厦

台湾民俗村景州乐园　可以安排户外集体活动。
地址:环岛路黄厝　木绳障碍游戏(摇桥、绳网、平衡木)、动物表演、台湾民俗表演等
电话:2568888　公交车:29、47、503、806、812 路

水上运动

厦门海底世界

修建于 1998 年,耗资 1000 万美元,是中国最好的水族馆之一。其总建筑面积达 7500 平方米,拥有 350 多种、10000 多只海洋生物。漫步在由树脂玻璃围成的海底隧道,你可以最近距离地观看鲨鱼。海豹和海豚精彩的表演会让你真正领略鼠海豚属动物的魅力。从鼓浪屿码头出来往右,在一只巨型章鱼铜雕后面的一座蓝色屋顶建筑物便是厦门海底世界了。电话:2067668

厦门快乐谷水上乐园

拥有众多水滑道和水池,足可以让你在炎热的夏季午后在此流连忘返。其位于湖里,穿过双线隧道就到了。
地址：厦门湖里区华荣路湖里

公园东大门

电话:5639975　　公交车:97路(湖里公园站)

游泳池——假日酒店和马哥孛罗东方大酒店都有很不错的泳池,不过在湖里体育馆花300元办一张套餐卡,可以游30次,那就省钱多了。地址:海天路和湖里大道转角附近,电影院后面。电话:6025886

人民游泳池

地址:文园路97号厦门宾馆对面

电话:2020013

亚特兰大活水馆

地址:湖滨中路89号,帝豪大厦附近

电话:2223930 分机816　　传真:2213135

电子邮箱:yatelanda-spa@163.com

网址:http://www.yatelanda.com　　公交车:8、12、26、27、32路

赛艇(游艇、皮划艇等)　可以咨询火烧屿上的Apple Travel旅行网的会员店(参见"厦门的公园和花园"一章,第78页)。

网址:http://www.appletravel.cn/index.php?action=boating#

电话:5053122　　手机:13860139909　　电子邮箱:apple@appletravel.cn

福建长泰马洋(厦广)漂流有限公司　这里是中国皮划艇训练中心,位于厦门西面45公里、漳州北面20公里处。长泰被誉为"厦门后花园",随处可见青山、飞瀑、幽谷、曲径,美不胜收。共8公里3小时的漂流,收费168元。他们还提供动力伞、骑马、步行、射击(来复枪、手枪)、射箭等游乐服务。

地址:中国福建长泰十里1号

电话:0596—8321001　　传真:0596—8325001

厦门办事处:悦华路123号悦华公寓G2

电话:5655178　　传真:5655608

温泉

日月谷温泉度假村

地址:海沧区东孚镇汤岸　电话:6312222　6312345

网址:www.riyuegu.com　公交车:804路

日月谷——亚洲顶级温泉度假胜地!

有一次,我在一架跨太平洋飞机上看航空杂志时,才知道原来日月谷是亚洲十大温泉度假村之一。日月谷位于杏林区,距离厦门仅20分钟的车程,拥有72个露天温泉池和35种特色温泉,有牛奶泉、啤酒泉、玫瑰泉……你点什么,就有什么温泉!

在中国,几乎每一处温泉都说是含有有益元素可以治疗某某疾病,日月谷也不例外。据说,这里的温泉滚烫,水温能达到80℃,含有钾、钠、钙、锰、溴、镁等微量元素。经常浸泡在日月谷的温泉里可以缓解动脉硬化、妇科疾病、高胆固醇、糖尿病、皮肤病、失眠、关节炎和消化不良等疾病,而且还可以促进血液循环和细胞再生。看来庞塞·德·莱昂(Ponce De Leon)[①]真是找错大陆了!日月谷的故事可以追溯到莱昂未出生之前。

日月谷温泉有着逾千年的历史。早在500年前,明朝的一名叫丁一中的高官途经这里的时候,听说这里的泉水有祛病除疾的功效,于是便在此泡起了温泉。据说,他沐浴后顿觉神清气爽,随即作诗予以赞美。诗中提到,此温泉既不在城里也不在山区,而是在田间路旁,普通的老百姓可以在此沐浴,而不必浪费柴火,真是上天赐给老百姓的福啊!

这里有一块上刻铭文的石碑,是印尼华侨白玉盛先生于20世纪80年代发现的,他曾任教于海沧区东孚小学。石碑可以证实,此神奇的

---

① Ponce De Leon:西班牙探险家,在波多黎各建立最早的殖民地,后来他在寻找神话里的青春之泉时,发现了佛罗里达。

温泉就在日月谷之中。

无论这些医药功效的说法是否属实,日月谷确实是休闲度假的绝妙去处。

武 术

来厦门练练! 清晨时分,中国的公园里总有众多的太极拳爱好者在练习"气"。太极是众多功夫中的一种,我在台湾时练过功夫,或者干脆说,功夫把我给"练"了。

如果你要练习武术,可以在厦门开始!福清、莆田和泉州都宣称自己是南少林功夫的起源地(我投泉州一票)。

神能棋逢对手

功夫的种类以及兵器各不相同,似乎这里每个村子都有自己的看家本领,而且只传给本村内部的人,因此都会有各自宗派的名称。比如,在周宁有个鲤鱼村,他们的独门功夫只传授给郑氏家族。

什么门派? 天下功夫千门百派,如果你要搬到中国其他地方或要回国,那继续练习肯定是做不到的。所以,可以选择一种国际标准的功夫,如韩国的跆拳道。有幸的是,厦门也有跆拳道大师。

阚教练(空中者)

阚建生教练 七段黑带空手道选手,1963年出生于漳州一贫民家庭,5岁时父亲去世,母亲移居台湾。最早学习中国武术,后爱上空手道,如今正积极地在中国推广这项运动。

在厦门他有几个教学点,收费也十

分合理。

电话：8916169　手机：13666080730

厦门市弘武精英武术散打俱乐部

地址：莲前东路383号506室

电话：8566622　电子邮箱：xjpp@qzmimi.com

厦门武术搏击俱乐部跆拳道馆

地址：湖滨北路中信广场座一层　电话：5313520

厦门东方武术搏击俱乐部

地址：厦港新村（厦大旁）

电话：6120761　电子邮箱：tang007520@163.com

网址：http://club.cyworld.com.cn/dfwushu

泉州南少林武术学院

电话：0595—22650006　网址：www.qznsl.com

看招！螳螂拳！

我最初接触中国哲学是从20世纪60年代的一部电视剧《功夫》开始的。该电视剧由大卫·卡拉丁主演，我直到22岁才知道他不是中国人。我一直不能原谅他是高加索裔白人，不过，至少是他使我对中国以及武术产生了兴趣。

那时候在台湾，我还是个年轻的空军士兵。我每天晚上跟一帮光头和尚学习两个小时的功夫。我渴望得到一条黑带，但是我必须击败更高级别的学员才能获得提升，结果，我身上得到很多"黑带"——青一块、紫一块。

武术中有100多种是使用刀、枪、剑、棍等等的。此外，武术的外在形态强调的是力量，而内功则重在练功者的心智和元气（或叫作"气"）。

理论上，当一个人渐老，会有一个从动到静、从硬到柔的变化，而"气"就显得比蛮力更有威力、更有聚集性。我大概是这样被告知的，但是别人对于这种"软力"的赞美我仍然表示怀疑，直到林师傅用一块200磅的冰块帮我冰释前"疑"。

我经常笑林师傅大腹便便的体态，这无疑使他兼带制造糖果的身份不打自招嘛，不过他却能够背对着墙用脚踢到头上的墙壁。在他向我展示"气"的力量后，我再也不敢嘲笑他了。

那天，几个徒弟安静地注视着林师傅，他缓缓抬起手，手掌向下，停在大冰块上方一英寸处，然后聚精会神，手掌突然拍在冰块上，冰块马上粉碎。

我想，即使我用一把大锤也做不到。

林师傅，把"糖果肚"传给我！

我从此不再怀疑"气"的厉害。但是我始终觉得它不是一种防身的本领，毕竟，一个歹徒不可能仰卧着半分钟，等你的手在他胸膛上运"气"。

放风筝去？

如果有人邀你去放风筝，建议你去厦门的海滩上，厦门环岛路上的海风特别适合这项中国古老的运动，或者可以称其为一门艺术或科学。放风筝的高手只要手腕轻轻一抖就能够把一只丝绸做的龙风筝放到天上去，然后轻巧地拖拽其中的一根牵引线就可以令风筝做出令人眩晕的杂耍动作，时而掠过地面，连蚂蚁和蜘蛛都躲避不及，时而呼啸上云霄，把鸟儿们都吓出一身冷汗。这让在一旁观看的我瞠目结舌。就我个人而言，我只是喜欢把风筝放上去然后就让它一直呆在天上，如

 第八章 运动与休闲

果我的风筝下来了，那肯定是"失事"了。

像这个星球上的大部分东西一样，风筝也是由中国人在几千年前发明的。李约瑟博士(Dr. Needham)甚至将风筝列为中国最伟大的科学发明之一。公元前478年，

天伦之乐　　　　B.B.

中国的先哲墨子花了3年时间制作了一个木制的鹰，它还真的能飞。不过真是辛苦他老人家了！要是他活在今天，可以直接登录www.chinese-kite.net买一只厦门生产的漂亮的风筝,由高科技玻璃纤维框架和丝绸制成。顺便告诉大家，这是个很棒的网站，囊括了许多内容，如风筝的历史、风筝制作、国际风筝大事记等等。

公元前200年，大将军韩信正在围攻一座城池，他利用风筝并通过计算线的长度对这座城进行测量，打算以挖地道的方法攻入城中。另外有一个将军把竹笛绑在风筝上，把它们放飞在该城上空，并让人在城中散布谣言，说这些是天上的神灵派来的，神灵生气了，将使他们在第二天大败。城中将士自然惊慌失措，四处逃窜，全然不知这是个大大的阴谋。这大概就是"风筝"(风中乐器)一词的来源吧。

风筝还被用来传递信号，大型的风筝还可以搭载弓箭手对要塞进行攻击。马可·波罗曾写道，中国的船长会将几个老百姓绑在风筝上，然后放飞。如果风筝飞得高而稳，就说明此次航程将一帆风顺；如果风筝摇晃或落下，就是个不好的兆头，启航时间会被推迟。我不清楚他们会怎么处理那些连同风筝一起坠落的可怜的老百姓；不过，如果是我，我希望能飞得高高的。

中国人还相信放风筝可以带来好运,风筝越高,运气越好。不过，

对此我个人有点难以相信。无论如何,放风筝确实非常有趣。在我看来,放风筝就像是在钓鱼,不同的只是,少了一个钩,多了一个帆,驾驭在无形的气流之上,追寻每个上升的气流。

在"文化大革命"期间,放风筝曾一度被禁止,但是在厦门这样的城市里,这项美丽的运动又重新风靡起来了。我喜欢看着风筝大师们在悦华海景酒店外(会展中心旁)八仙过海、各显神通。有的风筝飞得好高,简直就可以降落在金门了。我有个想法!如果台湾和大陆还不能很快实现"三通",我将乘坐风筝去一次台湾……

第九章
厦门博物馆

厦门不仅拥有139处文化、历史保护遗产,还有533棵受保护的古树名木。这一点正中我下怀,因为我是属猴的,经常爬树。

除了18座古寺庙和教堂外,厦门还有17个博物馆,其中包括亚洲最大的钢琴博物馆、即将成为世界最大的管风琴博物馆、中国唯一的桥梁博物馆、中国第一座人类学博物馆、邮电博物馆、军事博物馆、中欧艺术博物馆、气象展览馆,以及纪念郑成功、鲁迅、林语堂等名人纪念馆。另外,鼓浪屿本身就是一座世界级露天的国际建筑博物馆,岛上数百座建筑物几乎都是在一个世纪前由世界各地的建筑师设计的。

要想把厦门的博物馆都介绍个透,那真是太难了!所以,更多信息请访问"魅力厦门"网站,或参见《魅力鼓浪屿》了解这座弹丸小岛数不胜数的历史文化遗产。接下去,我们先从厦门大学开始……

厦门大学的博物馆

鲁迅纪念馆

在厦门大学人类学博物馆(中国第一座人类学博物馆)旁就有一座其奠基人鲁迅的雕像。鲁迅(1881—1936年)原名周树人,"鲁迅"是其笔名,他被誉为"中国现代文学之父",著有《阿Q正传》等现代文学经典。他的第一篇小说《狂人日记》打破了中国5018年的文学传统,因为这

鲁　迅

篇小说是用白话文——"人民的语言"写成的,这与千百年来文人墨客不断推敲雕凿的文言文简直有着天壤之别。

2000多年以来,每个稍有成就的文人都要熟读孔子、老子等圣贤之书,然后就前辈们的杰作再写出自己的佳作。这种文章体裁严谨、语言精练,跟中国人的日常口语完全不同。其实汉语口语跟英语口语一样,都是鲜活生动且不断变化的语言。因此,鲁迅下定决心,要用人们说话的方式来写文章。就像当年西方人把圣经从晦涩难懂的拉丁文翻译成通俗的英文一样,这无疑是个大胆的举动。所幸鲁迅没有像丁道尔(Tyndale)[1]和那些圣经译者那样被活活烧死在木柱上,不过他还是树敌不少。

鲁迅先生于1926年9月来到厦门大学任教。鲁迅对当时教授们无休止的攻击和争吵感到厌恶,他就此写了一篇短文——《怎么写?》,提出自己的批评意见,因此生活中的那一点点平静也被打破了。1927年1月,鲁迅收拾行囊去了广州。

想拜读鲁迅先生的著作?你可以去厦门SM城市广场三楼的图书城购买,还可以从网上下载!

鲁迅纪念馆这个新建的纪念馆也和其他纪念馆所一样,收藏了鲁迅的著作和一张"爱情"明信片。厦大教授郑启五指出,这张明信片上的字体与厦大公章上的字体一致,因而,公章上的书法字体正是鲁迅先生的手迹。

中国第一座人类学博物馆 博学一[2]

该博物馆是新中国成立后第一座人类学博物馆,"中国现代文学之父"——鲁迅先生也可以算是这座博物馆的奠基人。1926年秋,鲁迅曾在厦大举办过一个考古文物展览会,并在厦大国学院成立文化陈列

---

[1] William Tyndale(1494?—1536年):英国宗教改革家和殉教者,翻译过《新约》。
[2] 摘自《魅力厦大》。

所。但不久后，鲁迅离于厦大。而这根"接力棒"就落在了林惠祥教授手上，他创办了人类学博物馆筹备处，并于1952年将他长期搜集的文物全部捐献给厦门大学。

1952年，经教育部批准，厦门大学成立人类学博物馆，用于人类学研究、教学和社会教育，并于1953年对外界开放。博物馆从事的研究包括：新石器时代的中国东南地区（主要是福建和台湾）与东南亚地区、泉州（海上丝绸之路起点）中外海洋运输、古窑（德化是当时中国古陶瓷主要生产基地之一）以及中国古代出口商品。研究还涉及古代越族、畲族、高山族和东南地区民族之间的关系。

该馆现有32个展室和一个碑廊，共有4575件古现代展品、7110册图书。陈列品分为人类的起源和发展、文化的起源和发展、中外民族文物三大部分。

人类和文化的起源和发展部分陈列了石器时代器物、古货币、瓷器、字画、武器、雕塑品、书法作品等等。中外民族文物部分陈列有中国、印度、澳大利亚、东南亚的民族文物等。

林语堂先生纪念室

当我喜欢的作家之一——林语堂先生于1976年3月逝世时，《纽约时报》的讣告这样评价他：

"林语堂，诗人、小说家、历史学家、哲学家。他向西方诠释中国这个多灾多难大国的风土人情，以及中国人的所盼、所虑和所思，在这方面他成绩卓著，无人能及。"

林语堂用过的桌子

林语堂先生纪念室设在厦大图书馆三楼，这里摆着一张林先生以前使用过的书桌，并陈列着林先生的许多著作和生前的照片（包括他同鲁迅先生的合影）。欲了解更多内容，请参阅《魅力鼓浪屿》，或登录"魅力厦门"网站。

厦门大学艺术学院,中国欧洲艺术中心

公元1300年前后,荷兰人打开了厦门的门户。700年后,又是荷兰人首先为厦门的开放事业做出了巨大贡献,正是他们帮助中国的老内和欧洲的老外更好地了解对方的文化和艺术。

荷兰人伊尼卡·顾蒙逊女士(Ms. Ineke Gudmundsson 于1999年与厦门大学艺术学院合作建立了中国欧洲艺术中心。这里收藏了许多欧洲知名艺术家的作品,其中包括特恩·霍克(Teun Hock)、JCJ·范德海登(JCJ Vanderheyden)、皮耶特·霍尔斯坦(Pieter Holstein)、马赛尔·卡尔斯马(Marcel Kalksma)和阿尼·顾蒙逊(Arni Gudmundson),当然也有诸如谢来、吴益明和闻斌等中国艺术家的作品。

那天我去艺术中心时,让·勃纳德·寇曼(Jean Bernard Koeman)正手拿钻子忙着把他的展品挂起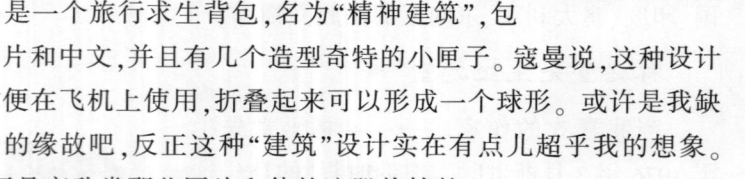来。展品是一个旅行求生背包,名为"精神建筑",包括一些图片和中文,并且有几个造型奇特的小匣子。寇曼说,这种设计是为了方便在飞机上使用,折叠起来可以形成一个球形。或许是我缺乏想象力的缘故吧,反正这种"建筑"设计实在有点儿超乎我的想象。不过,我还是蛮欣赏那些图片和他的这股热情的。

我曾经问过别人,为什么厦门大学没有中美艺术中心。他们说,那是因为我们美国人缺乏文化修养。其实不是那么回事,我就挺有文化

让·勃纳德·寇曼

修养的,不过是用在制作酸奶上。

中欧艺术中心的展品经常更新,因此,你可以致电或者登录他们的网站了解最新的动态。网址:http://www.ceac99.com,电子邮箱:ceac99@public.xm.fj.cn,电话:2180850。

第九章 厦门博物馆

军事博物馆

马丁·邦受视察
军事展览馆

登上厦大后面的五老峰就能见到这个博物馆,对于我来说,它有着特殊的意义。因为30年前,当我还在美国空军服役时,我就是在海峡的对岸将导弹瞄准厦门。每次看到这些坦克、火箭、大炮和导弹时,我总是感谢上天,因为我从没真正对着厦门开火,这里现在成了我的家乡。

出了军事博物馆,沿着右边的路下山,途中可以在一家古色古香的茶庄小憩片刻,然后再顺着公园里曲折幽雅的小径漫步下山。半路上你还会经过一个尼姑庵,恰好与南普陀寺一山之隔。经过小溪时不妨停下来戏水,或轮流踩水车。在出正门之前,还可以在大草坪、玫瑰花丛和兰花圃之间流连一番。出了大门,革命烈士纪念碑就在右边,如果直走的话很长就能看见中山公园,再往前一直走,你最后可以来到轮渡码头和鼓浪屿。去鼓浪屿,千万记得要乘坐轮渡,不然要游好久哦(更多内容请阅读"厦门的公园和花园"一章)。

华侨博物馆

祖籍福建省的海外华侨超过250万,大多来自闽南地区,他们的足迹遍布世界50多个国家。因此,把中国的华侨博物馆设在厦门是再合适不过的。

该馆由陈嘉庚先生倡导并出资10万元修建，于1959年5月向公众开放。展馆占地9000多平方米，共有三个展馆，分别展示华人华侨历史、自然博物和中国历史文物。

展馆一：华人华侨历史

展厅1：19世纪40年代前的华侨历史。这可以追溯至秦朝时期（公元前221—公元前207年），当时秦始皇派遣道教术士徐福率500童男500童女去寻找长生不老之药（徐福一去不返，据说他找到了日本）。大约2000年前，当时的皇帝派代表团到波斯和其他中亚国家进行贸易文化交流。公元399年开始，一位名叫法显（约337—约422年）的和尚翻越喜玛拉雅山，15年后带回了佛教经书，并翻译成汉语，还撰书记录了整个旅途。

展厅2：19世纪40年代后华侨的奋斗史。郑和下西洋之后，明朝和清朝的皇帝采取了闭关自守的政策，但仍然阻挡不住老百姓移民的脚步。19世纪40年代政府腐败、内忧外患、民不聊生，更是推动了移民热潮。3000多万华人在世界各地别人无法生存的地方工作，基本上可以说是他们建造了这个星球。事实上，在中国他们也无法生存。有17000名华工在美国参与修建全长2800英里的中太平洋铁路，其中4000人死亡。不过，活下来的人大部分去经商，后来兴旺发达起来，为他们的第二故乡以及祖国做出了巨大的贡献（展厅5和展厅6向我们展示了他们的贡献）。

展厅3：从移民到市民。海外华人最终在外国定居，为当地做出了自己的贡献。如果把华人华侨也计算在内，那么今天亚洲的经济大国不是日本，而是中国。海外华人在许多亚洲国家主宰着经济命脉。很多人对此表示不满，但事实是，这些华人慷慨地回馈社会，尤其是在教育和医药领域，他们给予了巨大的支持。

第九章 厦门博物馆

"唐人街"可以很好地说明"华人三宝":

1. 典型的海外华人社会组织。

2. 汉语学校,传承中华语言、文化和传统(90%的菲律宾华人都讲闽南话)。

3. 华语报纸杂志,将海外华人与祖国紧紧联系在一起。其中一个很好的例子就是《桥》(*Tulay*)——中菲人民大融合,该刊创立于1988年6月12日——菲律宾独立日。请访问:www.kaisa.ph/tulay,或访问 Bahay Tsinoy Museum(华人博物馆)网站:www.kaisa.ph/museum。

展厅4:文化的传承与融合。海外华人将现代与传统的观念融合在一起,创造出全新的生活方式和民族精神,为中国和其他国家做出巨大贡献(见展厅5和展厅6记载)。

展馆二:自然博物

包括一条鲸鱼的骨架和许多小动物的标本。

展馆三:中国历史文物

这里有陈嘉庚先生生前收藏的2000件文物,包括秦朝以前的铜器、古陶瓷(有些欧洲国王为了重现某些陶瓷品甚至不惜亏空国库)以及传统的书画作品。

地址:思明南路493号,中山路向南约2公里(翻过厦大那座山就是了)。电话:2084028 公交车:1、2、15、18、45、48、71路。

中国闽台缘博物馆

想了解更多闽南人民与台湾人民的关系吗?你可以参观这个博物馆,从厦门北上90分钟车程就够了,就在泉州西湖公园北大门外。网址:www.mty.org.cn。

泉州海外交通史博物馆

在泉州,你还可以参观一下这座由联合国教科文组织赞助的博物馆，在中国仅此一个哦，我去过那里不下 30 次。在这里你可以了解到古代中国人在异国他乡奇妙的旅程，以及外国人到达闽南地区所经过的路线。这里还有数百块古伊斯兰教、基督教新教和圣芳济会的墓碑，以及印度教和摩尼教文物等。

地址：东湖街 425 号　电话：0595—22104255

公园里的艺术

博物馆的确不错，不过厦门一直努力把艺术和文化体现在人们常涉足的户外环境中。在我们这座城市的市区、露天场所、海滩、野餐区、公园里，分布着数百座或传统或现代的雕塑。我最喜爱的雕塑包括"白鹭女神"、"陈嘉庚"。

厦门青少年科技馆

位于海沧大桥下的火烧屿上。请阅读"厦门的公园和花园"一章，第 78 页。

气象博物馆与展览

就在狐尾山（厦门市政府背后）山顶的气象塔脚下。在这里有许多关于气象的展览，你还可以了解一下天气如何影响我们以及我们如何预测天气。很长见识哦！

厦门邮政博物馆

厦门驿缘酒店是我喜欢的酒店之一，该酒店隶属于邮政部门，所以有一个小型的邮政博物馆也没什么好奇怪的。馆内有与各时期邮电局、邮箱、邮差、邮章、邮戳相关的照片数十张，你一定不会失望。

地址：曾厝垵仓里 5~6 号，环岛路与龙虎山路交界处，龙虎山路可以通往"怪坡"那座山。

电话：5366661

第九章 厦门博物馆

邮政博物馆　厦门驿缘酒店

厦门驿缘酒店邮政博物馆

1923年厦门的一所邮电局

1924年上海的一所邮电局

1920年的福州鼓山邮电局

1924年的邮差制服

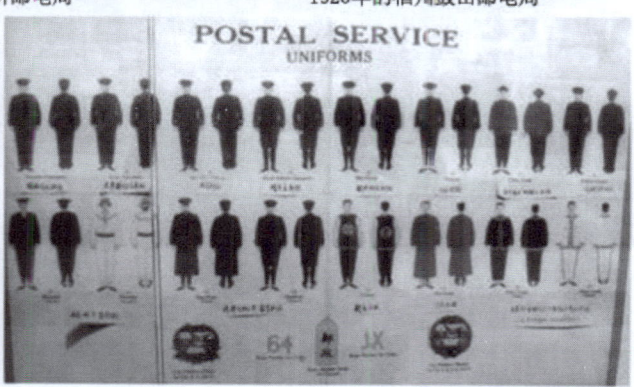

四川邮差

骡子邮递

1947年天津　　1947年南京

重庆邮差　　上海　　邮递筏子

1920年安庆　　1948年汉口　　1947年3月南京邮政卡车

厦门桥梁博物馆

桥梁能把过去人们旅游和经商所走的路线一一呈现在我们面前,这就是桥梁的魅力所在。福建省拥有几座世界上最独特的桥梁,其中有古桥,也有新桥。我最喜欢的是福建的古石桥以及优雅的木桥,如福州市西北部有700年历史的遗迹(详见"福建搜奇"一章)。

该馆不仅关注福建的桥梁,还收集了中国其他地方的桥梁,甚至还有地球那头的呢,如泰晤士河上的铁拱桥、诺曼底斜拉桥等等。

博物馆由海沧大桥建设展示馆、中国桥梁百年回顾展示馆和海沧大桥监控中心三大部分组成。

二楼的展览馆分5个部分:古桥、1900—1949年的桥梁、1950—1978年的桥梁、1979—1999年的桥梁以及待建的桥梁。

坐落于河北省的赵州桥建于公元581—618年间,是中国最古老的桥梁,也是世界上最古老的敞肩式拱桥。传说,赵州桥是由一位神奇的石匠建造的,桥建好后,有两个神仙经过这座桥,肩上还背着装有太阳和月亮的袋子。桥身顿时摇晃起来,那位石匠一急,纵身跳入河中,用肩膀扛住了整座桥。估计那位石匠现在仍然扛着赵州桥。这座桥距今1400年,经历了多次洪水和地震却仍然完好,除了每几百年更换一回那些装饰的栏杆外,几乎没有什么需要维修的。

福建屏南

博物馆还介绍了北京著名的卢沟桥、四川的泸定桥、泉州的安平桥(建于1138—1149年间,是中世纪时期世界上最长的桥梁)等。

建于1000多年前的泉州洛阳桥是由巨大的花岗岩石块建成的,有些石块竟长达10米。洛阳桥是率先应用生物工程技术的建筑先例之一,通过养殖牡蛎,利用其分泌物将花岗岩石块牢固地胶结在一起。

地点:海沧大桥下　电话:5615522　公交车:11、22、26、34、66路

鼓浪屿上的博物馆
—— 摘自《魅力鼓浪屿》

国际建筑博物馆　啊?在哪儿呢?整个鼓浪屿就是了!20世纪初,在鼓浪屿的鼎盛时期,一些富有的华人和外国人在这个国际租界上建了几百座风格迥异的建筑,鼓浪屿也花了近1亿元来保护这一独特的建筑遗产。请参阅《魅力鼓浪屿》,深入了解鼓浪屿的建筑。

鼓浪屿建筑的由来

鼓浪屿建筑是中西合璧的产物,在发展过程中也伴随着人们的抵制和奚落。

这种中外建筑艺术的融合,一方面是老外继承了西式风格,但不由自主地融入东方的特色;另一方面,中国人坚持自己的传统,又不愿舍弃那些"现代"的东西。因此,就形成了劳拉·维尔德(Laura Wild)所谓的"对那种最丑陋的美国式砖结构建筑的恐怖复制"。[1]1924年沃尔特·A·泰勒(Walter A. Taylor)[2]这样描写那些广建教堂、医院和学校的传教士:

---

[1] 劳拉·维尔德:《中国女子的高等教育》,中国基督教的传播者,1923年10月,第5页(这里她是泛指,并非针对鼓浪屿而写)。

[2] 沃尔特·A·泰勒,1920—1921年任教于俄亥俄州立大学机械系,后参与北京哈佛—燕京大学的建设。

第九章 厦门博物馆

"同样地,他们总是让自己的房子里充满了各种各样的中国特色,以便让自己更适应中国的习俗……(然而)再用离欧洲原型十万八千里的建筑细部的可怜复制品以及能让维诺纳①在墓地里也会作呕的'奶瓶'式柱子来装饰自己的房子。"②

泰勒鼓励说,现代建筑确实可以结合中外风格,但他警告说,"我们不能一味地按自己的惯例来操作,我们也不可以完全陷入中国化的深沟。"

幸运的是,设计鼓浪屿师范学院的美国建筑师亨利·墨菲(Henry Murphy)避免了这两种情况。创建于1923年10月的南京金陵女子大学就是他负责建造的。劳拉·维尔德写道:"既满足现代实验所需、又非常方便生活的建筑,而且它们都有着具有中国特色的美丽的屋顶和装修。"

仅三年后,陈嘉庚遵循墨菲的风格设计厦门大学,声称其建筑的中西合璧表明其自身的现代教育眼光依然根植于中国传统价值观。

厦门博物馆

该馆原本坐落于鼓浪屿岛上,目前新馆正在筼筜湖上修建,预计耗资3亿元人民币。

厦门鼓浪屿钢琴博物馆(摘自《魅力鼓浪屿》)

鼓浪屿的音乐文化积淀深厚,难怪澳大利亚籍华人胡友义先生选择在他的家乡鼓浪屿上建立亚洲最大的钢琴博物馆。该馆目前收藏有来自英国、法国、美国、德国、奥地利和澳大利亚的70多台钢琴以及100多盏珍贵的琴灯。

---

① 维尼奥拉·维诺纳(1507—1573年),意大利著名建筑家,著作有《五种柱式规范》,1562年。

②《教务杂志》,1924年10月。

　　鼓浪屿钢琴博物馆的两个展厅位于可俯瞰菽庄花园和海景的一座小山上,掩映在2000平方米的热带花木丛中。

　　胡友义的藏品包括一台法国卖艺人用的手摇钢琴(我猜想那位街头艺人身边应该没有猴子)、一台曾在巴黎国际博览会上获金奖的布罗伍德钢琴、一台来自英国皇宫的有着象牙琴键的三角钢琴,还有林肯总统钟爱的一台钢琴。

　　展馆中较早的一座于2000年1月开放,摆放有藏品中最古老的一台钢琴。很少有钢琴家自己制作钢琴,但这台钢琴就是由富于幻想的作曲家克莱门蒂(Muzio Clementi,1752—1832年)于1801年制作的。

　　克莱门蒂亲手制作立式钢琴和三角钢琴,并用它们谱写了106首奏鸣曲(其中46首为小提琴、大提琴或长笛奏鸣曲),以及数不清的较小的作品。人们还记得有关他的一个可怕的故事:一次,乔治·格鲁夫(George Grove)去英格兰东南部看望克莱门蒂当牧师的侄子,却发现其女佣正用克莱门蒂的曲谱生火!不知后来她有没有被炒鱿鱼。

　　在一号展馆,有世界上最高的直立式钢琴(1824年产的布罗伍德钢琴,来自伦敦),二号展馆则展示了钢琴的发展过程,其中有一台1928年产的美国汉斯钢琴是当时最贵的钢琴,绝妙之处在于它是全自动的,能逼真地模仿许多著名钢琴家的演奏风格。现在每天下午四点钟,参观者会欣赏到这台钢琴的演奏。

第九章 厦门博物馆

地址:鼓浪屿晃岩路45号菽庄花园,电话:2570351,电子邮箱：glygqbwg@sina.com。

鼓浪屿管风琴博物馆[①]

这是中国唯一的、也是即将成为世界最大的管风琴博物馆。它位于有着红穹顶的八卦楼,2005年初向公众开放,全部藏品都由钢琴博物馆的创建人胡友义先生捐赠。下面是胡先生在该馆开幕式上的讲话,由《厦门日报·双语周刊》(*Common Talk*)记者张薇薇摘录：

"管风琴是西方最崇高而神圣的乐器,我希望全世界爱好音乐的人们都能带着朝圣的心来到我的家乡鼓浪屿,欣赏她的美。"

在开幕式上演奏的是一台具有历史意义的1909年造的Norman & Beard风琴,高6米,有1350根音管,3层键盘和21个音栓。澳大利亚风琴技师伊安·威克利(Ian Wakeley)花了一个多月的时间进行组装和调试。当问及这台风琴为何状态良好时,伊安解释说：

"它是由最好的工人用最好的工艺和材料制成的,代表了当时最高的水平。尽管过了将近一百年,同时期的乐器早就腐朽了,而它却得以保存完好。"

这台风琴早先是摆放在英格兰的卫理公会派教堂里。2003年,风琴家保罗·卡尔(Paul Carr)在这里举行了他的第100场也是最后一场音乐会。卡尔对风琴的新家很满意,他写道："这台风琴将不再像以前那样被挤在教堂的一个角落,这样它的音量会增加一半。"

[①] 以下有些信息摘自2005年3月16—22日《厦门日报·双语周刊》(*Common Talk*)张薇薇的报道《天籁之音》(*The Sound of Heaven*)。保罗·卡尔也提供了一些关于这台风琴的历史以及如何运抵鼓浪屿的经过的宝贵信息。

当时因为教堂将被关闭,风琴家马克·切克雷(Mark Checkley)在因特网上登出这台古风琴寻找新家的信息。此后的一年半里,共有250个答复,但最好的也不过是一个本地的风琴制造商想把这个杰作拆除,好利用它的音管和部件。最后,他们终于听说伊安·威克利正为一位中国客户物色风琴。于是几个星期后,决定把这台风琴运往鼓浪屿(拆卸和包装风琴就花去整整4天时间)。

快去参观这台令人叹为观止的乐器吧——记得请工作人员为你弹奏一曲哦!

林巧稚纪念园 (毓园景区) 纪念园是为了纪念妇产科大夫林巧稚教授而建的。林大夫一生中亲自接生了50000多个婴儿,在其展览室内陈列着这位无私的女大夫生平的事迹和照片。欲了解林巧稚教授详细的生平事迹,请参阅《魅力鼓浪屿》。

地址:鼓浪屿,从皓月园往上至漳州路或复兴路

珍奇世界 这是中国版的"瑞普利'信不信由你'博物馆",这里有皇帝的服饰和圣旨,有各种珍禽异兽,如双头狗、白化爬行动物(据说甚至有美人鱼木乃伊),还有殖民时期的古董、用于死囚砍头的剑、仿真鸦片馆,等等。另外,还有布袋戏木偶表演,舞台古老而华丽。

地址:中华路2号   电话:2069933

古城游览馆 你可以来这里欣赏木偶表演、部落舞蹈、立体布景、肖像画、中国历史人物蜡像等等。地址:鹿礁路111号   电话:2064908   电子邮箱:xinwān88@vip.sina.com

怀旧鼓浪屿馆 这座不寻常的展览馆由台湾人洪明章先生开办,于2006年5月1日开馆,短短3天就吸引了1500多名参观者。洪明章先生拥有30000多件藏品,展馆

白化蟒蛇遇上金发女郎

第九章 厦门博物馆

一期约展出其中的 2000 件。

地址：鼓浪屿晃岩路 38 号

郑成功纪念馆 1962 年 2 月郑成功收复台湾 300 周年纪念日之际，西林别墅作为郑成功纪念馆正式开放。

不过奇怪的是，1983 年是清朝政府从郑成功的孙子郑克塽手中收复台湾 300 周年，但并没有纪念活动。

郑成功纪念馆

位于日光岩脚下这栋幽雅的四层红砖建筑占地 2100 平方米，由黄仲训于 1932 年修建完成。日本人利用它作为鼠疫医院，而蒋介石的国民党把它作为伤兵营。在蒋介石逃亡到台湾后，西林别墅又成了海疆学术资料馆和驻军的托儿所。

该馆收藏了 300 多件历史文物、模型、雕刻和照片，分别陈列于七个陈列室，每个陈列室记载了郑成功在不同阶段的生涯。第一个陈列室讲述这位英雄在青年时期抗击满清王朝的事迹，有两个陈列室以台湾为专题，说明台湾自古以来就是中国不可分割的领土，还有一个陈列室描述郑成功的儿子如何发展台湾，最后一个陈列室展示一些中国名人关于郑成功的书法作品等。

展品包括郑成功的服饰，如玉带、龙袍残片、鞋子等，还有郑成功铸造的银币（漳州军饷）和亲笔题写的文书和诗句。一名骁勇善战的英雄居然能作诗，这听起来有点奇怪，但是中国几千年的帝王领袖，从传说中的黄帝到毛泽东，在文学、书法和学术上都有一番造诣，当然他们的军事和政治才能更是闻名遐迩。因此，我可以想象，郑成功在硝烟弥漫的战场上仍不忘偶尔作诗一首，如"我想你，想得睡不着觉……"

顺便说一下,入口横幅上的字是著名历史学家和诗人郭沫若亲笔题写的。

最后一任荷兰总督的感慨

郑成功纪念馆中还有一个陈列室收藏着《被忽视的台湾》(Verwaerloosde Formosa)一书的几页内容,生动且幽默地记录了郑成功光复台湾的过程。在《魅力鼓浪屿》中"郑成功"章节里我摘录了其中一些有意思的东西。

小八路!

1949年,当蒋介石逃往台湾时,他在金门岛部署了庞大的军队。金门离厦门一水之隔,用双眼望远镜我们甚至可以看清台湾方面的宣传标语以及巡逻的国民党士兵。

何厝小学操场上的大炮

第九章 厦门博物馆

50年代,台湾在厦门和相邻的大嶝岛上投下了成千上万枚炮弹,如今大嶝岛上还建成了一个壮观的军事博物馆(见"同安"一章)。

有一次台湾的轰炸将何厝村(下图所示为被炸毁的房屋所在地)的通讯线路炸断了。我的一个MBA学生英伟(音译)说,当时何厝小学的孩子们冲出学校,用他们的双手将炸断的电话线连接起来,直到维修人员赶到! 我想,英伟只是给我说了个大概,不过整个故事倒是千真万确的,也许当时这种事经常发生? 这些小学生的小小英勇事迹传开以后,这所小学就成了一个小英雄的博物馆。现在,它是中国唯一一所在操场上有机枪大炮,并拥有一所军事展览馆的小学。我的学生问我,美国的小学校园里有没有陈列这样的重型武器。我说"当然没有,要是有的话,美国的小孩儿会真的拿去用的!"

厦门图书馆

地址:公园南路2号　网址:www.xt.xm.fj.cn/index_en.asp

电子邮箱:tsg9808@public.xm.fj.cn

厦门图书馆于1919年建馆,如今的图书馆大楼于1991年12月落成开馆,占地8700平方米,容纳近80万册图书,其中有3000多种期刊杂志,共计超过3万册,包含每年增购的电子出版物。

厦门市图书馆全年365天开馆,每周开馆76小时。馆内设有报刊阅览室、电子阅览室、自习阅览室、综合阅览室(包括地方文献检索室,工具书检索室和港台、外文文献阅览室等)、古籍阅览室、中文报纸查阅室等10余个阅览室,阅览坐席500余个。还有多功能展览厅、报告厅及教育培训场所,可供开展文化展示、艺术鉴赏、学术交流、影视观摩等活动。

该馆的计算机系统连接馆内200余个信息点,可提供数据库和研究服务。

公交车：3、4、8、12、18、19、21、27、32、35、51、67、86、87路

厦图鼓浪屿中山分馆 面积1600平方米，藏书6万余册，报刊1000多种。乘轮渡到鼓浪屿，沿龙头路直走，左拐到中华路即到。

厦门大学图书馆 5年前，厦门大学图书馆的开馆时间很短，经常天还没暗就闭馆，我当时挺不满的，于是只好在自己家里弄个小图书馆。不过，现在该馆每周开放时间为7天，从上午8点到晚上10点。馆藏文献逾375万册(比我家图书馆多374.5万册)。另外，还有一点我比不上的是：学校每年投入文献购置费100万元，用于添购50000册图书(我若买那么多书，我妻子会杀了我)。

厦门大学图书馆建于1921年，1987年迁入现在的图书馆大楼。大楼于2001和2002年扩建至22000平方米，目前拥有50万册外文图书，10000多册中文期刊和12000多册外文期刊。

2000年引入数字图书馆系统，提供24小时馆际互借、数据库镜像网站服务、100多个在线数据库、数字档案和图书馆、18000种中外电子期刊及研究等服务。

请访问他们的英文网站：http://210.34.4.20/english/。

第十章 集美
——中国"学乡"

注：感谢泉州市农校退休教授、集美学校校友黄水看教授为本章提供资料！

集美

集美从昔日沉寂的小渔村发展为今天的学乡，拥有十几所学校和20多万名来自国内外的学生。集美今日的发展要归功于一个世纪前陈嘉庚先生的远见卓识。陈嘉庚被誉为"亚洲的亨利·福特"，他生于集美，葬于集美（对这位爱国的、慷慨捐资创建厦门大学的陈嘉庚先生的更多介绍，请见本章附录）。

集美（蕴意"汇集美景"）位于厦门岛西部的大陆上，过了厦门大桥即到。集美拥有33万人口，面积276平方公里，海岸线60公里，不过集美人不事打鱼很多年了。政府说新建的占地面积达32平方公里的集美文教区将成为一个重要的教研中心，我则称之为闽南的"中央智力区（CID）"。我觉得他们是正儿八经地在说这事儿，而不是夸夸其谈，因为他们接着规划出了该区的许多教育机构，包括华侨大学、厦门理工学院和华夏职业学院。

"从这时起，偏僻的渔村第一次响起了学校的铃声，集美学校正式开学了。"

—— 一位集美居民如是写道

1913年，陈嘉庚在集美社祖祠堂创办了集美小学，从此，集美这个小渔村开始了其成为中国学乡的漫长征程。

陈嘉庚接着创办了11所学校，包括师范学校、中学、水产学校、农林学校和商业学校，资助了闽南其他地区70多所学校以及东南亚许多教育机构。他还为学村配备了科学馆、体育馆、图书馆、医院以及航海俱乐部。1920年11月，陈嘉庚出资100万元创办厦门大学，于次年开学。

陈嘉庚骨子里是个中国人，并引以为傲，不过对于西方的优点，他的接受能力也很强，并在其建筑设计中体现出来。他设计的建筑使用了红砖、白石和琉璃瓦，完美地糅合了中西式建筑风格。然而新建的集美大学和陈氏风格大相径庭，这个校园更像是一个奢华的东方度假圣地，而不仅仅是学习的神圣殿堂。看起来，集美大学有意在财力上和厦门大学一较雌雄呐。

"游客对一位中国绅士……在集美……创办和资助的私立学校将很感兴趣。陈嘉庚先生在大约十年前创办了集美学校……陈嘉庚已投资60万美元用于建设现代建筑，每个月支付教师薪水约6000美元。他计划投资400万美元在厦门建立一所大学。目前他已选好校址，正就建筑和设备问题与外国建筑师进行磋商。这所学校设在中国的一个小村庄里，是一个纯正的中国教育机构，没有外国教师，也不与外国有任何联系。教学课程非常实用，最新增设了水产学校。其校舍在各个方面都很先进：电灯照明，专门的浴室，所有楼房都通自来水。想象一下未来，这将是整个中国最振奋人心的一件事情。"

——见《华东地区主要传教区》第159~160页，哈奇森（Hutchinson）撰于1920年

集美小学

1913年，陈嘉庚花2000元购买了一个池塘，他将池塘填满，构成学校场地的一部分。他说自己的目标是推广教育以促进国家和社会的发展。1916年，陈嘉庚委派他的弟弟陈敬贤筹建一所师范学校和中学。土地来得很不容易，地价也不便宜，因为陈敬贤必须和当地的迷信和风水习俗作斗争。

3月，集美小学并入同安第六教育区（当时厦门由同安管辖）。

1917年2月，陈嘉庚开办了一所女子小学，可惜没多少生源，大多数人家更希望女儿待在家里劳作。

1918年3月，师范学校和中学开学。陈嘉庚和他弟弟为学校写下了校训——"诚毅"。陈嘉庚写信给每个闽南县政府寻找贫困学生，在早期，学校为所有学生提供免费教育，师范学校还免费提供被褥、蚊帐和校服。陈嘉庚还重视招收华侨子女到集美学校读书以增强他们对祖国的感情（现在集美学校还有许多华侨学生）。

1919年2月，陈嘉庚开办了集美幼儿园。5月，他将其150万平方英尺的商店和仓库以及7000英亩的橡胶树，指定为集美学校的永久捐赠基金。在恒美厂的一次宴会上，陈嘉庚宣布他将把大部分商业利润用于中国的教育事业。

1920年2月，陈嘉庚开办了职业学校的水产科，1920年8月创立商科。1921年2月23日，学校正式命名为"福建私立集美学校"。

1923年秋天，福建与广东军队在厦门与集美之间的海域交战，集美不幸处于其火力交叉点。集美学校呼吁双方

军队将集美地区作为和平中立区。孙中山同意了,从那以后,该地区以"集美学村"著称,并被看作是"永久和平村"(虽然这阻止不了日本军队在30年代把它炸了个底朝天)。

1925年5月,学校购买了天马山土地,在上面建起了农林学校,于1926年6月开学。

至1932年,陈嘉庚已资助20个县市的73所中小学,为提高闽南地区的教师素质和教学质量做出了贡献。

1937年7月,抗日战争爆发后,集美学校撤离了"永久和平村"("Village of Perpetual Peace"),因为日军似乎想把它炸成"永久的碎片"("Village of Perpetual Pieces")。学校迁往偏远县区。1938年春天,集美中学搬到安溪文庙。学校的教师素质和教育质量一直很高,学生也热情高涨,不止在学习上,也包括在全县分发反对日本帝国主义的传单(日军借此处死了许多厦门人)。

战争结束后,陈嘉庚寻求亲朋好友的帮助,重建被日军摧毁的集美学校。解放后,学校于1949年11月1日重新开学,可是校舍却被国民党的飞机炸毁,几名工作人员和学生被炸死。但是集美人民坚守阵地,现在集美已经成为一个繁华的学乡了。

集美的华侨教育

在陈嘉庚的倡议下,集美于1953年12月开办了"集美归侨子女补习学校"。1957—1960年期间,学校增设了"集美侨眷子女补习学校",1982年9月,集美成立了"集美中国语言文化学校"。时至今日,集美成为海外华人在中国学习的理想之地。

集美大学

陈嘉庚逝世后,集美许多教育机构都升到了大学级别。1994年10

月20日,六所学院合并,组建成立了集美大学:集美师范高等专科学校、集美财经高等专科学校、厦门水产学院、集美航海学院和福建体育学院。1995年设立了工商管理学院。

集美大学

将多所学院合并成一所大学是政府促进教育发展的一次尝试,通过学院之间共享资源,减少不必要的开支并简化管理。

集美大学设有19个学院,现有全日制在校学生20000多人,成人教育学生5000多人,教职工2300多人。学校占地面积78万平方米,其中51万平方米为已开发区域,建有一个藏书达150万册的图书馆。

鳌园

墓穴工程 把一个小岛上的陵墓变成一个旅游景点,我一度觉得这肯定是天方夜谭,但是陈嘉庚墓的确吸引了大批倾慕者,他们渴望更多地了解这位伟人。和许多墓一样,陈嘉庚墓(还有小岛本身)形似海龟。对中国人而言,龟象征着长寿,不过既然墓里的人都已经去世了,我着实不能理解这还有什么意义(或许是永远地死去了?)。

鳌园(集美)

从1950年到1960年,陈嘉庚花了十年的时间,在鳌头宫旧址——一个小小的在二战期间被日军摧毁的妈祖庙上兴建鳌园。务实的陈嘉庚选择此处兴建公园和解放纪念碑是因为这样不会占用宝贵的农田。

976平方米的鳌园的中央是28米高的集美解放纪念碑,正面刻有毛主席的题词，背面是 78 岁的陈嘉庚在 1952 年夏天花了三个月时间撰写的碑文。

纪念碑的基座下层有八级台阶，象征八年抗战。上层有三级台阶，象征三年解放战争(1946—1949 年)。

1981 年，福建人民出版社出版了画册《集美鳌园题刻拓本》。①

冷峻的石雕 鳌园门廊两侧展现了栩栩如生的惠安石刻。这 58 幅石雕精美地描绘了中国从古到今的 58 个历史故事和人物。有一幅石雕展现的是一次政治圆桌会议(很像社会主义者的"最后的晚餐")，这幅石雕立体逼真，你仿佛都能听到他们在热烈地讨论要怎么把我们这些洋鬼子赶走。

请注意雕刻在石头上的画面和照片里的一模一样哦！惠安艺人在 20 世纪 80 年代发展了这种独一无二的工艺，他们用重重的青铜铁笔进行雕刻，铁笔笔尖非常尖锐，通过控制刻出的点的大小、深度和密度，使石雕如同照片一样栩栩如生。给惠安艺人一张你的全家福，几天内他就能寄给你一幅和照片一样的石刻。

园内 653 幅青石雕刻全部出自世界知名的惠安艺人之手②。"文化大革命"期间，为防止这些石雕被"红卫兵"破坏，当地人把它们涂上了厚厚的泥浆。

"红卫兵"不能破坏这些石雕，但风雨摧残了它们。历经多年风雨的剥蚀，原来的 292 块水泥雕刻损坏严重。1992 年，集美学校委员会筹款百余万元，请惠安石雕艺人精心雕刻，将原来的 292 块水泥雕刻全部更换，取而代之的是 20 幅影雕、230 幅浮雕和多幅沉雕。不过集美政府仍在努力保护这些新的艺术作品不受自然因素的破坏(欢迎您提出任

---

① 陈礼义和陈振群编。

② 惠安隶属泉州，距泉州市区沿海岸线两个小时车程。闽南始祖林禄墓的雕刻表明了惠安石雕在至少 1700 年前就发展起来了。

何建议!)。

陈嘉庚墓位于解放纪念碑后。1961年8月12日陈嘉庚逝世后,周恩来主持了他在北京的葬礼。之后,陈嘉庚的遗体被送上专列,送回鳌园埋葬。

陈嘉庚墓的墓表由13块水磨花岗岩砌成,呈寿龟形,寓

冷峻的石雕(集美鳌园)

意长寿不朽,还有一说是陈嘉庚赞赏乌龟诚恳和脚踏实地的精神。围绕陵墓的屏壁上有15块石刻,表现了陈嘉庚一生中的重要经历。

您在游园的时候,记得去观看古乐表演,使用的乐器是管琴、编钟和古筝,每半小时一场。他们的服装和音乐一样吸引人,最令人开心的是,表演厅有空调,而且演出是免费的哩。

鳌园的出口位于入口的对面,这样你就不得不逛逛狭窄的街道,街道两旁开满了各种各样的商店,什么都有卖,从时髦的衣服、VCD、干果到中草药,还有各式各样的手工艺品。

电话:6064884,6101713

归来堂

归来堂是陈嘉庚的故居,位于嘉庚路集美中学附近。有人说归来堂白石砌墙,琉璃瓦盖顶,是典型的闽南建筑,不过在我看来这可不像福建式的(有人说它是西式建筑)。

1919—1922年间,陈嘉庚居

陈嘉庚故居
(集美)

住于此,这段时间他致力于建立厦门大学和扩建集美学校。1938年,日军的轰炸机摧毁了这所房子,但是解放后北京方面提出出资重建它时,陈嘉庚坚持先修复损毁的校舍。1955年他的住所重建完毕,1958—1960年移居北京前他一直居住在这里。直至逝世,陈嘉庚都是重任在身,他担任中央政府委员、中华全国归国华侨联合会主席,还是全国人民代表大会常务委员会(Standing Committee)委员(他们为什么从不坐着呢?)。

1980年,故居根据其最初设计重建完成。1983年,为纪念集美小学建校70周年,建设了"归来园"(归来堂的内部结构呈"回"字形,蕴意"归来")。

展出的纪念物品包括珍贵的照片、陈旧的衣箱、破旧的鞋子和雨伞等陈嘉庚使用了数十年的物件。

归来堂一楼现在是集美学校委员会开会的场所,二楼则保留了陈嘉庚的个人风格,包括他的客厅、书房、卧室、餐厅和图书室。居所旁的陈嘉庚生平陈列馆有更多关于这位伟大的慈善家的物品展出。

归来园的中心竖有2.3米高的陈嘉庚先生的铜制立像,手持帽子和手杖。

厅堂内的折式黑色屏风上写着1961年8月15日公祭陈嘉庚先生的悼词。1962年著名诗人郭沫若先生游览集美时,为厅堂撰写了这副对联:

    鳌园博物大观百闻不如一见
    鹭江集美中学万人共仰千秋

龙舟赛是集美真正的王牌。比赛在每年农历五月五日举行,已有至少2000年的历史了,世界各地的队伍都来到集美参加这项激动人心的赛事。关于比赛的更多介绍,请看"中国的节日"部分。

1952年，陈嘉庚建造了300米×800米的龙舟池以及10艘龙舟，每艘可承载16名划手。自那以来，集美更以龙舟赛闻名了。

龙舟池畔建有七座式样各异的亭子，名曰"七星坠地"。陈嘉庚亲自设计了池中的两座亭子，它们被称为"孤星什月"。

延平故垒

郑成功时的延平垒现在只剩下一个石门了。延平垒是他在17世纪时建造的，用以训练他的军队对抗清朝。一个当地的中国人看过这个荒凉的石门后写道："不该为之落泪吗?！"

当您拒绝落泪时，看一下刻在门边一块岩石上的"延平故垒"四个字吧。陈嘉庚在故垒后建起了一幢学校宿舍，随后在1922年刻了这些字(他选择延平堡垒旧址以象征教育改革)。在战争期间，日军摧毁了这幢宿舍，陈嘉庚把它重建成四层楼的红砖琉璃瓦顶建筑。

这幢15层的南熏楼与众不同。1956年，讲求实用的陈嘉庚在设计建造这幢楼时，在楼顶安装了巨大的时钟和灯塔，这样渔民在恶劣的天气下也能找到回家的路。

集杏海堤

这条宽19米、长2.2公里、体积为150万立方米的海堤用岩石建成，公路铁路两用，在20世纪90年代结束了集美与厦门的隔绝状态。

直到20世纪50年代中期，从大陆去厦门岛只能乘坐渡船、帆船或小小的舢板，而且通常很危险。1951年，陈嘉庚建议建设一条海堤，允许火车和轮船通行。克服了种种艰难险阻，1955年，海堤终于投入使用。建筑海堤的工人不只要和汹涌的大海作斗争，还要提防来自台湾的国民党频繁的空袭(一天最多达60次)。

厦门大桥

1991年12月19日，江泽民主席亲自为厦门大桥通车剪彩，并为大桥题词（他也为海沧大桥题了词）。厦门大桥是中国第一座跨海大桥，共4车道，全长6599米。大桥耗资15亿元人民币，预计可抵抗里氏8级地震和蒲氏12级台风。大桥荣获1995年中国建筑工程最高荣誉奖——"鲁班奖"。

通向城市的钥匙！

横跨海堤时你会看到一把巨大的金钥匙，神能会问："锁在哪儿呢？"

1999年，厦门市市长洪永世授予我"厦门市荣誉市民"的称号，并送给我一把巨大金钥匙的仿制品，有10寸长，他说："这把钥匙能打开厦门所有的门，让你在厦门畅行无阻。"

"中国银行的门也行？"我问。

"除了中国银行。"他回答。

附录

陈　嘉　庚
——亚洲的亨利·福特

(节选自《魅力厦大》，潘维廉和罗宾·费菲著，魅力厦门网站上有更多详细内容。)

嘉庚精神的双重含义　创新教育在厦门大学算不上什么新鲜事儿。自1921年"亚洲的亨利·福特"——陈嘉庚先生创立厦门大学以来，厦大就一直率先开拓所有现代教育元素。这位著

名的爱国华侨志士捐赠了约 1 亿美元用于教育事业,多亏了他精明的商业头脑和节俭的生活方式。不过,陈嘉庚留给我们的不只是金钱。

我教授的是组织行为学,组织的特性通常反映了其创立者的特性,厦大当然也不例外。厦大 85 年成功的办学经验表明它继承了嘉庚精神的双重含义和更好的中国、更好的亚洲、更好的人类社会的愿景。

厦门大学创办者陈嘉庚先生(1874—1961 年)毕生捐赠了约 1 亿美元用于教育事业,他出生在集美——厦门岛对面大陆上一个村子里一个贫寒的商户人家。

陈嘉庚耕田打鱼,直到 9 岁才开始上学。1890 年秋天,他移居到新加坡帮助父亲打理米店。1904 年,父亲的生意破产,而精明的儿子筹措了足够的资金在新加坡购买了 500 英亩的林地,开始经营黄梨园。

橡胶大王　　陈嘉庚的事业迅速扩展到大米加工、制造业、锯木业、房地产和海运,不过大大增加了他的财富的是橡胶。他拨出几英亩黄梨园种植橡胶树,最终拥有了 10000 英亩的橡胶树。他从橡胶种植发展到橡胶制造,促进了橡胶业的建立,成为四大橡胶大王之一。

到 20 世纪 20 年代中期,这位新加坡橡胶大王雇佣了 30000 多名工人,在五大洲上有 150 个办事处,与 48 个国家有贸易往来。但是 1926 年价格大跌,橡胶的价格一直没有回弹。更糟糕的是,陈嘉庚抗议日本"济南大屠杀"(1928 年 5 月 3 日)的暴行后,他的工厂被烧成灰烬。但是他在努力克服"经济大萧条"的同时,继续资助集美学校、厦门大学和新加坡的中英文学校——这项事业的完成部分归功于他的节俭。

节俭的慈善家 富有的慈善家活着的时候通常只是捐出他们财产的一小部分,然后留给后世资金巨大的基金会,因为死时能带走的只有声誉。但是陈嘉庚捐赠时像个王子一样慷慨,而活得却像个乞丐,几乎只靠米粥和马铃薯度日,一把雨伞和一只破旧的衣箱用了数十年。那个时候其他富有的中国人都在鼓浪屿附近建起了豪华的别墅,陈嘉庚却知足地住在家乡集美简朴的房子里。在写给一个亲戚的信中,他说道,他的家乡还有很大的需要,自己不能将一己之利置于众人之前(大意)。

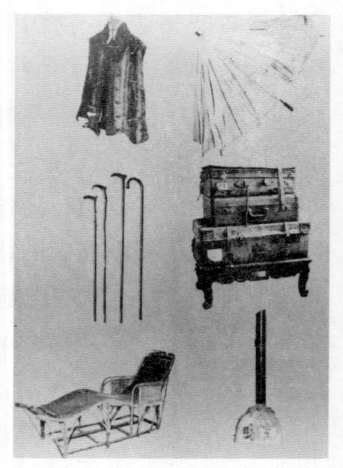

1938年,日军摧毁了陈嘉庚的家,解放后,中国政府提议出资重建它时,陈嘉庚坚持先修复被战争破坏的校舍。1955年,他的住所终于修复完毕,1958—1960年他一直居住其中,直至移居北京。1980年,陈嘉庚故居根据其原始设计进行了复原,现在是一个博物馆和集美学校委员会的开会场所。我觉得最令人感动的展品是这位"乞丐百万富翁"用了数十年的破旧的衣箱、雨伞和穿得磨损的鞋子。

陈嘉庚对中国的展望 自青年时代起,陈嘉庚就是个社会和政治改革家。他支持孙中山,一度筹集了国民党经费的1/3(蒋介石携着他和其他人的钱款潜逃到台湾去的时候他绝对地后悔了)。不过陈嘉庚把对中国的最大期望放在现代教育上。

1894年,陈嘉庚才21岁,当时他就在集美开办了一家私塾。1912年,中华民国元年,陈嘉庚回到中国,于1913年1月27日开办了集美小学。1920—1926年期间,他每年开办一所学校,直到集美学村拥有11所学校,包括一所中学和农业、商业、林业、航海等校。此外,集美学

村教育推广部资助了福建省70多所中小学。

支持海外教育 陈嘉庚在新加坡创办或资助了至少七所学校,包括道南学校(1907年)、爱同学校(1912年)、崇福女校(1915年)、崇

本学校(1915年)、新加坡华侨中学(1918年)、南洋师范学校(1941年)和南桥女子高中(1947年)。他不只对中国的学校慷慨解囊,1919年他捐赠了30000美元给英华学校,1941年捐赠了10000美元给莱佛士学院,后来莱佛士学院与医学院合并,最终组建成立了新加坡大学。

厦门大学——陈嘉庚的掌上明珠 1920年11月初,陈嘉庚出资100万元兴办厦门大学,从师范和商业部开始,后来发展到文、理、法、商、教育等5院17系。厦门大学激发了中国人和外国人的想象力。20世纪20年代,保罗·哈其森(Paul Hutchinson)写道:

"这所学校(厦门大学)设在中国的一个小村庄里,是一个纯正的中国教育机构,没有外国教师,也不与外国有任何联系。教学课程非常实用……想象一下未来,这将是整个中国最振奋人心的一件事情。"

陈嘉庚强调素质教育。他送学生出国留学,从其他地区聘请教师,购买最新的设备,并强调体育锻炼。1937年春天,他经济十分困难,无力维持,遂无条件地将厦门大学献给政府,但是他仍然继续资助厦大。在写给教育部部长的信中,他说自己"为善不终",将"抱歉无穷"(很可

惜他不能看到今日的厦大)。

是时,日军已占领厦门,为躲避日军的破坏,厦门大学迁至福建西部的长汀。1945年8月,日军投降,10月21日,新加坡500个华侨社团联合举行大会,庆祝陈嘉庚结束十年的爪哇流亡生活,安全归来。1945年11月18日,在重庆召开了一次盛大的陈嘉庚安全庆祝大会,毛主席书写条幅,盛赞他为"华侨旗帜,民族光辉"。

日军战败后,厦大迁回厦门,新任校长、著名生物学家汪德耀博士立即着手重建和扩建校园。陈嘉庚的远见卓识和经济资助以及汪德耀的领导得到了回报。1962年厦大被指定为国家重点大学,从此以后飞速发展。

1949年10月1日,毛主席邀请陈嘉庚到天安门一起参加开国大典。1950年,陈嘉庚回家乡定居,余生用尽其钱财重建家园。

陈嘉庚的晚年　晚年的陈嘉庚担任许多职务,包括中华全国归国华侨联合会主席、全国人民代表大会常委会委员和中国人民政治协商会议副主席。他还提出了许多创新建议,如中国第一座跨海大桥(广受褒奖的厦门——集美大桥)、集美龙舟池(已举办过多次国际国内水上活动)、集美15层的南熏楼(楼顶有导航灯,引导渔民安全回家)。

1961年,陈嘉庚因患癌症逝世,在北京举行国葬后,一趟专列将其遗体运送回家乡集美安葬。陈嘉庚在银

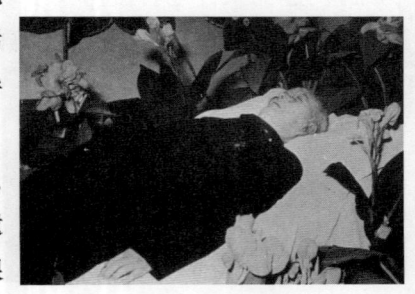

行的遗产为 300 万元，这位伟人捐赠时慷慨如王子，生活节俭如乞丐，他期望他的后代能如他所为——或至少自己发家致富。

陈嘉庚没有为家人留下一分钱，他捐赠 50 万元给集美学校基金会，50 万元用于建设北京华侨博物馆，200 多万元用于教育事业。

陈嘉庚的国际遗产　　陈嘉庚一生捐出了约 1 亿美元用于国内外教育事业。自 1983 年起，陈嘉庚基金开始颁发高级学位奖学金。1986 年，诺贝尔奖获得者杨振宁教授设立了陈嘉庚青少年发明奖。1992 年，杨教授和另外两位诺贝尔奖获得者丁肇中教授和李远哲教授，以及加州大学伯克莱分校前副校长田长霖教授、香港大学前校长王赓武教授，共同发起成立了陈嘉庚国际学会基金，旨在弘扬嘉庚精神，推动教育和文化发展。

1991 年，新加坡总统黄金辉博士为纪念陈嘉庚，发起了大学捐赠基金，并设立目标，希望筹集到 10 亿美元用于教育。

1990 年 3 月 11 日，中国国际小行星命名委员会将第 2963 号小行星命名为"陈嘉庚星"。命名仪式在厦门大学举行。

最后要提的是，美国加州大学伯克莱分校化学学院兴建了一座"陈嘉庚楼"，这是美国著名学府中有史以来第一幢以华人名字命名的大楼。我希望越来越多的中国人和外国人能够了解并学习陈嘉庚无私奉献的精神。

李光前　　陈嘉庚是国内外许多中国人的楷模，其中包括厦门大学另一位伟大的捐赠者——他的女婿李光前（1893—1967 年）。李光前也资助了集美学校。可阅读《魅力厦大》或浏览魅力厦门网站，了解更多有关李光前的信息。

第十一章
同安和金门

　　同安是厦门最偏远的地区,在集美北部约半个小时车程,但是绝对值得一游,因为过去的1000年间,同安(而非厦门)才是区域经济、政治和文化中心,也是福建自然环境最优美的地区之一。

　　同安始建于西晋太康三年(按格利高里历来算,就是公元282年),后属南安县(郑成功的故乡),公元809年置大同场,公元933年重新定名为同安。同安最终归属泉州,公元1387年始建的厦门镇归属同安。

　　1953年,同安的集美划归厦门,其余部分也于1958年8月归厦门管辖。1970年2月,同安重归晋江管辖,1973年6月又再划给厦门,直到现在仍在厦门的管辖范围内——至少在上周还是。

　　晋江和厦门为何要争抢同安呢?同安1079平方公里的土地上不仅有丰富的历史文化遗产,还有500000英亩的农田(这在多山的福建非常少见),400000英亩的泥滩(mudflat)(虽然我们的丰田车已经有好多轮胎陷(flat)在泥(mud)里了),86公里长的海岸线以及112万英亩的山区。福建几乎到处都是山,但同安的山不一样,这里的山上有数不清的瀑布,险峻的峰顶有古老的寺庙,还有独一无二的"蝴蝶谷"。同安不只地面以上很美,地面以下还是一个宝库,古遗址如汀溪窑址出产的"珠光瓷"享誉整个古代亚洲,尤其是日本。

　　那么我们从哪里开始游呢?我们先去看看同安最引以为傲的子孙苏颂吧,然后去参观古老的孔庙、梵天寺、北辰山游览区的十二龙潭瀑

布。到人间仙境般的蝴蝶谷领略过令人惊叹的美景之后,我们将到同安宾馆尽情享用最最地道的当地特色菜。不要看宾馆的装饰简朴,其所供应的一些菜品可是闽南最好的呢。

同安天文学家苏颂(1020—1101年)

于 1089 年 1 月 16 日制造完成了世界上第一个水运仪象台,比欧洲早了 600 年。

一些专家认为他的《新仪象法要》是世界上第一本机械设计手册,配有 60 幅插图,图中绘有机械零件 150 多种。

仪象台上层放浑仪,用于观测天象;中层放浑象,演示天象;下层有计量时间的漏刻,由活臂木人报时。

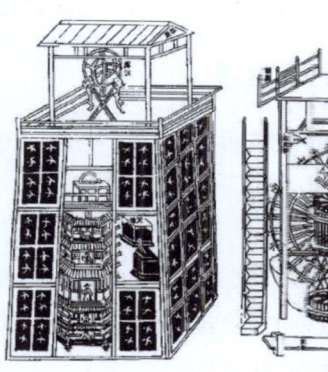

苏颂的水运仪象台　　仪象台内部结构

整个水运仪象台高约 10~12 米,宽 7 米,比一幢普通的公寓楼还要大。我怀疑中国人现在把它缩到了手表大小(这就能解释为什么我的学生上课经常迟到了——他们的手表太重了)。

苏颂还是一个草药学家。1061 年,他编成了《图经本草》——这本书是那些认为对岸的青草总是比较绿(得不到的总是最好)的人的权威指南。比如,他解释了何时何地可找到血竭(龙血树科),现代中国人认为血竭已经生存了 8000 年。

"骐骥竭,旧不载所生州土,今出南番诸国及广州。木高数丈……其脂液从木中流出,滴下如胶饴

状,久而坚凝,乃成竭,赤作血色,故亦谓之血竭。采无时。"

苏颂故居(芦山堂景区)

福建苏氏大宗祠,位于同安西北隅,由苏光海始建于公元994年,之后苏颂诞生于此。

地址:大同镇洗墨池23号 电话:7122883

苏颂科技馆景区

地址:大同镇城西路80号 电话:7030608

同安博物馆

博物馆设在同安孔庙(见"宗教"一章)内,1990年初对外开放,有三个主要区域:同安史迹陈列、同安名人陈列和馆藏文物陈列。同安博物馆馆藏文物2000多件。

厦门第一村——马塘村

马塘村位于同安东部,距离城区7公里,地处一个偏僻的山坳里,面积1.8平方公里,全村64户275人,耕地面积435英亩,山地944英亩。1980年,全村人均月收入不足170元。马塘村地理位置偏僻,交通闭塞,土地贫瘠,荒山秃

厦门"第一村"——同安马塘

岭,资源贫乏——落后破烂,水源奇缺,大部分农田种不保收。邻近的村庄流传着"有钱不借马塘人,有女不嫁马塘村"的说法。那马塘村是怎样变成厦门第一村的呢?

1985年,马塘村创办了劳动密集型的兴华罐头厂,作为其脱贫致富的突破口,1990年组建了中外合资厦门同茂食品罐头有限公司,先后投资8000多万元进行了三次技术改造。1996年,全村的社会总产值达1.225亿元,人均月收入达5250元(从170元到5250元,增长了2988%)。如今,工人住的是现代化的公寓和别墅,有漂亮的花园和草坪。去参观一下马塘村,没准儿他们会雇佣你呢!

同安莲花山景区(莲花镇后埔村)

距同安城区约10公里。

公交路线:乘7路在影视城下,转92路,在后埔村下车,然后打一辆"摩的"(当地农民的摩托车),约2~3公里路即到。如果你顺利到达,就纵情于参天大树、寺庙古迹和"圣泉"中吧——你在山顶发现的任何石刻、碑文都有着5013年的历史呢。

厦门同安影视城

影视城占地1600多英亩,建有缩小的天安门、仿古城镇和寺庙、恐龙世界、儿童乐园、养心殿、太和殿(Hall of Supreme Harmony)(为唱诗班准备的?)(英文中,"harmony"有"和声"之意,故作者于此打趣"Hall of Supreme Harmony'是为唱诗班准备的——译者注)和颐和园的长廊等。地址:五显镇   电话:7302870

天安门(同安影视城)

公交车：67、79、106、617、618、621路

同安影视城游记!

特里斯·波曼

　　一个星期五早晨，我去影视城游玩，碰到了一群小学生和他们的老师，大约有3000人。这意味着，除了紫禁城、颐和园、九龙壁、明清街和其他老北京风情景点，我也成了一道特别的风景，不时有小孩跑过来围着我，大叫："Hello, how are YOOUUU!"

　　除开自己意外地被当成名人一样对待，这是一次愉快的旅游。仿建的紫禁城宽敞开阔，气魄恢宏，有足够的空间供你四处漫游，并在著名的场景中拍照。许多建筑看起来几乎是实物大小——至少我说不出区别在哪里，而要跑去求证又有点远。现在，仿建的各个殿堂里居住着为游客拍照的人，他们提供戏服和付费拍照的场景，有轿子等，额外付费的话你还能坐上龙椅呢。

　　明清街的墙上全是昆虫粉和美容产品的广告，街上有一些娱乐场所和纪念品货摊。街道后面，两头都有楼梯，上去是一个迷你型长城，在那儿你能看到影视城的全景。我都能想象到自己就是一个电影导演，正在指导拍摄一部功夫电影的街景，在熙来攘往的集市上，青楼女子与当地男子调情，而在太和殿广场上，官员们正跪拜慈禧太后。

　　这个园子很大，足够你闲逛上好几个小时，不过除了闲逛也没有别的事情可做，休息和娱乐的地方很少。真的有在拍电影的话或许就刺激了。不管怎么样，这里仍然是一个非常安静的地方，可以任由思绪在老北京年代漫游。

北辰山景区

　　北辰山占地面积122平方公里，位于五显镇境内，距同安城区12

公里。

电话：7232018　在 9:00、9:15、9:45、15:30、15:50、16:30 乘坐影视城公交车

北山十二龙潭

我也不知道龙潭是什么意思，所以我去查了词典："泉水沿深而陡的水路上涌至地表所形成的小池。"位于五显镇境内，靠近影视城，十二个龙潭组成了风景如画的瀑布，长达 1 公里。电话：7302870　公交车：67、79、106、617、618、621 路

同安梅山寺

景色优美。

地址：梅山路梅山莲寺　电话：7026946

西山岩景区

西山海拔 324 米，是个避暑的好去处。山上的白云岩庙迄今已有 1100 多年历史。寺庙前有一紫云洞。寺后有二井"圣泉"，泉水涓涓不绝，清冽甘甜。庙旁左边有一明朝摩崖石刻。寺后的 18 棵树象征佛祖的 18 个弟子，即十八罗汉。

地址：新民镇艺力村　同安城外 10 公里　电话(半山)：7200516　电话(山顶)：7200776

汀溪水库

水库建成于 1956 年 6 月，位于同安西北部，离城区 7 公里。大坝高 37 米，坝长 245 米，坝顶宽 8 米。水库蓄水量约为 4845 万立方米。

汀溪窑址

1956年修建水库时发现了这个窑址,还有瓷器、窑具等。出土的有碗、盘、碟、罐等日用器皿,窑基遗址有窑砖。这是宋代规模最大的窑场之一,出产的"珠光瓷"远销日本。其发现对研究古代福建的经济和对外交往有重大意义。

如何到达:游客可在厦门火车站乘厦门到同安的公共汽车,然后转乘小公共汽车或的士前往窑址,离城区约10公里,在水库的东侧。

同安蝴蝶谷

当地人称蝴蝶谷为"石船坑"。

叶金铺在山下承包了一大片果园,蝴蝶谷是他在一次探险中偶然发现的。从山脚出发,走过200多米的山间小路,就有三五只蝴蝶从树林间飞出。越往里走,小路越崎岖,各种颜色的蝴蝶也越来越多——蓝的、绿的、黄的、白的、黑的、紫的。200米长的路上,他看到的蝴蝶就有上千只,至少有10个品种。山间的景色亦十分迷人。叶金铺说山谷里有10个连环瀑布,而从瀑布脚下往西走,则有另外9个瀑布和22个龙潭(有一道瀑布落差足有60米),在更远的山上,还有一处80多米长的天然石梯。

地址:汀溪镇荏畲村

如何到达:乘618路公交车到同安小西门,然后包车前往或者自驾车(阅读过"达尔文式驾驶"之后)。

同安小坪省级森林公园

位于厦门市北部,距同安城区25公里,距厦门市区45公里,总面积约40万英亩,公园里有休闲游乐区、水上活动区和林业科教园区。　　电话:7053878　公交车:乘大坪中巴,小坪站下。

同安蹈火者——关乎灵魂和脚掌

同安是华侨蹈火节的发源地。见"厦门的'中国'宗教"一章。

英雄三岛

英雄三岛指的是大嶝①、小嶝和角屿,距台湾控制的金门岛仅1.8公里。

大嶝岛前线广播站是1958年"八二三炮击金门"时"英雄三岛"遭受严重炮击的纪念场所。游览战时地下掩体是一件严肃的事情,里面灯光闪烁,大喇叭录播的轰轰炮响,着实让人紧张——特别是想到30年前我正在台湾准备发射炮弹。人们可以争论谁是好人谁是坏蛋,但没有人活该吃炮弹,我希望两岸能以更和平的方式解决争端。

① 注:"嶝"的意息是"山上可攀登的小路"。

在大嶝岛的对台小额商品交易市场上小逛一下。市场上卖得最好的是以回收的炮弹壳为材料制成的金门钢刀,闻名世界。不过 20 多年的和平岁月,这个行业遭受重创,现在金门得从厦门进口废旧炮弹壳。

不要忘了去看看极具闽南特色的佛道合一的寺庙,你会觉得去拜拜的是儒家的人。

电话:7095201　电子邮箱:ggy@xmeyou.com

网址:www.xmeyou.com

公交车:轮渡 56 路、火车站 620 路、同安 605 路

金门岛

金门岛最近点距厦门仅 2310 米,很近,亦很远,因为目前它还处于台湾地区的控制之下。用高倍数的双筒望远镜,你都能看到士兵在这个 148 平方公里海岛的海岸上巡逻。1976—1978 年,我在台湾效力美国空军时,金门还是个旅游热点,因为它就在厦门湾内。令人高兴的是,现在每月有 50000 多名游客乘坐厦门——金门的游艇——不过目前为止我们老外还不准乘坐。

金门拥有 50000 人口,有着相当悠久的历史(至少在西方标准上是很悠久的,虽然 1600 年在中国人看来不算什么)。公元 803 年,唐代官吏陈渊率领十二姓开垦金门岛。公元 935 年福建省设同

第十一章 同安和金门

安县,金门隶属同安县。明朝以来,因其"固若金汤,雄镇海门"之势,称之为金门,意思是"Golden Gate"(金色的门)。(如果建一座桥,那就叫金门大桥了,到时我们就得将我们的"金门大桥"(Golden Gate Bridge,指美国旧金山的金门大桥——译者注)拱手相让了)

1914年,金门归属厦门管辖,如今岛上的许多风俗和传统节日与闽南,尤其是漳州和泉州的完全一样。这没什么好奇怪的,因为他们根本就是亲戚嘛。金门文化中一个特别的元素是他们对狮子的崇拜,狮子被视为岛屿的保护神。各村落路口,随处可见身穿盔甲或披风的石狮(这也许取决于狮子是准备好去战斗还是去睡觉吧?)。

金门自古就有"海上仙洲"、"桃源胜景"的美称。岛上有太武雄峰、金汤剑气、啸卧云楼和仙阴瀑布等景点。金门岛上还有18栋闽南式古屋,装饰精美,燕尾高扬。

第十二章
福建搜奇

魅力厦门魅力无穷,您永远不会觉得厌烦,不过您若真是对小岛不感冒了,您还可以到福建的其他地方走走,一样独具魅力哦!

前一版的《魅力厦门》对福建景点的介绍有100多页,但这次我不得不忍痛割爱,以腾出更多版面介绍关于厦门的信息。如果您想了解更多关于福建的信息,请访问我们的网站,或参阅《魅力泉州》、《魅力福建》和《老外看福建》等书籍。

我个人最喜欢的福建景点有:

闽南金三角

1. 厦门(鼓浪屿是福建的第一魅力景点)
2. 泉州(马可·波罗笔下的"刺桐港")
3. 漳州(东山岛、长泰、土楼)

福建的其他地方

4. 武夷山(自然、文化、历史)
5. 永定客家土楼
6. 宁德(太姥山、周宁等)
7. 永泰(慑人心魄的美景)
8. 三明(自然、文化、历史、美食!)
9. 长汀(红色小上海)
10. 龙岩(华南虎、冠豸山)

下文将向您作具体的推介。

注:口袋里的钱在跳了?见本章附录的"福建特产"。

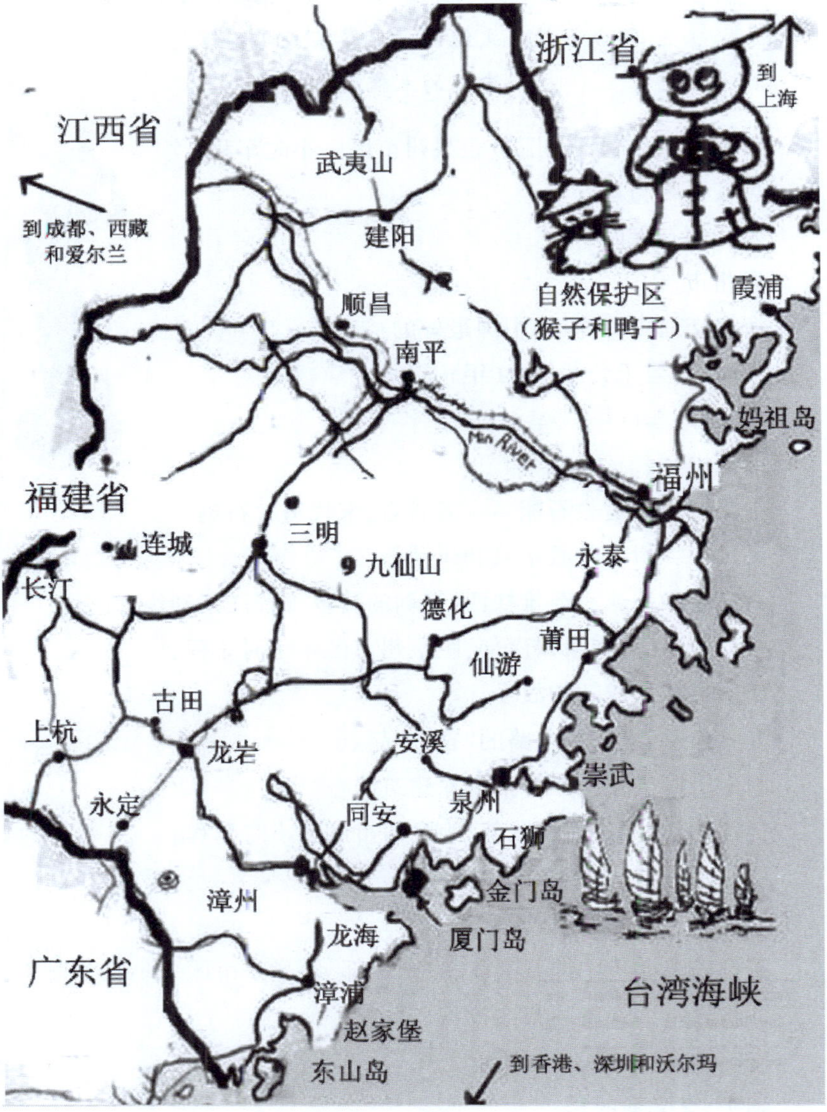
浙江省
到
上海
江西省
武夷山
到成都、西藏
和爱尔兰
建阳
自然保护区
（猴子和鸭子）
霞浦
顺昌
南平
妈祖岛
Min River
福州
福建省
三明
连城
九仙山
永泰
长汀
德化
莆田
仙游
古田
上杭
龙岩
安溪
崇武
永定
同安
泉州
石狮
漳州
金门岛
龙海
厦门岛
广东省
漳浦
台湾海峡
赵家堡
东山岛
到香港、深圳和沃尔玛

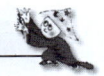

泉州——马可·波罗笔下传奇的刺桐港
联合国教科文组织,"世界宗教博物馆",中国的木偶之都

崇武古城(在泉州北部,距泉州市区一小时车程)

惠安石雕与惠安女

崇武的石雕园

泉州市

海上交通史博物馆(中国最好的!)

清净寺(建于公元 1009 年)

开元寺,东西塔

清源山

中国最大的道教石雕——老君岩,宋代道教石刻

灵山——伊斯兰教圣墓和风动石

晋江——菲律宾英雄扶西·黎刹的故乡 晋江黎刹纪念广场

摩尼教草庵(在泉州南部,距泉州市区半小时车程)

南安——郑成功的故乡

九日山,海上丝绸之路的"官方"起点

闽南民居文化遗产 蔡资深建筑群

瓷都德化(在泉州西北部,距泉州市区两小时车程)

屈斗宫古窑址

德化陶瓷博物馆

茶都安溪——中国茶都(在泉州西部,距泉州市区一小时车程)

清水岩——安溪的布达拉宫

安溪文庙(具有 1000 年历史)

湖头,李光地故居

B.B.

第十二章 福建搜奇

亲爱的,今年不行……

根据惠安的传统习俗,小孩出生之前,新婚夫妇一年只能同房三晚①:春节、清明节和中秋节。小孩出生之前,如果他们在街上相遇,必须装作互不相识。

节日的时候他们肯定要好好把握时机了!

漳州——"鱼米花果之乡"

百花村

龙海古火山口

赵家堡

长泰,厦门的后花园

马洋溪皮划艇训练中心

林敦-古城墙

鸦片大王的房子

东山岛,福建的夏威夷

寡妇村博物馆

天福茶庄,世界上最大的茶博物馆

宁德 —— 中国南方文明的发祥地之一

太姥山　自然美景与宗教文化

36座寺庙,360处景点哩

圣地霞浦

---

① 这个习俗渐渐地被抛弃了——穿着独特的惠安传统服饰的习俗也是。在您还看得到的时候赶快去看看吧。

当大爷遇到表哥

披斗篷的十字军士兵？

杨家溪竹筏

三都澳——世界上最深的不冻港

天然空调城周宁

鲤鱼村——鲤鱼崇拜者

武术世家

九龙漈瀑布，中国最长的阶梯瀑布

白水洋——水上行走！

榕城福州

马尾——中国船舶驾驶技术的摇篮

马江海战纪念馆

福州市

三坊七巷

福州市博物馆

福建省科技馆

南台岛，殖民时代的老建筑

石头教堂

第十二章 福建搜奇

佛跳墙

鼓山(在福州城东,距市区 30 分钟车程)

永泰的迷人风光(在福州西部,距福州一小时车程)

荔城莆田

湄州岛,海上女神妈祖

海上布达拉宫

南少林庙

释迦文佛塔

木兰陂

广化寺

涵江——中国水上城市威尼斯

仙游:九鲤湖胜景、祈梦风俗

仙游工艺美术

中国的威尼斯

武夷山:伊甸园福建版

遇林亭宋代龙窑

九曲溪风景区

天游峰

武夷山自然保护区

闽越王国宫殿遗址

汉城,闽越发源地

闽越王国博物馆

大红袍茶(最贵的茶)

神龙寺船驶向玉女峰

龙岩，客家祖地

客家土楼
连城冠豸山风景区
永福花乡
长汀：客家首府
红色小上海
客家博物馆
长汀的木雕
唐代的三元阁城楼
长汀，涂坊客家村落
梅花山自然保护区，华南虎
四堡印刷（明清时期中国四大雕版印刷基地之一）

三明，如画的风景

沙县访古
中国最大的卧佛
沙县的肩膀戏
沙县：福建美食城
宝石之都明溪县
客家祖地宁化石壁
玉华洞
泰宁，尚书第、大金湖
万寿岩文化和格氏栲森林

第十二章 福建搜奇

福建的桥和木质廊桥

关于福建的桥我都能写一本书呢：木质廊桥（一些有三层楼高）、古代石桥和现代建筑奇迹如厦门海沧大桥。去参观一下厦门桥梁博物馆，然后把您独到的发现发 e-mail 给我哦，这样下一版就能有更多改进了。

福建的桥

"中国的桥堪称奇迹！在有些桥上，人们建起了寺庙、房子和商店——他们以此营生。厦门地区至少有两座这样的桥，每座桥上居住着五十到一百个人不等，没准儿不止这么多。这些桥的结构令人拍案称奇，其中最大的桥是如何建造起来的呢？回答这个问题估计只能靠猜测了。

"厦门城西二十五英里处有一座著名的桥……当地人会告诉您，就算使用任何想象得到的机械装置，人们也无法将建造这座桥的巨大石块运到它们现在所在的位置。他们能得出的唯一结论就是神完成了这项人力所不能完成的任务。

"这座桥被称为'宝林桥'（音译），居住在厦门的外国人经常造访的地方。它至少有200码长，建造在实心桥墩上，这些石墩每个高约十二英尺。桥墩上有些石块很长很重。其中一块长七十英尺，厚五英尺，宽四英尺，重达107吨。它们是怎么被放到现在这个位置上的？这始终是个疑问。"

——见1912年的《厦门内外》第297~298页，毕腓力牧师撰

客家土楼

里根和美国中央情报局还以为土楼是导弹发射井呢！自己去看看吧。我已经去了30多次了呢！

最佳路线：走厦门——龙岩高速公路，在南靖出口(漳州出口之后)下高速,顺着风景优美的河边公路往前开,然后翻山越岭,到达南靖土楼,接着继续往西走,到达永定,参观博物馆(有英语导游),吃些农家菜,住上一晚,然后经龙岩从高速公路返回厦门。

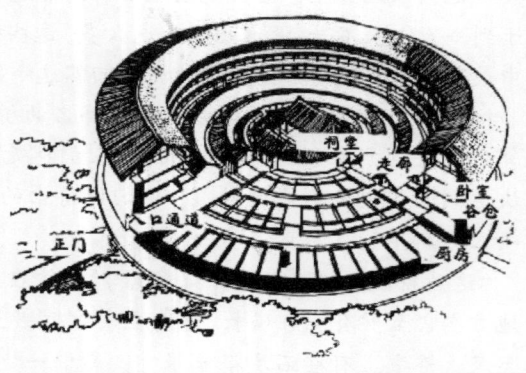

客家土楼

振成楼

庆云楼

光裕楼

奎聚楼

盛恒楼（不确定）

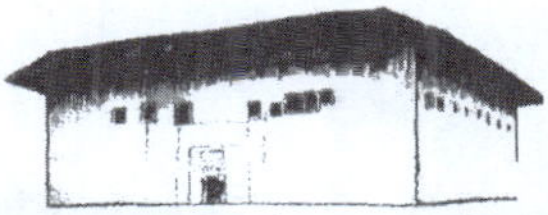

阳林楼（不确定）

朝阳楼

"Well rounded,
and
down-to-earth folks!"

庆福楼

林氏宗祠

庆城楼（博物馆）（不确定）

第十二章 福建搜奇

（选自《老外看福建》）

到宁化进香（客家祖地）

在中世纪时世界上最长的桥上感叹古代生物工程的奇迹！

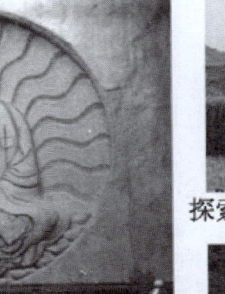

参观世界上最后一座供奉波斯先知摩尼的寺庙

探索2000年历史的闽国遗迹（武夷）

欣赏古代木质廊桥

在中国最大的瀑布群（九龙漈瀑布）尽情嬉戏

福建还有很多好玩的地方哦！
（选自《魅力福建》）

参观马尾——中国人的摇篮（始于公元前200年！）

在素有"花果之乡"美称的漳州闻闻玫瑰花的香味

见识见识真正的"水上世界"！

参观中国最大的钢琴博物馆（位于"音乐之岛"鼓浪屿上），真开心

游览鼓浪屿上的万国建筑

研究一下佛为什么要跳墙呢？！

第十二章 福建搜奇

（选自《老外看福建》）

参观"长征"（Long March）的起点

让武夷山的吴冠民（音译）教你品尝大红袍——（世界上最贵的茶，每盎司34000多美元！）

参观鲤鱼墓（当地人崇拜鲤鱼已有800年历史了！）

周宁高地茶

在爬石器时代的阶梯么

或者……欣赏高雅的闽南茶艺（品尝一下高档安溪茶叶，我们这些凡人可买不起！）

（选自《老外看福建》）

参观中国第一个基督教堂
（1848年，厦门）

在厦门大学学中文
（中国最美的大学校园！）

了解一些著名学者如朱熹
——新儒学的创立者

到明溪寻宝——
中国第四大宝石矿床

试着叫醒中国最大的卧佛！
（三明的"睡神"？）

沙县小吃
闻名整个东南亚

第十二章 福建搜奇

（选自《老外看福建》）

看看是谁在提线呢，泉州——中国提线木偶的故乡

了解鹭、蛇之间的厦门之争！

在崇武别迷路哦——中国仅存的几座围城之一

把你节省下来的钱都在德化花掉吧——中国古代四大瓷都之一

我发现中国人是用叉子的！

学着蹚水而行！（白水洋）

（选自《老外看福建》）

参观"海上布达拉宫"

研究一下渔家女默娘是
怎么变成海神妈祖的

安溪也有个"布达拉宫"呢

了解一个福建女子是
如何建成木兰古坝的

思考一下"石笋"
的寓意（生殖图腾）

第十二章 福建搜奇

(选自《老外看福建》)

参观莆田著名的南少林寺

下榻仙游的寺庙——"祈梦"开始的地方

在武夷山九曲溪乘竹筏漂流(被联合国教科文组织评为"世界遗产")

熊猫饱餐一顿武夷山著名的"方竹"后能"方"心大悦吗?

欣赏太姥山人间仙境般的美景

附录

福建特产

福建不只以中国举世闻名的茶叶、丝绸、瓷器和纸张出名,还有其他很多艺术品、手工艺品和传统制品。所以您在探索福建时,记得多带点钱哦!

木雕 福州和仙游

中国折扇 鼓浪屿上价格公道,种类丰富。

福州纸伞 日本纸伞的起源。

福州脱胎漆器(bodiless lacquerware) 中国国宝之一(不不不,我可不是在讲上海时装秀上的骨感模特)(bodiless models)。

福州寿山石雕 地址:五一北路42号 电话:0591—7545205

福州软木画 画框下纹理纤细的山水雕刻。

仙游 仿古桃花心木家具

惠安石雕 这里的石雕有1700多年的历史了,顺便带点回家吧,您不会把它们当成普通石头的。

珍珠 茜茜珍珠专卖店,鼓浪屿龙头路115号 电话:2063620

德化陶瓷 德化是中国古代四大瓷都之一。

安溪茶叶 引起了波士顿倾茶事件,使美国法官不必戴白色假发(波士顿倾茶事件是美国独立战争的导火索,使美国脱离英国独立,而英国传统中,法官上法庭要戴白色假发 ——译者注)。

武夷茶叶 给行家喝的。

闽南茶具 到鼓浪屿上看看,价格从几元到上千元不等。

第十二章 福建搜奇

泉州木偶头——无论是精细昂贵的脑香（一种珍贵的树脂——译者注）制品还是便宜的一般树脂制品,应有尽有,可以直接从厂家拿, 联系人:David Feng, 电话:0595-22989432 手机:13799503010

电子邮箱:aghzeng@hotmail.com 网址:www.jinshow.com

5英尺高、500年历史的龙柏!

泉州盆景 有1000年历史了。也可以到有上百年历史的漳州花卉市场看看。沿着公路有几英里长的商店呢!

藤制家具和竹制家具 在厦门定做,或到闽西的连城购买,便宜哦!

根雕 到处有卖,在闽西最便宜。

宣纸 连城。中国古代四大印刷中心之一,因手工纸闻名。

篮子 厦门有出售各种形状和大小的手工编织的篮子。

风筝 如果有人约您去放风筝,那您真是走运了,福建自古就以此闻名。亚洲海湾大酒店和会展中心之间8公里长的直道是中外风筝爱好者的最爱。

位于前埔的厦门明鉴工艺品厂生产各种各样的风筝。在厂里,他们还教您怎么自己做风筝呢。

电话:5927465, 5923597   网址:www.kite-china.com

电子邮箱:sewingkite@yahoo.com.cn,china-kite@hotmail.com

印章 鼓浪屿上的艺术家可以将您的英文名译成中文,刻成印章,让您绝对与众不同。

花卉和盆栽 厦门莲前路上有一个规模很大的盆景供应中心。

剪纸 在三明市沙县镇观看剪纸的制作过程,沙县还以美食闻名哦！）。

用**叉车**把这些东西都搬回家。 林德叉车（厦门）有限公司

特色食品

尝尝龙岩花生、长汀豆腐干和地瓜干、仙游蘑菇、安溪湖头米粉和武平著名的猪胆干，唔，还有河田鸡、沙县小吃、武夷岩茶，不过我可不建议把活生生的动物带回车里……

花 生 和 小 猪

我会开着15个座位的丰田车带着一群学生到乡下游玩，我喜欢旅游中的一切，除了买东西。我的学生总是把我的丰田车塞满各种各样的土特产，这些土特产因为交通不便和配送落后，在当地以外很少有正宗的。

我不介意静静呆着的食物——像龙岩花生、长汀豆腐干或湖头米粉，但是我努力想要划清界限，不搭载活的鸡啊、鸭啊、兔子啊，甚至还有小猪！可惜都是徒劳。"没事的，维廉教授，"学生会说，"我们会帮您洗车的。"不管他们有没有帮我洗车，车里总是会持续几个星期充斥着牲口圈的气味。

"带这些土产有什么意思？！"我抱怨道，"花生不还是花生，豆腐不还是豆腐嘛。"

不过，在厦门呆了18年之后，我也学会了享用福建各地的独特风味（还会讨价还价了），现在我自己也会往丰田车里装满各种各样能吃的东西——不过活物免收。

第十三章
中国的节日和文化

节日快乐！

什么节日？随便你挑！在过去的5018年里,中国人创造出了许多节日。他们还有不庆祝的日子真是个奇迹——这样的日子实在太稀罕了。而闽南地区的一些节庆传统(例如中秋节的博饼游戏)和中国别的地方又完全不同。

为了让快乐的气氛再浓烈些,同时也为了找个理由去祝那些不过节的日子,中国人也开始过起西方的节日了。

圣诞老人保佑你！

1988年,我们刚来的时候这里还见不到一棵圣诞树,而现在的中国人对圣诞节的热情可一点儿也不输给西方人:连邮局都摆上了圣诞树,教堂的喇叭播放着传统的圣诞歌曲,像《平安夜》、《三个国王》、《雪人》、《铃儿响叮当》等等。我们还能买到圣诞贺卡——跟传统的贺卡一样,上面写着"圣诞老人保佑你！"

心心相印

中国人也开始热衷于过情人节了。在一个偏远小镇的加油站里,一位女服务生问我:"给你太太买花了吗？今天可是情人节哦！"商店里和小摊上全是玫瑰花,孩子们在街边卖的也是玫瑰花。商店还出售情人节卡片和可爱的情侣小雕像——全是中国味儿的!

我的一个学生说:"我们中国人过情人节是跟西方人学来的。"我说:"考虑到中国有十三亿人口,我对你的观点表示怀疑!"

中国的情人节?

随着情人节在中国的普及,一些中国精英开始把"七夕"奉为"中国的情人节"。"七夕"的典故出自2500年前的一首诗歌,说的是牛郎和织女的故事。他们化身为天上的两颗星星,中间隔着一条银河。一年当中有一天,成群结队的喜鹊会飞到银河上面架起一座"鹊桥",让牛郎和织女相会。

但是,许多人抗议说"七夕"自古以来就不是情人的节日,而是庆祝织女们学成出师的节日。还有一些人认为,把"七夕"当作中国的情人节只会让这个传统节日沦为流行文化的一部分;他们呼吁中国人保留节日的传统意义。

如果保持传统就意味着"七夕"还是织女的节日,意味着我不用一年买两次玫瑰花和巧克力的话,我举双手赞成。

这样做做针线就把节给过了。

节日里的厦门是最快乐也是最有魅力的,而且你的中国主人一定会邀请你去和他们共度佳节。在赴约之前请注意,中国人有一些跟我们不一样的风俗和禁忌。

例如,红色在中国代表好运气,所以礼品上常常贴着一张红纸,结婚用的礼车也用红丝带装饰,而给孩子们的新年礼物则是装着钱的红色纸包(红包)。当你看到新娘子穿着一身大红(常令西方人联想到红灯区)而不是一身白的时候可别觉得奇怪——中国人在参加葬礼时才穿白色服装,因为白色、黑色和蓝色象征悲伤。

当地的一些禁忌

1. 千万不要用中指去指别人。
2. 不要当着客人的面扫地,这样他们会认为你是在下逐客令。
3. 在喜宴上打碎碗或餐具是非常不吉利的。
4. 绝对不要给客人上六道菜,因为在清朝,只有行刑前的死囚才吃六道菜。
5. 不要把筷子架在碗上,这预示有渔船会搁浅。
6. 筷子的长短不一预示你搭的船、飞机或火车会出事。
7. 不要把筷子插在米饭里,因为这样看起来很像祭祀时点的香。
8. 把筷子掉在地上总是不吉利的。
9. 把筷子交叉摆放也是不吉利的——除非在小吃店里,服务生会把筷子交叉起来表示你的账已经结了,或者你也可以把筷子交叉起来表示你准备结账了。
10. 千万不要把鱼翻过来去吃鱼骨头下面的肉。否则会有渔船沉没(英健博士说:"可以把鱼骨头剔出来。")。
11. 绝对不要拍成年人的头。
12. 未婚的人可以接受别人送的红包(装了钱的红色纸包),但是不能送红包给别人。
13. 在给别人礼物和接受别人的礼物时永远要用双手!接到别人递来的名片后不要马上把它装进口袋,而要看上15~20秒钟并称赞名片的设计,然后把它放在桌上或小心地装进钱包里。
14. 在婴儿身边提到猴子会让婴儿生病。

猴子的血统

根据厦门大学一位教授的说法,在中国有这样一个传说:我们老外是中国古代的一名女子跟猴子苟合后生下的后代!当我提出抗议时,他指着我的手臂笑说:"你们外国人的毛发比我们中国人多!"

顺带说一下,西藏人很是为这种猴子的血统而自豪。他们自夸说所有西藏人都是神猴哈努曼和高山女神的后代。

达尔文要得意地笑了。

闽南(福建南部)民谚

闽南方言是与 2000 年前的古汉语最接近的语言,而通过韵味十足的闽南谚语,我们能更容易地发现闽南人民的生活智慧。

摘自《厦门方言中的中国谚语》,《中国评论》1887 年 3 月号 (Chinese Proverbs in the Amoy Vernacular, *China Review*, March 1887) 希望你喜欢!

1. 七月半鸭仔不知死活(七月十五的鸭子不知道自己要被当作祭品,比喻祸到临头还不自知)

2. 死了目珠呣愿闭(死不瞑目)

3. 肉给人食,骨不给人啃(让人吃肉,却不让人啃骨头,比喻给人有限的小恩小惠)

4. 铺面蛏,浸水蚝(本指把大的蛏和浸水过后肥大的海蛎铺在上面,骗取顾客的喜欢。比喻善于做表面工作的人。)

5. 涵空龟(下水道的一只龟。比喻井底之蛙,见不到世面)

6. 三年,籽发稻(经过 3 年时间,种子长成稻子。比喻三年内其子的兴趣、性格跟母亲相同。)

7. 无赊不成店,赊了店不成(没赊货给顾客,顾客不会再来买,赊得太多,店里没本钱就会倒闭。比喻经商不能过分计较)

8. 傍人凉伞影(躲在别人的凉伞下遮荫,形容占他人便宜)

9. 钝刀出利手(钝刀能练出好手艺)

10. 坐人船要人船走(坐在别人船上就希望他的船走得快,形容跟别人有利益关系时就希望别人成功,有"同在一条船上"的意思)

11. 瘦田贤吸水("贤"闽南方言"勢"。贫瘠的土地需要很多水来灌溉,形容一个人瘦但却特别会吃饭,或收入不够偿还债务)

12. 埠头钱,埠头用("埠头"本指码头、商埠,此处泛指地方。意思是你在什么地方赚钱,就在什么地方用,也许这地方赚得少,但消费便宜,计划着用,也就够了。)

13. 要嫁才缚脚(姑娘要出嫁了才来裹脚,比喻事到临头才做准备)

14. 走贼遇到虎(强盗刚走,又遇上老虎,比喻接连遇上倒霉的事)

15. 贼去才敲锣(贼都走了才敲锣,比喻太晚了)

16. 贼去才关门(东西已经被偷走了才把门关起来,比喻太迟了)

17. 不入虎穴焉得虎子(不进老虎窝怎么能捉到小老虎,比喻不冒风险就没有收获)

18. 笑面虎(披着羊皮的狼)

19. 癞耙制家己额头(用破的耙子打自己的头,比喻搬起石头砸自己的脚)

20. 进退两难(形容身处困境)

21. 甜咸淡无嫌(无论咸淡一律通吃,比喻把好处捞尽)

22. 铁杠铁(硬碰硬)

23. 薄薄酒食会醉(一点一点地喝酒能喝醉,稻草能压死骆驼)

24. 一耳入一耳出(一只耳朵进,一只耳朵出)

25. 十艺九不成(学了十种技艺,却有九项是没有学成的。比喻技艺虽多,但都不精专)

26. 日出着存雨来粮（晴天时要准备好雨天的粮食，形容未雨绸缪）

27. 一石二鸟（一举两得）

28. 未晓驶船嫌溪弯（不会划船，反而怪河道太弯，形容不承认自己的错反而去怪别人）

29. 入乡随俗，入巷随弯

30. 海底摸针

31. 四八三十二（四个八和三十二是一样的，比喻半斤八两）

32. 心肝较大王莽（"王莽"心肝大，指很有野心。比喻野心勃勃。）

33. 生在苏杭二州，死在福建泉州（形容好福气）

34. 好心乎雷劈（好心却被雷劈，形容好心助人反而得不到好报）

35. 买卖算分，相请无论（做买卖时要精打细算，请客时就不必计较）

中国的节日

春节

即中国新年，它对于中国人的意义相当于圣诞节对于西方人的意义。春节的日期是农历的正月初一，通常在公历的一月或二月。

临近春节时别指望用上公共交通工具。我们有一次被困在北京两个星期，因为所有巴士、飞机、卡车和轮船都塞满了扛着礼品回家过年的人。在农村，父母骑着崭新的自行车带着孩子回老家，车上载着大包小包的礼品，还有装在篮子里的活鸡、活鸭、活鹅和猪崽。严重超载的自行车被压得嘎吱作响。即使在偏远的内地，山路上也随处可见人们长途跋涉回家过年的身影。大人们挑着家当，孩子们则欢呼雀跃，一路盼望着奶奶做的年夜饭、爷爷讲的打日本鬼子和革命的故事。

按照传统，过年是件私人的事情，因此只能和家人一起庆祝。不过随着时代的变迁，也可能是因为我们这一大家子太引人注目，情况起了变化。有一年除夕,MBA中心的主任得知我们还没有准备年夜饭时很是吃惊,于是邀请我们去他家吃了一顿二十道菜的大餐。从那以后,每年春节都有中国朋友邀请我们这个无家可归的美国家庭去他们家吃团圆饭。

在厦门的每个角落,你都会看到大门的两边贴着红纸金字的对联(有些对联上还有米老鼠的图案),这是为了给新的一年带来好运气。比较常见的对联是这样写的:

生意兴隆通四海,
财源茂盛达三江。

只贴一个字的时候,这个字通常是"春"、"寿"或"福"。有人说这些字之所以倒着贴是为了让妖魔鬼怪看不懂,从而没法逆着这些字的意思作恶;不过多数人都认为这是个谐音的文字游戏,意思是"福到了"(福倒了)。

有人会把圆形的镜子挂在门框上方,理由是妖魔鬼怪长得实在太丑陋了,它们看见镜子里自己的尊容就会被吓跑。这招也许管用,至少能吓唬吓唬"洋鬼子"——我有几次就被镜子里自己胡子拉碴的模样给吓着了。

如果家里有长辈不幸去世,那么这个家族在接下来的三年里都不能使用红纸。如果死者是男性要用绿纸,是女性则用黄纸,纸上写着安抚亡灵的句子:

"守孝三年"
"珍藏对父母的记忆,宛如瑞云升天"
"一心一意记着往日的岁月"
"你把保险柜的钥匙藏在哪里,爸爸?"

在除夕这天,家家户户都会准备甜食,如蜜饯、水果、糕饼和花生糖。在农村和没有禁放鞭炮的城市,人们会燃放爆竹来驱赶妖魔和食人怪——"年",这个可怕的怪物会在新年第一天出来为非作歹。

元宵节(灯节)

是农历的正月十五日。去中山公园看看灯展,给小孩(或者你自己)买盏电池照明的塑料灯笼,然后加入游行队伍吧。

按照传统,年轻姑娘们要打着灯笼整夜地巡游,或是拔掉别人种的蔬菜,以此希望嫁个好人家。不过我实在看不出拔掉蔬菜和结婚有什么关系——莫非她想送一棵大芹菜给未来的丈夫?

适婚的少女会卜上一卦,然后顺着卦上指示的吉利方向走,并记住她遇见的第一个人所说的第一个字,再请算命先生推算这个字是凶是吉,看看她今年能不能嫁出去。

端午节(龙舟节)

是农历的五月初五,在台湾也叫"重五节",在厦门也叫"五日节"。现在仍然有人按照传统在这一天往门上挂艾草、往地上泼黄酒、在孩子身上贴符咒来驱邪。端午节是个晾晒衣服被褥、打扫卫生和吃粽子的好日子。粽子是用竹叶包上糯米和肉做成的一种金字塔
形的食品。不过,真正的重头戏当然还是一年一度的国际龙舟赛,地点在集美的龙舟池(参阅"集美"一章了解更多有关龙舟池的故事)。

端午节是祭祀先人的三个传统节日之一。在中国的传说中,各种不同的神灵掌管着人间的健康、财富和战争。华南地区湖泊密布、江河纵横,因此许多南方的神灵都住在水下。人们向水里抛洒米饭和粽子,献给饥饿的神灵、妖怪以及水中的主宰——龙。不过也有一种传统的观念认为,往水里扔粽子是为了纪念古代一位投水自尽的爱国诗人屈原。

苏珊很喜欢吃粽子,而端午节是吃粽子的最佳时间,有甜粽,也有咸粽。尝一个试试!

国庆节 地球上最古老的国家同时也是最年轻的国家。我们在每年的十月一日庆祝新中国的生日。由于中国政府把假日和周末合并,我们通常会有一周的假期(这样能促进旅游和消费)。通常,同事或朋友会邀请你出去吃一顿大餐,然后是晚上的娱乐活动,包括欣赏烟花、芭蕾、管弦乐或闽南地方戏剧演出。当然,你也可以呆在家里,欣赏厦门电视台的国庆特别节目。

老潘的生日——清明节(扫墓节)

每年的4月5日,有数百万中国人一起庆祝老潘的生日!当然,他们会说他们是在过"清明节",但是请看看我的证据。据我所知,清明节是唯一不按照农历来过并且日期固定不变的传统节日。清明节永远是冬至之后的第105天,或4月5日(虽然按照妈妈的说法,我在4月1日就该出生了)。

我的理由够充分吧。

于是,每年到了我生日这天,人们蜂拥上山为自己的先人扫墓,并焚烧数十亿元的仿制美元——"冥币"。阴间的魔鬼显然无法分辨真币和伪钞,所以死去的人能比比尔·盖茨还富有——尽管有可能导致冥界的通货膨胀。

清明节期间,人们吃"春饼"、去乡间祭扫祖墓,以此怀念自己的先人。虽然现在还有人通过烧"冥币"来给死者送钱,但多数人只是在祖先和烈士的墓前献上鲜花。

西方人很早以前就开始用柳树来庆祝复活节，因为柳树是春季最早开花的植物之一。同样，中国人过清明节也要用到柳树。民间还有这样一个传统：妇女必须佩戴柳条，否则来世就有可能变成狗！这个传统源于唐高宗（公元650—683年在位），他曾摘下柳条让随从戴在帽子上，这样就不会被蝎子螫伤。

奇怪的是，清明节的别名叫"植树节"，而且跟西方的植树节时间相同。

在清明节那天，人们要给祖先供奉祭品、献三杯酒，还要点蜡烛、焚三炷香，并在祖先坟前磕头。为了不让邪灵偷食祭品，人们常常另外焚烧一种叫作"外随纸"的冥币，让鬼怪去争抢。

无法去祖先墓前祭扫的人会采用邮寄的方式来祭拜。他们把冥币装进方形的大口袋，写上已故亲人的地址，再准备一个小一些的包裹给妖魔鬼怪，然后把两个包裹放在床上，点起蜡烛跪拜。最后把包裹都拿到室外，洒上酒焚烧。这也许就是"死信"的由来？

寒食节

是4月4日，也是一个清凉的节日。寒食节严禁烟火，因为几千年前有一位官员在这一天被烧死。为了纪念这位官员，中国人曾经整整一个月不用火，后来缩减为三天，现在是一天。人们在这一天吃冷的春卷、冷的面条，甚至连外卖的汉堡包和肯德基也是冷的。

可是为什么不用微波炉呢？

中秋节

也叫月亮节，是农历的八月十五日——由于厦门独有的博饼游戏，中秋节在当地称得上是最隆重的节日。

和流行的观点不同，中国人认为第一个登上月球的人不是尼尔·阿姆斯特朗（Neil Armstrong，美国宇航员——译者注），而是嫦娥。这位美丽的女郎早在夏朝（约公元前2033—公元前1562年）就已经飞上

第十三章 中国的节日和文化

月亮了。中秋节期间,月亮女神的信徒会为她献上月饼、香茶、水果和冥币。

中秋节前夕,人们会送月饼给家人、朋友、同事和老板。在台湾的私立学校,教师会按照传统给学生送月饼,而学生则回赠以红包。

我觉得厦门大学的学生也应该遵循这个传统。

也有这样的习俗:女儿在中秋节的前夜睡得越晚,母亲就越长寿,因此许多女孩在这一晚通宵不睡觉。过去还有这样的风俗:家境殷实的未婚姑娘会把一个绣球从窗口扔出去,而窗外则挤满了未婚的小伙子。姑娘可以把绣球扔给她中意的人,而抢到绣球的人则必须和姑娘结婚。即使他们婚后的生活不那么幸福,至少还能打打球解闷。

夜幕降临以后,家家户户都会欢聚一堂吃月饼、品美酒、猜灯谜;而在闽南和台湾,人们则会玩郑成功的"博饼游戏"。

博饼和闽南戏剧一样,仅流行于闽南和台湾的部分地区。这个游戏据说是海盗家庭出身的民族英雄郑成功发明的,目的是在中秋节这天让士兵们打发时间,以解思乡之苦。

每年中秋节,宁静的夜晚总是被清脆的骰子声打断。亲朋好友围坐桌前,一起掷骰子来争夺月饼。他们轮流把六个麻将骰子撒到一个大瓷碗里,但是不能让骰子弹出碗外(否则就会被空出一轮)。

奖品是三种不同尺寸的月饼,从小号、中号到大号,不过头奖只有一个——"状元"饼。饼的不同尺寸代表在旧时科举考试中获得的不同名次。头奖叫作"状元",代表考取第一名的人,"对堂"是第二名,"三红"是第三名,以此类推。

很少有人真正爱吃用绿豆、鸡蛋和水果做馅的月饼,但是谁愿意违背传统呢?月饼的功能大概和我家乡的水果馅饼差不多。值得庆幸的是,现在许多家庭和单位都用水果、食品或日用品如毛巾、牙膏和洗洁精来代替月饼。我们一家通常都能从外事处举办的博饼晚会上赢得足够用一年的牙膏。如果我们错过了哪一年的中秋节,我们的牙医一定是第一个知道的。

想了解更详细的玩法?继续往下看。热情的主人会把规则告诉你,或者让你和他们一起玩。

别担心,非常简单的!我们的两个儿子就用纸板做了一副月饼,一年到头都在玩。

冬至

是一年当中白天最短的一天。按照习惯,这天也是购买、出售物品和签合同的最佳日期。在冬至这天吃上一碗汤圆据说能让你多活一年。

送神节

是农历的十二月二十四。在这一天,人间的众神会返回天庭向玉皇大帝报告这一年中谁的品行不端、谁的举止得当。为了让神仙们为自己说好话,人们会为他们献上祭品、焚烧冥币,并向亲友分发年糕。

送神节也是唯一能让人们放心打扫房间的节日。按照古老的风俗,家里每个单独的物品中都住着一位神仙。所以,遵守习俗的人们(尤其是台湾人)在打扫房间时会非常小心,唯恐冲撞或激怒了住在床上、茶壶中或痰盂里的神灵。不过在送神节这天,所有神仙都上天向玉皇大帝汇报工作去了。

送神节也是结婚的好日子。根本用不着请算命先生推测这天是否吉利,因为那些会带来厄运的神灵全都不在家。

博饼游戏的由来和规则

(改编自《魅力鼓浪屿》)

博饼游戏始于1500年前,其发明者是一位渴望通过科举考试实现飞黄腾达的读书人。根据掷出骰子的不同组合,游戏共设置63个奖项,分别以科举考试中的不同名次命名:

状元(第一名)一个,有七个不同等级:

最高　1. 状元插金花
　　　2. 红六勃 (六个四)
　　　3. 幺点六勃(六个一)
　　　4. 黑六勃(六个骰子花色一致,六个四除外)
　　　5. 五红(五个四)
　　　6. 五子(五个骰子花色一致,五个四除外)
最低　7. 四点红(四个四)

对堂(第二名)两个:一到六

三红(第三名)四个:三个四

四进(第四名)八个:四个骰子花色一致,四个四除外

二举(第五名)十六个:两个四

一秀(第六名)三十二个:一个四

几个世纪以来,游戏规则和骰子组合的名称几乎没有变化,但是筹码却变了,从普通的硬币变成"状元筹"和"状元饼'(鼓浪屿出产的状元饼最负盛名)。很奇怪,在福建省东北部的福鼎县,有一些居民讲的居然是闽南话,而且他们仍然在使用"状元筹"。

据说,国姓爷郑成功手下的一位官员修改了骰子游戏的规则并发明了博饼游戏,以此来缓解士兵们的思乡之情。按照许多清朝作家的

说法(如郑大久在《台湾民俗》中的记载),从那以后,几百年来台湾民众总是在中秋节通宵掷骰子,兴高采烈地争夺中心写有红色"元"字的面粉大饼。

现在,博饼游戏不仅在闽南和台湾流行,只要有厦门籍海外华人的地方就有博饼。一位《魅力厦门》的读者写电子邮件告诉我:"我们在菲律宾也玩博饼游戏!"但是只有厦门原汁原味地保留了这个游戏。即使是在"文化大革命"期间,所有的"旧"思想和"旧"活动都被扫地出门,厦门人仍然在掷骰子博饼——虽然必须偷偷地玩!

2003年,鼓浪屿举办了首届"博饼文化节",吸引了大批厦门市民、国内外游客和媒体参与。从那以后,博饼越发流行开了——虽然奖品不再是月饼(月饼和美国的水果馅饼一样,属于传统食品但不一定好吃)。现在的奖品通常更为实用,比如洗发水、毛巾、热水瓶、毛毯或餐具。

厦门的传说

望哥石的传说

在厦门和平码头正对面、同文山顶有一大一小两块石头,相传是由两个眺望远方、盼望哥哥归来的女子变成的,所以叫作"望哥石"。

几百年前,有一对失去双亲的兄妹住在同文山下的一个小村庄里,靠打鱼为生。有一天,他们在海上遇到了大风。在返航避风的途中,他们看见一个女孩在海中挣扎,于是救起了这个女孩。女孩说她的名字叫阿美,今年13岁,是台湾的渔民。她家的渔船不幸在头一天沉没了,她抱住一块木板活了下来,而家人却生死不明。

这对兄妹收留了阿美,他们在一起快乐地生活了三年。后来,村民们为了跟台湾做生意而建造了一只大船,哥哥也上船当了船员。出海

第十三章 中国的节日和文化

那天,他答应阿美说一定会帮她找到她的父母。然而,在哥哥离开的第二天,天气就变了:空中乌云密布,海上巨浪翻腾。他们的船没能躲过这场持续三天的风暴,不幸葬身海底。阿美和妹妹闻讯后狂奔到同文山顶,一连几天不吃不睡,痴痴地望着远方,希望能看见哥哥的归帆。后来村民们不放心,于是上山去找两个女孩,却惊讶地发现,她们双双变成了面向东方的石头。

从那时起直到清朝末年,人们都会站在望哥石上祈盼亲友团聚。由于许多福建人出海之后再没回来,渐渐地,望哥石不但象征着人们与亲友团聚的愿望,还象征着人们盼望大陆与台湾早日统一的心愿。

覆鼎岩、印斗石和剑石的传说

相传国姓爷郑成功率兵从荷兰人手里收复台湾时是从鼓浪屿出发的。在出师之前,他命令士兵拆除军灶,把锅鼎掀翻扔到海里并烧毁栈桥,以此表明不逐荷夷,誓不回师的雄心壮志。

郑成功把随身佩带的宝剑掷入海中,插在被海水淹没的地上,又把皇帝赐给他的玉印也抛到海里,寄寓着他的心将和玉印一样,永远与厦门父老一道镇守国门。

郑成功的部队出海不久,锅鼎、宝剑和玉印落水的地方出现了三块石头,就是今天的"覆鼎岩"、"剑石"和"印斗石"。

鼓浪石、白鹭和苍鹰的传说

很久以前,有一对白鹭把巢筑在鼓浪石上,过着幸福的生活。在附近的火山岛上住着一只孤独的苍鹰。因为嫉妒白鹭的幸福生活,苍鹰决定杀死它们。

在一个月黑风高的夜晚,苍鹰发起了攻击,并掳走了雄白鹭。雌白鹭为寻找伴侣四处奔走,几天后终于累倒在日光岩上,悲伤地死去。海风把它的白色羽毛吹向大海,海鸥们于是知道了雌白鹭的死讯,悲恸欲绝。它们哀号着盘旋在小岛的上空,搜寻雌白鹭。许多年后,海鸥们的哀号声感动了海神,他激起海浪拍打岩石,发出像鼓声一样的巨响来召唤雌白鹭。这就是神奇的"鼓声"的来历。

鼓 浪 石

"既没老婆也没猴子"

为什么厦门人将一无所有的人形容为"既没老婆也没猴子"?往下看就知道了!

几百年前,厦门万石园(见"厦门的公园和花园"一章)附近的天界寺来了一位英俊的穷书生,人们都管他叫"天界书生"。为了维持生计,他帮寺里的和尚们抄写佛经。他养了一只乖巧的猴子当助手,猴子会帮他拿书、磨墨,天气热的时候还会为他扇扇子。

厦门城里有一位富有的老人正在为他美丽的女儿找婆家。在听说"天界书生"为考取功名而用功读书的事后,这位老人心想:"如果我的女婿能当官多好啊!只要他能通过科举考试,现在多穷都没关系。我得见见这个人……"

几天以后,老人登上骆驼山来到天界寺,从窗户里看到了正在读书的书生。当他看见书生的英俊面容之后,忍不住赞叹出声。"天界书生"听见声音抬头看见老人,立刻就知道这是位有钱人,于是就把他请到房中。随后他们进行了一段愉快的交谈,话题从天文地理到历史诗歌,简直无所不谈。老人很喜欢这个书生,于是邀请他去家里做客,并提到自己有一个年方十八岁的漂亮女儿正待字闺中。"天界书生"很高兴,他的猴子也开心得上蹿下跳,还给老人拿来了一把扇子和一杯茶。"天哪,真是太神奇了,连你的猴子都这么聪明!"老人赞叹道,随后满意地离开了天界寺。

那天晚上,"天界书生"兴奋得睡不着觉,就把事情都告诉了寺里的方丈。"这可是天大的喜事啊!"方丈说,"不过你得带些礼物去见那位老人,不然他会觉得你太穷了。"于是,好心的方丈送给他一壶老酒。回到房间,"天界书生"又开始发愁了:"一壶酒肯定不够,我得再找件像样的礼物,否则他们会瞧不起我的。可是,我能送什么呢?"

他辗转反侧一整夜,天亮时分终于有了主意:"那位老人肯定没尝过猴肉的滋味!"猴子看见书生手里拿着绳子,知道将会发生什么事了。它跪倒在主人的面前,眼泪直流。猴子临死前的惨叫声几乎让书生无法忍受,不过想到即将到手的荣华富贵,他还是狠下心杀死了猴子——他忠诚的朋友和仆人。

在精心准备了大半天之后,"天界书生"带着酒和猴肉来到老人家里。老人看见书生非常高兴。但是在知道书生仅仅为了取悦他而杀死了那只忠诚的猴子之后,老人惊讶得几乎说不出话来。他努力保持镇定,对书生喊道:"我怎么可以把女儿嫁给你这样残忍的人?滚出去,别再让我看到你!"

"天界书生"灰溜溜地回到寺里,把事情的经过告诉了方丈。听完书生的叙述之后,方丈说:"从此以后,你是既没老婆也没猴子了。"

洋槐——相思树

厦门人有关于相思树的传说并不奇怪,因为跟顽强不屈的厦门人一样,这种会开出黄、白色芳香花朵的常绿树只需要一点水分就能在类似日光岩的贫瘠山地上顽强地生存。

相传在几百年以前,有一个贫穷的男人要到海外谋生。在离开之前,他在海边种下了一棵洋槐树,并保证三年以后一定回来。男人离开后,他忠实的妻子每天站在洋槐树边远望大海,盼望丈夫归来,可是他再也没有回来。

妻子死后,人们便把洋槐称为"相思树"。据说相思树的花朵是妻子的眼泪,而花蕊上的红点则是妻子的鲜血——她因为思念丈夫而肝肠寸断、流尽热血。

国姓爷的传说——参阅《魅力鼓浪屿》一书

附录

婚礼和葬礼习俗

婚礼

婚礼在中国自古以来都是一个喜庆的场合。婚姻制度起源于3018年前,由伏羲制定。伏羲的妹妹向他抱怨说人们群婚和杂交的生活方式太混杂了,没有规矩。伏羲于是听取了她的建议,拟定了婚姻和媒聘制度,从此"妻管严"就出现了。

最初的规定有一条是同姓的人不能结婚。考虑到13亿中国人只有400多个姓氏,这条规定后来被废除实在是件幸事,否则有些女孩可能要被逼着上错花轿嫁错郎了。

按照传统,中国人有八条择偶的标准:(1) 异姓;(2) 无血缘关系;(3) 家境富裕;(4) 有社会地位;(5) 举止得当;(6) 身体健康;(7) 五官端正;(8) 运气好。

从我个人来说,我满足了第8条——运气好:因为我运气好,所以我妻子对其他七条都不计较了。

婚礼的日期是根据中国的星相学精心挑选的黄道吉日。婚礼由双方家长共同主持。女方会在婚礼的前一天把嫁妆送到男方家里并装点洞房。婚礼当天一早,新郎会用一辆婚车把新娘接回家,并在晚上大宴亲朋。喜宴结束后,宾客们可以去闹洞房,捉弄新郎和新娘。

婚后第三天,新郎要陪新娘回娘家,而女方家则会设宴庆祝新人顺利度过了头三天。

不过,现在有许多新人都跳过了喜宴和闹洞房的步骤,直接度蜜月去了。

贺礼必须在婚礼之前送到,而绝对不能在婚礼之后送出。不过如果你的朋友发给你一包喜糖并告诉你他们已经结婚了,那么你就不用送礼了。

在过去,贺礼通常是日用品,比如"双喜"牌的热水瓶、毛毯、电饭煲、电风扇等等。不过为了避免让新人一夜之间收到五个电饭煲、四台电风扇或一打热水瓶,现在人们更愿意把万能的红包作为贺礼。

对于结"阴婚"的新人来说,冥币也许是最好的贺礼吧……

"直到死亡让我们结合"

即便离婚率超过50%,美国人仍然信誓旦旦地说着"直到死亡让我们分离"的结婚誓言。不过在中国,连死亡都不能把一对夫妻拆散。事实上,有些人是在死后才成婚的。

在海外的华人社区(中国大陆比较少见),巫师们常常告诉痛失子女的父母,他们的孩子如果不跟另外一位亡灵结婚就无法得到安息。双方的父母于是会花上一笔钱,让两名死者结婚(民间称之为"阴婚"——译者注)。婚礼上通常用木制的灵牌来代替新人,灵牌前供奉着祭品。

我猜想有些女孩会因此摊上真正的"死鬼"丈夫。

说到死人,中国不仅拥有世界上最多的人口,同时也拥有最多即

将死亡的人口。因此,你很可能被邀请参加葬礼。与婚礼相比,葬礼使我更加认识到"老外"和"老内"的相似程度(至少结局一样)。

拍摄佛教徒葬礼

我曾经在一个村庄里拍摄过我一名学生的父亲的葬礼。按照他的要求,我拍下了每一个细节,从作为奠仪挂在竹竿上的毯子到摆满祭品的供桌。摇摇欲坠的供桌上还安放着死者的遗像,表示他能监督仪式的整个过程。

村里寺庙前的广场上挤满了男女老少,还有几只狗和鸡。看见我在拍摄,人们都惊呼:"老外!"他们的大呼小叫和指指点点可能会让有些"老外"觉得不舒服,不过我们得从中国人的角度来看待这个问题。我们"老外"总是热衷于拍摄这样的镜头:穿着睡衣在路边刷牙的老人、修补渔网的渔民、穿着开裆裤的孩子,好像他们是史密森尼博物馆(Smithsonian Institution,世界最大的博物馆机构,位于美国首都华盛顿——译者注)里的文化展品。在我看来,一句"老外"和一声"咔嚓"其实没有多大区别。

哀乐版"胜利之歌"

哀悼者和好奇的旁观者看着死者的家属忙着为不断到来的客人准备食物,而剃着光头、身披红色袈裟的和尚则忙着为法事做准备。三支乐队同时开始演奏:一支穿着白色制服的铜管乐队演奏着西方音乐,曲目包括苏萨(Sousa,美国作曲家——译者注)的进行曲和《康城赛马》(Camptown Races,美国乐曲——译者注);一支传统的三人乐队演奏着中国民族乐器,比如唢呐(一种铜管乐器,音调高得足以唤醒甚至吓跑死者)和二胡(中国的小提琴)——这种乐器发出的声音通常又高

第十三章 中国的节日和文化

又尖,不过在大师的手中也能发出像西方小提琴一样甜美的天籁之音;第三支乐队则用吉他演奏西班牙的佛莱明哥舞曲。一台老式三用机播放着刺耳的哀乐,营造出一种凝重的悲伤氛围,让在场的人都扛不住了(估计扛棺材的人除外)。

正当我也快被这种气氛感染的时候,铜管乐队突然演奏起欢快的《胜利之歌》(Yankee Doodle Dandy,美国歌曲——译者注)。

看来,中国的葬礼音乐注重的是数量而不是质量。这跟面值1亿元的冥币和实心的篮子有异曲同工之妙——死者是不会知道的。而且,和婚礼一样,葬礼可能会让你破产。所以,既然死者根本听不见,又何必把钱浪费在好音乐上呢?

最后一程

历时一小时的仪式结束之后,亲友们列队走出村子,沿着一条尘土飞扬的小道,在三支乐队演奏的欢快的"哀乐"声中向乡间行进。乐队后面跟着的是抬棺人,紧接着是孝子、家属以及职业哭丧者,再后面是一位演奏着西班牙音乐的吉他手,然后是几百位朋友、好奇的旁观者、孩子、狗,还有一头孤单的水牛——它现在应该知道该干什么了,因为所有人都对它视而不见。

我跑前跑后,拍摄整个送葬队伍。

当我们经过村口一座未完工的三层小洋楼时,孝子们的哭声尤其响亮。这座房子原本是让他们的父亲安度晚年时居住的。

沿着乡间土路走出老远之后,送葬的人们在一个岔路上左转返回村子,男性亲属则随着棺材继续往田野中间的一片小树林走去。我们穿过一片盘根错节的古老橡树林,来到一个阴暗、充满霉味的洞穴,里面发霉的骨瓮和遗骨堆得老高,左一根胫骨、右一根腿骨,还有许多头骨堆在一个架子上。

显然,这里就是墓地了。

孝子们揭开棺材上的毯子,一看之下我惊讶得差点把摄像机掉在地上。我原以为棺材里面躺着遗容安详的死者,没想到那里面只有一个小小的瓷质骨灰瓮。

考虑到死者生前对香烟的热爱,我认为这位老先生会更喜欢漆制烟灰缸,而不是瓷质骨灰瓮。

潮湿的洞壁上钉着一个架子,孝子们把一张8英寸×10英寸(20 cm×25 cm)的遗像连同那个骨灰瓮一起放在上面,而我则拍下了最后一个镜头。随后我们返回村子。院子里空荡荡的,好像这里根本没有举行过一场葬礼。生活还得继续。

婚礼和葬礼

生与死。我们"老外"和"老内"真的有许多相同之处。有人说:"辛苦了一辈子之后,你的死期也到了。"中国人的确非常善于吃苦,而且我也越来越欣赏他们对生活的热爱,还有那种笑对死亡的洒脱,正如这两则明朝(1368—1644年)故事里讲的:

回来的理由——(明朝故事)退休的宰相叶衡卧病在床。他问一位客人:"我恐怕活不成了。不知道人死以后舒服不舒服?"

"舒服,当然舒服!"

"你怎么知道会很舒服?"叶衡问。

"如果死后不舒服,"客人回答,"那么死去的人肯定都回来了。但是从古至今,死去的人还从来没有回来的呢。所以,人死后一定很舒服!"

红高粱——(明朝故事)一个人指责他的朋友说:"你母亲刚刚去世,你怎么非但不服丧,反而在这儿吃起了红高粱!"

他的朋友回答说:"照你这么说,那些每天吃白米饭的人都是在服丧啰?"

文化补遗

他们是来自东方的博士

(中国式送礼)

礼多人不怪。
——中国谚语

中国的送礼艺术

据记载,寻访初生基督并给他送去礼物的三博士来自东方。我怀疑这里的"东方"指的就是中国,理由有二:(1) 中国已经是世界上最东边的地方了;(2) 中国人把送礼上升到了艺术的高度。

记得我们在中国度过的第一个圣诞节,年长的主任送给我们两个儿子一台玩具电动车,花了他至少一个礼拜的薪水。两个月后的春节,一位老师给我们的儿子一人送了一个红包,里面各装有100元人民币——以那位老师的标准来说是不小的数字了。当我读到《初级汉语课本》第38课时,所有关于礼品重要性的疑问全都烟消云散了。当一位中国朋友随口邀请你去他家做客时,正确的回答应该是:"我们还没准备礼物呢!"

中国的送礼规矩因地区而异。西藏人喜欢送白色的丝巾(哈达),而海南人常常把花环挂在客人的肩上。在厦门,最常见的礼品是水果或本地产的乌龙茶。

厦门人送礼时忌讳礼品数量出现奇数,比如送礼要送两瓶陈缸药酒而不是一瓶或三瓶,或者四盒铁观音而不是三盒或五盒。礼品必须

用双手恭敬地送出,而接收礼品时也必须用双手。

美国人对于用便宜的礼物或卡片来传情达意向来毫不介意,因为他们相信礼轻情意重。但在面子问题高于一切的中国,情况却不是这样。送出微不足道或价值低廉的礼物还不如不送。送的礼越大,双方就越有面子,这一点实在很反常。几年下来,我们的面子越挣越大,感觉比伊丽莎白·泰勒(Elizabeth Taylor,美国影星——译者注)还拉风。

客人们常常出现在我们那块破旧的绿色塑料门垫上,手里捧着各式各样的礼物:50斤香蕉、30斤龙岩烤花生、15斤刚捕的鲜鱼或4打新炸的自制春卷。我们曾经婉拒过,说50斤香蕉肯定会因为我们来不及吃而烂光的,不过事实证明这完全是徒劳。结果,我们不是过一个香蕉狂欢节就是立刻造访中国同事的家,手里拎着二手礼品——香蕉、茶叶、干蘑菇或鲜鱼。它们很可能还会被转送,但是在这条转运线上总得有人最终收下那50斤香蕉。

牛肉从哪儿来?

虽然我们最终领悟到了中国式送礼的真谛,但期间的磕磕碰碰还是难免。我们搬进中国教授的宿舍楼不久,苏珊烤了一块巧克力蛋糕,这在当时的厦门还是个新鲜物什。她送了几片给邻居尝鲜,那位惊讶的老太太连声道谢,随后才礼貌地慢慢把门关上。第二天,那位老太太一大早就来敲门,然后把一大盘牛肉塞到苏珊手里:"这是给你的!"说完她马上就离开了,完全不理会苏珊的婉拒之词。

"这太糟糕了,老潘!"苏珊说,"她完全用不着回礼的。"

"我看挺好的呀,苏珊。"我回答说,"两磅牛肉比两片蛋糕可值钱多了。想想看,如果我们给所有邻居都送蛋糕的话,能省下多少买肉钱!"

现在我明白为什么玛丽·安托瓦内特(Marie Antoinette,法国末代王后——译者注)要给每个人都送蛋糕了。

送礼比收礼划算！

现在,我们在送礼时比过去更小心(但不偏执!),因为送礼可能让双方都破费。收到礼品的人会觉得必须要回礼,不管他们是否买得起相应价值的礼品。说到收礼,他们有时还有更多的繁文缛节要讲究。总的来说,我认为中国人就是来自东方的博士——特别是涉及家庭和祖国的时候。

献给祖国的礼物

当一穷二白的海外华人劳工在非洲和殖民地时代亚洲的矿井里和田野上劳作,或是在美国修铁路时,他们总是把微薄薪水中的大部分省下来寄回家里。当西方列强通过鸦片战争榨尽中国的最后一滴血时,正是百万华人劳工的点滴血汗汇聚在一起,支撑着中国这只大船,让她不至于沉没。

有的劳工后来成了行业巨头并捐了数百万元给中国,比如陈嘉庚。即便在今天,海外华人每年仍然把数百万元寄回中国,丝毫不理睬各种政治游说。他们不单寄钱给祖国的亲友,还寄钱给当地政府,用于修建小学、大学、孤儿院和道路。

中国人都很慷慨,在这一点上他们不分贫富。我们家附近的一间破房子里住着一位泥瓦匠,他听说我的美国亲戚要来厦门,于是送了我5斤刚捕的鱼。一位残疾的退休教工常常带着自家种的新鲜蔬菜来看我们,或是给我们的院子带来几盆鲜花。就在昨天,隔壁一位老人家送了我们两颗他自己种的木瓜。当得知我想要一副石磨来磨小麦时,我的农民朋友们纷纷赶往偏僻的采石场,于是几天之内我们就得到了石磨,不过不止一副,是三副——从此我再也不敢说要磨小麦了!

泥瓦匠、残疾的教工、农民,他们没有从我这里寻求任何回报。他们送东西给我仅仅因为我们是朋友——就像那位贫穷的自行车修理工,他总是说:"小事一桩。等你的自行车真的出问题再付我钱吧。"他的全部家当只有一间狭窄、肮脏的店面,八英尺长、四英尺宽,墙上打满钉子,上面挂着满是油污的自行车链条、齿轮、轮圈、轮胎、座椅和踏板。他的家具是两把竹椅,一把自己坐,一把给客人,还有一把兼作茶几的小竹凳。每次我去他那儿小坐的时候,他总会摆出他那套廉价的茶具。

我想我付给他的修车费加起来都不够他用来招待我的茶水钱。

中国人对于家人和邻居总是无私地给予,但除此之外,其他援助活动还比较少见,因为人们认为这样会跟家庭和社区争夺本不充裕的资源。不过现在情况已经有所改善,中国政府也在努力扩大援助的范围。

中国有好几个慈善项目鼓励富裕的城市居民帮助贫穷而且数量庞大的农村人口。每年都有数百万中国城市居民通过"希望工程"资助农村的贫苦孩子上学;"援助之手"活动则帮助城市孩子和农村孩子结对子,他们互相写信并互赠礼品。

一起来献爱心吧!

许多外国公司和个人都参与了"希望工程"等活动。想了解如何加入,请和你的中国同事或市政府联系。你还可以通过当地政府来赞助学校或贫穷学生。机会很多,就看你有没有足够的想象力和财力。

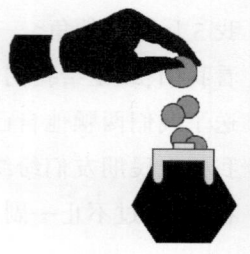

第十三章 中国的节日和文化

金老鼠和金牛——明朝(1368—1644年)故事

从前有一位官员过生日,他的下属凑钱送他一只实物大小的纯金老鼠,因为这位官员属鼠(不同年份出生的人属相不同,12年一轮回)。官员道了谢,然后说道:"贱内的生日也快到了,她是属牛的。"

第十四章
厦门的"中国"宗教

(注:中国佛教其实也是舶来品。考虑到行文方便,我在第一部分中把它归于中国宗教,在第二部分中将涉及伊斯兰教、基督教新教(以下统称为基督教——译者注)和天主教)

厦门宗教文化丰富,既有建于唐五代时的南普陀寺,又有新街教堂——一座相对于中国人标准而言较新的教堂,但同时又是中国最古老的基督教堂。厦门有众多的佛教寺院、孔庙、基督教堂和天主教堂,以及一座穆斯林清真寺,并且拥有中国为数不多的一个合法的国际基督教联合会。还有供奉古代英雄的庙宇,像海沧和同安的神医吴夲(字华基)。同安是海外华侨蹈火活动的发源地(给"You're fired"(您被解雇了)这句流行的英语口语赋予了全新的内涵)。我们首先从最古老的南普陀寺说起。

南普陀寺①

位于厦门大学的老校门处,横卧于五老峰下,仿佛一幅中国风景微型画。有谁知道,这座建于唐五代时的寺庙,最初只是一名和尚所栖居的寒酸的山洞而已。

当年清浩和尚来到此地,正值一种未知的疫情在流行,清浩在山脚的一个山洞住了下来,采摘山上的草药,救得不少人的性命。之后,

---

① 南普陀寺意即"南方的普陀寺"。"普陀山",位于浙江,是中国四大佛教名山。彭清洪,曾出家于南普陀寺,特此感谢他的帮助。

第十四章 厦门的"中国"宗教

人们挽留他住下来。就这样,他留了下来,开始传播佛教。

建于唐五代的南普陀寺

这个山洞现在仍然存在,但是装饰一新,已难辨旧貌。而且旁边增建了二十多座建筑,包括中轴线上的四座大殿:凌霄殿、大雄宝殿、大悲殿和藏经阁。所藏佛经达五万多册,几乎囊括了中国的所有佛经,这可能是南普陀寺名闻遐迩的最重要的原因。南普陀寺还藏有中国最古老的佛经手迹(大约翻译于2000年前)。

南普陀寺有僧侣120名,佛像几百尊,其中有三世尊佛、四大天王、十八罗汉以及观世音菩萨(又名千手观音,或许是手套制造商们的保佑神吧)。观音原是男身,最后却变为女身,详情见本章后部分。

大悲殿 系三层八角建筑,由从郑成功孙子手中收回台湾的施琅将军所建。寺顶系斗拱架叠而成(无一根铁钉),精巧独特,曾颇受中国建设部青睐。千手观音包括一尊观音坐像和三尊观音立像。

藏经阁与舍利子 除了佛经,藏经阁还藏有前代主持袈裟、一件白瓷观音、一座清代青铜钟及缅甸、泰国、斯里兰卡、柬埔寨和印度送藏的玉佛,以及五六百年前僧侣血书的《妙法莲花经》等珍宝。而最珍贵的是神圣的高僧火化遗物——从其骨灰里得到的似珍珠般的坚硬的珠子(舍利子)。这些舍利子象征着高僧精神之精髓,并且据说瞻礼舍利,人各蒙益。一位加利福尼亚人"据说感觉到他整个人都脱胎换骨了,变得更健康"[①]。 但是,对于加利福尼亚人的话您又能相信多少

---

① 出自2006年3月9日《圣何塞水星报》上所刊登的《高僧舍利将于周五运达》一文,由丽莎·费尔南德斯所写。

呢？

　　楼下则是法堂，用于集会和训导那些显然还没有脱胎换骨的僧人。但是，一切训导都是在释迦牟尼前进行，以求公正。

　　功德殿，位于寺门内右边，有木制的纪念牌位，亲属支付一千元即可为逝者设立牌位。

　　南普陀寺素食馆，位于功德殿后，普照楼内。一百年来，所供素宴闻名遐迩。见"厦门的餐馆"一章中的"素餐"部分，可以发现邓小平酷爱的素食，他曾让他的厨师把两百磅的这种素食运到北京（而且，您也会明白为什么不能把芋头和牛肉同食，因为这样会……）。

　　闽南佛学院——位于正门内，左边第二栋建筑就是。

　　太虚图书馆，竣工于1989年，位于佛学院后，馆藏文献两万多册。图书馆由僧俗共营，亦向获得准许的居士开放。

僧侣的消遣

　　诵经修行之余，僧侣都在干什么？请继续阅读！

阿弥陀佛

　　二十五位阿弥陀佛僧人日夜专门念诵阿弥陀佛。诵经的善果就是这些僧人死后即登入阿弥陀佛境界——"西方极乐净土"（是否就是温哥华？）。阿弥陀佛境界是后来添加到佛教来世说中的灵魂修行的中途处所，直到他们可以登入极乐世界（顺便插一句，南普陀寺素食厨师们可能念诵的是"玉米豆腐"）。

禅僧

　　有二十八名僧人参禅，并且竭力寻求"我是谁？"这一问题的答案。如果主持证实他们已经获得问题真谛（主持是不是仅仅检查了他们的身份证？），他们就进入更高一层境界，离成佛愈近，或者可能愈接近温哥华了。

佛事僧

这八名僧人可以为任何人举行佛教仪式，只要对方愿意支付至少三千元钱。钱愈多则功德愈高。

礼香僧

香客在香坛中供香太多，有可能会引起大火。因比，这一组十名僧人专门整日负责拔香。我以为，他们可能会等到进香的香客离开才拔，否则会激怒这些香客。

念佛僧

僧侣可以提出请求并经过批准，禁锢于一斗室或小庭院内，静修六个月左右。不管处于何种境况，他们不与人语。如果染病，则备受艰辛；如果死去，则是抵达温哥华了。

杂仪僧

约有六名僧人负责销售纪念品，有十名看门僧，一名看管僧袍和铙钹。编辑处的僧人处理宗卷、宣传、出公告和编辑《南普陀院报》。

僧侣的一天

| 4:00—4:30 起床 | 5:00 诵经 | 6:00 早膳 |
| 6:30 打扫寺院 | 7:30—11:00 功课四节 | 11:00 午膳 |

11:30 诵经
12:00—14:00 午休
14:00—15:40 功课两节
16:00 诵经
17:00 夜膳
18:30 功课两节
20:00 自由时间
21:30 就寝
22:00—4:00 妙尼入梦

闽南佛学院

由当时的主持会泉始创于 1925 年。1937 年日本侵华后，学院关闭并于 1985 年重建。佛学院有四部门：太虚图书馆、编辑部、男众部及女众部。其中三部门位于南普陀寺，而女众学僧部则独立设于火车站附近的金榜公园（见"厦门的公园和花园"一章）。如今的僧侣可以出寺娶妻，但对于南普陀来说，僧侣有尼姑。

开个玩笑而已。

佛学院有三十六名高僧为师，110 名僧侣学生和 6 名研究生。学制四年，学习佛经、仪式、人文和共产党的宗教政策。

而位于金榜公园的女众部却要大得多，有 40 名教师、250 名本科生、8 名硕士生和 4 名留学生。彭清洪说，尽管僧尼时间安排必须同样严格，尼姑却比和尚学习更刻苦，撰写的文章也更多。

笑口常开的弥勒佛

肚圆如罐的"财富之神"弥勒佛笑迎南普陀寺的八方来客。佛教宣称，佛祖释迦牟尼统领世界一万年。当国际道德达到高水准，佛教将消失。八百万年后，弥勒佛会来宣扬佛法。让我们希望弥勒佛的布道没有这般漫长。

弥勒佛的上次转世是一千年前浙江省的布袋和尚。他游历四方，向芸芸众生宣扬佛法，无牵无挂，总是笑眯眯的。他确信自己是弥勒佛转世，人们也把他视作弥勒佛——至少在他死后是这样。

弥勒佛身后是韦陀,他掌管大多数宗教的两大支柱:护法与管账。而南普陀寺吸引大量香客的奥秘则在于韦陀的法杖。

传说,韦陀怀中法杖横放时,他是在暗示"换换别的地方"。但是南普陀寺的韦陀法物却指向地面,表明此寺富裕殷实,有吃有住。因此,成千上万

"啊,弥勒佛,这下我们知道泡菜和冰淇淋都去哪了!"

的香客涌向此地。他们欣然奉上数百万的香火钱,以得到这位财富守护神的庇护,僧侣们有的是用来烧的钱(冥币)……

冥 币

中国发明了造纸术,确实是一件了不起的事,否则他们的先人在阴间无法过活!南普陀寺总是挤满香客,奉祀纸制的房子、家具、轿车甚至微波炉,这些纸物可以变成来世所用的实物。

我甚至见过纸扎的空调。

那就让中国人在地狱安装空调。

地府所用的纸制空调

冥 币

中国人还认为神鬼分辨不了真伪币,因此用廉价的纸张印制了上万亿的冥币,只需几元就可以买到一沓,因此可以很容易让他们的先人财富超过世界首富比尔·盖茨。

这一定会造成地狱里的通货膨胀。

除了金钱以外,在点心零食上,魔鬼、神灵和死去的先人都会遭遇缺斤少两。因为地下的人们不能分辨,一篮十五英寸深的食物或水果可能名不副实,三英寸之下就是空空如也了。

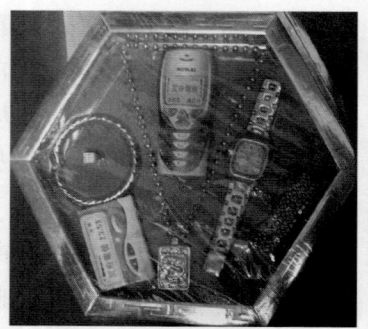
供仙逝绅士所用的地府手表、手机和传呼机

南普陀寺供奉不绝,香火不断,也是正合乎中国的国情。毕竟,中国有三亿烟民;也许他们在地狱抽着纸烟?但是鉴于佛教认为有84136层地狱,不知他们是自己品味着香烟还是受着烟熏。对于这一点,南普陀寺勤学的僧侣也不能给我一个确切的答案。我曾问一名僧人:"什么人入84136层地狱?"

他说:"犯错者。"略加思索,他又揶揄地补充说:"所有人,我想。"

"佛教中有天国吗?"我问。

"当然。"他说。

"什么人进入天国?"我接着问。

僧人思考了一会儿,说道:"稍候。"他推了一下架在鼻梁上甘地式的眼镜,飞快地翻阅那本散发着霉味的厚实佛经。过了几分钟,"这个问题还没有人问过我。我稍候再回答您吧"。

魔鬼的折扣

礼品店(法物流通处)给南普陀寺增添了一些小玩意,像经文磁

第十四章 厦门的"中国"宗教

带、夜里发光的塑料佛像、木制或石制的念珠。但是,不要用冥币来付款,要不然就真见鬼了。而同美国宗教买卖不同,没有"爱的暗示",或者扣税收据。但是考虑到佛教地狱的经济活动,您可以在您的发票后加上一些零,这样死后可以去那里享受折扣。

至少,阴间税收部门永远也不会知道差别在哪里。

寺庙的货币兑换商

南普陀寺真正热闹之处不在寺内,而是雄伟的庙门之外。寺外,街道小贩叫卖着"新鲜菠萝片","茶叶蛋三毛一个,两块五一斤"(一斤约为1.1磅)。来自四川的修鞋匠给疲惫的香客用胶和线修补鞋底。同安的农民用看似加农炮的铁制的装置就着炭火烤着爆米花,几分钟就爆一下。当然,最红火的行当是佛教徒随身携带的物品——香台、蜡烛、"冥府银行发行的纸币"。而最近,另一个行当让我感到很不对头……

放生池

佛教徒是素食主义者,至少在教义上如是说,并且反对杀生(虽然信佛的农民斋戒几日之后会杀牛,他们吃起青椒炒牛肉来也许没有丝毫的忏悔之心)。

如果不杀生是功德,那放生则是功德无量。因此,虔诚的香客常从市场上买来活鱼,把它们扔进南普陀寺1000平方米的放生池,拯救这种长鳍的生物。

但是,考虑到这样的放生日夜相继,年年如是,那一个池塘如何容纳得了这么多的鱼?我曾推测,僧侣通过不断让这些鱼被循环放生,来购买他们的诺基亚手机,这些被屡次放生的鱼,其命可能比我养的猫儿们的都多。我想大多数有放生池的庙宇还存在着这样的行径,虽然南普陀寺里现在不会有了。

地址:厦门大学老校门外,电话:5855113

网址:www.nanputuo.com

放生池

巨响和呜咽

南普陀寺绵绵不断的放生活动大多是悄无声息的,而其他的活动却不是这样。僧侣日夜击鼓敲铙钹,驱除妖魔,不管它们是家鬼还是野鬼。在厦门禁放烟花爆竹之前,南普陀寺里总是响起没完没了不和谐的爆竹之音,把毗邻的厦门大学外国专家楼震得山响,也把周围居民的天灵盖震得砰砰作响。

早在有史记载的 5018 年前,中国人就开始醉心于烟花。他们通过燃烧竹竿来驱除妖魔。中空竹节内的空气受热后发生爆炸。后来,有人在竹竿内塞入火药,再后来有人用厚纸卷成筒,取代竹竿,这样就产生了我们今天听见的现代的烟花爆竹——或者说是我们曾经听见过的爆竹。

20 世纪 90 年代中期,政府颁布一道法令,在大中城市禁止了这种延续多年的燃放烟花爆竹的传统。如今,中国人在乡村和小镇上燃放烟花,放飞气球,或者通过录音设备播放录有爆竹烟花声响的磁带。但是气氛却大不相同了。

鸿山寺

位于鸿山公园前(见"厦门的公园和花园"一章)。
地址:思明南路515号,电话:2034694

观音寺

这个巨大的建筑群拥有厦门的最高塔,位于212米的仙岳山上,地理位置极佳。对面是SM城市广场和沃尔玛超市(一边是中国宗教圣地,一边是美国超市!)。

注:有趣的是,这位"大慈大悲"女菩萨源于印度,始为男身,但是慢慢地中国女性把他转为女身。她们认为男神对于所谓的弱势性别的苦难没有足够的怜悯之心。若是在加利福尼亚,不管是她、他或它,可能都会大受欢迎。

地址:仙岳路1279号 电话:5101176

半岭宫

名为"半岭",意即半山腰,这样的宫名对于这所寺庙最为恰当。它也是不同信仰间的中间路线,供奉佛教和道教的神像。进寺,取道文曾路,到与地心引力相悖的怪坡,这条坡蔓延到东坪山。半岭宫就在此道右边,风景极其优美。

植物园寺庙群——见"厦门的公园和花园"一章,了解附近诸多寺庙。"厦门的节日和传说"一章记载了俗语"既没老婆也没猴子"的由来。

通向半岭宫的山径

厦门的民间宗教

不用离开岛屿,可以看到当地的农村宗教仪式!不妨去走访一下曾厝垵,其就位于环岛路上的驿缘酒店边上。这个小小的村落竟也有寺庙,分别供奉着土地爷、海神、财神、海鲜神(造这个神纯属戏谑——我认为)。曾厝垵的寺庙有:圣母宫、福海宫、王母圣殿、拥湖宫、太清宫、启明寺。

曾厝垵总是有这样或那样的节日。如果您不想贸然扑空,可以在农历初三、十三和二十三日前往,一定会观看到某种仪式,让您不虚此行,是时会有成百上千的人参加启明寺的仪式。

日光岩寺

以下节选自《魅力鼓浪屿》:

莲花庵,明清时厦门四大寺庙之一,建于1506—1521年间,并于1596年重建,改名为日光岩寺。如今,寺庙专供大慈大悲菩萨观音。寺庙有一部分位于山洞内,一块巨石构成屋顶的一部分,因此人称"一片瓦"。寺庙占地面积很小,又被称为"口袋寺"。它以一巨石为顶,与其他寺庙蔓延之势不同;结构优美,有中国典型的飞檐、拱门、圆柱和鲜艳的琉璃瓦,极大地弥补了寺庙面积的不足。在周围的欧式建筑映衬之下,小小的口袋寺更显出中国之特征。而且,大雄宝殿与弥勒佛大殿相对而建,据我所知这在中国寺庙中是绝无仅有的。寺庙中原有旭亭,建于1723—1735年间,而今仅存一面石壁碑铭。

同安孔庙

初建于五代时期（公元907—960年），重建于公元1786年，并于1987年修葺一新。面积有1050平方米，内有同安博物馆和纪念馆，纪念宋朝学者，如朱熹、苏颂。

孔庙（同安）

大嶝岛孔庙

闽南风格独特的寺庙，僧道俱奉。"道"意思是"路"（与基督教最初所谓的"路"含义相仿），但是我怀疑，这些人是否知道自己所走之路。

梵天寺

初建于公元581年，当时称为禅寺，公元1069年名为梵天禅寺。同安县宣称它是闽南最古老的寺院，但是我并没有发现它的古老之处。延福寺位于九日山山脚下，建于公元288年，较梵天禅寺早300多年。梵天寺于1996年进行了重建。

地址：大同镇轮山路
电话：7225879，7225280   公交车：67路，610路，106路

同安蹈火者——关乎灵魂和脚掌

有人称海外华侨区的现代蹈火表演源于同安。每年农历三月十五日——同安保生大帝的神诞之日，同安都要举行蹈火仪式。

保生大帝吴夲，同安人，生于公元979年。年轻时，他发奋读书，过目成诵。曾做过朝廷的御史，后隐居深山。公元1032年发生大饥荒，吴夲赈济泉州漳州两地饥民，次年他奇迹般地治愈了一场大瘟疫。可惜，

四年之后,普爱济世的吴夲辞世,年仅58岁,正值壮年;大概是疲劳过度而逝。

为了铭记这位"真人"(真人,即道教中的"完美的人"),他居住的村庄建起了"吴庙"。约四百年后,仁慈的吴夲显灵,治愈了永乐皇帝母亲的一种绝症。感激万分的永乐皇帝扩建吴庙,极显辉煌,并敕封吴夲为"昊天医灵妙惠真君万寿无极保生大帝"。如今,吴庙遍布大陆和台湾,台北的"保生大帝庙"始建于1805年,是台北三大庙宇之一。

在吴夲诞辰之日,村民在轿子上小心翼翼地摆上保生大帝像,保证他的身体和精神的安全,因为如果神仙受到任何烘烤,那么蹈火者也有可能烫伤脚。

几百磅的木炭燃烧一个小时左右,然后水平铺开成一条三十英尺长、六英尺宽的小道。一名道士净身,净火场,接着,身穿白衣的男人抬着供奉保生大帝的轿子,围绕火堆行走。在火道的南头,道士跪拜,着黑短裤,挥舞神剑。道士做出一些玄奥的姿态,然后把岩盐铲进哔啵燃烧的煤中。

随后,道士从煤上疾跑而过,游行的队列也抬着沉重的轿子和神像踢灰而过。仪式之后,旁观者把这些煤铲起来带回家,相信能给自己带来好运。

蹈火者颇得赞誉,但是有时也会遭遇烫伤或烫出几个水泡。同其他地方的蹈火者不同,同安的蹈火者不会出现精神恍惚的情况,他们把这归于道士的准备仪式、严格的斋戒和心无杂念。因此,他们要么准备好起跑,要么他们的脚掌就会被烤黄。

如今,甚至连西方人对蹈火之于脚掌和精神的益处也热情高涨,有些蹈火学校宣称,蹈火可以缓解压力,防止过劳死。但是,我想这种火行热最终会嘶嘶而灭。或者也许不会。

物理学教授行走烈焰之上①

(获准改编自2006年8月14日的《生活科学》)

"戴维·维利(David Willey)教授不是用粉笔和公式来激发学生对热动力学的兴趣,而是用他的脚从烈火中走过。

"'我可能会丢掉自己的性命,没有什么比这更能吸引学生的注意力了。'维利说。他是位于约翰斯敦匹兹堡大学优秀教学总统奖的本年度获得者。

"蹈火活动已经存在了几千年……

"世界范围内,从希腊文化到中国文化,都有设火道来举行治疗、入教和信仰的仪式。

"在美国,蹈火作为培养团队精神、实现合作的手段,以及所谓的另类健康疗法,已经很流行……

"维利认为,任何健康的人都可以在火上行走,只要不是太烫,不过那些没有接受过蹈火培训的人们不要贸然尝试。这实际上需要的是踏上起跑线的勇气,然后开动大脑,让自己的脚踏出第一步。

"'你可以一直在火上这样走下去,'维利告诉《生活科学》杂志,'这只是一个你想在哪停下来的问题。'"

---

① 《生活科学》(Live Science) 的执行编辑罗伯特·罗伊·布里特 (Robert Roy Britt)先生特许改编2006年8月14日科里·滨(Corey Binn)撰写的文章,特此致谢。网址:www.livescience.com。照片由维利教授提供,特此致谢。

海沧青礁慈济宫①

可以从一个不同的角度看厦门的宗教,穿过海沧大桥,左转,即可以瞻仰隶属海沧的慈济宫,它是整个东南亚所有慈济宫的发源地。

慈济宫是为纪念宋朝的医学家吴夲而建的,吴夲于公元979年出生于厦门北部。他毕生免费行医,并且,据当地的一本旅游指南称,他"闻名中外"(可能是通过互联网而名声大噪)。他甚至治愈了宋仁宗母亲的疾病,确切地说,这位太后可真是命悬一线呐。

当时,医师只是一介平民,不得接触皇室贵戚,因此吴医师通过一根系在太后手腕的丝线,悬丝诊脉。中国的医师据称能诊出十八种不同的脉象。我不敢相信他是否真的能够通过一根丝线而把出脉象,还是他不过是智穷力竭而已。但不管怎样,他诊断出太后患有乳腺疾病(幸好,丝线只是系在腕上)。太后治愈了,而吴医师也成为了英雄。

B.B.

1033年,吴夲采草药治瘟疫时不慎从悬崖跌落下来。死后,村民尊称他为"医灵真人",并筹集资金建立一座大殿,树立了他的塑像来纪念他。1161年,皇帝赐名为"慈济庙",又于1241年更名为慈济宫。

---

① 青礁:绿色(黑色,青色)礁石;慈济:仁慈的帮助。

第十四章 厦门的"中国"宗教

1999年,慈济宫根据原样重建,直至今日,依然有成千上万的香客跋山涉水来朝拜这位"医灵真人"。

有关古代中国医生的趣闻,见"厦门卫生保健"一章。

第十五章
中国基督教的发源地

穆斯林清真寺

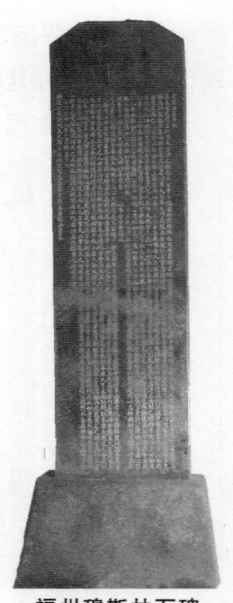

福州穆斯林石碑

据鄙人在福州清真寺的庭院里所见的明代花岗岩石碑碑文记载：穆罕默德派遣四名穆斯林前来中国传教，其中有两名信徒到了海上丝绸之路的起点——泉州。厦门以前是泉州的一部分，具有得天独厚的天然海港，因此穆斯林早就来到这里是很有可能的。有记录载明一些经商的穆斯林早在郑成功时代就远航来到厦门并于此建造了一座清真寺。19世纪40年代，一座高雅、洁白的清真寺于中山路落成了。现今的清真寺位于公园南路27号4楼。厦门市政府曾拨专款700万元用于帮助少数民族发展，2006年初，政府宣布将用此专款中的部分款项帮助厦门穆斯林改造清真寺，同时还将在同安新建一座穆斯林公墓。更多详情，请联系厦门市伊斯兰教协会：

地址：公园南路27号4楼　电话：2034471

厦门基督教

厦门有40所登记在册的教堂（包括于1848年建成的中国最古老的基督教新教教堂），并有54位牧师。然而，可能早在1000多年前，就有基督徒抵达此地了。

第十五章 中国基督教的发源地

陈列在西安某一博物馆的一座石碑①是在公元781年1月7日树立的。这座石碑的树立是为了庆祝公元635年聂斯脱利派基督教——景教（或大秦景教）的传入。这座石碑还铭刻了70位亚述传教士的名字。或许景教徒和穆斯林几乎同时来到闽南。右图是陈列在泉州海外交通史博物馆（我已经去参观过好几十次了）的一块景教徒墓碑，像这样的墓碑还有很多。同样，

景教徒墓碑

在19世纪晚期，在漳州（西距厦门仅40公里）的一座山麓下发现了一个古老的石制十字架。

早在14世纪，马可·波罗就记载了福州居住着大批基督教徒的情况，其根源还可以回溯几百年。截止到14世纪早期，泉州已拥有三座圣芳济会大教堂和一个犹太社团。正因为厦门享有得天独厚的海港，穆斯林、摩尼教徒、景教徒、圣芳济会修道士或宋朝的基督教科学派接踵而至也并非不可能。

鼓浪屿上的外国人墓碑可以追溯到17世纪，但是相关公墓却于20世纪50年代抗议英国入侵埃及活动中被毁坏。现鼓浪屿上唯一幸存的外国人墓碑是一座来自孟买的印度人的墓碑。幸运的是，翟理思(Giles)1878年出版的《鼓浪屿简史》为我们记载了一些碑文：

"以下的碑文是在曼森医生(Dr. Manson)住所附近发现的"

此地长眠的是"胜利"号指挥官史蒂芬·贝克

---

① 大秦景教流行中国碑。

其卒于公元 1700 年 10 月 18 日,享年 49 岁。

此地长眠的是"特朗布尔"号指挥官亨利·杜菲尔德之子约翰·杜菲尔德,其卒于 1698 年 9 月 6 日。

Sepultura
De Domingo
FANGII INAN
Y otros dos Indios de
Philipinas que falleeie-
Ron en Oct. ano de 1759

深切缅怀英国舰队"珩鸟"号上的古斯塔斯·珀西瓦尔·格林上尉,其于 1844 年 12 月 2 日在该舰上上阵亡,年仅 26 岁又 9 个月零 3 天。

特立此碑借以纪念 1866 年 6 月 12 日晚在袭击 Chapel 岛的台风中遇难的英国"珍珠"号斯库纳纵帆船的死难官兵。

缅怀美国海军已故教习理查德·A·布瑞克,其不幸于 1874 年 9 月 22 日溺水而亡,年仅 26 岁。美国舰艇"亚恩提克"号与其情同手足的军官们立

1842 年,雅卑理(David Abeel)开始迈出他的鼓浪屿家门进行传教,并于 1844 年在厦门租房。1846 年 4 月 5 日,福建第一批中国基督教教徒 71 岁的 Oug-Hok-kui (Ong Ki-siong 牧师的父亲)和 68 岁的 Lau Un-sia 受洗归主名下。

第十五章 中国基督教的发源地

——摘自1912年的《厦门内外》(In and About Amoy)第232页,毕腓力牧师撰。

厦门——中国基督教的发源地

且不管厦门过去是否有过穆斯林教、景教和圣芳济会,但是厦门拥有中国第一所基督教新教教堂倒是千真万确的,因此厦门肯定是"现代基督教的发源地"。

新街礼拜堂——中华第一圣堂

在美国,每两个乡村小镇便有一个号称"第一浸信会"或一个"第一卫理公会"的教堂,但是在中国,只有一个"中华第一圣堂",它近在咫尺,就在厦门。中国第一所基督教教堂建成于1848年,耗资3000美元。如今,新街堂几乎每天都有各种不同的聚会。主日崇拜用闽南语和国语。

电话:2072383

地址:中山路和思明路十字路口,好又多和肯德基对面。

公交车:1、2、3、4、8、10、11、12、15、18、19、21、22、27、32、45、48、51、67、71路

竹树堂

建成于1849年,和新街堂紧密配合,甚至互递长执。事实上,竹树堂的崇拜是从1847年8月19日主日下午在竹树脚民房开始的。1850年7月,在原民房上加盖一层,这样就可以容纳100名信众。1903年该

教堂因失火被烧毁,1904年由美国友人与信徒奉献,重新建堂,现有的教堂系在一位毕业于美国工程学院的中国会员的指导下于1935年重建的。日本侵占厦门期间,聚会人数减少,但到了20世纪40年代中期,厦门光复,教会恢复礼拜,聚会人数达600人以上。1966年教会停止聚会,直到1981年12月20日才初步复会。

到了1983年,主日礼拜人数达700人。竹树堂现有3位牧师、24位长老执事,在册信徒3000多人,几乎每天都有各种不同的聚会。这座红砖白窗圣殿面积为391.5平方米,礼拜堂所属范围面积为2751平方米,位于厦门港附近与厦禾路交界处的小市场路口。

地址:开禾路129号　电话:2987381(2)　网址:www.zhushu.org/

厦门40所登记在册的教堂(部分)

基督教新街堂(中国最古老的教堂)

地址:台光街29号　电话:2072383

基督教鼓浪屿三一堂

地址:鼓浪屿安海路71号　电话:2068127

基督教江头新区福音堂

地址:湖里区江头街　电话:5511667

基督教高浦堂

地址:杏林区高浦村　电话:2065512

基督教海沧堂

地址:杏林区海沧街　电话:6082672

基督教后溪堂
地址：集美区后溪街路　电话：6260580

基督教集美堂
地址：集美区浔江路　电话：6065636

基督教霞溪堂
地址：霞溪路24号　电话：2072591

基督教寨上堂
地址：湖里区禾山征高殿村　电话：6035540

基督教竹树堂
地址：开禾路133号　电话：2017382

厦门市基督教主自爱国运动会(协会)
地址：中山路86号　电话：2025281

欲知更多有关厦门教堂、厦门基督教青年会、基督教女青年等的活动详情(参见下页)，请联系蒿志强牧师(鼓浪屿三一堂牧师、厦门市基督教两会副秘书长兼厦门基督教青年会理事)。

电话：2025281　　电子邮箱：haozq31@hotmail.com

发现"诺亚方舟"！

方舟　B.B.

厦门最大的教堂是江头新区福音堂，穿过SM城市广场就是。这座耗资1000万元的建筑物看起来颇像建筑师弗兰克·劳埃德·莱特版的诺亚方舟。但是这位建筑师本应该向"诺亚"讨些招数，因为这座"方舟"正在下沉！它曾经自豪地耸立在一片空地上，

但如今因四周高楼林立，它显得好像是在慢慢下沉。或许十字架应该立高一些？

主日礼拜人数多达 3000 人，几乎只有站的位置，所以要早点去。

地址：湖里区江头街　SM 城市广场附近，江头绿州商厦对面

电话：5511667

教堂为世界合唱比赛而整修

2006 年厦门市市长张昌平呼吁全市为一些教堂的整修募捐，因为这些教堂在第四届世界合唱节期间准备演出 6 场音乐会，来自 80 个国家的 400 个合唱团体的 20000 多名歌手参加了本届世界合唱比赛。当然，市长的善行有其目的。他说，这次音乐会不仅可以让人们共享美妙的音乐，而且也为中外人士更好地了解中国教堂的情势提供了一个良好的平台，从而实现了教堂和政府的互利双赢。

厦门基督教青年会

2010 年 5 月厦门基督教青年会将迎来其百年庆典（厦门的基督教女青年会则发起于 1929 年）。和中国其他事物的处境一样，基督教青年会在"文化大革命"期间被关闭了，但是 1979 年北京恢复了厦门和其他 9 个城市的青年会。1984 年，厦门政府颁布了一些法令使青年会得以继续开展，青年会机构恢复了。时至今日，青年会的活动继续扩展。赶快给他们打电话，因为他们需要义工。

地址：上古街 82 号 104 室

电话：2114016　电子邮箱：office@ymca-xm.org

网址：www.ymca-xm.org

第十五章 中国基督教的发源地

厦门国际基督教联合会

是中国仅有的 3 个或 4 个合法国际基督教联合会之一,聚会时间是星期天上午 10:30—12:00,地点在驿缘

酒店(本酒店坐落于环岛路,通往怪坡的路上)。本联合会为儿童提供 Awana(一种基督教儿童/青少年团队活动,被广泛认为是有助于儿童和青少年身心均衡发展的课程活动——译者注)主日学课程。聚会完后,还不妨在驿缘酒店稍作停留——该酒店周日有特价活动(主菜外加色拉棒、水果和甜食仅售 25 元哦)。

地址:曾厝垵仓里 5~6 号驿缘酒店

电话:2519888

网址:www.xicf.org or www.amoymagic.mts.cn/xicf/main.htm

公交车:17、20、29、47、82、503、531、809、811 路

厦门已不复存在的天主教堂(学校、孤儿院、医院……)

1860 年,一位意大利人开始在厦门溪岸路 15 号建起一座占地 413 平方米的天主教堂。据说此教堂以"罗马中古时代"风格建成,据推测是比照巴黎圣母院设计的。

厦门代牧区负责闽南地区以及永春、龙岩、莆田、金门和台湾。

这座教堂于 1873 年建造了教区长管区,面积为 1076 平方米,是该教堂面积的两倍以上。但是,从 1916 年直到解放时,此教区长管区被用作来自西班牙的多明我会活动中心。

1877 年,他们建造了天主教慈善会堂,并在 1877 年和 1951 年间收养了 5543 个孤儿。自从 1952 年起,这座慈善会堂被开禾小学使用。

1921 年,他们在开禾路 17 号设立了正谊小学,增建的那座大楼位

于现在的典宝路 10~26 号学校前面。1936 年，正谊小学增建另一座 213.91 平方米的大楼，但是因为日本侵略，学校不得不于 1937 年完全关闭。1938 年建了一座两层大楼，占地面积 613.97 平方米。1938 年，学校兼营香山客栈，年收入为 1200 斤大米。

1943 年，此教堂在溪岸路 15 号建造了一所若瑟医院，这所医院的领导是英国人。1958 年，若瑟医院和开元区人民医院合并。

如今，虽然屋顶已变得难以辨认，但是大部分教堂结构仍可辨别出来。很少人知道这座天主教堂对厦门所做出的种种贡献——它不仅是一所教堂，还曾经是学校、孤儿院、医院和客栈……(听蒿牧师说这所教堂将会被重建)。

鼓浪屿教堂

中国最早的基督教传教士在鼓浪屿开始他们的传教、医学和教育事工。 更多信息参见《魅力鼓浪屿》一书。

三一堂

是福建(或许是全国)最美的基督教教堂。新街堂是中华第一圣堂，但是大部分外国人住在鼓浪屿，在恶劣天气里，乘船摆渡到厦门并不安全。于是，1927 年，几位外国人买了一块马铃薯地，建造了三一堂。

三一堂　安海路 71 号

地址：安海路 71 号
电话：2068127
网址：www.3in.org

第十五章　中国基督教的发源地

天主教堂

鼓浪屿天主教堂

这张照片里的欧洲新哥特式美宅是于1912—1917年建成的。现在,"厦门代牧区"在厦门、漳州、泉州和莆田有80多所教堂。

鼓浪屿天主教堂以其特有的花园景观成为许多电影（还包括一部日本电影）的取景地。在这部日本电影中,本人扮演神父,苏珊扮演女修道院院长(Mother Superior)（从那时起,她就号称自己是"至上的母亲",而我只是停留在充当了一回"神父"而已）。

地址：鹿礁路34号
电话：2066150
网址：www.cncatholic.org （仅限中文）

福音堂

由一位英国人设计,建成于1905年,现在是厦门市基督教两会养老院

地址：日光岩路40号

"神父",也许吧
但"女修道院院长"?!

复兴堂

位于复兴路和鹿礁路之间的花园式的三角形地块,本教堂是倪柝声的"小群教会"。

教堂座位告急

每当复活节和圣诞节,即使佛教徒也会挤座位欣赏厦门教会唱经

班的合唱,因此为了占个好位置,需提早半小时到教堂。尤其是圣诞节,聆听着录播的经典节日圣歌(如:《平安夜》、《圣诞颂歌》、《皑皑雪人》和《铃儿响叮当》),您会觉得时间过得很快(这些歌曲和书店里卖的"圣诞老人祝福你"的圣诞贺卡的歌曲不谋而合。)。

切记要早点到教堂!否则,对老外青眼有加的引座员会让已坐在前排的90岁的中国老奶奶让出她的位子,以便让"外国朋友"能更好地看到聚会,因此其他人也能更好地看到"外国朋友"。当然,一旦你因不好意思而豪爽地谢绝那位老奶奶的座位并挑选一个座位时,马上你就会成为一个中国教徒"锁定"的目标。在这些人看来,只要能开口说两句英语,就意味着精通这门语言。他们会猛然坐在你旁边,不停地和您练习英语,您在教堂的一小时时间全被他们搅和了。我在做祈祷时确实曾遇到这样的不速之"语":

"我们在……的父"①

"——你来自哪个国家?"

"愿你的国降临,愿你的旨意……"②

"——你在哪儿工作?"

"……今日赐给我们"③

"——你赚多少钱?"

"不叫我们遇见试探"

(比如:谋杀?)

译者注: ① 完整句为:我们在天上的父,愿人都尊你的名为圣。

② 愿你的国降临,愿你的旨意行在地上,如同行在天上。

③ 我们日用的饮食,今日赐给我们。

中国人守圣餐——擘湿面条?

2000年来,基督徒在守圣餐时一起"擘面包"。但是对于没有面包可擘的基督徒,如何守圣餐呢?

直到20世纪90年代中期,新街堂的基督徒守圣餐时不是享用面包,而是享用小方块面饼。就我个人而言,我喜欢这种耐嚼的面饼,以及比我们在家喝的葡萄酒更有后劲的中国酒(虽然我知道圣餐杯这么小的目的是让我们确信我们是属灵(spirit)的而不是属酒精(spirits)的)。

唉!厦门教会已经现代化了。现在他们采用原装进口的圆形扁平的圣餐饼(看起来、吃起来像泡沫塑料)。诚然,它们外观比较雅致,每个圣餐饼上还印有小十字架。如果要在湿面条上都印十字架,任务将会很艰巨。但我还是有点怀念面饼。

虽然圣餐酒仍然味美可口。

"老外第三学历"

1990年,一位美国人向我抱怨说:"我对好管闲事的中国人感到厌烦了!他们几乎不间断地问我,'去上班?''回来了?''去买东西?''吃了没?'"

我鬼鬼祟祟地向四周看一眼然后低声地说:"你知道为什么他们问外国人这么多问题吗?"

他看上去很惊讶,低声地回答说:"不知道。为什么?"

"因为他们是共产党员,所以他们必须报告我们的情况。"

"真的吗?"他睁大眼睛,如同偏执狂在克服障碍。

"不是真的啦!"我说道,"那正是中国人互相打招呼的方式!"

西方人打招呼通常是简单的、非侵入性的"你好"、"早上好"或"今天的天气真好！"但是中国人打招呼不是这样，他们很少满足于用"你好"或"早上好"之类来打招呼。

当中国人遇到你时，不管他们是否认识你，他们问你在做什么。不像美国人，他们不期待或者甚至不希望对"你好吗？"做出诚实的回答。然而，中国人确实期待得到回答。我从来没问过另一个外国人赚多少钱，我甚至不知道自己亲姐姐的工资。但是中国人对向一个陌生的老外如此"不见外"地乱打听，并没觉得有什么不合适。赶快开始修"老外第三学历"（好好准备一下怎么回答这些通用问题吧）：

(1) "你好,你叫什么名字？"   (2) "你从哪里来？"
(3) "在美国天气冷吗？"   (4) "你在哪里工作？"
(5) "你赚多少钱？"   (6) "你教我英语好吗？"

这不仅是出于好奇心，更是一种文化背景使然。但是想想13亿人，总共只有这么几个老外，没准儿哪天这些问题就会麻烦到你头上。

"老外雷达"

话说有一天老潘站在一辆热烘烘的公共汽车上，一副汗流浃背的模样。这时来了个急刹车，原来是有人要上车。一位青年人正准备下车，一只脚都下去了。就在这时他的"老外雷达"竟然把我从拥堵的人群中识别出来。他慢慢地朝我挤过来，满脸都是笑，好像我是那美味的大餐，眼瞅着"老外第三学历"中通用问话就要从他嘴里冒出来。但是当他在我的胳膊底下缓缓地靠近并张开嘴时，我来了个先发制人，说道："我是来自美国的潘维廉。美国的气候像中国：南方热，北方冷，我在厦门大学工作，我赚的钱多到够交税了，但少到没有它们生活还不行。我还有什么漏讲的吗？"

这场中美友谊到此为止。他的下巴耷拉下去了，然后悻悻地溜走了,我感觉自己像个无赖,直到现在我还在后悔自己是不是做得太绝了。

解决方案!

现在,我在回答问题时,习惯于面带笑容了。但是我真有一个很好的解决方案!就是在你名片背面打印"老外第三学历"问题的答案,无论何时都要在手中保留一叠名片备用。这样,老外、老内的生活会更加容易些。

尽管中国人在问及个人问题时没有不安感,他们也没有反感进行回答。在某种程度上,他们的坦率是爽快的,我们老外可以向他们学习。但这种学习千万不要在教堂中进行。

厦门人

1889年8月,传教士约翰·麦克格文(John Macgowan)在伦敦出版了《厦门传教纪事》(The Story of the Amoy Mission)。我对其洞悉厦门人心灵的能力备感惊讶,而他对自己笔下的这些人也很是钦佩。他毫不隐讳地写到他们的贫穷和存在的问题,以及老外与老内间的问题,但是,他也活灵活现地描述出了厦门人身上所蕴藏的激情和向上的动力。最感人的是他们那种"英国式的公平竞争"意识,所以现在您可以从我的干巴巴的叙述中解脱出来了,下面的华章就是从他精彩的论文集里节选的!

威廉·伯恩斯(苏格兰传教士很大程度上影响了西方人对中国人的看法)

　　中国人会时不时地以一种怀疑的眼光盯着外国人，更有甚者，是带着几乎不加掩饰的蔑视，但一旦他们认识了你，"这群人就会和你意气相投，脸上全然没有任何嘲讽的表情。没有什么比实际的善行更能强烈地触动中国人心灵的了，他们高度欣赏这种美德。他们那原本不易激动的、平和的脸上此时也因为真情的流露而放出光彩,当他们内心被深深触动时，眼中会有点点泪花闪烁……这一切对双方来说都是一种很难得的表露。它使你向中国人的心灵更贴近了一步，也预示着呈现在你面前的种种美好的未来……"

　　"厦门人是华夏民族坚定的代表。当面对任何不公正或错误行径时，他们会火热回应、充满激情。但是通常地，他们具有公平意识，并诉诸理智。他们具有英国式的公平竞争意识，他们特别崇尚各种美德和善良，他们对生活中涌现的出众人士致以虔诚的敬意。"

第十六章 中国美食荟萃

人为生而食,非为食而生。
　　——莫里哀(1622—1673年)
莫里哀肯定没吃过中餐。
　　——潘维廉(1956—)

一位北京记者曾经认真地问过我:"您为什么搬到中国来呢?"

我也认真地答道:"因为在美国吃中餐很贵。"

这不完全是开玩笑。

全世界的人都喜欢吃中餐,除了中国,哪里还能吃到更好的中餐!中国的13亿人口都能证明夏娃不是中国人。因为夏娃如果是中国人,她会扔掉苹果而吃那条蛇①。

中国人互相问候的时候不是说"你好吗?"而是"吃了没?"。美国人可能为了生而食,但中国人却是为了食而生。如果要我们简单地概括中国并把总结刻在一个坚果上的话,那应该刻上的是"食物"——当然我们要抢在中国的美食家将其爆炒并享用之前拿到它才行。

---

① 一位菲律宾裔的华人认为我的话并不完全正确:夏娃如果是中国人的话,她会把蛇吃掉并且卖掉那个苹果!

中国人长期以来都对食物情有独钟,但直到最近,偏远村庄的农民们才开始感受到"丰饶羊角"带来的喜悦("horn of plenty""丰饶的羊角"在希腊神话中为丰富、充溢之象征——译者注)。几年前我访问过一个偏远的山村,在经历一路上的舟车劳顿,外加2英里的徒步之后,我总算到达目的地了。从没见过外国人的村民们看见我之后表情泰然,愉快地和我打招呼:"你来啦!"一位农民把我请进家里,为午饭准备得仓促向我道歉,而他们所谓的"简单"的饭菜包括新鲜的鱼、鸭肉、猪肉、豆腐、炒米粉以及多种蔬菜,这些"简单"的饭菜我在洛杉矶的唐人街肯定要花不少钱才吃得到。

中国菜系

自从神话英雄——既能狩猎又能打鱼的伏羲发明了厨房及烹饪方法以来,烹饪就一直深受中国人民喜爱。至少在公元前3015年,西安半坡人就已经懂得享用清蒸鸡、鲤鱼和象肉了。而在公元前700年,中国厨师所烹制的异国口味的苦瓜汤和甘蔗炖羊肉能使皇帝们拍案叫绝。

汉朝(公元前206年—公元220年)时中国有了面粉、面条和豆腐,到了唐朝(公元618—907年)又出现了锅,有了爆炒这种烹饪手法。但正是宋朝(公元960—1279年)时期食物的异常丰富才激发了烹饪革新的大爆发。

即使老外也同样影响着中国烹饪。满族人所遗留下来的冬日里享用的火锅现在风靡全中国。不过在厦门,锅中的羊肉则被换成了海鲜。而从葡萄牙殖民统治下的澳门传进来的辣椒则点燃了火辣辣的四川菜的火苗。

好几千年的烹饪发展使得如今的中国菜如此丰富多样,这对于像我这种普通的美国人来说简直是不可思议的,我们可能认为所谓多样

第十六章 中国美食荟萃

只是用烤马铃薯代替马铃薯泥，或在旁边放一点罐装豌豆——但是对于中国人来说就没有这么普通啦，他们用豆苗或菠菜根都能做出精细的菜肴。尽管中国菜品种繁多，但基本上还是可以归为五大菜系（也有人说"八大"）：北京菜、四川菜、上海菜、福建菜和广东菜，其中广东菜在海外最受欢迎。

中国菜有上百种地方风味。就福建菜来说，闽南的口味偏甜；闽北偏咸；而闽西的菜则偏大量使用甘薯、米粉、芋头和花生（提醒：不要同时吃芋头和牛肉。太可怕了！）。

北京菜

在北京，人们通常把豆腐和小麦类的食物当作主食，而不是米饭，他们吃馒头、包着肉和菜的包子以及包着大蒜、卷心菜、猪肉和洋葱并添加了味精的饺子。中国北方有一道名菜是"叫花鸡"，相传它那神秘菜谱是这样开头的："首先，偷来一只鸡。"

驰名的火锅帮助冻僵了的北京人撑过严寒的冬夜，而北京烤鸭则一年到头都很受欢迎。

北京烤鸭

用餐者可以挑选一只活鸭并在它身上画一个号码。可是它也没能活多久。这只不幸的鸭子马上被杀掉、去除内脏，然后紧紧缝合以保证灌入的热水不会流出，确保烤鸭内部汁多味美。首先上来的是酥脆的鸭皮，上面涂着甜面酱，配以用薄饼卷着的香葱。接下去的第二道菜则是把身体剩余的部分与豆芽和笋片一起煮。什么都没有浪费。即使骨头也被压碎，放入水中与生姜及洋葱一起煮，之后再加入卷心菜和糖

做成汤。

过去在厦门很难吃到北京烤鸭,但现在不会了。现在到马哥孛罗东方大酒店的 2 楼中餐厅可以马上品尝到广东口味儿的北京烤鸭,同样很好吃!

川菜

四川是一个位置偏远但人口稠密的省份,火辣辣的川菜似乎成了那里对抗闷热夏季的一贴良药。厨师们把姜、红辣椒、洋葱和酱油加到一起做出的一盘盘美食足以使墨西哥牛仔们垂涎。但并非所有的川菜都是辣的,它们也有酸、甜、苦、咸、香等味道,这些口味怎么搭配都可以,有些是您根本想象不到的。

厦门最好吃的川菜不在餐馆里而是在厦门大学著名的美术教授唐绍云家里。唐教授和他的太太及女儿们能迅速做出您所能想象的最美味、同时也是最辣的菜。但如果您没蹭到上他家享用美味的机会,您还可以在许多大酒店的餐厅和一些小饭馆里吃到很不错的川菜,例如南普陀寺对面的"生鲜市场"的那些小饭馆。

上海菜

在海滨城市上海,老饕们喜欢涌向叫卖猪肉卷和牛肉卷的小贩;亚洲各地的美食家们也会专程飞来,就为了品尝上海的大闸蟹、四鳃鲈鱼以及用绍酒调味的肉,而这些菜一般都摆放在精致的陶瓷餐具上,造型漂亮。但牛肉哪去了呢?这是个人口稠密、牧场珍贵的国家,所以无论是在上海还是其他城市,牛肉仍然比较少见。还有一个原因就是农民们不忍心杀掉忠心耿耿为他们服务的牛。所以从头到尾都有烹饪价值的猪仍然是中国厨师们的首选。

您肯定品尝过上海菜。很多外国朋友一直特别喜欢的糖醋里脊①就是上海菜,而不像一些人认为的是广东菜。美味的糖醋里脊过去在厦门很难找到,因为厦门的沙司味道就跟番茄酱差不多,但现在好多地方都有正宗的糖醋里脊了。

广东菜

问:广东的动物园和餐馆有什么区别?

答:没太大区别……

威尼斯旅行家马可·波罗曾这样描写招待他的中国人:"他们什么肉都吃,包括狗肉和其他兽肉,那些是基督徒们无论如何也不会碰的。"

显然,这些基督徒们的想法仍然没有改变。一家中国餐馆的老板就曾如此抱怨那些没品位的加拿大人:"他们并不想吃正宗的广东菜。他们点的总是糖醋里脊、柠檬鸡、青椒牛肉、炒饭、春卷和幸运曲奇。"幸运曲奇甚至不算是中国菜。

老外们宁愿选择速冻的鱼柳也不吃白烩鱼唇,中国人则会狼吞虎咽地把任何能吃的都吃进肚子里,前提是他们没有先被那东西吃掉。即使不能吃的东西也被他们当成药并且变个法儿消化它。广东人吃这些就跟吃豆腐似的。其他中国人甚至这么形容他们,"天上飞的除了飞机他们什么都吃,四条腿的除了桌子和椅子他们也都不放过"。

广东菜的菜单包括生猴脑、麻雀、野鸭、蜗牛、蛇、鳗鱼、田鸡、甲鱼、鹿鞭汤以及新的狗肉菜式。1990年,一个读MBA的学生计划出口罐装狗肉到美国,问我能否投资10000美金。我反问他是否听说过市场调查这回事。

厦门有许多广东餐馆,但比较受欢迎的几家似乎都在白鹭洲(沿

---

① 在斯堪的纳维亚半岛最受欢迎的中国菜是什么?糖醋里脊。

着筼筜湖)和湖滨北路体育中心附近。这些餐馆应该不错,因为他们总是宾客满座。

厦门菜

广东的海鲜虽然出名,但却与厦门截然不同。沿着魅力厦门曲折的海岸线,有各色各样的海产,游的、爬的、摆动的或者是蠕动的。一些勇于尝试的人会想方设法捉到它们,经过一番烹煮之后与闽南米粉、芋泥、五香卷、椒盐鸡、鲍鱼、糯米鸭掌、香猪腰、酿黄瓜、炖田鸡、鲨鱼、螃蟹、贻贝、牡蛎(经常做成海蛎煎蛋)、海胆、富含矿物质的海带以及海参等一起上桌。当然厦门的第一特产——土笋冻也不能错过。正宗的厦门菜介于广东菜和福建菜的口味之间,又加入了一点台湾风味。想要品尝到正宗的厦门菜,不妨到中山公园附近的厦门宾馆或者文化宫附近的华侨大酒店试试。

但是有一些菜实在不合我的口味。

田鸡(青蛙)餐

不要想着一手抓到两只青蛙。
——中国谚语

有一次一个中国朋友从他家橱柜里拿出一个塑料袋,里面装着大约四盎司的灰色纤维状的干燥物体,看起来更像是被撕碎的海绵。"只要210元人民币,"他眉开眼笑地说道,"我兄弟直接从山里带来的!"
这昂贵的灰色物体是一种稀有的中药和烹饪原料,功效仅次于用干的

燕子唾液制成的燕窝。它就是干的青蛙唾液。注意,不是普通青蛙的唾液,而是一种罕有山蛙的唾液,只在春天里一个短暂的时期才能找到。似乎每个人都对田鸡很着迷。几天之后我们MBA中心邀请我与一群省领导共进午餐,他们晚上在我的班上听课。他们称赞我课上得好,虽然其中一人承认他并不确定我是在为中国的现代化建设做贡献还是搞破坏。席间,女服务生在我面前放了一个小酒盅,里面盛满的明亮的宝石红色的液体看着挺瘆人。它甚至比吸血鬼德拉库拉伯爵的斗篷内衬还要红,微微地泛着光,像有生命似的。我猜那不是蔬菜汁。

"这是什么?"我问道。

"哦,这是稀有的山蛙血,其功效仅次于……"

"不,我不喝这个,谢谢。"

"但您是主宾呀,潘教授!"

"不敢当,还是你们喝吧!"

最后,席上职位最高的那位领导双手举起那个小杯,礼节性地敬了在座的各位宾客,然后一口喝下,还咂了咂嘴。之后女服务生递给我一杯浅黄色的液体。"这是什么?"我问道,"不会是蛙尿吧?价值又是仅次于……"

"——当然不是,"一脸恶心的服务生说道,"是啤酒。"

蛙血、啤酒、眼镜蛇的毒液(我尝过)……

我希望他们喜欢喝的是茶……

饮茶时间

我们的麻烦在于饮茶成瘾,这是东方人的慢性报复,故意把黄河水往英国人喉咙里灌。

—— J.B.普里斯特利

传统认为茶可以治疗近视,缓解风湿和阳痿,传说还是道士们长生不老药的一样配方。而茶的好味道也许就是把许多葡萄牙人、荷兰人和英国人吸引到厦门来的原因。茶引燃了波士顿独立的火焰。茶还使帽商发了疯(mad hatter 疯帽商是《爱丽丝漫游仙境》里的人物——译者注)。而现在闽南的功夫茶则再一次成为厦门人主要的消遣。

日本的冈仓天心先生在他的永恒经典《茶之书》中写道:

"对于近代的中国人来说,茶是一种可口的饮料,而不是理想。这个国家长期以来的苦难已经夺走了人们寻找生活意义的热情。它已经变得现代,换句话说,人们变得老迈,对什么都不再着迷。那些曾使诗人和古人永葆青春和活力的、对理想的崇高信仰已经遗失了。……杯中的茶虽然散发着迷人的花香,但唐宋时期茶道的浪漫气息已不复存在。"

问题不在于是否追求理想而在于当时的经济状况。直到20世纪90年代初,即使在世界茶都——安溪,种茶的农民朋友们仍喝不起自己种的茶。从波士顿到巴厘岛,当乌龙茶和铁观音为桌面生辉的时候,安溪的农民们却只能冲泡精选的野草。但十年快速的经济改革终于使唐宋时期有着浪漫气息的茶道文化得以复苏,并且兴盛起来。

厦门沿街的茶叶店出售来自全国各地的特色茶叶,价格从一磅几美分到一盎司数百美元不等,主要取决于茶叶的种类和大小、采摘的时间和地点以及处理的方式。

天福茗茶店门口穿着薄荷绿迷你裙的闽南姑娘端着一杯杯的样品茶,招呼着路人驻足品尝,而有一次我也没能抗拒住这诱惑。当然我

第十六章 中国美食荟萃

指的是茶,而不是指薄荷绿迷你裙。

我蹲坐在小店的一把木凳子上,凳子前上了漆的一段截断的树被巧妙地当成了桌子。女孩子把几个杯子冲洗干净,那是闽南人喝茶用的小杯子,看着就像有柄的顶针。她往茶杯里倒上约可喝半口的茉莉花茶并双手捧到我面前。

品茶的行家们总是先看一看色泽,闻一闻气味,接着用舌头品一品,然后才咽下去,并不忘向主人称赞一下茶的好品质。而我则习惯用从加油站拿来的有半升容量的塑料杯来喝咖啡。于是我喝下茶水,还像淳朴的蛮人一样咂了咂嘴,说道:"好茶!多少钱?"

事实上,那确实是好茶,不像我们在家泡的那些唯有加了几勺糖和奶油才能有好味道的红茶,这做法对于那些泡茶只加纯水的中国人来说简直是暴殄天物。但是中国人并不总是这样的纯化论者。1500年前他们往茶里加的不只是奶油和糖,还有米、姜、盐、陈皮、香料,甚至洋葱。但他们渐渐舍弃了这些东西。到宋代,连唯一保留的加盐这一习惯也没有了。但西藏人却仍在大量饮用加盐的酥油茶。那味道好极了!只需要啜饮几口纯正的中国红茶,即使是美国的那些咖啡嗜好者也能理解到为什么中国古人把茶道摆到如此高的地位,以及为什么日本人仍然如此崇敬那不过是被神化的山茶叶。但正如所罗门所说的,万物皆有得意时。我同意温德尔·霍姆斯爵士的话:

"早晨的一杯咖啡能使人精神振奋。下午茶和晚茶虽然也可提神,但效果绝比不上那杯咖啡。"

我们早告诉过你……

您会渐渐认识到中国人的诲人不倦,特别是关于中药和中国茶。

我的每一个朋友都试着说服我:"咖啡对你的身体不好,茶才是有益健康的。"

我不喜欢听到这句自鸣得意的"我早告诉过你",特别是想象到可能有13亿人说这句话的情景。

1997年9月11日,堪萨斯大学发布了一则新闻:"更多证据表明绿茶能延缓癌症及心脏病发生。"这一研究指出绿茶在保护细胞以及细胞DNA方面的功效是红酒的两倍,比维他命E大35倍,比维他命C大100倍。

好吧,所以茶是有益健康的。但正如一位智者(美国明星里德·福克斯)曾经说过的:"总有一天,那些总是孜孜不倦追求健康的人会觉得自己很愚蠢,躺在医院里,不明就里地死去。"

《茶之书》

冈仓天心先生的《茶之书》展现了其关于茶对亚洲文化影响的非凡洞察力,同时也强调了东西方直接的差异以及我们必须缩小这些差异的原因:

"(茶道影响着)我们的家居和习惯、服饰和饮食、瓷器、漆器、绘画——我们特有的文学……品茶者能够体味到孔子的沉默之道、老子的豪放以及释迦牟尼本人那缥缈的芬芳。

"一般的西方人,会自以为是地把茶道看作体现东方人离奇幼稚思想的众多怪癖中的又一桩……西方人什么时候才会理解或者尝试去理解东方人呢?我们亚洲人常常惊骇于那些编织于我们身上的夹杂各种事实与想象的好奇之网。我们被描绘成生活在莲花的香气中,如果不是与老鼠和蟑螂为伍的话。这些看法如果不是出于无能的盲从就是出于粗鄙的骄奢。印度人的灵性被嘲笑为无知,中国人的庄重成了愚蠢,日本人的爱国则成了宿命论的结果。有种说法是因为我们的神经组织比较坚硬,所以对疼痛和创伤没有什么感觉。

"为什么要以嘲弄我们为乐呢?亚洲人可是懂得礼尚往来的。如果了解我们是怎么想象你们和描写你们的话,你们就会知道那可是有趣得多了。你们着迷于未来的魅惑、对奇观赋之以盲敬、对新的未知事物则给与无声的仇视。你们的美德如此高雅以至于令人无法嫉妒,你们被控告的罪行如此特别以至于无法定罪。我们过去的作家——那些通晓一切的智者——曾告诉我们:在你们衣服里面藏着毛茸茸的尾巴,而且你们经常拿新生儿炖肉吃!不仅如此,我们还有更厉害的对付你们:我们过去认为你们是地球上最不切实际的人,因为你们总是鼓吹那些自己不曾实践过的事情。

"这种误解正在我们中间迅速消失。商业发展使得我们能在许多东方的港口看到欧洲人的身影。西方大学现代化的教育设施也吸引着越来越多的亚洲年轻人。我们对于你们文化的了解还不够深入,但至少我们乐意去学习。我的一些同胞已经过多地接受了你们的习俗和礼节,他们错以为穿着硬领的衣服、戴着高礼帽就等于拥有了你们的文明。无论如此的装模作样是多么可怜可叹,这起码表明我们是非常虔诚地想接近西方。不幸的是西方人的态度却不利于他们了解东方。

"我如此坦率地撰写茶道,可能恰恰暴露出我对茶道精神的无知。茶道的优雅精神要求的是有问才有答,言辞恰当,而非冒言。但我不想成为一个文雅的品茶之人。新旧世界之间的相互误解已经造成了许多伤害,能为促进理解尽点绵薄,这不是在做什么错事,无须道歉。

"让我们停止不同大陆之间的互相讽刺吧,不同半球间如果不能通过相互学习变得更明智的话,将是多么可悲呀。我们有不同的发展方向,但这不妨碍我们彼此取长补短。"

可能这种取长补短就是从麦中国™开始的。……

麦中国

现在厦门有12家麦当劳、17家肯德基、4家必胜客以及上百家考究的供应全球各种美味的餐馆。很难想象当年在听到麦当劳要在中秋期间落户厦门的时候,那些在厦门一直吃不到奶酪的老外们有多激动。

医生点的食物

但期盼中的隆重登场式却一再被延期,先是推到圣诞,然后是元旦、农历春节。最后我们想它可能就像基督再临一样——没人知道具体日期和时间。尽管本市的大人物们可能二者都知道。终于盼到了姗姗来迟的开业,那天我们飞奔到中山路的麦当劳,但两个保安拦住了我们,说道:"仅限受邀人士。"

忘了麦当劳吧!但是两周后,当我和苏姗依照每周一次的惯例,又一次漫步在中山路时,再也没能忍受得了麦当劳那贴在巨型玻璃窗上的、醒目的海报和菜单的诱惑。于是进去点了汉堡和炸薯条,但却被告知:"由于停电,我们只提供饮料。"这个消息着实让那些把火炉安置在麦当劳台阶旁卖烤肉的穆斯林小贩们喜出望外。

苏珊点了一杯可乐,我要了一杯咖啡,之后我只能望梅止渴地盯着纸垫上的芝士汉堡的照片。

在享用完我们的饮料餐之后,我找到了卫生间,跟想象的一样干净,我想是卫生间没错。没光线,没窗户,没电,简直就是一片漆黑。但愿我没有把洗手池错认为小便池。

一周后我们总算吃到了汉堡。虽然我更喜欢吃林家鸭庄便宜的排骨饭,但麦当劳确实是一个换换口味的不错的选择,而且它还提供城中最热，同时也是最便宜的咖啡。

芝士汉堡，夹住奶酪

看别人吃汉堡比自己吃更有趣！我看过本地人把两根吸管勉强当作筷子，夹着汉堡一层一层地吃。说到吸管，我仍可以战战兢兢地回想到曾亲眼见过一个老奶奶尝试用塑料吸管来吸滚烫的热茶。当时她那令人血管凝固的尖叫声仿佛仍在耳边萦绕。

我确信那是一个导火索。如果那个老奶奶是在美国，她可能已经控告麦当劳公司了。然后她的整个大家庭就可以一辈子衣食无忧。至于肇事的吸管，虽然实在是太小了贴不了警告的标签，但可能已经配备了使用说明。但因为这发生在中国，所以情况就完全不同了。

有一次我仰面摔倒在麦当劳湿湿的地板上，得到的非但不是道歉，反而是被当作傻瓜似的注目礼，并被告知走在光滑的地板上应该加倍小心才是。

洋快餐之战

由于有了街边麦当劳叔叔的表演以及"集齐一整套"活动每周推出一款塑料汉堡人、薯条人及史努比玩偶，厦门可能会变得和日本一样。在日本，小孩子认为巨无霸就和寿司一样是日本本土的东西。但现在麦当劳已不再是这一行业的独霸者了。在厦门大学，麦当劳和肯德基之间的距离还不到100米，它们之间没有武装但却可以闻到火药味。我曾好几次看到中国的麦当劳叔叔——虽

然看起来更像日本的歌剧明星——试图把孩子们从肯德基的魔术师那儿吸引过来。

厦门最棒的芝士汉堡！

1988年11月，我们兴奋地了解到华侨大酒店已经开始为厦门日益增多的外国朋友供应芝士汉堡。当时厦门可能只有50个外国人，而如今仅厦门大学就有1600多个外国人了。于是我们飞奔到华侨大酒店点了芝士汉堡。大约半小时之后，送到我们面前的是与午餐小面包大小差不多的中式包子，里面包的是比我的大拇指稍大一点的小小块的肉。根本没有奶酪。

"奶酪在哪？"我问道，"菜单上明明写的是芝士汉堡。"

"没有奶酪，"服务生说道，"那仅仅是个名字而已。"

"那它只能算是汉堡，而不是芝士汉堡。"我反驳道。

"汉堡是没有火腿的，"服务生说道。然后他气冲冲地走了。过了五分钟他回来的时候，把一小罐帕尔马奶酪重重地放在桌上，说道："现在有奶酪了吧。"

汉堡、比萨饼和炸鸡可以让我们偶尔换换口味，但呆在中国最不能错过的还是中国美食。因为只要花上半个巨无霸的价钱我就可以吃到林家鸭庄的特制排骨猪肉饭了。但这种夫妻小店要与麦当劳叔叔竞争是相当困难的。如今麦当劳的金拱门标志随处可见，可能会有那么一天，映入来厦游客眼帘的只有汉堡和麦乐鸡，或者是麦糖醋里脊™、麦炒饭™和麦柠檬鸡块™等标志。所以趁现在还有机会赶紧尝尝土笋冻去吧！

肯中国

马太 6 个月大的时候就开始呆在中国,所以对于他问的一些问题我们也能够谅解。1995 年当我们驾车环游美国的时候,6 岁的他问道:"爸爸,美国吃得到肯德基的炸鸡吗?

中国肯德基

第十七章
中英对照菜谱

我们失去了给事物取个有趣名称的能力。这是一件很悲哀的事情,因为名称代表着一切。那些没法有话直说的人,应该强制他们使用词典。

——奥斯卡·王尔德

了解中餐

中国人喜欢稀奇古怪的食物。找不到稀奇古怪的食物,他们就会给普通的食物起些稀奇古怪的名称。比如说,普通的鸡肉他们叫做"凤胸",鸭蛋叫"莲卵"。著名的"佛跳墙"既没有佛,也没有墙给和尚跳——我希望如此。

看到这些中餐食谱的叫法,对字句非常挑剔的剧作家肯定会大加赞赏的。

雪裹银鱼:北京菜,既没有冬天的雪花,也找不着专吃我苏格兰羊毛领带的"银鱼"(蠹鱼,西洋衣鱼)。这道菜只不过是用搅匀的蛋白炸煮熟的通心粉。

灯笼小鸡:也是一道北京菜。用透明的玻璃纸把煮熟的鸡肉和蔬菜裹在一起,然后打上红缎带。

凤胸:四川菜,用的也不是什么传说中的埃及凤禽,而是你在美国大型连锁超市西弗威用69美分就可以买上1磅的普通鸡肉。

第十七章 中英对照菜谱

莲卵:跟莲没什么关系,只是普通的鸡鸭蛋。

龙凤火腿:四川菜,不过是把鸭肉、猪肉、荸荠、鸡翅、火腿和白面搅在一起炒炸。真搞不清楚龙在哪里!

蒸龙眼卷:四川菜,肉丝包上红豆酱,顶部放个樱桃,跟糯米饭一起食用。

当我写到菜单的汤水部分,又遇上"河中明月"和"佛跳墙"这些菜时,我自己都快跳墙了。不过,很值得跳。中国菜不仅名字起得雅致,做工精致,上菜也很讲究。等多久都值。

编写老外实用中国烹饪词典,目的是让你在厦门的生活更加方便。万一碰上某些中国菜你读不清楚,就用手指!

注释:有人告诉我,本菜谱很实用。于是就复印一份,随身携带。试试看吧!

不过,复印之前,先买一册。嘿嘿!

Amoy Magic Menu

Over 200 Choices!

(For tips on mangling Chinese tones, please turn to the "Mad About Mandarin" chapter of Amoy Magic-Guide to Xiamen)

CHICKEN 鸡类 jī

* Stir Fried Diced Chicken and Peanuts 果仁鸡丁 guòrén jīdīng
* Chicken & Peanuts (spicy) 宫爆鸡丁 gōngbào jīdīng
* Cashew Chicken 腰果鸡丁 yāoguǒ jīdīng
* Lemon Chicken 柠檬鸡片 níngméng jīpiàn
* Sizzling Chicken (iron skillet) 铁板鸡肉 tiěbǎn jīròu

Stir Fried Chicken & Green Peppers 青椒鸡丁 qīngjiāo jīdīng

Chicken in Ginger Sauce 姜汁热味鸡 jiāngzhī rèwèijī

Fried Breaded Chicken Nuggets 软炸鸡片 ruǎnzhà jīpiàn
Fried Chicken Slices 炒鸡片 chǎo jīpiàn
Stir Fried Chicken & Bamboo Shoots 冬笋鸡片 dōngsǔn jīpiàn
Sweet'n Sour Chicken Strips 糖醋鸡条 tángcù jītiáo
Chicken with Mushrooms & Bamboo Shoots 双冬鸡条 shuāngdōngjītiáo
Stewed Chicken and Chestnuts 栗子鸡 lìzi jī
Stewed Chicken with Tofu 油豆腐鸡 yóu dòufu jī
Crispy Fried Chicken 油酥鸡 yóusū jī
Shredded Chicken in Oyster Sauce 蚝油手撕鸡 háoyóu shǒusī jī
Fried Chicken 炸鸡 zhàjī
Paper Wrapped Fried Chicken 炸纸包鸡 zhà zhǐbāojī
Fried Chicken Shish-ka-bob 炸鸡肉串 zhà jīròuchuàn
Roast Chicken 烤鸡 kǎo jī
Stewed Gizzards & Bamboo Shoots 冬笋门胗 dōngsǔn ménzhēn
Steamed Chicken & Straw Mushrooms 草菇蒸鸡 cǎogū zhēngjī
Lotus-wrapped Chicken & Chestnuts 荷包栗子鸡 hébāo lìzi jī
Sesame Chicken 芝麻鸡 zhīma jī
Curried Chicken 咖喱鸡 gāli jī
Braised Chicken Wings with Brown Sauce 红烧鸡翼 hóngshāo jīyì

DUCK & OTHER FOWL PLAY 鸭类，鸡类，等等

Spicy Sparrow & Walnuts 核桃禾花雀 hétao héhuāquè
Baked Stuffed Sparrow 烤酿禾花雀 kǎoniàng héhuāquè
Fried Minced Pigeon Meat 炒鸽松 chǎo gēsōng
Braised Swallow's Nest, Minced Chicken 鸡茸燕窝 jīróng yànwō
Beijing Duck 北京烤鸭 běijīng kǎoyā

Braised Duck with Oyster Sauce 蚝油扒鸭　háoyóu　bāyā
Whole Braised Duck'n Soy Sauce 红烧全鸭 hóngshāo quányā

EGG DISHES 蛋类　dàn

Egg & Bitter Melon Casserole 苦瓜烘蛋　kǔguā　hōngdàn
Fried Pigeon Egg, Minced Meat 炸象眼鸽蛋 zhà xiàngyǎn gēdàn
Steamed Ham and Eggs 火腿蒸蛋　huǒtuǐ zhēngdàn
Minced Pork Omelette 肉末鸡蛋　ròumò jīdàn

PORK 猪肉类　zhūròu

* Sweet & Sour Pork　(Boneless)　糖醋里脊 tángcù　lǐjǐ
* Pineapple, Green Pepper & Pork Strips 菠萝古唠肉 bōluó　gǔláoròu
Sweet & Sour Pork Rib 糖醋排骨 tángcù　páigǔ
Deep Fried Sweet & Sour Pork 锅包肉 guōbāoròu
Sizzling Pork (iron skillet) 铁板里脊 tiěbǎn　lǐjǐ
Breaded Pork Strips　软炸里脊片 ruǎnzhà　lǐjǐpiàn
* Stir Fried Pork & Veggies on Sizzling Rice 锅巴肉片 guōbā ròupiàn
* Fried Pork Balls 炸丸子　zhà wánzi
Stir Fried Pork & Green Peppers 青椒肉丁 qīngjiāo ròudīng
Chicken Fried Pork Strips　包肉丝 bāoròusī
Sesame Pork 芝麻里脊 zhīma lǐjǐ
Beggar's Ribs (fried) 叫花排骨　jiàohuā　páigǔ
Green Peppers Stuffed with Pork 青椒塞肉 qīngjiāo sāiròu
Stir Fried Pork Slices 炒肉片 chǎo ròupiàn
Stir Fried Pork Slices & Eggs　木须肉 mùxū　ròu
Braised Pork with Brown Sauce 红烧猪肉 hóngshāo　zhūròu

Braised Pork with Chestnuts 栗子红烧肉 lìzi hóngshāo ròu
Stir Fried Pork & Bamboo Shoots 冬笋肉丝 dōngsǔn ròusī

BEEF 牛肉类 niúròu

* Sizzling Beef, Onions, Peppers 铁板牛柳 tiěbǎn niúliǔ
* Beef Curry 咖喱牛肉 gāli niúròu
Garlic Beef 黑蒜子牛肉 hēisuànzi niúròu
* Beef with Broccoli 西兰花菜牛肉 xīlánhuācài niúròu
Stir-fried Sliced Beef 炒牛肉片 chǎo niúròupiàn
Beef & Potato Stew 土豆炖肉 tǔdòu dùnròu
Twice-Fried Beef 回锅牛肉 huíguōniúròu
Beef Wrapped in Rice Paper 纸包牛肉 zhǐbāoniúròu
Braised beef in Soy Sauce 红焖牛肉 hóngmèn niúròu
Braised Beef in Oyster Sauce 蚝油牛肉 háoyóu niúròu
Braised Beef Tenderloin in Soy Sauce 红烧牛腩 hóngshāo niúnǎn
Beef & Green Peppers 青椒牛肉 qīngjiāo niúròu

SEAFOOD 鱼 yú

* Steamed Mandarin Fish 清蒸桂花鱼 qīngzhēng guìhuāyú
* Sweet and Sour Fish 糖醋鱼片 tángcù yúpiàn
* Sweet'n Sour Garoupa 糖醋石斑鱼 tángcù shíbānyú
* Deep-Fried Mandarin Fish 炸桂鱼 zhá guìyú
** Whole Fish with Apple & Tomatoes 鲜果松鼠鱼 xiānguǒ sōngshǔyú
* Steamed Fresh Fish 蒸鲜鱼 zhēng xiānyú
* Crispy Fried Garoupa Slices 酥炸鱼条 sūzhá yútiáo
Stir-Fried Fish Strips 炒鱼片 chǎo yúpiàn

第十七章 中英对照菜谱

Deep Fried Fish Strips 炸鱼条 zhà yútiáo

Braised Fish in Soy Sauce 红烧鱼 hóngshāoyú

Braised Eel in Soy Sauce 红烧鳗鱼 hóngshāo mányú

Braised Carp in Soy Sauce 红烧鲤鱼 hóngshāo lǐyú

Braised Turtle in Clear Broth 清炖甲鱼 qīngdùn jiǎyú

Stir-Fried Squid 炒鱿鱼 chǎo yóuyú

** Deep-Fried Squid (family favourite!) 炸鱿鱼 zhà yóuyú

Braised Fish Lips in Oyster Sauce 蚝油鱼唇 háoyóu yúchún

SHRIMP 虾 xiā 和 CRAB 蟹 xiè

Boiled Shrimp 盐水虾 yánshuǐ xiā

Stir-fried Shelled Shrimp 清炒虾仁 qīngchǎo xiārén

Deep-Fried Shrimp Balls 油炸虾丸 yóuzhà xiāwán

Shrimp & Cashews 腰果虾仁 yāoguǒ xiārén

Sizzling Shrimp & Onions (iron skillet) 铁板虾仁 tiěbǎn xiārén

Braised Prawns in Brown Sauce 红烧大虾 hóngshāo dàxiā

Deep-fried Prawns 炸大虾 zhà dàxiā

Fried Prawn Shish-ka-bob 炸虾串 zhà xiāchuàn

Fried Prawn Cakes 炸虾饼 zhà xiābǐng

Fried King Prawns in Soy & Ginger 煎酿大明虾 jiānniàng dàmíngxiā

Crispy Fried Prawns & Bamboo Shoots 炸竹笋脆虾 zhà zhúsǔn cuìxiā

Fried Prawn Balls 炸虾球 zhà xiāqiú

Steamed Crab 蒸螃蟹 zhēng pángxiè

Stir-Fried Crab Meat 炒蟹肉 chǎo xièròu

Stir-Fried Crab Meat in Cream Sauce 奶汁蟹肉 nǎizhī xièròu

OTHER SEA CREATURES 其他海鲜 qítā hǎixiān

Braised Sea Cucumbers in Brown Sauce 红烧海参 hóngshāo hǎishēn
Stewed Sea Cucumbers with Shrimp 虾仁海参 xiārén hǎishēn
Fried Dried Scallops with Vegetables 油爆干贝 yóubào gānbèi
Stewed Dried Scallops in White Sauce 白汁干贝 báizhī gānbèi
Stewed Abalone in Oyster Sauce 蚝油焖鲍鱼 háoyóu mèn bàoyú
Braised Abalone in Brown Sauce 红烧鲍鱼 hóngshāo bàoyú
Braised Abalone & Black Mushrooms 冬菇鲍鱼 dōnggū bàoyú
Fried Razor Clam 清炒蛏子 qīngchǎo chēngzi
Fried Oysters 面拖牡蛎 miàntuō mǔlì

VEGGIES 蔬菜 shūcài

Stir Fried Mixed Vegetables 炒素菜 chǎo sùcài
Eggplant in Brown Sauce 红烧茄子 hóngshāo qiézi
Sautéed Chinese Cabbage 醋熘白菜 cùliū báicài
Fried Eggplant Stuffed with Pork 炸茄盒肉 zhà qiéhéròu
Batter Fried Eggplant in Sauce 鱼香茄子饼 yúxiāng qiézi bǐng
Stir Fried Cabbage with Meat 小白菜炒肉 xiǎobáicài chǎoròu
Sweet and Sour Cabbage 糖醋莲白 tángcù liánbái
* Stir Fried Spinach & Mashed Garlic 蒜泥菠菜 suànní bōcài
Stir Fried Spinach 炒菠菜 chǎo bōcài
Braised Bamboo Shoots 油焖笋 yóumèn sǔn
Stir Fried Bamboo Shoots 炒青笋条 chǎo qīngsǔntiáo
Stir Fried Mushrooms, Bamboo Shoots 炒香菇笋片 chǎo xiānggū sǔnpiàn
Stir Fried Vegetables & Mushrooms 菜心扒鲜菇 càixīn bā xiānggū
Stewed Fresh Mushrooms & Veggies 烩鲜菇蔬菜 huì xiānggū shūcài

第十七章 中英对照菜谱

Stir Fried Heart of Greens 清炒空心菜 qīngchǎo kōngxīncài
Stir Fried Onions and Carrots 元葱炒胡萝卜 yuáncōng chǎo húluóbo
Stir Fried Broccoli 清炒 西兰花菜 qīngchǎo xīlánhuācài
Stir Fried Snow Peas 清炒荷兰豆 qīngchǎo hélándòu
Soybeans and Ground Pork 青豆焖肉 qīngdòu mènròu
Quick Fried Rapeseed Leaves & Stems 炝油菜薹 qiǎng yóucàitái
Romaine Lettuce in Oyster Sauce 蚝油生菜 háoyóu shēngcài
Corn with Pine Nuts 松子玉米 sōngzǐ yùmǐ
Scrambled Eggs and Tomatoes 西红柿炒鸡蛋 xīhóngshì chǎo jīdàn
Teriyaki Cauliflower & Egg 酱油炒蛋花菜 jiàngyóu chǎodànhuācài
Green Beans with Shredded Pork (Spicy) 干煸四季豆 gānbiān sìjìdòu
Stir Fried Sliced Lotus Root 炒藕片 chǎo ǒupiàn
"Tiger Skin" Cooked Whole Green Peppers 虎皮青椒 hǔpí qīngjiāo
Shoestring Potatoes 干煸土豆丝 gānbiān tǔdòusī
French Fries 油炸土豆条 yóuzhà tǔdòutiáo
Spicy Potato Pie 土豆饼 tǔdòu bǐng
Mashed Potatoes 土豆泥 tǔdòu ní
Pickled Vegetables (cold) 泡菜 pàocài
7-Flavor Chinese Cabbage (cold) 七味白菜 qīwèi báicài

MUTTON 羊肉类 yángròu

Braised Beef with Soy Sauce 红烧羊肉 hóngshāo yángròu
Roast Mutton 烤羊肉 kǎo yángròu
Stir Fried Lamb and Onions 葱煲羊肉 cōngbāo yángròu
Roast Mutton Chops 烤羊排 kǎo yángpái
Fried Mutton with Sesame 芝麻羊肉 zhīma yángròu

MISC CARCASSES & CRITTERS
(Lassie, Bambi, Kermit, Thumper, Winnie...)

Twice-Boiled Dog's Weenie(Chinese hot dog?) & Herbs
过江龙牛七炖狗鞭 guòjiānglóng niúqīdùn gǒubiān
Stir Fried Bunny Rabbit 炒兔片 chǎo tùpiàn
Braised Bambi in Brown Sauce 红烧鹿肉 hóngshāo lùròu
Braised Bear Paw, Soy Sauce 红烧熊掌 hóngshāo xióngzhǎng
Fried Frog Legs 炸田鸡腿 zhà tiánjītuǐ
(For broader selection, visit the zoo after hours)

TOFU 豆腐 dòufu
* Home-style Tofu 家常豆腐 jiācháng dòufu
Stir-Fried Tofu 炒豆腐 chǎo dòufu
Deep-Fried Tofu 炸豆腐 zhà dòufu
* Tofu Cubes in Spicy Sauce (hot!) 麻婆豆腐 mápó dòufu
* Braised Tofu in Brown Sauce 红烧豆腐 hóngshāo dòufu
Japanese Tofu with Shrimp & Cashews 日本豆腐 rìběn dòufu
Stinky Tofu (and it really does!) 臭豆腐 chòu dòufu
Bear Paw Tofu (fried, spicy) 熊掌豆腐 xióngzhǎng dòufu
Braised Tofu with Mixed Vegetables 素什锦豆腐 sùshíjǐn dòufu
Braised Tofu, Shrimp, Meat 红烧什肉虾仁豆腐 hóngshāoshénròu xiāréndòufu
Soft Tofu and Beef Slices 牛柳豆腐 niúliǔdòufu
Tofu Stuffed with Minced Fish 鱼脊肉酿豆腐 yújǐròu niàng dòufu
Tofu Stuffed with Minced Pork 猪肉酿豆腐 zhūròu niàng dòufu

第十七章 中英对照菜谱

Tofu in Oyster Sauce 蚝油豆腐 háoyóu dòufu

SOUPS 汤 tāng

Chicken Corn Soup 鸡茸玉米汤 jīróng yùmǐtāng
Beef Soup 牛肉汤 niúròu tāng
Duck Soup 鸭汤 yātāng
Fish, Shrimp & Pork Ball Soup 三鲜汤 sānxiāntāng
Abalone & Chicken Soup 鲍鱼鸡片汤 bàoyú jīpiàntāng
Hot & Sour Soup 酸辣汤 suānlà tāng
Bird's Nest Soup 燕窝汤 yànwō tāng
Tofu Soup 豆腐汤 dòufū tāng
Tofu & Egg Flower Soup 蛋豆腐汤 dàn dòufutāng
Egg Drop Soup 鸡蛋汤 jīdàn tāng
Mushroom & Crispy Rice Soup 锅巴口蘑汤 guōbā kǒumótāng
Dried Scallop Soup 干贝汤 gānbèi tāng

WHEAT, RICE (Dumplings, Rolls, etc.) 面, 米

Steamed Bun 馒头 mántou
Steamed Bun Stuffed with Veggies 素菜包子 sùcài bāozi
Steamed Bun Stuffed with Pork 肉包子 ròu bāozi
Boiled Chinese Dumpling 饺子或水饺 jiǎozi 或 shuǐjiǎo
Steamed Chinese Dumpling (Jiaozi) 蒸饺 zhēngjiǎo
Steamed Seafood Jiaozi 三鲜蒸饺 sānxiān zhēngjiǎo
Lightly Fried Jiaozi 锅贴 guōtiē
Mini Dumplings in Bamboo Steamer 小笼包 xiǎolóngbāo
Deep Fried Spring Roll 春卷 chūnjuǎn

Pancake with Green Chinese Onion 葱花饼 cōnghuā bǐng
Fried Meat Pie 肉饼 ròubǐng
Baked Sesame-Seed Cake 烧饼 shāobǐng
Steamed Rice Cake 米糕 mǐgāo
Deep-Fried Dough Sticks (breakfast food) 油条 yóutiáo

NOODLES 面条 miàntiáo

Hand Pulled noodles (usually Muslim) 拉面 lāmiàn
Pulled Noodled with Beef 牛肉拉面 niúròu lāmiàn
Noodles with Pork Rib 排骨面 páigǔmiàn
Fried Noodles 炒面 chǎomiàn
Beef Fried Noodles 牛肉炒面 niúròu chǎomiàn
Shrimp Fried Noodles 虾炒面 xiāchǎomiàn
Seafood Fried Noodles 海鲜炒面 hǎixiān chǎomiàn
Fried Noodles and Vegetables 蔬菜炒面 shūcài chǎomiàn
Instant Noodles 方便面 fāngbiànmiàn
Rice-Flour Noodles 米粉条 mǐfěntiáo
Noodles with Shredded Pork 肉丝拌面 ròusī bànmiàn
Noodle Soup 汤面 tāngmiàn

Seafood Noodle Soup 三鲜汤面 sānxiān tāngmiàn

Famous Hutou Rice Noodles

FRIED RICE 炒饭 chǎofàn
White Rice 白米饭 báimǐfàn
* Yangzhou-style Fried Rice 扬州炒饭 yángzhōuchǎofàn
Egg Fried Rice 蛋炒饭 dànchǎofàn
Fried rice with shrimp, mushroom & chicken 什锦炒饭 shíjǐnchǎofàn
Pork Fried Rice 猪肉炒饭 zhūròu chǎofàn
Beef Fried Rice 牛肉炒饭 niúròu chǎofàn
Chicken Fried Rice 鸡炒饭 jīchǎofàn
Vegetable Fried Rice 蔬菜炒饭 shūcài chǎofàn
Mushroom Fried Rice 蘑菇炒饭 mógūchǎofàn

DESSERTS 饭后甜食 fànhòu tiánshí

* Apple Fritters 拔丝苹果 básī píngguǒ
* Banana Fritters 拔丝香蕉 básī xiāngjiāo
Sweet Almond Paste 核桃酪 hétao lào

DRINKS 饮料 yǐnliào

Coca Cola 可口可乐 kěkǒukělè
Pepsi 百事可乐 bǎishìkělè
Bottled Water 矿泉水 kuàngquánshuǐ
Sprite 雪碧 xuěbì
Tea 茶 chá
Coffee 咖啡 kāfēi

MISC. SURVIVAL 杂项 záxiàng

NO MSG, Please! 请不要放味精！Qǐng búyào fàng wèijīng!
Menu 菜单 càidān
Bill 账单 zhàngdān
I'm out of money! 我没有钱！Wǒ méiyǒu qián!
Where's the back door? 后门在哪里？Hòumén zài nǎli?
Etcetera... 等等 děngděng
Where's our Consulate? 我们的领事馆在哪里？Wǒmen de lǐngshìguǎn zài nǎli?
How do I get back to planet earth? 我怎么回到世界呢？Wǒ zěnme huí dào shìjiè ne?

这章到底有完没完……

第十八章
厦门的餐馆

在20世纪90年代初,厦门还没有几家像样的中餐馆,外国食客就更少了。但现在,各种您想吃(也包括您不想吃的)的菜品应有尽有。当然,我自己的口味很简单(苏珊说我完全不懂得品味),能吃上林家鸭庄的特色菜——6元钱的排骨肉饭,我就很高兴了。现在,我天天吃同样的东西,这不是因为我没有其他选择,而是因为在精挑细选后,我发现,我还是喜欢这几样菜。

厦门有数千家各式各样的中餐馆,也有数百家西餐馆。奥利瓦尔(Oliva)的厨师提供精致的欧洲菜(也提供炸玉米卷、玉米粉饼、汉堡和比萨),哈瓦那(Havana)提供拉丁菜,加卡兰达(Jacaranda)提供高级的咖啡和汉堡。厦门有40多家意大利餐馆(我喜欢轮渡的"拉桑雅(Lasagna)")和至少6家的法国餐馆。厦门还有日本餐馆、蒙古餐馆、朝鲜餐馆、泰国餐馆、巴西餐馆——只要是你想吃的,厦门餐馆就能做!想吃遍厦门吗?那就请注意我们网站的更新,你也可以给我们发E-mail,告诉我们你在厦门发现的新吃处。

饭桌上的生存技巧!

事先打个电话。厦门的餐馆就像蘑菇,一个晚上就能冒出很多,不过也同样消失得很快。所以为了到时不饿肚子,请事先打个电话,确定它们还在。

大餐后饥肠辘辘。 虽然许多外国人喜欢荤菜素菜和米饭一起吃，中国人在外面吃饭时却完全不吃米饭。他们只点那些在家里吃不到的东西——如海蜇和海地龙，腌猪脚和炖鸭掌。这些珍馐佳肴能够很好地满足您的味蕾，但不会填满您的胃。20道菜的大餐结束后，您会发现自己依然饥肠辘辘，除非您最后吃上一两盘米饭或面条。但这里有一个问题。

除非您能缠住服务员，他们不到最后是不会给您米饭的，简单地说，就是在一顿大餐的最后吃米饭显得有些土。（我们的小儿子马太例外，他六个月时就来中国了，所以没有一些不良恶习）。

您必须求服务员，"请先上米饭！"他们会高兴地回答，"好的，好的!"但这些话根本就是左耳进，右耳出。中国人一般不点米饭，所以他们也不相信您会点，您必须缠着他们要，就算这样，他们还是可能只给您一些餐后甜点，而不是米饭。

冰 水

"以我的名义，那些哪怕是赐人一杯冷水的人，都会得到回报。"当耶稣说这句话时，他一定是在谈中国，因为中国人不喝冷水。他们喝热水，说是热水对胃比较好（我已经在"水深火热"之中了，用不着再喝热水了）。

直到90年代初，厦门唯一提供冰水的地方是厦门东南亚大酒店。我们还发现在北京即使是五星级的酒店也只提供热水！

1993年，北京最好的酒店中的服务员坚持只提供热水，即使他们有用于冰镇葡萄酒和软饮料的冰桶。我建议将热水倒入冰桶，结果他们说："没有用的，热水会把冰融化掉。"

在第三天，我闯入五星级的厨房，把开水倒入冰桶，并且确认了一些冰块在热水的洗礼下幸存，但是，在下一餐中我们仍被告知，"没有

第十八章 厦门的餐馆

冰水"。接下来的两天内,我重复做了四遍,但直到我们离开的那一天,我们才喝到冷水。

在退房前,我顺便拐进厨房,并将一份打印清晰的关于冰水制作方法的纸张交给那里的员工。

具有讽刺意味的是,在厦门呆了 18 年后,现在我倒喜欢喝热水了……

厦门最好的外国酒店(您可以猜到是哪一家)的一个服务员,答应了三次要给我们米饭,但我们直到埋单后也没有吃到饭。然后,她居然建议我们将米饭打包回去。

我们多年来一星期数次地请求厦大餐馆的服务员,先上米饭。但只是在近几个月来他们才开始听话。实际上,他们常常在开始做我们点的菜之前,就把几碗白米饭丢到桌上——然后,我们就开始盯着这些白米饭,直到半小时后主菜上来。但冷饭总比没饭好。

味精

如果您是那对味精过敏的 10%的美国人中的一员,您应该去找鼓浪屿上的天主教牧师,让他帮您完成最后的仪式。

您可以请求服务员,在您所点的所有菜中,"请不要放味精",但当您感觉到舌头上的刺痛感,脸也开始发红时,您就会懂得该厨师在煮菜时是用铲子加味精的,并且也开始相信没有生物能够离开这种多用途的烹调用化学物而生存。看一下 1950 年以后出的烹调书,肉、蔬菜、点心及其他所有的东西,都要求放味精,而且还加以强调。幸运的是,今天还有一些餐馆提倡"不放味精"!

避免味精的最好的方法是在家里煮中国菜……因此在下一章中我将教您做几个厦门招牌菜。

闽菜

好清香酒楼 从1940年起就用她的闽南小吃款待了从东南亚各地来的美食家,这些小吃包括我妻子最喜欢的粽子(金字塔形,用竹叶包裹着糯米和肉丁)、蒜头糕、葱肉水饺、芋头糕、海蛰(目前还没有花生黄油鱼)。我们喜欢的菜有"土鸡炖人参"和"洋鸡煮蒲公英"(不知是否专为"铁公鸡"而做?)。还有"草菇鱿鱼罐"、"吉祥蜜露虾球"、"糯米蟹肉粥"、"炸五香"(一种厦门最著名的菜肴)、"清蒸小龙虾"、"油炸松鼠鱼"(我最喜欢这道菜)、"辣味狮子头"(中国肉丸——味道好极了!)和"瓢形辣味鸭"。电话:2209178

　　1店地址:湖滨中路59号

　　公交车:乘30、23、10路车在中山医院站下

　　2店地址:中山路1号东海酒店6楼

　　公交车:乘多路公交车到轮渡下

鹭江酒店——位于与鼓浪屿隔海相望的轮渡上。鹭江闽南菜和"药膳"处方已经上了美国电视。也可以尝尝他们的点心。在屋顶用餐可以让您一览鼓浪屿的美景。地址:鹭江道54号

　　电话: 2022922 转 709

　　公交车: 2、19、27、30路

点　　心

　　我认为"Dimsum"这个单词比起中文点心二字来说与计算更有关系。手推车中装满了碟子和小蒸笼,您可以在里面选您喜欢吃的:鸡爪、水饺、肉和蔬菜、猪脚或米粥等。然后服务员就会在一张像"中国宾果"(Bingo,

鹭江点心

第十八章 厦门的餐馆

宾果是美国流行的一种用带有数字的牌所玩的游戏)一样的纸片上盖上神秘的符号。如果您问价,他们就会给您来个让您不知所以然的数字(dim sum),可能他们认为老外太笨了(dim),根本没办法算出来(sum)。

但言归正传,厦门确实有一些好点心——其中一些我甚至愿意花钱在加州购买。

排名第一! 林家鸭庄 1988 年 9 月我们在林家鸭庄吃了来厦门的第一顿饭(位于厦门大学旁边,对着南普陀寺)。这家餐馆是由一个也是在 1988 年搬迁过来的台湾家庭开办的,他们的中英文菜单上列有 100 多条菜名,包括许多闽南特色菜。

对于精打细算的人(苏珊·玛丽称之为"小气鬼"),我推荐 5.50 元的"排骨肉饭"。这碗排骨肉饭中包含米饭、茶叶蛋、蔬菜和日式通客酥(一种沾有面包屑的炸猪排)——只要半美元多一点啊!也可以试试蜂巢香芋鸡、炸鱿鱼、麻婆豆腐、厦门花蛤炒蛋或牡蛎炒蛋……外卖电话:2086666

地址:思明南路 418 号或 412-2 号
公交车:1、2、3、7、15、18、21、45 路

新侨酒店 宣传册上这样说:
"欢迎来自国内外的各位来宾,'春晖苑'中餐馆向您推荐'新侨'美食——冷烩辣猪肠、蟹肉鸡汤、啤酒醉鸽、紫菜蛋卷、海蜇色拉/白切

鸡,还有广东菜、中国南方菜和几百种'新侨'早茶。"

好吃。不过还有呐："海虾堆长城"、"厦门春卷"、"双味龙虾"、"虾饺"。

地址:中山路444号 电话:2038883

公交车:1、2、3、4、10、11、12、15、18、23、45路

厦门宾馆 在中山公园旁边,以福州菜"佛跳墙"(一种由鱼翅、鲍鱼、海参、干贝、牛筋等构成的美味什锦)闻名。也不妨尝尝"日出东山"、"东海龙虾"。

佛跳墙!

地址:厦门市虎园路16号厦门宾馆

电话:2053333

网址:www.cityhotelxm.com

公交车:乘19或27路车到中山公园下

华侨大厦 以闽南菜闻名,试一试"豆腐炖黄瓜"、"月牙韭菜饼"、"厦门葱油饼"或"莲花鸡肉卷"。

电话:2660888 地址:新华路70~74号 中山路文化宫对面

网址:www.xmhqhotel.com.cn

悦华酒店 早在1988年就以其西方咖啡屋的"麦可罗尼干酪"抓住了老外的心,也从老外钱包里拿走了不少银子——它是厦门唯一一款正宗的外国菜。现在,我们随时随地都能吃到外国菜,但悦华的中国菜及其用餐环境和价格仍然很有优势。去尝尝"龙王赴宴"(炸龙虾)、"炸蟹腿"、"佛跳墙"、"铜钱虾饼"、"萝卜鲍鱼球"、"群鸟朝日"(暴露狂?)和"辣味烤鳗"吧。24小时营业。

地址:湖里区悦华路101号

电话:6023333 公交车:16和80路

网址:www.xmmandarin.com

第十八章 厦门的餐馆

悦华会展酒店 与会展中心相邻,提供丰富的早餐、中餐和晚餐。请注意一些特别的促销活动,如目前的客家菜美食节(也有法国美食节)。

牡丹大酒楼(松柏店) (参见"广东菜"部分)

舒友海鲜酒楼 可能是厦门最好的,它是"海洋世界"与"红龙虾"的紧密结合,既可以欣赏海洋生物,又可以品尝极品美味。先在一楼的鱼箱中挑选您最喜欢的海鲜,像鳗鱼、章鱼、鱿鱼、海地龙、海胆、贝类等等,然后上二楼餐厅,等待您选择的"牺牲品"被加工上桌。的确是顶级的美食(不过价格也是顶级的)。网址:www.shuyou.com

舒友海鲜酒楼(滨北分店)

地址:湖滨北路中行大厦裙楼 1~4 楼　电话:5098888　5095588

公交车:12、36、87、98 路

舒友海鲜酒楼(维多利亚分店)

地址:白鹭洲维多利亚俱乐部 N 座 4 楼　电话:5060199

公交车:15、86、87、88 路

舒友海鲜大酒楼(湖里分店)

地址:华泰路 3 号　电话:5687888　5689999

九龙塘食府 在船舱改造成的餐厅中享受美味的海鲜!闽南菜、广东菜和海鲜。地址:环岛路 49 号

电话:2515335　公交车:2、17、22、29 路　胡里山炮台后面

南海渔村 在厦门有四家分店,供应福建(闽南)菜和广东菜,以及比"海洋世界"更多的海洋生物。

鹭江路上的海港分店永远地"趴"在那儿,一群群生物在水池、鱼缸、炒菜锅中(也许还会

在餐盘中)爬行蠕动。我曾经看到一个由美味的蝎子组成的小军团,争相往塑料篮子外面爬,并在我要踢这个篮子之前高竖尾巴向我示威。赶紧选好室内或室外的座位,然后再去选择你口下的"牺牲品"。

南海的分店

鹭江道店

地址:思明南路418号之六　电话:2390288

前埔店

地址:前埔不夜城禾前路43~46号

电话:5912028

会展店

地址:会展中心对面环岛路旁　电话:5023188

五缘湾店

地址:五缘湾特色商业街,五缘湾大桥旁　电话:5789588

谷歌网(Google)上关于一家厦门餐馆的文章的翻译

"God in the human mouth, its employees will be released from their bones. In today's era of free food, how to eat delicious crack eat – Cheerful personality, and people who eat the increase a notch."

(Google上机器翻译的文字,未再译成中文——译者注)

鲤鱼门食府

地址:新华路70~74号厦门华侨大厦1楼　电话:2113333

网址:www.xmhqhotel.com.cn

鲤鱼门食府(鸿翔店)

地址:湖滨南路鸿翔大厦三楼

电话:5188867　公交车:10、27、30、45、810、811路

第十八章 厦门的餐馆

辣椒王食府 闽南菜,还有湖南菜、四川菜、客家菜

地址:金鸡亭西林路46之11~15店面。 电话:5982472

邮箱:xuehq@hotmail.com 公交车:5、19、26、28、30、37、44、95、202、810路 卧龙晓城附近

巴蜀川菜

四川菜,但也有很好的闽南菜(试试辣虾)地址:莲花路口香江花园正对面

电话:5136617 公交车:3、25、23、40、45、73、85、505路

海滩爱好者的饕餮之处 就在厦大面朝海滩的大门外,沿环岛路南行,过了胡里山炮台就可以看到了。它是一座小餐馆,供应各式菜肴和海鲜。价格经济,风景怡人。我们喜欢在屋顶用餐(但并不意味着所有东西都在屋顶上)。品茶、游泳,或者干脆闲坐,欣赏那神奇的双桅中国帆船优雅地驶过厦门和台湾金门岛之间的水域(如果借助双筒望远镜,您可以看到在金门岛巡逻的台湾士兵)。

闽北菜

武夷农家 以经营天然食品、野生淡水鱼、野菜和自酿米酒为特色。

地址:厦禾路千禧园881号11~14 电话:5814111 5814222

闽东菜

闽东太姥酒楼

地址:厦禾商厦323之17六中对面 电话:2284615

粤菜

据说广东人除了桌子和椅子外,所有四条腿的东西都吃;除了飞机外,所有有翅膀的东西也都吃。所有你听起来心惊胆战的东西,如活猴脑和生鼠仔,都是广东菜。如果你想吃这样的菜,自己找吧,因为我不会去吃。

潮福城

地址:湖滨北路28号,建业大厦裙楼,中行对面

电话:5058688 5115127

福满楼

地址:厦禾路银行中心6楼

电话:2682188 2682388 公交车:11、15、22、45路

碧宫酒店 提供上等的广东菜,由知名厨师在中国营养学家的指导下烹制而成。尝尝他们的早茶(点心),还有"莲花金银蟹肉"、"仙鹤亮翅"、"银丝蒸龙虾"。24小时营业。

地址:湖滨中路烟草大厦

电话:5854828 公交车:12和36路

牡丹大酒楼(松柏店)

经营闽南菜、广东菜和海鲜。

地址:天虹商场

公交车:3、27、31、32路 湖滨北路也有分店,电话:5042999

花之霖餐饮

地址:南湖公园南门右侧

电话:5365333 公交车:32路

西海湾小木屋

经营广东菜和闽南菜。

地址:东渡港北通道牛头山公园内 电话:5828899

传真:5828660

大丰园(海韵店) 经营广东菜和闽南菜。

第十八章 厦门的餐馆

地址:珍珠湾厦门软件园创新楼二层　电话:25808588 2580988
传真:2580988

佳丽海鲜大酒楼　经营广东菜和潮州菜。

地址：湖滨南路819号宝福大厦4楼,国贸大厦附近　电话:5165555

公交车:3、10、19、23、25、26、27、30、45路　网址:www.jialigroup.com

九龙塘食府(参见'闽菜'部分)——您一定要去尝尝!

川菜

四川菜是最流行的,到处都可以看到!只要寻找川菜这两个字。也可以参考"火锅"部分。

巴蜀川菜

经营四川菜、闽南菜,去尝一尝辣虾吧。

地址:莲花路口香江花园正对面　电话:5136617

公交车:3、25、23、40、45、73、85、508路

蜀都川菜

地址:长青路161号 电话:5087736

公交车:32、36、40、99路　长升大酒店站下车

阿甘川菜馆厦门杏林

地址：白泉街建昌大厦3之12~13号,肯德基旁边　电话:3953846

公交车:52路　电子邮箱:cxsm88@126.com

阿香川菜馆

地址：吕岭路龙江大厦左侧

电话:5553163　公交车:34、36、95、98、105路莲花三村站下车

重庆顺发川菜

地址：湖里区嘉园路47之2

电话：5659437　公交车：49路到嘉园路

杨红川菜馆

地址：石亭路17号旁　电话：5048631

公交车：12、15、26、31、72、86、88、98路特贸站下车

香满楼川菜

地址：湖里区嘉禾路771号　电话：6023402

公交车：27、44、56、67、79路永升新城站下车

三峡川菜

地址：湖里区兴隆路505之12

电话：5700782　公交车：11、523路三中站下车

沪华川菜

地址：富山花园25号　大洲菜市场对面　电话：5052197

公交车：9、45、23、27路国贸站下车

火锅(冬天的温暖！)

鲜羔楼三味火锅　地址：仙岳路452号之3　电话：5105388

公交车：33、40、86、521、805路侨建花园站下车

桔地无烟烧烤与火锅　韩国和日本风味　地址：禾祥西二路79号

电话：2089666

公交车：10、30、811路禾祥西路下车,海港旁边

沃尔特大叔吃火锅

第十八章 厦门的餐馆

李老六火锅城(湖明店) 供应重庆味火锅

地址:湖明路 20 号

电话:2366602

公交车:9、10、23、30、45、521 路国贸大厦下车

李老六火锅(厦禾路店) 经营火锅和川菜

地址:厦禾路富兴大厦 2 楼

电话:3858789

公交车:35、97、808 路

李老六火锅(凯旋店) 经营火锅和湘菜,4 小时营业。

地址:金榜路 69 号农贸市场 2 楼　电话:3858128

公交车:48、808、526 路

三叠水腊排骨火锅 腌制猪肉火锅——云南丽江纳西族特色菜

地址:摩尔莲花美食街 28-1134　电话:5522116

公交车:10、46、507、526 路

梁大骨火锅

地址:湖滨北路 98 号特贸大厦二楼　电话:5062727

潮州菜(上等海鲜)

海福坊休闲会馆

地址:莲花海山路口嘉莲里 2 号别墅　电话:5215888

传真:5258777　公交车:3 路

狮王府中餐厅 也提供东北菜。

地址:文曾路铁路疗养院旁,上李　电话:12562835

公交车:87、531 路上李站下车

景州 6 号 上等潮州菜和海鲜

地址:环岛路景州乐园内

小马哥大酒楼

地址：安兜林后 441 号　电话：5769548

公交车：27、37、41 太古宿舍站下车

上海菜

上海.上海（新店白楼）　赏心悦目的环境,生动传统的中国表演。看看你能否不在门卫的帮助下打开电子前门。

地址：环岛路曾厝垵西边 1 号　电话：3928008　传真：3928038

公交车：17、808、811 路厦大软件园下车

上海.上海（新港广场南楼）　电话：5311195

公交车：12、26、31、36、36、87、98、805 路新港广场西堤别墅下车

上海.上海（宝龙店）

地址：嘉禾路宝龙中心 A8

电话：5039577　传真：5040110　公交车：10、46、56、58、808 路

厦门醉爱

经营上海菜、潮州菜、闽南菜和台湾菜,非常有名。

地址：禾祥西二路华侨海景城 91 之 1

电话：2683131　公交车：102 路禾祥西路尾下车

鹭发美食（湖里店）　前门气势恢宏,但餐馆本身也很引人注目。这家投资 3800 万元的店占地 8000 平方米！它有 1500 个座位、22 个包间和 10 个豪华 VIP 包房。餐馆很长,如果你坐在南端,你需要打的去北端的浴室。虽然如此,鹭发还常常客满。有哪些美食？任何你能想到的东西,从闽南菜到潮州瓦罐到上海毛蟹！难怪她会成为苏姗·玛丽最中意的餐馆。

　　他们的特色菜是台湾菜、闽南菜和粤菜,还有澳洲和南非鲍鱼——鹭发说它们能治百病！

第十八章 厦门的餐馆

"鲍鱼能够滋阴、降血压,还能润肤。传统中药认为鲍鱼能够提供重要元素,减少干燥,改善肝脏和眼睛的功能,并能治疗肝虚肾亏,虚劳发热,肝缺血及视力模糊。"

"现代医学认为鲍鱼营养丰富,富含蛋白质、脂肪、铁、钙、磷和维生素,是很好的滋补品。以传统的方法用瓦罐炖鲍鱼成了餐桌上的一道极品。"

如果鲍鱼还不能治好您,试试鱼翅:

"长久以来,鱼翅都被认为是餐桌上的稀有之物,并以其强身健体抗衰老的作用闻名于世。鱼翅富含有机凝胶,能够改善血液循环和增进体能。当烹制好时,柔软且易溶于口的鱼翅,配上上好的调料,就是您与众不同的招待亲友的最佳选择。"

好了,各位,每人198元,我想我还没有傻(慷慨)到要请大家享用鱼翅。还是上糖醋菜吧。

电话:5658888 地址:湖里区海天路22号

公交车:22、43、40、4路湖里建行站下车

东北菜

当我想念水饺时我就要去开荤——比如来些东北馄饨——与中国的饺子一样,它里面包着猪肉、牛肉、羊肉、海鲜、豆腐、菠菜、胡萝卜、韭菜、大蒜、洋葱——只要您能说得出来的!东北菜里有很多肉、浓酱、醋、大蒜,而且面粉比大米用得多。快用面条、包子、煎饺和馒头塞满您的胃吧。

松花江饺子馆 地址:湖滨南路164号中山医院对面 电话:2206839

东北饺子王(莲前店) 地址:莲前西路18号之1-4 电话:5521132

东北饺子大王

地址:莲花公园旁

电话:5138754　　公交车:3、23、45、85路莲花中学站下车

老知青饺子馆

地址:湖滨南路98号　电话:2202855　公交车:10、23、44、45路

老知青饺子馆（富山店）　地址：嘉禾路假日商城对面　电话：5169699　　公交车：3、18、19、54、616路

太阳岛饺子城　地址:禾祥东30号之3

电话:5826373　公交车:35、48路在岗亭那下车,向左走

哈尔滨大排档　便宜啊!

地址：湖里步行街　电话:2573912　公交车:9、11、22、40、43、83、94路湖里区政府站下车

东北风味饺子坊　地址:湖滨南路24~28号　电话:22119211

东北佬风味饺子馆　地址：莲前西路百合20号4店　电话：8263979

东北家乡菜　地址:厦大海滨街77号　电话:2097991

湘菜

"湘菜"的出名之处在于它所用的醋气味芬芳,及其在烹制过程中加了大量辛辣的胡椒粉。作为湖南人,毛泽东甚至还把胡椒粉掺进面包里烤。

潇湘情怀湘菜馆　地址:金榜路东方巴黎裙楼　电话:5825929

公交车：3、16、2、50路金榜公园站下车

聚德轩湘菜馆　地址:禾祥西路二路91号华侨海景城G2-G3

电话:2387137　公交车:22、45、48路

湘中湘菜馆　地址:永同昌锦绣广场243号

电话：5203538　　公交车：6、10、27、36、42、46路

老湘好食府　　地址：莲前西路336号之二　　电话：3267890

公交车：5、19、26、28、30、37、95、101路

湘江红酒楼

地址：湖滨北路201号宏业大厦1楼　　电话：5209900

公交车：36、99、530路

杭州菜

玉麟阁　　地址：湖滨南路SOHO二楼　电话：5333366

杭州食客

地址：火车站附近银河大厦

电话：5825957　　公交车：所有开往火车站的公交车

杭州小笼汤包　　经营小吃类。

地址：新华路48号

电话：3996586　　公交车：3、8、10、12、19、18、21、27、32、51路

客家菜

"没吃河田鸡，不算到长汀。"——客家话是这样说的。正宗的客家烹制法简单而又神秘。客家居住地以外的客家菜常常不正宗，但即使是赝品也值得一试。试试这些地方：

客家第一府（文化宫店）

电话：3996995　　公交车：3、8、10、12、19、18、21、27、32、51路

客家餐馆

地址：湖滨北路金桥路1~5号

电话：5322797　　公交车：15、36、85、

客家河田鸡

86、97、98 路 PSB 对面

好兄弟客家食府　地址：吕岭路 169 号之 34　电话：5237715

公交车：34、36、39、45、73、96、98 路泰和花园站下车

四角井客家菜

地址：嘉园路 126 号　电话：6030092　公交车：41 或 49 路

名客家食府

地址：湖滨中路白鹭洲正大门旁　电话：5036816　公交车：97 路

徽菜

逍遥津徽菜馆

地址：顶沃仔 6 号之 16（厦大西门附近）

电话：2196983　公交车：2、17、48 路

素餐

100 多年以来，人们一直享用着南普陀寺的素宴——对于眼睛和肚子来说，它们都称得上是饕餮盛宴（不过按照日本人的说法："饱了眼福，就等于饱了口福。"）。

邓小平非常喜欢他们的芋头，所以他让厨师带了 200 磅回北京。（警告：千万不要把牛肉和芋头放在一起吃，否则后果自负）。

素排骨饭！

餐馆设在南普陀寺内（穿过离厦门大学最近的大门，沿着拱门径直往后走）。网址：www.nptveg.com　电话：5855113　公交车：1、2、3、7、15、18、21、45 路

鼓浪屿美华老人疗养院——上等的素菜,经济的价格。需提早一天预订。他们烤全麦面包,制家常面条,并且乐于此道。来这座漂亮的山顶疗养中心放松一下身心,好好呆上几天吧。要去那里,乘开往鼓浪屿岛后的渡轮到鼓浪别墅酒店下。下了轮渡,右转,沿海岸北走一点儿,登上花岗岩的羊肠小道(就在汉语拼音的发明者卢戆章的半身塑像后面),在岔路口向左走,往山顶的公墓再过去一点就到了。 电话:2066517

大方素食馆 我的最爱。从南普陀寺穿过街巷,就在麦当劳左边的楼上。我喜欢他们的素糖醋排骨——全是素的——还有素鱼(包含鱼头、鱼鳞和鱼尾)!您不妨也尝尝他们的素菜饺子。

地址:思明南路412之9号 电话:2093236

公交车:1、2、3、7、15、18、21、45、71路厦门大学站下车

素味派尚时餐厅 有多种美味可供选择,不含肉、蛋和味精。楼上装修豪华。

地址:禾祥西二路19号华侨海景城 电话:2356519

公交车:10、11、22、23、30、45路

素食之美

地址:禾祥东路12-6号,豪客来旁

电话:5825998 传真:5825998 网址:www.sszh.com

公交车:48、526、808路奔马新村旁

天荷素食餐厅

地址:演武花园顶夭仔10-2

厦大西村,邮电局对面

电话:2197837 公交车:2、17、20、22、29、48路

西北拉面

西北拉面馆 这里您吃不到猪肉，因为牛肉才是这里的当家肉类。它们是由来自中国西北新疆的穆斯林开的。在厦门到处都可以看到这种面馆，您只要寻找皮肤黝黑、头戴白色亚麻无檐小帽的人就行了。

Hexiang E. Rd. #170 (禾祥东路 170 之 15)

可以现场观看他们是怎么做拉面和刀削面的。尝尝牛肉汤和牛肉饺子吧。它们虽然便宜，也能填饱肚子，但也有可能很咸。虽然可以少放点油盐或胡椒，但却很容易搞混，所以动动你的脑筋……

新疆谚语："清炖羊肉汤，老头吃了像小伙子一样，老太太吃了像大姑娘一样。"

动动脑筋 (Use Your Noodle)

破坏中文声调的不只我们老外，还有中国西北的一些穆斯林。

有一天，常住厦门的比尔·乔伯到中山路一家穆斯林面馆用餐。他要了一碗拉面，而且要求不放辣椒。中文里"辣"是第四声，而拉面的"拉"是第一声。这对那位年轻的穆斯林服务员来说，听起来是一样的。他抗议说："拉面不拉，怎么做?!"

新疆阿凡提饭馆——厦门市区的中东绿洲！环境优美，食物精美，价格公道。

地址：禾祥东路 170-15 号，加油站对面，火车站附近 电话：5819220 公交车: 48 路

第十八章 厦门的餐馆

胡一刀(厦大店)——我们儿子的最爱

地址:厦大西村顶沃仔邮局斜对面

电话:2573858 公交车:2、48、87、96、503、531、616、818 路

西北拉面(厦大店)

地址:厦大一条街群益楼 101 号,南普陀寺对面 电话:2574381 公交车:1、2、3、7、15、18、21、45 路

西北拉面(江头店) 地址:江头西路 66 号 电话:5567322

公交车:10、39、81、808 路江头菜市场站下车

清真西北第一家拉面

地址:湖滨北路特贸大厦旁 电话:5334591 公交车:12、15、26、31、36、72、86、88、98 路

清真西北拉面馆 地址:嘉园路 20 号 电话:5752791 公交车:16、504、813 路

新疆小摊 在世贸中心美食广场,供应烤羊肉和一些城中最好的穆斯林扁面包(新疆馕)。它们是烤的,不是炸的,所以不油腻。是做比萨饼底座的上选,你可以在数分钟内将它们拍到一起。只要加点番茄酱、香料(罗勒、牛至)、猪肉、碎干酪(从橄榄油商店或麦德龙买),你就可以拿到必胜客去赢取那令人心动的诺贝尔比萨奖了。

回民餐馆(火车站旁明旺贸商城5楼美食天地)

牛肉面(尝尝闽南著名的泉州牛肉)

汤博士牛肉面中西餐厅

地址:思明南路 117 号 电话:2134879

泉州牛肉店,江头

地址:嘉禾路344号,江头

电话:5529096　公交车:18、27、34、44、51、52路

正宗泉州牛肉店　地址:屿后南里31号

电话:5071929　公交车:8路松柏公园站下车

牛肉庵

地址:禾祥东路金庭花园门口　公交车:48或810路奔马新村对面下车

加州牛肉面

地址:大唐世家厦门三中门口

口味牛肉面馆

地址:海天路287-7号　电话:5758568

龙岩风味牛肉小吃(宝龙店)

地址:宝龙中心后侧　电话:5079936　公交车:10、44、46路

阿肥台式红烧牛肉面

地址:华昌路区政府旁　电话:5748553　公交车:9、11、22、34、40、43、83、94路

刀削面　看着他们灵巧地削切面团,并把切削下的面条弹入锅内沸腾的水中。然后将这些新鲜的面条和肉、蔬菜、调料一起翻炒。您在其他地方绝对找不到比这更新鲜的面条,而且只要几元一碗。

刀削面

第十八章 厦门的餐馆

蒙菜

草原城 位于莲花菲律宾领事馆附近。您可以在穿着蒙古服装的少女的服侍下像蒙古人一样大快朵颐，好像您就成了可汗本人。试试飞饼，还有那薄饼包裹起来的烤羊腿，里面放上大葱丝和甜面酱（吃法就像北京的片皮鸭）。

杰瑞德在吃小羊腿

如果您不像绵羊一样胆小，那就叫只烤全羊吧。两个女孩端来一个大木盘，上面站立着一只烤焦的生物，缠上东西的眼睛凝视着您，下巴扭曲着，俨然是场大屠杀的牺牲者。非常美味。

如果您要烤全羊，需提前24小时电话预定。电话：5553318

地址：嘉莲里嘉莲花园3号 公交车：3、23、45路菲律宾领事馆附近

狗肉

我的两个儿子是在这里长大的，他们吃过狗肉，而我却从没有碰过。但猪比狗聪明，所以一直被人吃……

坂头狗肉店，集美

地址：集美区324国道坂头路口 电话：6261005 公交车：54或617路

黑土地菜馆

地址：南山路33号之1 电话：5607723 公交车：41路工业学校站下车

悦园酒店鹿宴餐厅

如何烹狗见《魅力厦门》第四版

地址:湖滨南路 203 号悦园酒店

电话:2217808　公交车:10、23、30、45、30 路

中式快餐

今天您可以休息一下……用不着吃汉堡和炸鸡了!

吴再添小吃店　融入了当地人的麦当劳理念。店里的 300 个座位上常常坐满食客,他们津津有味地享用着厦门的美食,如"葱油饼"、"芋头饼"、"炸洋葱丸"、"粽子"、"虾面"、"辣味面"、"海蜇"、"章鱼"(我的最爱)和"红烧猪蹄"(自打吃了这蹄子后,我也变得健步如飞)。

地址:厦门市大同路 49 号

电话:2022357　公交车:2、3、19、23、30 路轮渡站下车,走一小段路

黄则和花生汤店　和新中国在同一个月成立(1949 年 10 月),20 多种小吃和花生做的饮料没准儿会让吉米·卡特(美国前总统,1977—1981 年在任——译者注)兴奋得发抖。价格也不贵。来尝尝"炸鸡蛋芝麻丸"、"花生汤"、"饺子汤"、"炸枣"、"面茶"和"香炒糯米饭"吧。想要口气清新?试试"油炸香蒜"。厦门各地都有。

总店:中山路 22~24 号　电话:2125825

公交车:2、3、8、10、11、12、19、23、25、28、30、31、32、44、50、51、66、67、85 路

黄则和花生汤店(侨建店)

地址:侨岳里 25 号　电话:5101336

公交车:24、31、33、86、98、201、530 路侨建花园站下车

世贸中心商场顶楼美食广场(火车站旁边)　来自中国各民族甚至世界各国的美食汇聚一堂。身着民族美服的服务小姐会为您端来云南美食,您也可以尝尝日本寿司、中国水饺——甚至汉堡。

天天多多乐 经营韩国风味、日本风味和台湾风味菜品,有莲花分店、文园分店、金榜分店等。可以到网上查查。

无名子 遍布厦门各地——湖里店、帝豪楼店、宝龙店等。

永和豆浆大王

多年来,苏姗和我希望能够吃到烧饼、油条和热豆浆,我们在台湾的早餐就是这些——似乎是在一家叫作Dunkin'Doughsticks(tm)的漂亮的小连锁店吃的。令人高兴的是,永和豆浆大王来了——在这里您可以吃到中国的小吃,还可以享受到欧洲快餐连锁店中快捷的服务及干净明亮的氛围。

我们原以为这家位于假日酒店对面的店铺是一家肯德基,但走进一看,才发现并非如此,它上面并不是我们熟悉的红白相间条纹,而是布满拉长的红色和白色的三角形图案,就像一个巨大的西洋双陆棋盘。再靠近一点看,招牌上熠熠放光的哪是什么桑德斯上校啊,分明就是一位慈祥的中国老爷爷嘛,招牌上还写着"永和豆浆大王"(不过原来的老爷爷的招牌后来不再用了)。

"尝尝去,老潘!"苏姗兴奋地说。

在听到这句话之前,苏姗那懒鬼丈夫本来是想吃林家鸭庄的特色菜通客酥的,但苏姗一直喜新厌旧——而且永和豆浆大王确实让我们很难抗拒。所有我们在台湾最爱吃的早点这儿都有,甚至更多。

现在,其他企业都在打豆浆生意的算盘。已经有几十家有着相同红白西洋棋盘格调的店铺,但名字却五花八门,有永和豆浆大王、永和大王、豆浆永和大王——甚至永和豆浆。当许多中国式炸鸡汉堡店在数月内就销声匿迹时,它们似乎更适合做中国的快餐。

所以,正如莎士比亚所说:"那就豆浆吧!(Soy be it,其实莎翁的原文是So be it,作者在这里玩了个文字游戏——译者注)"

永和豆浆大王1店:SM城市广场二楼
电话:5554167　公交车:40、34、41、50路
永和豆浆大王2店:中山路一带水仙路22号　电话:2031038　公交车:2、3、8、10、11、12、19、23、25、30、31、32、44、51、66、67、85路

第十九章 国际菜系

欧式菜

奥利瓦尔(Oliva)环境优雅——称得上厦门第一！从菲力牛排、香煎大西洋鳕鱼片和新西兰羔羊肉到墨西哥卷饼、烤牛柳、芝士汉堡、比萨饼和卡酋秋葵浓汤，主厨艾伦·阿切塔(Allen Anchetta)样样都会。

地址：白鹭洲路42号福满家园

电话：2230578

意大利菜 厦门拥有40多家意大利餐厅！(登录魅力厦门网站了解更多餐馆信息)

Lasagana 我的最爱——价廉物美，环境温馨——老板托尼还很擅长和顾客侃大山。尝尝乳清干酪、朝鲜蓟比萨饼、马铃薯球以及用花椰菜和熏肉做成的通心粉……

地址：轮渡春光酒店1楼(鹭江宾馆附近)

电话：2050669 13860178898

电子邮箱：igiveyoumore@hotmail.com

突本意意大利餐厅 美国人迈克尔(Michael)和蒂埃里(Thierry)于马哥孛罗东方大酒店对面开了这家餐厅"使得我们能在一个高雅的地方就餐"。从他们的大肚腩来看，这里的食物该够得上水准！

地址：建业路1之16号

电话:5046026　公交车:86路

我的比萨——主厨罗斯奥·盖伊塔诺(Russo Gaetono)非比寻常的美食创意(诸如"米老鼠"比萨饼)让进餐倍添情趣。我喜欢茄子派(实际上不是派)而苏珊钟情鲈鱼。

地址:莲花北路25号,莲花二村菜市场附近

电话:5591560

公交车:3、23、25、40、45、73、81、85路

神能·布朗做的美式色拉

必胜客

坐在位于海滨大厦24层的必胜客,您可以观赏厦门及鼓浪屿的全景。您还可以试着在他们的只能取食一次的色拉碗中建造一座最高的色拉楼。中国的色拉建筑高手会巧妙地用黄瓜和洋葱片蘸色拉酱来堆叠,最后建成一座比萨色拉斜塔。

网址:www.pizzahut.com.cn

必胜客海滨大厦店

地址:鹭江道52号海滨大厦24层

电话:2033876　公交车:2、3、10、19、30路,轮渡站

必胜客莲花店

地址:莲花经协大厦二楼

电话:5132627　公交车:23、45路,莲花路口站

必胜客东方时代广场店

地址:湖滨西路东方时代广场1~2楼

电话:2282506　公交车:22、30、45、48路

必胜客家乐福店

地址:莲前西路与嘉禾路交汇处明发商业广场负一楼

公交车:616 路

日本料理

可怜的日本人,在经历了几十年的经济发展之后仍然用不上煮鱼用的燃料(他们总吃生鱼片),也买不起跟桌子配套的椅子(他们总是跪在地上吃)。不过他们爱吃鱼的习惯还是为他们挣了不少面子,因为日本人平均寿命稳居世界第一。

日本料理不仅以低胆固醇、低脂肪、低卡路里和高纤维著称,还讲究赏心悦目(日本人的说法是:"饱了眼福,就等于饱了口福")。

海景皇冠大酒店、马哥孛罗东方大酒店和厦门悦华酒店都有不错的日本料理。不妨也体验一下下面这些料理店:

东京都

地址:湖滨北路 16 号新港广场 A 座　电话:5314688

宝船日本料理

地址:嘉禾路 170 号嘉莲大厦一楼　电话:5555530

公交车:10、46 路　宝龙中心附近

桃太郎日本美食广场

地址:禾祥西路 805 号国贸广场 2 楼　电话:2214545

网址:www.momotaro.com.cn　公交车:48、85、97、509、526、528 路

多桑日本料理

地址:SM 城市广场 2 楼　电话:5528181

多桑湖滨店

地址:湖滨北路与莲岳路口交汇处通宝大厦一楼

电话:5330158

松鹤日本料理

地址:禾祥西路267之24号　电话:2205592　公交车:48、97路

大口日本料理松柏店

地址:仙岳路638号　电话:5108803

公交车:201、812、616路,乌石浦站

本岛日本料理

地址:禾祥东路25号之9(太阳城对面)

电话:5851733　传真:5859733

公交车:48、526、808路

日本小丸子

地址:世贸商城5楼

韩国料理

朝鲜半岛延伸到太平洋中,因此毫无疑问韩国人喜欢吃海鲜。与日本人一样,鱼、泡菜和大米是韩国人的主食。与日本人不同的是,韩国人买得起煮鱼用的燃料(他们不吃生鱼了)——但仍然买不起椅子(他们同样跪在地上吃)。

朝鲜民族也吃肉——朝鲜人更多的是吃猪肉,而韩国人则吃牛肉。

韩国菜包括可口的沙锅菜、炖菜、烧烤,当然还有"臭名昭著"的泡菜(用材几乎信手拈来,然后再把它们放到一缸泡汁里长长地泡上一段时间就OK了)。

饭菜以辛辣且发酵过的辣椒酱和豆瓣酱调味(韩国的航空公司把它们装在牙膏状的管子里分发给乘客,我通常带几个回家就午饭吃)。

友情韩国料理

地址:厦门大学海洋三所旁　电话:2573114

公交车:2、35、82、86、87、809、812路

阿里郎韩国料理

地址:厦禾路820号帝豪大厦1楼　电话:2960722

高丽雅韩国料理

地址:SM商业城3楼384~385号　电话:5595245

公交车:18、33、34、40、41、44路

汉城韩国料理

地址:滨北育秀里53~65号

电话:5035411　公交车:31、36、86路,体育东村站

汉釜百货,韩国时尚店

地址:湖滨南路万禾广场二楼3号　电话:5076098

公交车:10、19、30、33、95路,富山诚达购物广场站

泰国菜

辛辣的泰国菜不仅能增进食欲,而且在味觉上也是一种享受。

金象湾泰国餐厅

地址:禾祥西路华侨海景城马尼拉楼　电话:2387999

公交车:35、99、533路,至禾祥西路尽头下车即到

芭堤雅泰餐厅

地址:莲岳路37号百合花园5号店　电话:5112993

公交车:33、40、85路,莲花路口站

巴西烤肉

巴西烤肉,放在烤肉叉上并置于开放式的火上烧烤,在厦门可是

大大有名,可是每份烤肉的分量少之又少。我们曾经惊诧于端上来的烤牛肉只有那么狭长的一小块——我们没想到的是,随后他们每隔几分钟就端上来一样,有羊肉串、鸡腿、火腿肠、腓肋牛排和肉排。我很快就饱了(对我来说只要自助餐和沙拉就足够了)。

万隆巴西烤肉

地址:湖滨北路 55~57 号中信惠祥广场 1 楼　电话:5369223

公交车:36、49、72、86、87、88 路

亚马迅巴西烤肉

地址:鹭江道 8 号国际银行大厦 3 楼　电话:2078810　传真:2078890

电子邮箱:xmyamaxun@hotmail.com

公交车:2、3、8、12、19、27、32、51、71、526 路

法 式 菜

莎诺欧式经典餐厅

筼筜湖店地址:白鹭洲路 503 号,金秋豪园　电话:2234551

公交车:26、85、506、812 路

总店地址:嘉禾路 174 号嘉莲大厦一楼

电话:5569612　公交车:10、15、44、46 路

半岛咖啡厅,厦门国际会展酒店

地址:会展二路 199 号

电话:5959999　网址:www.seaside.cn

厦门索菲特大酒店

地址:湖滨北路 19 号　电话:5078888

泉州红石法式餐厅

地址:泉州市后城旅游文化街百源路　电话:0595—22187273

距厦门大约 90 分钟车程

印度菜

印度风——美境美食！ 地处开明电影城

地址：江头北路 69 号　电话：5557699

古巴菜

哈瓦那　位于莲花麦当劳和菲律宾领事馆附近，提供餐前小吃及烤肉。除了黑色天鹅绒小精灵外，餐馆里的一切都用木头和熟铁制作，颇具墨西哥乡村之风，勾起食客怀旧的思绪。可别错过这个地方哦！

地址：凌香里 88 号　电话：5536005

好莱坞菜

老别墅西餐厅　"208 Rodeo"（一家位于洛杉矶比佛利山上的清幽的高级餐馆）的主厨及总经理托梅·拜伦（Tomer Biran）帮助他的朋友艾利克（Arik）在中山公园附近一座高雅幽静的别墅里开的餐厅。

地址：白鹤路 10-1 号　电话：2044358

电子邮箱：the-house@166.com　公交车：16、86、87 路

咖啡厅

佛罗伦咖啡厅——美味的芝士汉堡；无线上网的首选之地。

地址：建业路，马哥孛罗东方大酒店对面

电话：5145677　传真：5145377

网址：www.javaromas.com　　公交车：26、72路

雅子咖啡馆　　环境高雅；楼上为无烟区，有壁炉，可观赏筼筜湖景致

地址：建业路1号吉祥家园（马哥孛罗东方大酒店对面）

电话：5063338　　电子邮箱：zqm@asia-foods.com

网址：www.masako.cn

美丽时光咖啡厅　　位于厦门大学校外，颇受老外的欢迎。拥有乡村风格的装潢，并提供用餐、阅读、无线上网冲浪的舒适沙发和椅子以及可口的自制面包。

地址：厦大演武路1号2楼A室　　电话：2191687

日舞咖啡屋　　大多数周末有现场音乐会、美味的食物、来自世界各地的大量音乐CD收藏（有的甚至来自其他星球）。尝尝烤羊肉及素菜（须提前三小时预定）——味道好极了，当然这里的主人迈克尔也会制作酵母卷。您还可以光顾他在厦门大学附近开的黑糖咖啡厅。

地址：鹭江道252号国贸海景　　电话：2390538

公交车：28、50、6路

黑糖咖啡

地址：顶沃仔19号（厦大附近）　　电话：2198726

莱蜜滋那　　供应巨无霸汉堡和美味的咖啡

地址：湖滨西路11号　　电话：2684129

海景咖啡厅（海景皇冠大酒店）　　与其说它是一家餐馆不如说是咖啡厅；有最好的西式自助餐。体验一下他们的圣诞和感恩节特餐，还有中餐、日本料理和意大利菜。　　地址：镇海路12-8号

咖伦比咖啡（无线上网）

地址：建业路1号之10　　电话：5312246　　马哥孛罗东方大酒店对面

棉花咖啡

地址：禾祥东路18号之2　电话：8541646

城市光廊音乐美食主题馆

总店：禾祥西路685号　电话：2210768　公交车：48、97、808路

分店：白鹭洲路150号　电话：2213850　公交车：86、87路

玛琪雅朵咖啡

总店：禾祥西路故宫路101号　电话：2287628　公交车：35、48路

分店：湖滨南路&白鹭洲路　电话：2209288　公交车：15路

我的客厅红酒吧

地址：建业路31之28（马哥孛罗东方大酒店斜对面）　电话：5758558

上岛咖啡(UBC)　有几十个分店。登录魅力厦门网站了解详细地址和电话。

酒吧和夜生活

遗憾的是，这方面我知道的不多(我的夜生活是在家里过——当然日生活也是)。但是从魅力厦门的论坛评论看来，比较受欢迎的似乎是好莱坞酒吧(海景皇冠假日酒店——永远等着你哦)、NASA(筼筜湖畔的宝龙大酒店)、面具酒吧、ELITE酒吧等等。

面具酒吧

地址：湖滨北路15号外贸大厦2F　电话：2388386

公交车：12、87路

NASA(宝龙大酒店的NASA)

地址：白鹭洲湖滨中路133号　电话：5323333

ELITE酒吧

地址：厦门建业路14号阳明楼

快餐（登录网站了解更多信息）

友间小栈 正如麦当劳的广告所说的，你今天应该休息了。忘掉那些全世界随处都可以找到的连锁店，去品尝一下真正的当地小店

所提供的美味鸡块、汉堡和薯条，价格比那些知名的同业者要便宜许多。他们用现场烤出的鸡胸肉做成鸡肉三明治。食物全是新鲜的而不是加热过的。

友间小栈由一对友善的年轻夫妇经营。给自己一天的休息时间，打的去的时候向司机出示以下名片就可以了！

中式快餐

天天多多乐文园店

地址：文园路63之11号

电话：2911515　公交车：3、12、14、17、19、21、27、32、35、67路，将军祠站

天天多多乐莲花店

地址：莲花二村菡青里　电话：5538417

多多乐西餐厅金榜店

地址：千禧园凯旋广场路口　电话：5808612

公交车：1、17、21路，金榜公园站

无名子　遍及厦门各个角落——湖里、帝豪大厦、宝龙等等。

第十九章 国际菜系

无名子湖里店
湖里区华昌路7~8号　电话：6026919

无名子帝豪店
地址：厦禾路820号帝豪大厦一楼　电话：2961095

肯德基和麦当劳

我喜爱的是中式快餐（例如林家鸭庄），至于那些由来已久、号称垃圾食品的西式快餐，厦门有十七家肯德基（还有一家肯劳基(Kenrocky)炸鸡店，一家卡拉炸鸡加盟店……），几十家麦当劳和四家必胜客等等。似乎每天都有新的快餐店出现，如果你想了解更多的地址信息，请登录魅力厦门网站的餐馆部分，或者访问魅力厦门论坛的"持筷一族"(chopsticks)饮食部分。

很接近，但不是麦当劳叔叔

肯德基中国网站：www.kfc.com.cn
麦当劳中国网站：www.mcdonalds.com.cn

第二十章
中西家常菜谱

在中国,下馆子既便宜又充满乐趣,但是厦门品种丰富的食品市场也使得在家做菜成为一件乐事。厦门自古以来就是丰饶之地,蔬菜、瓜果、鱼类、禽类和食用菌品种繁多。只要您叫得上名字,就能在厦门找到,与老家相比,既新鲜又便宜。

旧版的《魅力厦门》为忘带食谱的老外提供了西式菜点的制作方法。而现在我们有了网络(登录魅力厦门网站查看"E-Z 老外生存食谱"),闽菜的菜谱十分难找,因此我于下面总结了我们喜爱的一些菜肴的制作方法,尽量不放味精以寻求每道菜肴的原汁原味。

从老家带来……

橡皮刮刀、齿状面包刀、奶酪、烟熏液、槭树香料、杏仁香精、薄荷萃取物、柠檬汁、月桂叶、迷迭香、南瓜饼香料、多香果、辣椒粉、鼠尾草、百里香、马郁兰、夏香薄荷(后四者可做出美味的火腿肠)、胡荽叶、牛至、胡椒粉、卡宴辣椒粉、豆蔻香料、芹菜籽、芥末、培根粒、欧芹、莳萝、蜡纸、蛋白蛋糕烤盘、馅饼盘、AK-47 突击步枪(看看谁能真正读懂这些)

厦门(闽南)风味小吃

五香

将切块的猪肉和鱼肉、葱、荸荠、酱油、五香、地瓜粉一起搅拌,用

第二十章 中西家常菜谱

豆皮包卷。油炸,切成片食用。

春卷

更像是闽南版的墨西哥玉米卷。使用的是市场上卖的春卷皮而不是玉米粉圆饼。以胡萝卜丝、竹笋、豌豆、肉末、虾仁和豆腐做馅,或者市场内外您能想到的其他任何东西也可。将馅炒好,加入盐和酱油,用春卷皮包卷。蘸上少许芥末、辣椒酱和苏梅酱,再配上炒鸡蛋、韭菜和香菜一起食用。美味极了!

葱油饼

将鱼肉、切块的猪肉及荸荠一起搅拌,加入少量地瓜粉、葱和少许五香粉、糖和盐。捏成球状,裹上碗中的米淀粉,蒸至熟透。冷却后,撒上您喜爱的中国BB[①]牌高级调味品(辣椒酱、腌制萝卜干等等)。

土笋冻(海蜇和海虫)

厦门的头号小吃,值得一试。这些美味是从沙滩的淤泥中挖出来的。点到为止。

将海蜇洗净,用慢火炖至胶质溶解。把汤盛在杯中,加入海虫。冷却凝固成果冻状。

蘸点中国的辣椒酱、芥末和醋更美味。

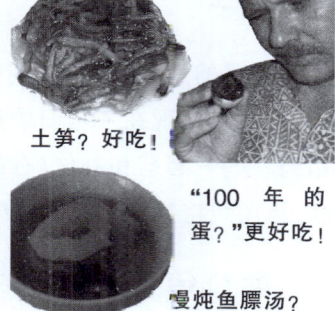

土笋?好吃!

"100年的蛋?"更好吃!

慢炖鱼膘汤?

[①] BB牌,并非Bill Brown 的简称,而是当地的一种优质调味品!尝尝这些调味品!BB网站:www.bbmercy.com。

鱿鱼卷

数南普陀对面的林家鸭庄最地道,但这里将教您如何自己制作。洗净鱿鱼,放于清水中浸泡两至三个小时。切成薄片并划出对角线状,加入竹笋、葱、番茄、糖和醋一起炒至鱿鱼卷成管状(如果煮得过头了,鱿鱼吃起来可就跟橡胶做的葡萄差不多了)。

海蛎煎(海蛎——鸡蛋煎饼)

将蘸有地瓜粉的海蛎用酱油煎炒,倒入调匀的鸡蛋炒至熟透。加入香菜,蘸上芥末、辣椒酱一起食用。

炒米粉

将米粉炒至金黄,过一下开水去油。倒入花生油用旺火将肉片、鱼、蘑菇和竹笋炒熟,加点鸡精、绍兴酒和盐。放入米粉,趁热食用。味道棒极了。

粽子

苏珊的最爱——呈金字塔形状,用糯米和其他配料做成。原先是端午节才有,现在一年四季都可以吃到。可以自己动手做:先将糯米、猪肉、荸荠、蘑菇和虾仁(有的也使用红豆)炒好,用竹叶包成金字塔形状,再用线将其裹紧放入水中煮至熟透。

厦门的西餐制作

与大多数西餐相比,中餐不仅新鲜,种类繁多,而且更健康。下馆子既有趣又便宜——尤其是您非得吃林家鸭庄的特色中式快餐不可。偶尔思乡使您情绪低落(确实有这样的时候)或着厌倦了干香菇和炖

第二十章 中西家常菜谱

鱼唇,可试试下列家常菜。幸运的是,现在在厦门就能找到制作一顿精美西餐需要的所有配料。登录魅力厦门网站了解我们喜爱的食谱,以及我喜爱的配料——麦片和豆腐的用法小窍门(尽管它们天差地别!)。

早餐:中国的麦片不仅便宜而且可以做出可口的燕麦粥、牛奶什锦早餐(或用格兰诺拉麦片)、松饼和煎饼(使用当地的酸奶调成糊状加入香蕉片)。将中国的馒头切片烘烤,尝起来就像英国的松饼!蘸点当地的果酱味道更棒。至于真正的享受则是品尝意大利丽歌牌早餐麦片。可到麦德龙购买,与家乐氏和宝氏早餐麦片相比更美味,价格甚至便宜一半。

午餐:用广州产的龙岛牌火腿肠和品客薯条(也可使用当地好吃的薯条)即可做出美味的三明治。

晚餐:用中国的面条做意大利面,以梅林牌番茄酱和肉末并加入少量罗勒、胡椒粉和盐做面酱。将面酱涂在新疆馕的表面就做成一个可口的小比萨饼。或者简单点,直接从必胜客外带一份比萨饼,或者到倍顺超市购买一份冷冻鸡肉派(遗憾的是,现货很少)。

麦片和豆腐!

麦片和豆腐同样美味、健康(两者都可防癌)、更宜且用处多。豆腐甚至是奶油乳酪及乳清干酪的绝佳替代品——因此有了下面的食谱。

在接下来的几页,我将罗列出制作格兰诺拉麦片(牛奶什锦早餐)、饼干和麦片面包等的"狂爱麦片"食谱,以及苏珊喜爱的食谱——用豆腐制作小菜和甜点(很难相信,它们不光味美,而且营养多多),登录魅力厦门网站了解更多的麦片和豆腐食谱。

提示:从厦门的商店中可以购买到英国、澳大利亚和美国的燕麦片。中国的麦片同样优质,价格却便宜三分之一到一半(制作格兰诺拉麦片,一定要用燕麦片)。

痴迷麦片

麦片煎饼 将 1 1/2 杯麦片和 2 杯酸奶混合(往 2 杯牛奶中加入 2 汤匙醋),先搁在一边待用。取另外一只碗将 1/2 杯面粉、1 茶匙糖、1 茶匙苏打(用手指捏碎以免有块状)和 1 茶匙盐混合搅拌后倒入麦片中,再加入鸡蛋调匀。于热油锅中煎至金黄。涂上一层蜂蜜,加入香蕉片。

潘维廉博士的麦片面包 在大碗中放入 2 杯麦片、1/2 杯蜂蜜、1 汤匙盐和 2 汤匙人造奶油,并倒入 2 杯开水混合搅拌。

在 1/2 杯温水中放入 1 袋(或汤匙)干酵母,待其溶解。

面糊冷却后加入酵母和 5~6 杯的面粉一起调匀。

边揉面边加入面粉直至面团变得柔软光滑。

将面团放入涂上油的碗中,盖上布,直到其发酵至两倍大。

用力拍打面团,放入涂上油的面包煎锅,待其发酵至两倍大后抹上鸡蛋,然后放入预热至 350℃ 的烤箱中烤 30~40 分钟。

放在架子上冷却,切片,与可口的大麦卷心菜汤一起食用。

麦片牛奶什锦早餐(格兰诺拉麦片) 麦德龙有售意大利丽歌牌早餐麦片(比家乐氏更美味,且价格便宜一半)。我们的小儿子马太,非麸麦片不吃。(网址:http://www.molinonicoli.it/) 牛奶什锦早餐便宜,做起来也有趣。

下面的食谱是一个月吃的量。

用一个大碗或者盆装满燕麦片。放入一匙盐。慢慢滴入花生油并不停地搅拌防止麦片结成块状,加至麦片湿润即可。以同样的方式加入 1~2 杯蜂蜜。再加入 2 匙香草和 1 匙肉桂一起搅拌。放入生花生和其他坚果。将其放入预热至 350°C 的烤箱中烤 20~30 分钟，每隔 10 分钟搅拌一次防止烤焦。待其冷却后加入弄碎的干果——厦门的干果很多。我加的是椰果、香蕉片、木瓜干、芒果、菠萝、苹果、杏仁、葡萄干和无花果……

为了方便，加入几袋奶粉搅拌，并置于密封容器内。然后只需加冰水搅动就可食用。

麦片饼干(四打) 将下面配料过筛：

白糖 1.5 杯、红糖 1.5 杯、筛过的面粉 3 杯、盐 2 茶匙、苏打 2 茶匙、发酵粉 1 茶匙。加入 2 杯起酥油和 6 杯燕麦片，在碗中打入 2 个鸡蛋再加 2 茶匙香草搅拌均匀。往涂过油的饼皮中放入 1 茶匙量的配料。用叉子压平，放进预热至 350°C 的烤箱中烤 12 分钟直至呈金黄色。

不请吃豆腐就捣乱！

豆腐营养价值高，富含蛋白质，且可以预防癌症，是很好的奶油乳酪和乳清干酪的绝佳替代品——因此有了苏珊·玛丽用豆腐制作芝士蛋糕和千层面的食谱。它们如此味美让您很难相信它们还营养多多。

豆腐芝士蛋糕

轻松制作 8 寸馅饼皮：将奶油夹心饼干如奥利奥，搞成碎块，加入两汤匙人造奶油，用大调羹将其往烙馅饼用的平锅中压实。放入预热至 350°C 的烤箱中烤 5~10 分钟直到呈金黄色。冷却。

馅：豆腐 1 磅(2 杯)、柠檬汁 2 汤匙、红糖 1/4 杯、油 1/4 杯、蜂蜜 1/3 杯、香草 1 茶匙、盐少量、白面粉 1 汤匙。

用食物处理机将配料搅拌成糊状，并填入还未烤好的馅饼皮中，然后放入预先加热至 350°C 的烤箱中烤 45 分钟左右，直到馅料边沿的表皮开始形成。

豆腐曲奇布丁

配料:蒸豆腐1/2磅(1杯)、油2汤匙、香草1茶匙、盐少量。将配料放入搅拌机或食物处理机中搅拌至糊状。把8个奥利奥饼干(每个分成四小块)加入布丁中,冷却两个小时或一整夜。

两道豆腐千层面

按照您喜爱的千层面食谱制作,只需以豆腐替代乳清干酪,以馄饨皮(可到市场上购买一叠)替代意大利面条。吃过馄饨皮之后也可试着用豆皮代替(将其泡软但不要裂开)做一碗营养价值高又非常美味可口的千层面。下面列出苏珊·玛丽的千层面食谱:

意大利面酱　1~2袋豆腐

1.5磅的馄饨皮或者一叠干豆皮

莫泽雷勒干酪和帕尔马干酪(到橄榄油店购买)

用烘过的肉末做面酱。可放入蒜末,或用鸡精炒过的葱末(葱越多越好)。在9英寸×13英寸大的锅里放薄薄的一层面酱,并盖上1~2层馄饨皮(或者浸泡过的干豆皮),舀取捣碎的豆腐,分层堆在肉酱和少量帕尔马干酪和莫泽雷勒干酪上。重复堆叠直到锅满。顶部放上薄薄的一层肉酱和少量莫泽雷勒干酪和帕尔马干酪。盖上锅盖,以350°C的温度烘烤45分钟直至熟透。

可供四个大人吃一餐或一个青年人吃半顿。

吃素菜小窍门

蔬菜通常用粪肥浇灌,因此生吃时应用洗洁精和清水彻底洗净,去皮或置于开水中浸泡10秒钟。或用氯水冲洗(一加仑水加入一匙氯水),之后用开水洗净。

将饮用水煮沸10分钟。据说三个月以下的

炭烤红薯

第二十章 中西家常菜谱

婴儿应该用饮用水(软水)洗澡!

旺季和过季……

在中国,尤其是在厦门生活的最大好处之一是我们拥有大量的新鲜水果和蔬菜。当然,新鲜是由于处于旺季,尽管季节变得越来越长,但这一切还是要归功于中国越来越方便的公路及水路运输(而且现在我们的温室也多了)。

当然,水果罐头和干果一年四季都有。

漳州的芦柑和香蕉、莆田的荔枝、长泰的柚子(略微象葡萄柚)和龙岩的梨等等颇受水果爱好者喜欢。与老家相比有同样多的选择,旺季还更便宜……

香蕉——全年,尤其是夏天　　哈密瓜——五月、六月
椰子——全年　　　　　　　　葡萄——七月、八月
番石榴——六月　　　　　　　金橘——十二月、一月
柠檬——七月、八月(但其他时候也越来越常见)
枇杷——三月、四月　　　　　芒果——五月、六月
柑橘——十月到一月　　　　　木瓜——五月、六月
梨——八月　　　　　　　　　柿子——八月、九月
菠萝——五月、六月　　　　　李子——四月、五月
柚子——八月到十二月　　　　杨桃——三月、四月
草莓——四月　　　　　　　　甘蔗——一月到三月
番茄——全年　　　　　　　　西瓜——七月、八月

替代品

原料	配料
1 杯酸奶	1 杯牛奶和一匙醋或柠檬汁

1 杯甜牛奶	1/2 杯炼乳和 1/2 杯水
乳清干酪芝士	松软的白豆腐
费城奶油乳酪	松软的白豆腐
起司	无替代品!
1 茶匙麦芽糖	2 茶匙面粉
1 杯蜂蜜	3/4 杯糖和 1/4 杯水
1 品脱鲜奶油	1 品脱水和 2 杯脱脂奶粉,搅拌前加入一茶匙糖和一茶匙柠檬汁
1 杯坚果仁	1/3 杯黄油
1 个鸡蛋(发酵用的)	1/2 茶匙发酵粉
1 杯砂糖	1 杯蜂蜜或糖浆
1 匙发酵粉	1 茶匙塔塔粉和 1 茶匙小苏打
1.5 杯玉米糖浆	1 杯糖加 1/2 杯水
1 杯番茄罐头	1/3 杯新鲜番茄切碎慢煮 10 分钟
1/2 杯调味番茄酱或辣椒酱	1/2 杯番茄酱加 2 茶匙糖、1 茶匙醋、1/8 茶匙丁香
1/2 杯鞑靼酱	6 茶匙蛋黄酱加 2 茶匙腌碎小黄瓜
1 杯番茄汁	1/2 杯番茄酱和 1/2 杯水
1/4 杯肉桂糖	1/4 杯砂糖加 1 茶匙肉桂
1 茶匙多香果粉	1/2 茶匙肉桂,1/8 茶匙磨碎的丁香
1 杯鸡汤	1 杯鸡精溶解于 1 杯开水中

提示:登录魅力厦门网站了解更多小窍门和方便食谱——或者与我们分享您自己的菜谱。

附录

到厦门之前……

当东方文化冲撞西方文化

也许您也会被厦门的魅力所吸引而决定在厦门逗留一段时间——要想有点儿家的感觉,最好把自己的小家庭也带着(一些老外自夸:"我会像当地人一样生活。")。但是几个月之后,醒悟了,灰溜溜地夹着尾巴走了。

我爱厦门,但是老被盯着看及一声"老外"提醒了我:我不是也绝不会是中国人。因此当感受到压力的时候,我会求助于自己熟悉的东西。或者自我排解或向家人、中国朋友倾诉。所以行李中带上点儿在家乡时所用的物品会让您感觉就在家里一样。

从老家带什么来呢?

家人和家乡的照片、壁挂、精选的CD和DVD、短波收音机或者一两盘棋都是必备的。这些美妙的物什将帮助您保持心灵的平和,也会增进中国朋友对您以及您家乡的了解。

厦门仍然缺少一些老外的主食,故而,带上些家乡的好料,例如:牛至、罗勒、肉桂、肉豆蔻、几袋意大利面、墨西哥玉米面豆卷皮或者玉米粉圆饼和调味品,可以增进食欲,使心灵得到暂时的小憩。墨西哥菜颇受

诺贝尔比萨奖

老外和老内的欢迎(至今只有哈瓦那餐厅有类似的菜点),比萨饼容易做,可以用新疆的馕做比萨饼底材。并且与您的中国朋友和客人一起分享自制的比萨饼。

购在中国!

沃尔玛曾向美国人证明了"购在美国!",而中国人则认为"购在中国!",皆由于当今美国几乎所有东西都是中国产的。如果很大程度上本国的产品与国外的产品价格相当甚至更低,那进口国外的产品及

服务是毫无意义的。逐渐地,我们可以买到越来越多中国产的优质产品了——例如梅林牌番茄酱、内蒙古产的奶粉和麦片、北京产的盒装果汁以及上海的果酱——不含化学物质和防腐剂,而是真正天然的水果(而在美国这些都要标上"全天然"字样,并且价格翻三倍!)。

同样,外国的大型超市并非城市中唯一且最便宜的店铺,许多小零售商店同样提供不错的选择,不仅便宜而且服务态度好。试着去体验一下吧!

第二十一章 购物全攻略

在厦老外曾经为了寻找像样的牙膏，柔软的卫生纸和没有加咸蛋、豆沙的面包而穿梭于厦门的大街小巷，这样的日子已经远去了。在旧版的《魅力厦门》中，我曾介绍到哪里购买牛奶、鸡蛋、面粉、奶酪和肉馅等各种各样的东西，而如今数不清的商场和百货商店里能找到所有东西，所以我把这一章精简了。

本章只是概述，更多详细和最新信息请访问魅力厦门网站的"购物全攻略"(点击主页菜单即可进入)。

商场和百货商店

SM城市广场

位于嘉禾路上，占地120000平方米，有沃尔玛购物中心、屈臣氏、餐馆、快餐连锁店、福建最大的书店、大型家居卖场以及赛博数码广场(电脑、外部设备及各种电子产品)。电话：5517933

公交车：13、24、27、33、34、40、41、52、67、528路，从同安乘坐106路也可到达，提供大型免费停车场(请参阅"观光旅游在厦门"一章的"达尔文式驾驶")。

厦门明发商业广场

亚洲最大的商业广场之一，距离厦门地理中心火车站一步之遥，莲坂附近。投资数十亿人民币的商场占地 400000 平方米,包括 164400 平方米的商业广场和可容纳 2000 辆车的地下停车场。其建筑风格据说还融合了闽南客家土楼风格。建筑群包含世界上最大的旋转摩天轮、威尼斯式的小河和刚朵拉(Gondola,一种两头尖的平底船——译者注)、电影院和"娱乐城"。30 多辆公交车都能到达明发商业广场。

地址:厦门市莲前西路与嘉禾路交汇处

厦门天虹商场

于 2003 年 9 月开业,靠近喜来登酒店。地址:嘉禾路 323 号汇腾大厦　电话:5391336　公交车:27、99 路

世贸商城(火车站)

拥有美食广场和厦门最适合老外去的电影院(因为放映许多外国电影)。地址:厦禾路火车站旁

　公　交　车:1、3、7、9、12、14、16、17、19、21、25、26、28、37、48、43、71、72、79 路

沃尔玛

沃尔玛世贸中心店(火车站旁)　厦禾路 878~888 号世贸中心

电话:5827028

　公　交　车:1、3、7、9、12、14、16、17、19、21、25、26、28、37、48、43、71、72、79 路

沃尔玛 SM 城市广场店　湖里区嘉禾路 468 号 SM 城市广场内

电话:5569503　网址:wal-martchina.com

第二十一章 购物全攻略

麦德龙

来自德国的世界第三大零售商,到 2006 年 6 月在中国已有 25 家分店。只对会员开放,但只要提供护照就可以免费获得会员证。东西并不见得比其他地方便宜,但可以找到其他地方无法找到的东西(例如奶酪)。

距市中心有点距离,靠近机场。乘坐 22 或 33 路公交车可抵达。电话:5758888

地址:厦门市湖里区长浩路 8 号　网址:www.metro.com.cn

家乐福

来自法国的世界第二大零售商,于 2006 年 5 月设立在中国的第 76 家巨型超级市场。我们很容易看出它为什么叫巨型超级市场?因为它比沃尔玛更大,但也更嘈杂。而苏珊更喜欢比较安静的沃尔玛(虽然 18 年的中餐馆用餐经验应该已经让她对嘈杂习以为常了)。电话:2928849

地址:莲前西路与嘉禾路交汇处明发商业广场负一楼

网址:www.carrefour.com

来雅百货

中山路来雅　地址:中山路 358 号　电话:2110388

公交车:3、4、8、12、18、19、21、32 路

电子邮箱:zsqh@laiya.com.cn　网址:www.laiya.com.cn

SM 城市广场来雅　电话:5558288

公交车:13、24、27、33、34、40、41、52、67、528 路,从同安乘坐 106

路公交车可抵达

嘉禾路来雅 地址：嘉禾路261~265号 电话：5201588 公交车：3、6、7、10、18、27、42、51、52、53、54、55、56、79、96路

巴黎春天百货公司

(Printemp —— 多奇怪的名字啊！可中国人管它叫"巴黎春天")

巴黎春天世贸商城店 电话：5806568 公交车：1、3、7、9、12、14、16、17、19、21、25、26、28、37、48、43、71、72、79路

中山路巴黎春天 地址：中山路76~132号

电话：2040018 公交车：3、4、8、10、11、12、23、25、30、32路

好又多(又名诚达)

中山路好又多 地址：思明南路158号 电话：2136088 公交车：2、3、4、8、10、12、19、23、25、27、28、32、51、67、71、88路

富山好又多 地址：湖滨南路398号(富山诚达购物广场)

电话：5160515 公交车：10、23、26、27、37、45、96、509、517、518、526路

禾祥西路好又多 地址：禾祥西路609号

电话：8689482 公交车：10、23、30、35、43、48、85、97、526、528路

湖滨西路好又多 地址：湖滨西路10号 电话：3256188

公交车：10、11、15、22、23、30、31、45、48、66、71、97、102、509、520、528路

网址：www.trust-mart.com

电子城

购买电子产品、照相机和电脑的好地方(还可以到SM城市广场

的赛博数码广场逛逛）。地址：湖滨南路　公交车：10、27、30 路

华联商厦

地址：中山路 1 号，轮渡站　电话：2033232　公交车：2、3、8、10、11、12、19、23、25、28、30、31、32、44、50、51、66、67 路

华联商厦的"通天"梯！

华联商厦，又名东海大厦，是我们厦门第一家真正的百货商店，也是厦门第一座电动扶梯所在地。以前，这里的人们总要鼓足了勇气才敢踏上这座滚动台阶，这对我们来说真的太有趣了。

有一天，一群结实的码头工人互相挑衅着看谁敢跳下扶梯，3 岁的神能和我挤过人群，大胆地踏上厦门本地人从未走过的台阶。他们看着神能跑过去蹦上扶梯，一个肌肉发达的男人掐灭烟头，卷起袖子，也踏上了扶梯——结果摔了个嘴啃地。神能被逗乐了，指着那个男人说："爸爸，看那个男人多可笑啊！"

"不可以指着别人，这样不礼貌。"我说。

"为什么不可以？"神能反驳，"中国人每次都指着我们！"

橄榄油店！厦门旭立贸易有限公司

地址：禾祥东路龙祥花园 18 号之八

电话：5179188　想买奶酪、熏肉、金枪鱼、橄榄油、热狗调料吗？这里应有尽有。老外亲昵地称之为"橄榄油店"，距离火车站仅 10 分钟步行路程，出售您在其他地方买不到的进口食品，但是价钱不菲。

湖里免税商场

地址：兴隆路信息大厦 3 楼，湖里区政府旁　电话：6032085

鼓浪屿——旅游购物的天堂

尽管鼓浪屿是个让游客掏钱的地方,但可以淘到各种价格合理的东西,从珍珠、木偶和古董到诸如在"瓶内手工绘画"的工艺品。

中山路——厦门主要商业街

中山路

昔日厦门的商业和文化中心,如今已旧貌换新颜:翻新的殖民时期建筑以及琳琅满目的商店、小店、餐馆和快餐窗口。以孙中山(孙逸仙)名字命名的中山路从轮渡(鼓浪屿正对面)一直延伸至文化宫和中山公园。

白天的景色已经绚烂夺目,中山路的夜景更是活色生香。轮渡至思明南路段禁行车辆,建筑物表面的霓虹灯照亮整条路,犹胜维加斯。这里是步行者的天堂,如同中国版本的迪斯尼"美国大街"一样充满节日气氛,您可以一边欣赏小店不时飘出的中文流行音乐,一边在路边小铺品尝茶、咖啡和小吃等。

中山路主要目的地

华联商厦

中山路1号,外国人称之为"东海",是我们第一座"真正"的百货商店(成立于1987年),也是著名的"通天梯"所在地。

中国银行

地址:中山路4~10号,东海(华联)商厦正对面电话:2038076 我曾戏称它躲在巨大麦当劳人像的腋窝下,可是市政府把麦当劳人像拆了,堵住了我的嘴。

您可以把国外资金汇到人民币或外币账户,而最简单的方法是使用ATM自动取款机。等回国时支付手续费即可,而且现在这些取款机在中午也能使用。

黄则和厦门特色小吃店

中山店地址:中山路22~24号 电话:2024670

祥福春茗茶

地址:中山路50号 电话:2984558

ATM的长手臂

20世纪90年代中期,厦门最早的一批ATM机总在午休时分因某种原因停用。我曾跟一位银行领导说:"我觉得,厦门希望让人觉得很现代,但这些ATM机肯定是骗人的玩意儿。一定是有个小个子的家伙藏在里面分发钞票,因他中午要回家吃饭,所以用户就没法取钱了。"

"不是这样的!"对方辩驳道,"这些可是真正的ATM机!"

"我只是开个玩笑而已。"我忙对那个勃然大怒的银行领导说,但他还是余怒未消。

可随后不久,在ATM机上中午也能取到钱了。

我猜他们是让那个小家伙卷铺盖走人了。

希望不是因为我的那番话让他没了工作的。

天福茶叶

优质包装茶叶的专营店。
地址：中山路 52~54 号　电话：2022318

留春堂药店

地址：中山路 66 号　电话：2101639

金鹭首饰

地址：中山路 80 号　电话：2019078

第一百货商店

地址：中山路 83~103 号　电话：2024538

巴黎春天

地址：中山路 76~132 号　电话：2040018

华成钢琴

始于 1932 年！
地址：中山路 123 号　电话：2055923

新华书店

厦门最好的书店之一。
地址：中山路 163 号　电话：2024059

新华影音

地址：中山路 151~157 号　电话：8008582

三福百货

创立于1992年的服装店。
地址：中山路217号人民剧场1层　电话：2043461

厦门人民影院

地址：中山路217号　电话：2118776

中华电影院

地址：中山路225号　电话：2023881

来雅百货

地址：中山路358号　电话：2110888

诚达

地址：思明南路158号　电话：2136088

定安路夜市场

地址：思明南路诚达附近

友谊的使者——邮票

在中国，如果您愿意把用过的、外国来的邮票分给大家，您肯定能交到许多朋友，可没准儿您也开始想收集些漂亮的中国邮票呢。

过去，邮局为打击、取缔黑市而严格管制邮票市场。且既然彩色邮票都如此漂亮，谁愿意费劲买"黑票"呢？

中山路尽头、文化宫正对面的邮局是购买中国邮票的最佳去处，即使一些特种邮票也不贵。

也可以到邮政博物馆看看(参看"厦门博物馆"一章，第143页)。

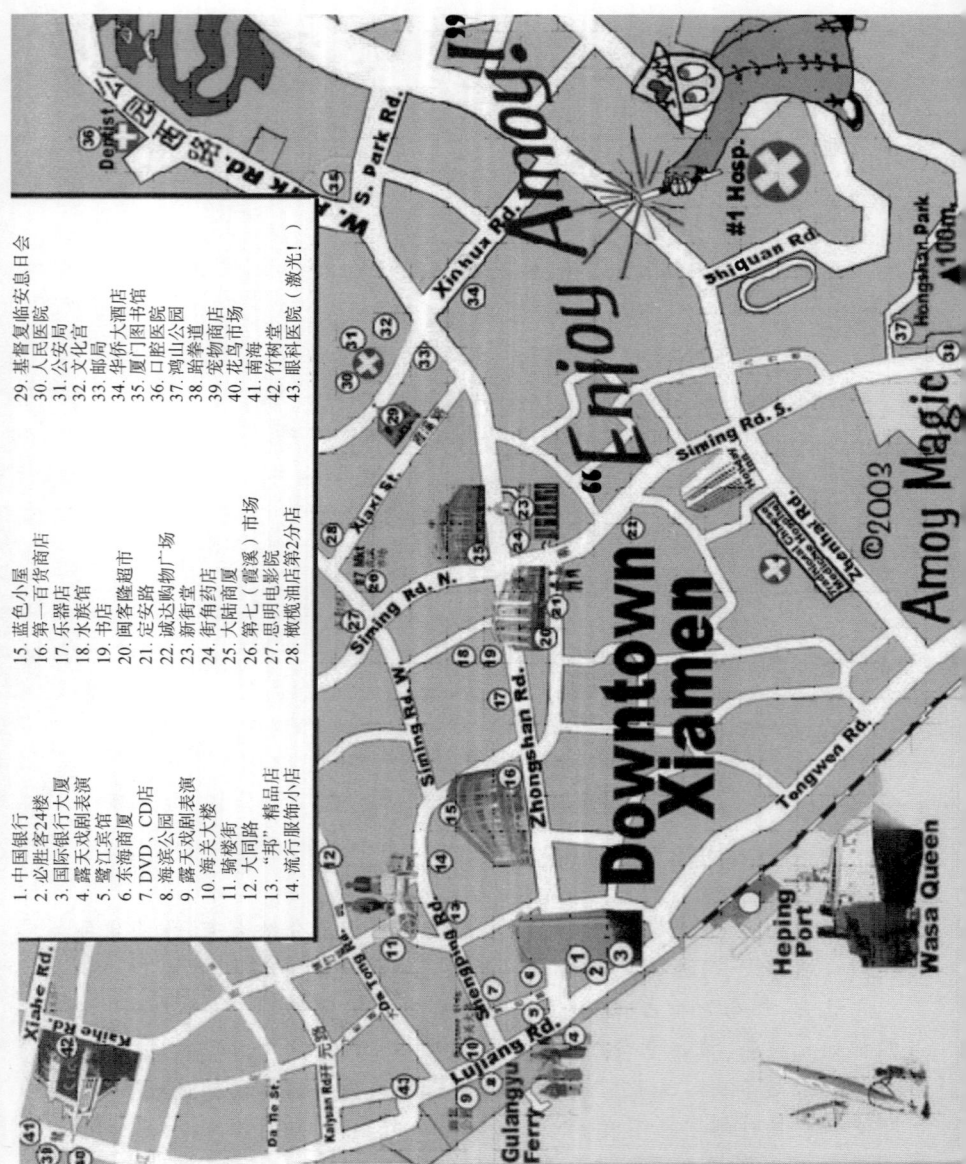

1. 中国银行
2. 必胜客24楼
3. 国际银行大厦
4. 露天戏剧表演
5. 鹭江宾馆
6. 东海商厦
7. DVD、CD店
8. 海鉴公园
9. 露天戏剧表演
10. 海关大楼
11. 骑楼街
12. 大同路
13. "邦" 精品店
14. 流行服饰第2分店
15. 蓝色小屋
16. 第一百货商店
17. 乐器店
18. 水族馆
19. 书店
20. 闽客隆超市
21. 定安路
22. 诚达购物广场
23. 新街堂
24. 角街药店
25. 大陆商厦
26. 第七（霞溪）市场
27. 思明电影院
28. 橄榄油店第2分店
29. 基督复临安息日会
30. 人民医院
31. 公安局
32. 文化宫
33. 邮局
34. 华侨大酒店
35. 厦门闽图书馆
36. 口腔医院
37. 鸿山公园
38. 跆拳道
39. 宠物商店
40. 花鸟市场
41. 南海
42. 竹树堂
43. 眼科医院（激光）

Downtown Xiamen

©2003 Amoy Magic

购物全攻略

提示：请访问魅力厦门网站以获得更多或更新信息

航班

(参看"观光旅游在厦门"一章)

古董

筼筜湖畔白鹭洲商业区或鼓浪屿龙头路小店。

厦门文物店

地址：湖滨北路36号
电话：5111349

全城最新款的古董！

100岁了！（那台缝纫机，而不是那个老人！）

我的一个广西朋友曾吹嘘道："我们厂生产所有最受欢迎的古董！"所以要小心辨别古币、陶器、家具以及玩偶。有个倒霉蛋从一大群卖家那儿买了50枚古银币，相信总有一枚是真的吧，结果却发现全部都是赝品。

我更喜欢"新"古董，比如商店里卖的脚踏式胜家牌黑色缝纫机。看起来像1910年商品目录里的东西，却非常好用。有些裁缝还在使用有100年历史的闽江牌缝纫机，看起来跟这个很像，但是性能更好。

家用电器

很难相信在 1988 年厦门还没有地方可以买到微波炉或咖啡壶。但今天您可以找到各种电器,而大型电器的运送和安装通常是免费的。

国美电器

优良的服务,合理的价格!
地址:厦禾路 628 号美仁广场　电话:2668913
公交车:1、8、25、28、85、87、88、102 路　网址:www.gome.com.cn

支持中国电器!

我们买了厦门出售的第一台微波炉!我们的朋友都颇为惊叹。厦门大学的一位教授问我:"微波炉要预热多久呢?"

我们还买了厦门第一台进口洗衣机(夏普牌)。

事实上,我们很想支持中国品牌,就向厦门大学的一位英语教授询问哪个品牌质量最好。"哦,买××牌吧!"他说,"我上周刚买了一台,售后服务太棒了!"

"您不是刚买的吗?怎么知道售后服务很好?"我问道。

"因为它第二天坏了,但是他们马上就把它修好!"

于是我们买了夏普牌洗衣机。

永乐生活电器

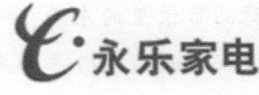

网址:www.yongle.com.cn
泰大店　　地址:嘉禾路 392 号国泰大厦
电话:5586520

嘉禾店　地址：嘉禾路阜康大厦112号

电话：5582888

湖里店　地址：湖里区华昌路8~12号

电话：6022399

莲前店　地址：莲前西路283号1~3号

电话：5198877

中山海景店　地址：思明南路188号定安商业广场　电话：2665858

东方明珠店　地址：嘉禾路211号之105# 东方明珠购物广场

电话：5378800

海沧店　地址：海沧沧虹路海沧娱乐城一楼A04单元、二楼B02单元

电话：6580087

松柏店　地址：仙岳路638号松柏小区翠湖村一楼商场　电话：5073699

电器维修

松柏电器维修部

地址：松柏莲岳小区里　电话：5201753

公交车：31、33、73、101、201路

长信家电维修

24小时上门服务！地址：松柏仙阁里149号一楼6号店面

电话：5205807

绘画

厦门是全球18%的油画产地！凭借中国三大油画中心之一的名

号,厦门吸引了6500多名画家在此一展身手,因此厦门的画作包罗万象,既有雷诺瓦(Renoir)和凡·高(Van Gogh)等大师的所有复制品,也有优质的中国原创油画,就像右边的这幅"阿丁"。

有空到**阿夏油画沙龙**逛逛

地址:湖滨北路18-5号

电话:5310653　手机:13906048923

网址:www.amoypaintings.com

电子邮箱:Donald@amoypaintings.com

汽车维修

顺龙汽车维修中心:不仅帮助维护我们至爱的"偷油塔"(Toyota,丰田车),还帮忙办理各种手续——从保险和交通罚款到税收和年检(记住了,这些烦琐手续正是著名的中国特色之一)。地址:大学路172号,厦门大学医院隔壁

顺龙汽修

电话:2085533,2191393,或13906040676

中国人如何选购!

选自《绿姜根》(A Race of Green Ginger) 第154~155页,作者:Averil Mackenzie-Grieve——20世纪20年代鼓浪屿的一位英国居民。

"我的中国女性朋友们教我如何挑选刺绣:揉捏缎纹刺绣针迹图案时,图案如果看起来像丝绸本身那么平滑,看不出一个针脚,那便是上等刺绣;而辨别北京锦绣(刺绣中的珍品)时,主要是检查丝线本身捻得怎么样。"

"他们还教我如何辨别象牙筷:把一双筷子平放在一起,上面滴一滴水,在水上横向放上一个小竹片。如果筷子是象牙做的,竹片会立刻旋转成为竖向后停止。如果是其他材料做的,竹片则保持一动不动。但是我是永远也学不会如何准确无误地分辨漆雕和人造贴瓜、景泰蓝和日本工匠用青铜分层和组装制成的工艺品。因为这需要深厚的中国传统文化背景,还有深邃的洞察力和不可思议的敏锐触感。所以,只有中国人才能凭指尖触摸轻而易举地读出麻将牌上刻的字。"

"中国朋友还教我们辨别玉的入门知识,如何观看透明度、纹理、色深,以及外表的光滑度,要像玉石浸入水中一样。但是她们只喜欢珍贵的祖母绿宝石做的首饰,而我更喜欢色彩斑驳的玉石,因为它适合各种富于想象的雕刻。"

羽毛球和体育用品

威林体育用品　地址:湖滨南路272之一号,闽南大厦对面

电话:5804682　公交车:10、27、30路

面包店

中国人把面包分为甜的和咸的,但是"咸的"不是真正的咸,只是不甜而已。"咸的"会比较好吃。

中国的炸馒头片吃起来就像英国松饼一样美味!再蘸点中国果酱(既便宜又好吃,而且不像进口果酱那样全是化学成分,是真正用水果做的),即是一顿美味早餐。

安德鲁森

厦门第一家"西式"面包店,也卖一些典型的中国面包——比如带绿色和紫色条纹的切片面包。看起来像有毒的蘑菇,但希望不是。

家乐福出售很棒的法式面包,作为一家法国连锁店,这也就不稀奇了。沃尔玛还有好吃的油炸圈饼。沃尔玛和面包店还可以为顾客定制生日蛋糕等(苏珊喜欢向阳坊的蛋糕)。

优思麦食品

一家很不错的面包连锁店。优思麦——英文是 Use Mind(动动脑筋),这名字估计是有人绞尽脑汁想出来的!

安德鲁森部分分店地址

厦大演武路 11 号,厦门大学附近　电话:2093999

莲花南路 24 号　电话:5130424

新华路 44 号　电话:2071955

中山路 388 号　电话:2052936

角滨路 31 号之 2　电话:2286086

禾祥东路 10 号　电话:5812862

莲岳路 33 号　电话:5099917

湖滨北路 33 号之 15 号店　电话:5060707

小学路 31 号之 19　电话:2684158

鼓浪屿龙头路 290 号　电话:2064186

故宫路 101 号　电话:2295966

华昌路 47 号 1 楼　电话:5628066

思明南路 292 号　电话:2038275

第二十一章 购物全攻略

莲前西路477之5号店面　电话:8266779

精选面包

世贸中心的安德鲁森张贴了一幅巨大的海报,上面有8~10种漂亮的面包。我的馋虫一下子被勾了起来——直到他们告诉我这些品种全都没有卖。

"那海报的目的是什么呢?"我问。

那女孩笑呵呵地说:"这些都是我们没有的面包种类。"

理发店和美发沙龙

比比皆是!可以试试大酒店里的美发沙龙,例如马哥孛罗或海景大酒店。我们自己最喜欢的是厦门大学逸夫楼里的小店。洗发只要12元,还包括头部、背部和手臂按摩(他们甚至可以帮您掏耳朵!)。

还有许多老式理发店,里面的椅子甚至可以列入博物馆收藏!您知道过去理发店的转灯为什么用红色条纹吗?据说是因为理发师晚上兼职当医生,用红色条纹来掩盖血迹。可是中国的理发店用的是绿色条纹。

是用来掩盖坏疽吗?有可能哦!

在厦大理发店,剪头发只要5块钱,而去一些美容美发学校还是免费的。当然根据物有所值的道理,您也不能期望太高,因为您的头发很可能要遭殃了。

自行车

90年代早期,厦门狭窄的马路上挤满了自行车,很少看到汽车。但如今自行车倒成了少有之物。真是可惜。动物学和人类工程学的研究表明地球上最有效的交通工具是自行车,既锻炼身体,又不污染环境。

百货商店、麦德龙或"自行车一条街"湖滨南路上的自行车行都能买到。我推荐上海产的"永久牌"自行车（访问他们的网址：www.forever-bicycle.com）。

杭州绿达动力电动车　地址：湖滨南路296号　电话：3939939
合力自行车行　地址：湖滨南路296号　电话：5807378
厦立自行车　地址：湖滨北路300号　电话：5858693

载客营生？

1988年我们到厦门后，为了获准买辆三轮车，我们往返周折赔上了整整六个星期的时间。那些店员不把车卖给我们，还说："这种是商用车辆，是不允许外国人拿它来挣钱的！"

Oct. '88

"我抛下美国的家庭和事业不是为了跑到这儿蹬三轮载客、挣那一天才一美元的'大钱'的！"我争辩道，"我只是想买辆家庭用的代步工具！"但是这些争辩毫无作用，直到我们把七个月大的马太抱给他们看。"太可爱了！"他们惊叫着，把玩着他的金色卷发，然后才把车卖给我，不过在交货前，他们还是让我签了份表格，承诺不会用这辆三轮车来挣钱。

刚骑上我的新三轮车时，就有个挽着女朋友的小伙子冲我喊："喂，到中山公园多少钱啊？"

伸缩自如的神奇毛衣！

在闽西龙岩市的一个街边小摊上，我妻子从一堆毛线衫里挑出一件中意的，但是太小了。"不要紧"，那个女人说，"穿的时候撑一撑就松了！""那可不一定。'苏珊说。她终于又找到另一件喜欢的,可是又太大了。"不要紧！"那个女人又说,"洗一下缩一缩水就刚好了！"

洗的时候会收缩！

书店

厦门图书城 在SM城市广场3楼,是福建省最大的书店！有各种书籍可供选择,包括进口英文小说和古典名著——甚至还有《心灵鸡汤》和《烹饪的乐趣》

地址：嘉禾路468号SM城市广场3楼 电话：5538373

尼西书屋 主要卖基督教书籍和礼物,也是唯一拥有我想要的所有书的地方。

地址：思明南路384号,华侨博物馆对面 电话：8767651 13616009337

网址：www.xmnissi.com 电子邮箱：xmnissi@yahoo.com.cn

新华书店 厦门最好的书店之一,地址：中山路163号 电话：2024059

光合作用——厦门至少有12家分店,其中7家里面有"悦读咖啡馆"。

总部：湖滨东路319号2楼 电话：5325361

电子邮箱：service@o2sun.com 网址：www.o2sun.com

厦门对外图书交流中心 地址：思明南路408号,厦门大学附近 电话：2195976 公交车：2、17、22路

必买之书！

《精选汉英英汉词典》 老练的老外都随身携带这个小红本,比当

年"红卫兵"挥舞毛主席的红宝书还要狂热。这是日常最为实用的词典——小巧便携,可以随时抽出来冲善意的老内挥舞。

保龄球专卖店

也经营二手货。地址:后江埭路126号永康大厦16楼 电话:2222412 网址:www.kt114.cn

商业服务

如果需要更全面的商业服务,或寻找住处、定居、初来者定位等等,联系恩派(OrientPlus)。电话:5811891 13906028020 电子邮箱:Eunice.orientplus@gmail.com

名片

自从使用计算机代替手调生胶块后,质量大大改善了。照片冲洗店或复印店也可以代印名片。

照相机

可以到赛博数码广场(SM城市广场3楼)或湖滨南路的电子城逛逛。公交车:10、27、30路

露天宿营具

SM城市广场里的小店。参看"运动与休闲"一章。

木匠

18年来,我们都找陈更生帮忙定做、改型或修理家具。只要您画得

出图来,他就可以做出来。他还可以转包大多数其他服务。电话:2184496　13003975041

地毯

斗西路有很多家地毯店。故宫路135号的那家店出售波斯地毯和手工刺绣立体挂毯等等。也可以到SM城市广场顶层逛逛。

厦门泛丽地毯有限公司　地址：禾祥西路431437号　电话：2214918

电子邮箱：gus@hrurj.com

亮捷家政(还帮忙清洗空调)

地址：湖滨南路富山名士园1号301

电话：5077189　电子邮箱：wufe314n@sina.com

网址：www.ljfw.com　公交车：10、23、37、45路

干酪、奶酪、乳酪

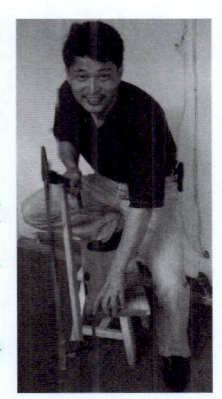

橄榄油店有便宜的英国切达干酪、意大利干酪和伊丹干酪。麦德龙的种类更齐全,但比较贵。如果您去北方的话,可要买北京干酪哦,既好吃又便宜。有一次我一下子就买了40磅。

小谈Cheese!

中国人为什么会给cheese取了3个名字(干酪、奶酪、乳酪)?90年代中期以前,他们甚至都没吃过。在厦门和香港,我都曾看见中国人买干酪汉堡包,吃的时候却把干酪扔掉。我问他们为什么不干脆买普通

的汉堡包,还比较便宜呢。他们说:"因为外国人都吃干酪汉堡包,所以我也要买!"买完又把干酪扔掉!着实令人费解。

西医自然有自己的一套理论:中国人有乳糖厌恶症。但是厦门现在有四家必胜客,当地人都把比萨、干酪汉堡包、酸乳酪塞进嘴巴,然后用牛奶送进肚里。那所谓的乳糖厌恶症到底是怎么回事?让我来告诉您好了。整个的东方乳糖厌恶症只不过是中国人用来折磨喜欢干酪的老外的阴谋。他们一直都喜欢干酪,只是从不承认——直到我把干酪从我的食品清单中删除,不再对它垂涎。现在他们吃干酪只是为了气我。

基督教礼品店

参看"书店"部分的"尼西书屋"。

衣服或服装

80年代流行的毛式蓝、灰服装已经一去不复返了。在中山路上的个性小店或来雅百货可以买到各种流行服饰。想要更好的衣服,可以找当地许多好裁缝。

黄色警戒

苏珊在1988年来中国之前把她所有颜色亮丽的衣服都丢弃了。她说:"中国人只穿深色——深蓝、墨绿和黑色……"

"那是'文化大革命'时期!"我说,"中国早就不是那样了!"

毫无疑问,我们看到厦门的女孩们都不戴蓝色的毛式帽子和穿蓝色的衣服,她们都

"拉倒吧,这可是深黄色的!"

穿色彩明亮的衣服和迷你裙。

"看吧看吧！我跟你说过的！"我指着一个穿着黄色迷你裙的可爱女孩说道。

"拉倒吧，"苏珊说，"这不也是深色吗？深黄色！"

电脑

电子城 品种齐全,地址:湖滨南路69号。
也可以到赛博数码广场(SM城市广场3楼)逛逛。

电脑维修

电子城里有维修店,或联系厦门电脑医院
白天电话:229389　晚上电话:8882513
电子邮箱:86592@126.com　www.xmpc120.com

调味品

忘了亨氏吧！试试厦门自产的BB牌(BB可不是代表比尔·布朗,或用浴缸炮制出来的(Brewed in Bathtub)哦)。慈光食品有限公司拥有50多年的经验,投资300万美元购买台湾设备,用于制造数十种调味料:辣酱、烤肉酱、甜酸酱、伍斯特郡辣酱油、芝麻油、烧烤辣椒油、酱油……点击我的魅力厦门网站就可以看到这家公司的幕后高手"超级姐妹"。

电话:5930227　电子邮箱:mercy@public.xm.fj.cn
侯总裁(Louis Hou):houlouise@126.com
网址:www.bbmercy.com
至于难寻觅的西式调味品,就到麦德龙看看吧。

菜油

中国人用花生油做菜,可能因为大家都为花生点大的微薄工资而忙碌吧。菜籽油更健康,但是味道总差那么一点儿。

橄榄油可以在橄榄油店或麦德龙买到。

水晶和矿石

我7岁就开始收集矿石和水晶,远远早于"新人类"用石头治疗哮喘、惧外症等各种疾病的历史。我们家实际上就是个博物馆,摆满了从中国各地收集来的标本——内蒙古的紫水晶、西藏的石英,还有福建的红宝石和蓝宝石(闽西的三明拥有中国第四大宝石矿床,盛产红、蓝宝石)。

厦门有很多家宝石店,比如陶然奇石轩。地址:SM城市广场地下一层WS02号商铺,靠近沃尔玛

电话:2056760　手机:13950171117

口腔护理

参看"厦门卫生保健"一章。

蛋

中国人信誓旦旦地说白色大鸭蛋比黄褐色的小鸡蛋更有营养。有些人甚至声称鹌鹑蛋更好(可能因为我只吃鸡蛋,但一想到要吃下那些小东西,我就感到害怕)。但是别逃避问题,不管您吹捧哪种蛋,确保它们是新鲜的,

因为它们可是能孵出可爱的家禽哦。

快递

敦豪快递(DHL) 6010503/4/5 热线：800-8108000
网址：www.cn.dhl.com
中国邮政快递(EMS) 邮局均可办理。
网址：www.ems.com.cn
美国联合包裹(UPS) 电话：5639828 / 2835 / 2765
网址：www.ups.com/asia/cn/chsindex.html
联邦快递(FedEx) 电话：5101771 或 800-830-2338
网址：www.fedex.com.cn
民航快递(China Air Express) 电话：5730771
电子邮箱：xmn@cae.com.cn 网址：www.cae.com.cn
小马快递(Pony Express) 快马加鞭。

布料市场

有各种布料和出色的裁缝可供选择。地址：禾祥西路古龙商城。阿夏油画沙龙的林先生(Donald Linn)推荐位于人民会堂附近的玉玲裁缝,地址：石亭路60号 电话：5050211

精粉

有一件事值得高兴，就是我不必使唤儿子们用从乡下买来的旧石磨磨面粉了(他们现在都比我高大,我可不敢再使唤他们了)。全麦面粉很难找到,但在沃尔玛、诚达等可以买到玉米粉。如果想要面包比苏打饼干还要蓬松,

回到石磨时代

就用得上"精制蛋糕粉"了(橄榄油店可以买到)。

烘烤小贴士：烤面包的时候加入三分之一量的中国燕麦，就可以烤出香喷喷的燕麦面包。

花

中山公园后面的花鸟市场卖盆花和鲜花，还有养鸟、鱼和海龟需要的一切东西。也可以到莲前路的大型盆景供应市场，就在通向环岛路的云顶隧道外面。

海绵

这里制作各种形状、大小或密度的海绵块，只要您想要的都可以做出来(甚至是太空时代的"记忆型发泡棉")。这些材料用来做床垫、家具和听音室都很合适。这家工厂在机场附近一条小路旁边。公司名称：厦门鑫志恒海绵制品有限公司　　地址：钟宅村小学路4092号

电话：5791579　手机：13328767992

叉车

如果您买起东西来跟苏珊·玛丽一样，那最好从德国林德公司买一台叉车。电话：5533888　　网址：www.linde-xiamen.com

家具

斗西路和SM城市广场4楼都可以逛逛。

永豪轩家具广场　地址：SM城市广场4楼445号　电话：5550307
网址：www.jinxuan.com　　公交车：27、51、52、53、54、89、808、811、812路
丹麦齐家家居　地址：湖滨南路803号，武汉大厦附近
电话：5115288　公交车：10、27、30路

第二十一章 购物全攻略

全友家私　地址：SM 城市广场四楼 444 号　电话：5599345
网址：www.quanycu-xm.com
李氏家私　地址：嘉禾路 566 号　电话：5710922
金凯丽家具经营部　地址：福津大街四节点二楼,长城宾馆对面
电话：5067181/182　公交车：88 路
加州家具　地址：嘉禾路 392 号国泰大厦一、二楼
电话：5517699　公交车：27、67 路
好来屋　地址：阿里山大厦 C12　电话：5568802
公交车：7、11、25、30、36、42、96 路

没钱,没蜂蜜

我跟学生们开玩笑说:"没钱就没有蜂蜜。"但是在早些时候,我们两样都缺。只有一些山里(需 4 小时车程)的村医在卖些纯蜂蜜(药用)。厦门卖的蜂蜜经常掺了糖水。"这样不容易变质。"他们说。可是事实上,纯蜂蜜可以存放更久,而兑糖水的蜂蜜总是发酵、冲爆瓶子,把厨房弄得臭烘烘。超市现在都有优质蜂蜜,我们甚至还有蜂蜜专卖店!现在我们倒是有地方买蜂蜜了,可我还在等着买蜂蜜的钱呢。

高锋高尔夫球用品

参看"运动与休闲"一章。

家用电子设备

参看"家用电器"部分。

保姆

一个好的中国保姆、厨师会让您生活得更愉快（请读本章结尾的

"半边天")。

黄嘉力女士可以帮忙找保姆。电子邮箱：qp21@public.xm.fj.cn

冰淇淋

第一次吃到本地产的"白雪"牌冰淇淋(我猜会比"黄雪"牌要好)时,我简直不敢相信是中国人创造了冰淇淋。而且这家公司只在夏天卖,他们说其他季节太冷了(可是北京人在大冬天也吃冰淇淋呢)。但是外国公司进来了,从此就由卖方市场变成了买方市场。三大外国公司现在占据30%的市场份额(中国的人均消费量是每年两升,预计在2020年达到人均6升)。好又多、沃尔玛、麦德龙和家乐福可以买到国产和本地产的冰淇淋。

网吧

如果没有因特网或电子邮箱我们可怎么活啊？中国有世界上最便捷的网络服务。只要用电话拨打16300,无须账户也可以上网(最低费用由拨号电话支付)。

拨打10000可以开通DSL账户,选择按年支付会比较便宜。

VE 网吧(总店) 老牌热门网吧。地址:百家村尚武路 电话:2070809

网友网吧 24小时营业！地址:帝豪大厦4楼 电话:2030222
公交车:1、3、16、21、25、50、54路

VE 网吧(金鸡亭分店) 地址：莲前西路云亭花园 电话：8261977

海虎在线网吧 地址:禾祥西路禾祥商城二楼 电话:2223209
公交车:35、48路

首饰

不少中国朋友都让我帮忙从香港买金饰,因为本地卖的金饰有的不是足金,有的是镀金。购买金饰最好到信誉良好的珠宝店买,中山路就有好几家。

金鹭首饰 大名鼎鼎,值得信赖。

地址:中山路80号 电话:2019078

汉釜百货(韩国时尚店)

日本时尚店。

地址:湖滨南路万禾广场二楼3号店 电话:5076098 公交车:10、19、30、33路,靠近富山诚达购物广场

惟艺漆线雕

这个家族已有300年的漆线雕制作历史,这种精美的工艺品已经被列为民族瑰宝之一。

地址:中兴路42号,中山公园附近 电话:2023621

蔡先生正在传授漆线雕技术

地图

大书店里卖的英文版厦门地图只要10元(宾馆里要卖到15~30元不等)。南普陀附近和鼓浪屿码头的小贩也有兜售地图。《魅力鼓浪屿》里面有1908年的和现在的鼓浪屿地图,我的《魅力厦大》里面也有一张标注103景的地图。

黄油

跟面包一样,也有"咸"和"甜"之分。买"咸"的比较好。我们家喜欢美登高(Meadowgold)牌。

卖布料的年轻人

90年代初期,很难买到质量好的布料。我们刚把衣服从购物袋里面拿出来就发现扣子掉了、拉链坏了和线缝裂了。所以当我看到一个年轻人蹲在鼓浪屿人行道旁卖15元的优质棉布衬衫时,别提多高兴了。但是没人问津,因为他们不相信好的衬衫只卖15元。后来那个年轻人把价格从15元改成150元,衬衫马上卖得一件不剩了。

按摩——讨好您的身体!

中国的按摩师无疑是世界一流的,但是价钱不菲。当他们把手放在您身上,力道比电视福音传道者还要重时,您可能会觉得他们的按摩方法错了,但是治疗效果还很持久。也可以试一下全身按摩、足部按摩和头部按摩。10~12元可以享受到洗头、头部和上身按摩(厦门大学逸夫楼的美发沙龙)。

华医馆中医康复门诊部　地址:湖滨南路59号,湖滨南汽车总站附近

电话:2210888　公交车:10、15、23、30、43、45、811、99、810路

长生堂养生保健咨询有限公司　地址:建业路1号吉祥家园之8-9,马哥孛罗东方大酒店对面　电话:5311658　公交车:85路

中医推拿按摩　湖里华昌路3号　电话:8275363

公交车:9、11、34、40、49路

牡丹万鹏宾馆　万石园对面,我们最喜欢那里的足部按摩。

地址：虎园路 17~19 号，361003　电话：2662888
电子邮箱：info@peony-hotel.com　网址：www.peony-hotel.com
汉府足浴保健服务有限公司　地址：嘉禾路 335 号元宝大厦三楼
电话：5338025　公交车：27、51、52、54、67、105、507 路

中医盲人保健推拿中心　这是盲人超越常人的领域之一。几乎超自然的触感让盲人按摩师熟练且准确地找到我酸痛的地方。而且我觉得比较放松，因为他们看不到我的体形。莲坂必胜客附近就有一家很受欢迎，而且每小时只要 30 元。

地址：香江花园 2 号楼明珠阁 6 层 B 座（全家福豆浆店对面）
电话：5133477
金海岸盲人按摩中心　地址：湖滨南路中山医院附近，厦门航空金雁酒店（湖滨南路 99 号）斜对面　电话：2213393　公交车：45、46、528 路
明爱盲人按摩中心
地址：金榜大厦 A 栋 3 楼　电话：5853278　公交车：1、3、21 路

猪肉

如果您想在中国的菜市场买猪肉，那最好早上去买，因为肉一般都没有放在冰箱里保鲜。

牛肉

没有猪肉那么普及，所以比较贵。质量参差不齐，从进口的澳洲牛肉到路边的死牛肉。肉馅可以到橄榄油店、诚达、沃尔玛、麦德龙或家乐福购买。

牛奶

新鲜的牛奶比较难找到,虽然在厦门西面的长泰(1个小时路程)有个牛奶场,但是我们都习惯喝奶粉泡的牛奶。国产品牌比较便宜,但质量参差不齐。袋装的比罐装的便宜很多。您还要认准您买的是无糖牛奶。

音乐

我们全家都喜欢音乐!我们有一架钢琴、一个音响合成器、两把印度锡塔尔琴、12把吉他,还有几套架子鼓。您可能会认为我们家是传说中的特普家庭(因为我一唱歌,人们都希望我把嘴闭上)[①]。

以前我们只能到东海商厦(轮渡)或中山路上的华成钢琴(开业于1932年)买乐器。现在我们有许多乐器店,包括我个人最喜欢的乐洋音响乐器公司。

乐洋音响乐器公司 门面很小,但出售很多大件乐器。店里有您想要的任何乐器,即使没有,黄平洋先生也会帮您找到,而且价格是全城最公道的。电话:2195239

电子邮箱:yueyang05922195239@126.com

地址:思明南路408-4号,厦门大学交通银行对面

华成钢琴 创始于1932年!

地址:中山路123号 电话:2055923

万佳琴行 出售新的和二手钢琴,还有其他乐器。地址:白鹭洲路

---

① Trapp Family:冯·特普家庭——音乐之家,著名音乐剧《音乐之声》正是关于这个家庭的故事。

56号

　　电话:2209456　公交车:8、12、15、26、72、85、86、87、88、97路

谈谈二胡

　　中国的二胡是世界上最早的小提琴！尽管声音听起来有点刺耳，但是在行家的手中，它可以发出跟小提琴一样美妙的声音。我还曾经听过二胡弹奏的西方古典音乐。

音乐演出

　　厦门的众多目标之一便是成为中国东南音乐中心。这里每个月都有管弦乐团、芭蕾舞团、歌剧明星来访演出。详情查询 www.whatsonxiamen.com。

户外运动设备

　　可以到SM城市广场和莫耐户外休闲用品看看。

　　莫耐户外休闲用品　地址:湖滨南路57号金源大厦8A

　　电话:2295600　传真:2295611　电子邮箱:info@mlo.cn

　　网址:http://www.molife.cn　公交车:10、15、43、45、99、506、810、811路

宠物

　　利康宠物医院　有从猫沙到猫牛奶的各种宠物用品。

　　第一分院:华昌路5~8号　电话:5682505

　　第二分院:禾祥西路194号　电话:2202428

　　第三分院:前埔路2号　电话:5023957

　　文记宠物之家

　　地址:厦禾路571号之9　电话:2218279

厦门局口水族馆 多种选择、优质服务。就在中山路边上,新华书店右侧的局口街。

地址:局口街17号 电话:2020880

小猫小狗?最好到白鹭洲古董购物区的屋顶小店买(可不是粤式餐馆哦)。

鸟和鱼,以及精美的鸟笼,就找贡院北路3号之1、2店面的白先生买。电话:2020797

雄鹰展翅般摊开四肢!

很高兴我们终于有了宠物医院。1998年我们请了个医生帮忙给猫去势。他把可怜的猫四肢展开绑在一张餐椅上才进行去势手术。我们的眼睛和耳朵都很不好受。

跟坚果一样安静! B.B.

令人欣慰的是,猫咪还活着。现在它就像个坚果那么安静,虽然它已没有雄性器官。

药店

药店是厦门现在最繁荣的行业之一(到底是好还是坏呢?)。中山路和SM城市广场1楼里面都有药店,还有屈臣氏分店(香港最大连锁药店)。

五金家电类

大同路(与中山路平行)、斗西路和厦禾路上有很多五金店。警告:国产电子配件(插头、插座)质量参差不齐。经历过几次电气火灾后,我现在坚持购买进口的奇胜(Clipsal)电子产品。

第二十一章 购物全攻略

建材超市

江头附近的江头北路旁有一家接一家的建材店。

房地产

厦门有许多房地产中介,包括21世纪不动产。但如果要找私房,还是找小郑。电话:8890841。他可以帮您找到靠近环岛路的好房子,月租金只要250~300美元。

厦门信而立贸易有限公司的黄嘉力女士也可以帮忙找房子、安排旅程、教育咨询、初来者定位等等。电话:5811621

电子邮箱:qp21@public.xm.fj.cn

传真:5811718

地址:湖滨西路海峡大厦1206单元

二手市场

可以买到各种二手商品,从鼓到电冰箱和冰柜。就在后埭溪路上,闽南大厦附近,离橄榄油店也不远。

米

米,对中国人来说是个严肃的话题。中国人对米的尊敬程度丝毫不亚于柬埔寨人(对他们来说,侮辱水稻就是犯罪行为)。

不要小看这个问题。米有数不清的等级和价格。但便宜的米可能是在路边晒出来的,夹杂白沙砾,还好不额外收费。经过几次崩牙后,我听从劝告,现在成了鉴赏大米的行家。

厦门人喜欢泰国香米,但我更中意东北大米,其价格甚至低于本地米。

多少种米就有多少种煮的方法。在闽北,人们把米饭煮得干巴巴,几乎要刮伤您的喉咙。而在闽南地区,米饭则是粘糊糊的。厦门人喜欢煮咸稀粥——就是很稀的米粥里加上咸菜、肉末、小鱼干(您还可以看到小鱼们忧伤的脸)和皮蛋丁(紫绿色的皮蛋是明胶状的,闻起来像氨水,也有点像马尿的味道)。

对中国人来说(至少对南方人来说),米就是生命,他们把米用在除了婚礼外的所有场合。没有一个体面的中国人会在婚礼上抛米玩。如果知道国外有这样的风俗,我猜他们会在婚礼上抛干酪汉堡包,以示报复。

香料

中国人吃一切可以吃的东西。他们管不可以吃的东西叫药,然后想尽办法吃下它。尽管如此,很多我们常用的香料在这里却找不到。商铺里有十货架的白胡椒和五货架的味精,但基本香料只有牛至。

麦德龙和橄榄油店有一些外面很难找到的香料,但是您可能还需要带过来一些(我在本章的前部分有列出来)。

香草精=稀释剂?

来厦门好久后我才知道肉豆蔻和肉桂只有中药店才卖。更奇怪的是,在厦门和其他地方,香草精只在油漆店里卖。中国人说油漆、香草精和稀释剂应该一起卖,因为它们是化学制品。

也许他们是对的,我在一勺香草精前面划了一根火柴,香草精就爆炸了。从此我再也不从油漆店里买香草精,万一某天老板误把稀释剂当香草精卖给我了可怎么办。

体育活动

厦门人打从骨子里热爱体育,这里每周都有体育比赛。湖滨北路上的体育中心西门可以买票。电话:5064618 或 5052107。

报纸杂志

邮局或以下邮政服务中心都可以买到中文杂志和报纸。中山路3号,电话:2021662;思明南路47号,电话:2021227;虎园路6号,电话:2109988

我喜欢的一些期刊

《福建画报》经常刊登优秀照片——就像神能和马太1991年拍的这张!

《中国日报》www.chinadaily.com

《北京周报》

《今日中国》www.chinatoday.com

《中国妇女杂志》www.womenofchina.cn

《英语世界》——虽然是面向英语学习者的刊物,但里面摘录的国外文章很不错。

影剧院

世贸金鹰电影院　毗邻美食广场,是厦门最适合老外去的电影院(因为放映很多外国电影)。地址:厦禾路888号世贸商城五楼

电话:5805408　网址:www.jyfilm.com

公交车:1、3、9、17、19、21、23、26、27、28、37、43、72、102、808路

中华电影院

地址：中山路 225 号　电话：2023881

思明电影院

地址：思明北路 2-14 号　电话：2132873

电子邮箱：lww.928@163.com　网址：www.smdyy.com

公交车：1、15、21、22、45、48、507、532、534 路

开明电影城

地址：江头北路 69 号　电话：5517918

电子邮箱：silm@xmkming.com　网址：www.xmkaiming.com

公交车：6、7、10、13、34、42、96 路

翻译服务

韦忠和（Frank Wei）创立的精艺达翻译服务有限公司，为全球许多知名公司提供翻译和网络服务。

访问精艺达网站：www.mts.cn。

电子邮箱：frank@mts.cn

水　君不见，自来之水天上来，未煮入肚无命回。所以不要喝没烧开的水！只买知名品牌的瓶装水，而且要确保瓶子是密封的。有些大胆的小贩在南普陀寺前面（和其他地方）卖重装的瓶装水。我敢打赌他们就是经营收费公厕的人，因为喝下这些水马上需要上厕所。

瓶装水　小心挑选购买的品牌。吃一堑长一智，我们强力推荐银鹭牌。作为中国十大食品加工商之一，银鹭的品质是值得信赖的。他们提供矿泉水和纯净水，送货上门。苏珊·玛丽可是鉴定水的行家里手，她说纯净水的口感不会变化。电话：5811621　网址：www.yinlu.com

休息——中国式午休

在中国可千万要记得很多政府部门、小商店和货摊中午都会关门休息的。厦门大学医院在午休时甚至关闭电梯！急诊病人可只能靠上帝帮忙了。

甚至担负学校安全的厦门大学的门卫，也敢在中午弃岗午休。这可引发了一个问题。休息是件好事，但是人民解放军可不能也这么做。历史可以明鉴：

19世纪30年代，萨姆·休斯敦将军率领700名士兵仅用20分钟就打败了圣安娜将军(拥有"西部拿破仑"之称)率领的1600名大兵。他的秘密武器是什么？就是在下午3:30发动进攻，那时候圣安娜和他的官员都在打盹呢。

附录

半边天——请个保姆吧！

(摘录自《中国妇女杂志》的文章)

"女人就像一袋茶包——只有泡热水里才能显示出她的能量。"

——南茜·里根

半边天

跟洛杉矶的生活相比，在中国的生活节奏就如蜗牛蠕动般缓慢。尽管如此，我们还是少有闲暇时间，因为日常家务杂事占据了所有时间，直到请了个保姆，情况才有所改变。

除非有个保姆，否则一家之主，或她丈夫，每天早上都要为了每个洋葱、胡萝卜、卷心菜或几块豆腐，花上好几个小时跟小贩讨价还价。他们指着秤杆(5018年来都不曾改变过)上谜一般的刻度，坚持说四个鸡蛋重1.5磅。回家后，又要为洗菜、切菜、煮饭和洗盘子花数个小时。难怪即使对穷教授来说，请个保姆也是头等重要之事。

我们最终听从同事的劝告，请了个保姆。我们的第一个保姆是个祖母级的人物，一进门就劈头盖脸地数落起我的妻子苏珊来，说她在烹饪、打扫、学习和带小孩等方面的种种不是。

她在我们家呆了不到一个礼拜。接着我们开始找学生保姆。听说这份工作既能赚钱又能学英语（她们竟如此理解保姆工作），她们都热血沸腾了。所以小红和梅勒妮到我们家除了读书和看电视之外，什么也不做。

最后终于有位中国教授建议说："为什么不请个农村的保姆呢？她们诚实、勤劳、可靠，而且便宜。"

"便宜"一下子打动了我。于是，第二天我们就见到李西，一个厨师的妻子，难以想象这个固执、安静的老婆子后来竟成为我们家的一员。当时是闷热的十月，李西却披挂着全套行头：底下穿一条棉布裤，上身是贴身内衣，外穿条纹海军汗衫和长袖衬衫，衬衫外套一件快磨破的旧运动服，外面还罩着一件灰色的毛衣，扣子一直扣到脖子，脚上还穿一双泛黄色的帆布解放鞋，像是经历了二万五千里长征的洗礼。

李西一直低头站在旁边，而她丈夫不停地宣扬着她的优点"诚实、勤劳……"。我几乎没跟李西直接说话。唯一的几次，她也只是从厚厚的凌乱的刘海里偷瞄我一眼，又接着用粗糙的手指扯磨破的袖口。

"她会说话吗？"我问道。

"不会讲普通话，只会闽南话，"她丈夫承认，"但是她很聪明，只要教她怎么做就可以了。"

"那她会烧饭吗？"

"还不会，但是我会教她的。"

我正怀疑这么沉闷的灵魂是否能作出任何反应。但是就在我思考怎么体面地结束这次面试的时候——她突然动了。马太正爬向门口，外面就是危险的马路，只见李西飞一般地跑过去，动作娴熟地一把将他抓在怀里，满脸通红地抱回他的房间。然后她又坐回她的椅子，锁紧眉头，接着用手指扯磨破的袖口。

也许受到启发，她丈夫大叫："她很会带孩子！"

这就足够了。苏珊马上答应雇她——而我立刻感到后悔。

如果说想抓住男人的心，就要先抓住他的胃，那李西永远不可能俘获一个男人的心。与其说她是个巫师，倒不如说她是个炼金术士，她能把上好的鱼变成黑木炭。新鲜的蔬菜一被她扔进锅里，再泡上盐，就成了烂泥。

但是怎么和她交流呢？她的普通话比我们还差，她还不识字，甚至连用手比划也无法沟通。我想把她解雇了，但是李西绝望的表情平息了我的愤怒。我只能自我安慰，男人也不是只靠米饭活着的。

尽管无法跟我们交流，李西跟孩子却似乎有心灵感应——尤其是马太，她一天到晚都把他背在身上。不过她了解孩子也不足为奇，因为她自己就生了四个孩子，直到后来央求医生帮她结扎，永绝后患。

马克·吐温曾写道：

"生活从来就不乏味。乏味是不可能的。揭开无趣的外表，它就是一出戏剧，或是喜剧，或是悲剧。"

莫非吐温写的正是李西——她那平庸的外表掩盖了她丰富的内涵。她之前一直辛苦地种田以养活自己的四个孩子，直到她成为一名基督徒，她那虔诚的佛教家庭就把她赶出家门。她翻过大山只身来到厦门，在一个采石场里背石头挣钱。经历了两年在石头堆里的艰辛后，她成为我们家的保姆。这回拉的虽不是沉重的花岗石,但技术要求却要高得多。

　　李西发挥她顽固的精神成为我们家能干的一员。她开始学普通话,又自学我至今仍云里雾里的汉字。她还学会了做中式和西式菜肴。通过观察,她学会了怎么做比萨、三明治、汉堡包和炸薯条,还有炖爱尔汤。我们的一些中国客人甚至还索要她的菜谱。

　　李西在我们家呆了两年后,我们帮她把四个孩子都接来厦门读书,也让他们过上好些的生活,不再像从前那样瘦得皮包骨。她的大儿子还干上了计算机活,她的妹妹也开了家小店。李西还用她微薄的收入去帮助一些更困难的人,厦门和她老家安溪都有。李西用她的行动证明帮助需要帮助的人往往能收获更多。

　　好人总会有好报……

　　毛主席曾经说:"妇女能顶半边天。"但是我觉得那是保守说法。中国妇女,即使因缺乏教育而被捆住了手脚,也能顶大半边天。

　　你也请个保姆吧!

第二十二章
观光旅游在厦门

厦门观光大巴

鼓浪屿禁止车辆和自行车通行,所以,在鼓浪屿上观光的方式就是步行或者乘旅游电车了。但是游览厦门其他地方的最佳方法是乘坐双层旅游大巴!

厦门观光旅游大巴应是您的首选交通工具!大巴的顶层是开放式的(天气晴朗时很棒,但是刮台风时就没那么舒服了)。

路线1:"日游":50公里,大约1小时。巴士从人民会堂出发,大约每半个小时一班,从早上8:30至晚上18:00。 这些巴士是单程的。留着您的票,这样您就可以转乘不同的巴士了。

路线2:"都市夜景":60公里。早上7:30、8:00和8:30从SM城市广场出发,约2小时后返回。价格:20元(1.4米以下的儿童半价)。出示巴士车票,可在大部分厦门景区获得20%的折扣优惠。

电话:5316721 网址:http://xm.focus.cn/ztdir/2275000/

市内公交车:1988年时我们只有3条左右的公交线路。古老的协力车像得了哮喘病一样扑通扑通地冒着浓烟,而大部分的烟又从翘起的木制地板下涌了上来。而如今,我们有了崭新的空调车,其中有20%的车都使用清洁液化气。

厦门的公交车既方便又便宜,并且,如果在邮局买e通卡,就可以在乘车时获得折扣了。乘坐的士也很方便,不过要确定司机打开了计价器,而且,别忘了索要发票。

主要的公交车终点站

火车站 轮渡 厦大 集美 湖里车站 飞机场 会展中心 海沧

中国距离

"这些距离并不是完全精确的,而是近似值。在这个地区,如果您要计算距离,您就会马上遇到难题了,其中主要的难题就是'里'(约三分之一英里)的长度问题,在这个地区不同地方的'里'的长度是不同的。'里'有长里和短里、华里和常见的地方里之分,这两者之间的差异很大,华里比地方里短四分之一。"毕腓力,《厦门内外》1912年,第283页。

第一个应该是最后一个

"当人们相互推搡着往车上挤的时候,我只是站在一边,我很高兴最后一个上车。有很多次人们都说我很有耐心,我说道:'我不是有耐心,而是比较明智。'第一个上车的人往往被挤到车后面去,经常是最后一个下车。这就是耶稣说'最先会转为最后,最后会转为最先'这句话的原因。"

一些旅游公交线路

至轮渡:2、3、4、10、11、12、23、25、27、28、30、31、32、42、47路
至南普陀寺:1、2、15、17、18、20、21、22、29、35、45、48、87路
至万石植物园:3、4、12、17、18、21、27、32、35、87路
至集美:18、52、54、55、61路
至环岛路:17、20、29路
至同安影视城:55、67、79、106、617、618、621路
厦门观光旅游巴士(见前页)。

主要公交路线(通常双向行驶)

1 路公交车　厦门大学(厦大)→镇海路(假日大酒店)→中山路→思明北路→斗西路→火车站

2 路公交车　厦大 (海滩大门)→厦大医院→博物宫→镇海路→中山路→轮渡

3 路公交车　莲花村→莲花中学→火车站→中山公园→文化宫→中山路→轮渡

4 路公交车　轮渡→中山路→文化宫→中山公园→火车站

5 路公交车　火车站→何厝村

6 路公交车　火车站→五通村

7 路公交车　火车站→钟宅

8 路公交车　汇成→厦禾路→轮渡

9 路公交车　湖里车站→湖里大道→湖里区政府→南山→东渡→厦门市政府→七星路→邮电广通大厦→湖东→火车站

10 路公交车　宝龙中心→莲花→中山医院→电子城→长途汽车站→思明路→中山路→轮渡

11 路公交车　轮渡→大同小学→思明北路→东渡区→南山→湖里汽车站→湖里区政府→湖里公园→中心小学

12 路公交车　东渡区→中行→市政府→特贸→白鹭洲→湖滨中路→人民保险公司→中山公园→文化宫→中山路→轮渡

13 路公交车　江头建材→湖滨中路→体育中心→火车站

14 路公交车　石泉干休所→火车站

15 路公交车　厦大→镇海路→中山路→思明北路→长途汽车站→电子城→建南大厦→人民会堂→厦门市政府→七星路→电信大楼→体育中心

16 路公交车　岳阳小区→厦大

17 路公交车　火车站→万石植物园→南普陀寺→厦大医院→厦

大白城→环岛路

　　18路公交车　　厦大→博物馆→镇海路→中山路→文化宫→中山公园→第一中学→火车站→莲坂区→莲花→飞机场

　　19路公交车　　会展中心→文园路→轮渡

　　20路公交车　　厦大西村→厦大→厦大海滩大门→胡里山→上李

　　21路公交车　　厦大→博物馆→镇海路→中山路→文化宫→中山路→第一中学→火车站

　　22路公交车　　厦大北村→镇海路→中山路→思明路→东渡区→南山→海天路口→区政府→华美→保税区

　　23路公交车　　莲花五村→莲花三村→莲花二村→莲花中学→莲花→莲坂→湖东→新村→中山医院→电子城→长途汽车站→建行→思明北路→中山路→轮渡

　　24路公交车　　金山小区←——→江头医院

　　25路公交车　　江头小区→莲花三村→莲花二村→莲花中学→莲花路口→莲坂→火车站→斗西路→思明北路→中山路→轮渡

　　26路公交车　　火车站→湖滨路→新村→白鹭洲→特贸→市政府→中行→东渡区→南山→湖里车站→湖里大道

　　27路公交车　　轮渡→中山路→文化宫→中山公园→第一中学→人民保险大厦→湖滨中路→新村→湖东→火车站→莲坂→莲花路口→机场路口→机场大道→机场

　　28路公交车　　火车站→斗西路→思明北路→大同小学→鹭江大道→轮渡

　　29路公交车　　厦大→西村→厦大医院→厦大海滩大门→白石→环岛路→黄厝村

　　30路公交车　　轮渡→鹭江大道→思明北路→建行→长途汽车站→电子城→新村→湖东→莲坂→莲前→龙山桥→前埔

第二十二章 观光旅游在厦门

31 路公交车　轮渡→鹭江大道→思明北路→东渡区→中行→厦门市政府→邮电大楼→体育中心→松柏车站

32 路公交车　轮渡→中山路→中山公园→湖滨口路→南湖公园→湖光路→湖明路口→汇成

33 路公交车　殿前村→火车站

34 路公交车　湖旦车站→湖里大道→区政府→湖旦公园→康乐新村→莲花三村→莲花二村

35 路公交车　西堤码头→第一医院→胡里山

36 路公交车　会展中心→莲花三村→厦门市政府→东渡

37 路公交车　火车站→金尚路←→飞机场

38 路公交车　蔡塘古地石→莲坂←→火车站

39 路公交车　蔡塘工业区←→园山

40 路公交车　保税区→仙岳路←→莲花二村

41 路公交车　飞机场→SM 城市广场→麦德龙→保税区

42 路公交车　文屏→金榜公园←→江头北区

43 路公交车　保税区→东渡→长途汽车站←→火车站

44 路公交车　高崎新村→SM 城市广场→火车站→飞机场路口→殿前→SM 城市广场→莲花→莲坂→火车站

45 路公交车　金尚小区→莲花→莲坂→闽南大厦→中山医院→中山路→博物馆→厦大

46 路公交车　金尚小区→莲花→莲坂←→火车站

47 路公交车　岭兜小区→会展中心→台湾民俗村→厦大医院(厦大)

48 路公交车　火车站→中山路→厦大白城

49 路公交车　岳阳小区→湖里公园→石头皮山

50 路公交车　杏林→集美→飞机场路口→水上公园←→轮渡

51 路公交车　　杏美⟵⟶轮渡 (经过思明路、火车站)
52 路公交车　　思北→莲花→莲坂⟵⟶杏林
53 路公交车　　思北⟵⟶角尾
54 路公交车　　思北→莲坂→莲花→飞机场路口⟵⟶坂头
55 路公交车　　思北⟵⟶同安影视城
56 路公交车　　思北⟵⟶大嶝
57 路公交车　　杏林⟵⟶海沧
58 路公交车　　杏林⟵⟶新安
59 路公交车　　杏美⟵⟶化工学校
60 路公交车　　杏南⟵⟶烯亭
61 路公交车　　集美工商局⟵⟶海沧管委会
62 路公交车　　海沧管委会⟵⟶柯达
63 路公交车　　杏美→高浦村
64 路公交车　　集美火车站⟵⟶集美北部工业区
65 路公交车　　杏南⟵⟶锦园后埔
66 路公交车　　杏林→湖里⟵⟶轮渡
67 路公交车　　同安影视城⟵⟶轮渡
68 路公交车　　同安⟵⟶大嶝岛
69 路公交车　　同安汽车站→集美→杏林
70 路公交车　　杏林⟵⟶同安
71 路公交车　　厦大⟵⟶海沧管委会
72 路公交车　　火车站⟵⟶海沧管委会
73 路公交车　　海湾大厦→海沧管委会⟵⟶金山小区
74 路公交车　　集美龙舟池→后溪
80 路公交车　　保税区→仙岳隧道→火车站
81 路公交车　　莲花二村→飞机场

82 路公交车　厦大→曾厝垵学生公寓

83 路公交车　大眉世家←→海沧汽车站

84 路公交车　保税区←→高崎村

85 路公交车　莲花三村←→轮渡

86 路公交车　胡里山←→白鹭洲→厦门市政府→体育中心←→仙岳医院

87 路公交车　东渡→厦门市政府→白鹭洲→植物园→南普陀←→胡里山

88 路公交车　轮渡→厦门市政府←→松柏

89 路公交车　江头北区→莲花→体育中心→岳阳小区→高尔夫←→海沧柯达

90 路公交车　集美工商局←→坑内村

91 路公交车　会展中心→飞机场

92 路公交车　同安影视城→梵天寺←→莲花后埔

93 路公交车　同安影视城→北辰山风景区→厦门邮电大楼→火车站

94 路公交车　保税区→穆厝

95 路公交车　会展中心→莲前→海沧车站

96 路公交车　江头建材市场→江头医院→第一医院→中医院←→轮渡

97 路公交车　园山车站→白鹭洲←→和平码头

98 路公交车　会展中心→前埔村→莲花江头市场←→东渡

99 路公交车　金山小区江头医院→闽南大厦→中山医院←→轮渡海滨大厦

101 路公交车(小巴士)　和旭路→松柏→莲前→前埔医院←→会展中心

105 路公交车 同安车站→集美→飞机场路口→SM 城市广场⟵→会展中心

106 路公交车 同安影视城→梵天寺→SM 城市广场⟵→胡里山

旅游服务

厦门大学订票点——无论是国内还是国际航班,这里都提供最好的服务。在紧急情况下,提前一天通知他们,他们就可以以 1050 美元的价格订到厦门至佛罗里达的往返机票——而且途中只有两次经停。每周营业 7 天,中午休息。如果您不会说汉语,请带个翻译一起去。地址:校园大门口内,喷泉旁。联系人:朱瑞强。

电话:2183083 电子邮箱:xdhk@163.com

厦门青年旅游社 地址:白鹿路 65 号

电话:2053188 传真:2020024

厦门中国国际旅行社 地址:新华路华建大厦 3 楼

电话:2212007

给 Nancy 发电子邮件:chenrxcitsxm@sohu.com

网址:www.citsxm.com

吞吐量居全国第四的空港! 厦门于 2005 年接待了 600 万名旅客。每周有 400 多个航班飞往 100 多个目的地,包括 25 个国际航线,如新加坡、大阪、汉城、槟榔屿、吉隆坡、曼谷、马尼拉、亚比、古晋和雅加达。我们还有到大陆各个城市、香港、台湾地区、新加坡、日本名古屋、洛杉矶、芝加哥和卢森堡的直航货机。我们的厦门航空公司运营 40 多条国内城市航线,还有到达曼谷和汉城的航线。

厦门到香港仅需 50 分钟的航程,但是其费用却比乘坐大巴贵 4~5 倍。乘飞机去深圳或广州比较便宜,而去香港比较便宜的运输方式则是火车或渡轮。乘火车还可以沿途优哉游哉地欣赏南国的美景。另一种选择：广州每天都有抵达香港的喷水水翼船，行程3小时，另外还有浪漫的夜班游轮。

航班时刻表

北京：2.5小时　　　　马尼拉：1小时40分
上海：1小时20分　　　汉城：2.5小时
广州：1小时　　　　　香港：1小时
东京：3.5小时　　　　新加坡：4小时

"他(郑成功)声称拥有一支80万人的队伍……满族人要击退他的努力都归于徒劳。1660年，在位于厦门西北部3英里处一个名为高崎的小镇(今厦门高崎国际机场所在地)附近，清军遭受了惨败。"

——选自1912年的《厦门内外》第24页，半腓力牧师撰

厦门高崎国际机场建于1983年，并3次扩建。建于1996年的新机场是中国最好的机场——至少在一段时间内是这样的，后来其他几个城市建起了更好的机场。

有着50多年历史的加拿大B+H建筑师事务所和华东设计院共同设计了这个超时空建筑，采用豪华的钢筋混凝土梁结构，横梁微微翘起，重现了福建南部的建筑风格。加拿大政府为该飞机场颁发了设计金奖，以表彰其将现代建筑风格与传统地方风格完美地融合起来。但是我最喜欢的是那十几个早期赖特兄弟(即怀特兄弟——译者注)时代的飞机铜质浅浮雕。

B+H建筑师事务所网址：www.bharchitects.com

台湾——厦门航班！　厦门是春节期间(14天)开放与台湾直航

航班的四个城市之一(其他三个是上海、北京和广州),另外还在诸如我生日(也就是清明节)、端午节、中秋节等节日期间安排了7天的航班。除了每年4月5日的清明节(记住这是某人的生日哦)以外,其他节日每年随着农历而变化。

相信总有一天海峡两岸会实现常年直航——到时我就可以去台湾故地重游、重温旧梦了。

厦门的航班

厦门国际机场信息

6020017(自动) 或 6028357 转 6017

Amoy 航空　暂时还没有——但是应该会有的!

全日本航空　电话:5732888

中国东方航空公司　电话:2130375

中国北方航空公司　电话:5096973

中国南方航空公司　电话:2127815　网址:www.xmcz.com

山东航空公司　电话:5139777

上海航空公司　电话:2210600

胜安航空　电话:2053280　2053257　2053275　传真:2053273

中国东南航空公司　电话:5064941

厦门航空公司　电话:5083666,(800)8582666(免费)

厦门国际航空公司　电话:6022936

出境警告!

离开中国前办理重返签证,否则,在再次入境时,您会比拿着前苏联可怜的太空预算的俄罗斯宇航员还要悲哀(但是,不要批评宇航员,

第二十二章 观光旅游在厦门

美国航空航天局为了一支太空钢笔花费了10万美元,而俄国人使用的是镍制铅笔)。

离开中国时,请出示您的行李申报单和您随身携带的所有物品。如果您入境时得了感冒,那您离开时就必须得感冒,或者至少升级为流感。

假期旅行警告!

传闻郑成功是因为操劳过度而死的,这一点要牢记于心。中国人以极大的热情庆祝节日——13亿人口同时旅行。这使得预订车票和酒店成了个大难题。

春节前,入境飞机、轮船和巴士里挤满了回老家庆祝新年的人。因此,这个时候是出境的好时机。您可以买到到达菲律宾或泰国的低价机票。春节过后几天,人们又开始返回了,这时乘飞机、火车或汽车返回中国是很安全的。

火车订票电话:5154386　查询电话:5054340

在1957年火车站建成通车之前,厦门岛是与世隔绝的。1993年电火车开始运营。现在的火车站是2003年建成的。现在我们每天有13班火车。随着连接深圳(途经香港)、厦门、福州、温州等地的铁路线于明年的竣工建成,火车服务将得到极大的改善。

列车时刻表见以下两页。

从中国出发的慢船

以前去香港最便捷、最悠然的方法就是乘坐"穷人游船"了,这种船我坐过至少30次了。巴士以前也很便宜,但是您要花12个小时坐在那里看香港的黑帮电影或者卡拉OK碟片,到香港的时候已经是晚

Xiamen Train Schedule 厦门火车站旅客列车时刻表
Phone: 0592-2038888

车次 Number	车种 Train Class	始发站 Departure	到达站 Destination	始发时间 Departure	到达时间 Arrival Time	全程时间约 Length of Trip
K308	空调快速 A/C Express	厦门 Xiamen	北京西 W. Beijing	21:08	三日 3rd Day 07:00	34 hrs
K307	空调快速 A/C Express	北京西 W. Beijing	厦门 Xiamen	10:00	三日 3rd Day 19:41	34hrs
K198	空调快速 A/C Express	厦门 Xiamen	上海 Shanghai	14:39	次日 Next Day 17:18	27.5 hrs
K197	空调快速 A/C Express	上海 Shanghai	厦门 Xiamen	08:40	次日 Next Day 12:00	27.5 hrs
K244	空调快速 A/C Express	厦门 Xiamen	西安 Xi'an	15:20	三日 3rd Day 05:56	39 hrs
K243	空调快速 A/C Express	西安 Xi'an	厦门 Xiamen	15:48	三日 3rd Day 09:38	39 hrs
K582	空调快速 A/C Express	厦门 Xiamen	武夷山 Wuyi Mtn.	18:57	次日 Next Day 08:26	13.5 hrs
K581	空调快速 A/C Express	武夷山 Wuyi Mtn.	厦门 Xiamen	16:30	次日 Next Day 05:48	16 hrs
K336	空调快速 A/C Express	厦门 Xiamen	重庆 Chongqing	13:03	三日 3rd Day 08:43	43 hrs
K335	空调快速 A/C Express	重庆 Chongqing	厦门 Xiamen	11:02	三日 3rd Day 10:09	43 hrs
2026	空调普快 A/C Express	厦门 Xiamen	合肥 Hefei	22:20	三日 3rd Day 03:55	40 hrs
2025	空调普快 A/C Express	合肥 Hefei	厦门 Xiamen	12:25	三日 3rd Day 18:48	40 hrs
2050	普快 Ordinary	厦门 Xiamen	景德镇 Jingdezhen	15:53	次日 Next Day 11:20	19.5 hrs
2049	普快 Ordinary	景德镇 Jingdezhen	厦门 Xiamen	11:57	次日 Next Day 05:34	19.5 hrs

第二十二章 观光旅游在厦门

续表

车次 Number	车种 Train Class	始发站 Departure	到达站 Destination	始发时间 Departure	到达时间 Arrival Time	全程时间约 Length of Trip
K330	空调快速 A/C Express	厦门 Xiamen	南昌 Nanchang	14:08	次日 Next Day 08:16	18 hrs
K332	空调快速 A/C Express	南昌 Nanchang	厦门 Xiamen	16:58	次日 Next Day 10:52	18 hrs
2250	空调普快 A/C Express	厦门 Xiamen	杭州 Hangzhou	09:43	次日 Next Day 11:43	25.5 hrs
2249	空调普快 A/C Express	杭州 Hangzhou	厦门 Xiamen	13:02	次日 Next Day 15:10	25.5 hrs
2522	空调普快 A/C Express	厦门 Xiamen	南京西 W. Nanjing	08:57	次日 Next Day 16:05	31 hrs
2521	空调普快 A/C Express	南京西 W. Nanjing	厦门 Xiamen	22:16	三日 3rd Day 05:02	31 hrs
K298	空调快速 A/C Express	厦门 Xiamen	广州东 E Guangzhou	17:13	次日 Next Day 07:23	14 hrs
K297	空调快速 A/C Express	广州东 E Guangzhou	厦门 Xiamen	18:48	次日 Next Day 09:21	14 hrs
K230	空调快速 A/C Express	厦门 Xiamen	昆明 Kunming	16:25	三日 3rd Day 09:19	41 hrs
K232	空调快速 A/C Express	昆明 Kunming	厦门 Xiamen	21:08	三日 3rd Day 11:27	41 hrs
N572	空调快速 A/C Express	厦门 Xiamen	三明 Sanming	08:30	当日 Same Day 14:41	6 hrs
N571	空调快速 A/C Express	三明 Sanming	厦门 Xiamen	15:21	当日 Same Day 21:49	6 hrs
1508	普快 Ordinary	厦门 Xiamen	吉安 Ji'an	17:40	次日 Next Day 09:30	18 hrs
L587	普快 Ordinary	吉安 Ji'an	厦门 Xiamen	15:50	次日 Next Day 06:40	18 hrs

397

上了,刚好是花100美元在香港酒店开个房间过夜的时候。

到中国的慢船

(如果您去香港,顺便说一句——要住在九龙的基督教青年会!这里价格实惠,房间豪华,风景迷人,而且就坐落在半岛酒店旁边,这家酒店与007一样有名。)在船上,我就可以免费漫游在大海之上,或者在船舱里尽情放松自己了,早上到达也省去了一夜的住宿费。

一等舱大约人民币500元,会给我们提供一个带窗子和私人浴室的小包间,另外还免费赠送一个舍友——通常情况下肯定是个老烟枪。

二等舱可以节省人民币60元,也是双人间,但没有窗子和浴室。当然,如果烟熏到我们的时候,我们还有个水槽来浸湿我们的脑袋。我们的室友也像我们一样节俭(这就是他也住二等舱的原因),所以,他抽廉价而更有害的中国香烟。

三等舱比二等舱又可省下人民币60元,会把我们安排到一个容纳18~20个人的房间,提供卧铺床。躺在床上时是不允许抽烟的,所以每个人都坐在床上抽烟。老外常常会被安排到上面靠角落的铺位,而烟也都汇集在这里,如果您为此而抱怨,他们会认为是您在抽烟。三等舱里的床垫是胶合板上铺的仅有四分之一英寸厚的泡沫塑料垫。真是名副其实的"有房有板"(room and board,膳宿)。

四等舱是各种等级的船舱中您可以选择的最低等的了,会把我们安排到甲板的椅子上。这种舱我也试过,后来就把体面都抛到九霄云外去了,像只臭虫一样(或者至少地毯里有臭虫)裹着地毯在地板上睡下了。

船上供应收费的晚餐和早餐,两个商店供应小吃和烟酒,为我们的老烟枪室友提供补给。

说正经的,我们喜爱船,不为别的,只为我们可以大包小包地带一大堆行李,而不必支付超重费。

到中国的18个小时行程的慢船是我们繁忙的生活中的一个快活的插曲——刮台风时除外。有晕船倾向的人可以到前台领取晕船药,不会说"晕船药"的人可以在前台呕吐一次,以此传达您的信息。

唉,"集美"号和它的后继船"华沙皇后"号,与本文中的"双鱼星"号一样,一个月只有一次从香港到厦门的航班。

旅行补遗之一

小巴士的神奇艺术

我们第一次汽车长途旅行,是到邻近的漳州跑了个来回,估计单程要花上1个半到2个小时,但是很显然,这并不包括他们把我们塞到小巴士里让我们空等1小时才发车的时间。要是当时我们能判断出哪辆车先走就好了。

有人可能认为最满的车会最先出发,而事实并非如此。有时候,半空着的车可能会先跑了,其目的是到高速公路上载更多的乘客。而像沙丁鱼罐头一样塞满了乘客的巴士却可能还要再等半小时,直到发动机盖上都坐满了人。一辆30个座位的巴士,他们可以塞50个乘客,这些乘客要么坐在别人的腿上,要么站着,要么蹲坐在过道上的竹马扎上。

上车啦!位子多着呢!

买票的都扯着嗓子喊着一样的话:"快点儿!我们这就开车了!"司机也把车向前挪动了几英尺,以证明其所言不虚。他们喊道:"哎!快来!"。

我问一位女售票员:"你们车上有空调吗?"

"当然有!看到标志了吗?快上车,我们马上就开了!"

我和苏珊登上了车,挤在后排的一个小座位上,两边是两个农民和装着胡萝卜、卷心菜和芹菜的篮子。卖票的迅速夺过我的票钱,司机便关了发动机。

"我以为你们马上就开车了呢!"

"等车满了就出发。"她说道。

"现在就已经挤满了。"我争论道。但她却完全不理会我,把头伸出车窗外,像一只乌龟把头伸出龟壳去捕获一只弱智的苍蝇一样。她还以各种方式喊叫着:"快点儿!快上车,我们马上开车了!"

几个乘客窃笑起来,我知道他们是在笑我。

一个比我聪明的年轻人一脸怀疑地往车上扫视了一眼,说道:"你们还没把过道塞满呢。"

卖票的女士白了一眼说道:"是没塞满,我们要在路上捎带更多的人呢。"司机启动了发动机,把车向前挪了一点儿。年轻人挺起胸膛,领着他的女友上了车,坐在过道上的竹马扎上,交了20元钱,司机又把发动机熄火了。

"嗨,你说过马上开的!"然而卖票的又变成了聋子、哑巴和瞎子。我也几乎窃笑起来。

在我们被告知"快点,我们这就开车了"整整45分钟之后,车终于蹒跚着开动了。我问女售票员:"为什么没开空调啊?"

"开车的时候打开窗子就够凉快了。"

"但是你说这车是有空调的!"

她回答说:"确实有啊,但我们开车的时候是不用空调的。"

四周一片窃笑声。

车每隔几分钟就慢下来,女售票员把头从黄色的车壳中探出去,喊道:"上车啦,很多空位呢,快点儿!"一位老谋深算的农民看了一眼那一张张像坐着牛车赶往奥斯威辛的犹太人一样的悲哀的脸。他小心翼翼地把一只脚(穿着花花公子牌的袜子和塑料拖鞋)踩到锈迹斑斑的车踏板上。那位女售票员一把抓住他的衣领把他拉了进来,砰地关上了车门,说道:"十块钱!"

"你说有很多空位的!"

"有空位啊。"她指着电池箱说道,那电池箱挤在灼热的发动机盖和轮舱中间,上面盖了一层灰绿色的斑斑锈迹和油脂。

我们中间那些有足够空间扩张胸腔的人轻轻地窃笑了起来。

车里塞满的人的位置安排是没有秩序的,所以,每次停车放乘客下车的时候,我们都要重新转换本来就歪歪扭扭的姿势。父母丢了孩子,丈夫丢了妻子,某个人丢了钱包。不过我们终于还是整个人(或多或少)都到了漳州。

在漳州度过一个愉快的下午之后,我们回到了汽车站,在那里我们看到一辆车正往前挪动。一位可爱的小老太太喊道:"快点儿,我们马上开车了。"

"苏珊,这位老太太应该不会像前一辆车上的那个无赖一样了。他们真的要开车了。"我们上了车,交了钱,然后司机就熄灭了发动机。等到那位可爱的小老太太把车塞满,我们已经在车里闷了20分钟了。

苏珊窃笑起来。

那天晚上我们到家时才发现,原来我们是在13号周五这一天去进行这趟郊外闲逛的。

将来有一天,我会再写14号周六去闲逛的经历的。

旅游补遗之二

神奇的达尔文式驾驶

美国人已经习惯了交警因为一些小事开罚单了,比方说你的做法致使另外一个司机刹车(无论出于什么原因)就属此类,他们怀疑在中国驾驶是既没节奏又没理性可言的。然而,在厦门开了十年的车让我明白了事实并不是这样的,而仅仅是个简单的"达尔文式驾驶——快者生存"

定律。这是完全符合情理的,也是非常实用的——尤其是在这样一个有着13亿人口的泱泱大国,汽车战还具有控制人口的双重功能。只要明白这些定律,在这里开车就没什么问题了……

达尔文式驾驶定律

1. 先到者有通行权——无论是司机还是行人,这条都适用。这就说明了为什么汽车、水泥卡车或者18轮大卡车会盲目地开出小街巷,既不查看四周情况也不减速,一头扎到主干道上,抢了正在开来的直行车的道。如果它们被另外一辆车撞了,它们是无辜的,因为它们是先到那儿的(很显然的——不然它们不会被撞到)。当然,如果它们轮下留情,还在犹豫该不该让道呢,那么接踵而至的直行车辆就会理直气壮地加速超车,夹塞到它们中间去。这很符合逻辑。在抓住每个机会超车的同时,我们还得防着被别人超过。不仅要超车,还要抢先超——这是条黄金守则。举个例子,如果您的车抛锚了,那么一定要让它停在十字路口,而且最好是斜着停,这样才能最大限度地阻塞交通。毕竟您哪

第二十二章 观光旅游在厦门

里也去不了了,所以别人也应该留在这儿。还有左转的时候要从最右边的车道上转——但是速度一定要快,原因是定律2。

2. 迟疑的人迷路了。 物理学家很明白地告诉我们,只有两个物体才可能同时占据一个空间。当然,要分出谁先谁后是很困难的,尤其是当5辆车齐头并进地想驶入一条双车道的马路上时。如果每辆车都各不相让,所有的车可能就会以完美的拉链结构拼在一起。尽管有时这种组合确实可以解得开。要保证拉链运行顺畅,避免迟疑是至关重要的,还要避免大家知道的西方国家特有的弱点——"防守驾驶"。

3. 进攻驾驶,而不是防守驾驶。 巴顿将军说:"进攻是最好的防守。"这句话给了您一个心理上的优势。我好不容易才学会了这点。当我在山路上侧向右边让大卡车通过时,它们简直要把我挤到路外面去了。现在,我贪婪地占着路中央,直到这痛苦的行程结束(中国人称这个为"英雄车",美国人称这个是"斗狠"飙车——尽管在这里,没有人是斗着玩的。)。

4. 不要礼让行人。 您的客气,会要了他们命的。行人在不看清四周的情况下就会毫不迟疑地一脚踏到您的车前。他们确实是故意不看的,甚至是往相反的方向看。这是因为他们知道:(1)先到者有通行权;(2)每次只有一个物体可以占有一个空间。另外,如果他们先占了那个空间,而您撞倒了他们,那您就准备养着他们吧,如果他们在事故中丧生了,那么您就准备养着他们身后的一大家子吧,他们的家人会在祖宗牌位前永远供奉这些舍命惠及家人的家庭"英烈"。这就解释了行人为什么不安心走人行道,而在拥挤的马路中央大摇大摆了。他们想着由别人来养呢。接着是定律5。

5. 抛开所谓的礼貌和谨慎——尤其是对待行人,以免要了他们的命。在我养成习惯的那段时期,我经常为老妇人和带小孩儿的妇女让路。她们总是迟疑不定,对我的动机表示怀疑,少数几个有胆量穿过马

路的人几乎被后面超上来的车撞倒。所以不要留情。您要做的只是不要把对方看在眼里。

6. 脸面是最重要的。美国人很难理解中国的司机和行人在几乎要相撞之前何以如此冷静。在美国，马路暴怒已经是司空见惯了，人们仅仅因为鸣笛或以错误的方式看着对方而被射杀。而中国人则通过避免与对方的眼神直接接触避开这种困境。这样就使战争与个人无关，使双方在毫不留情的战争中都保住了面子。这是一种独特的能力，是共同生活在狭小地区里的成千上万的人经过5018年的时间历练出来的。

教训：放松、享受，别往心里去。一旦理解了马路规则，在中国驾驶就会像在美国驾驶一样简单了——而且乐趣更多。有了车，谁还需要任天堂(Nintendo，一种游戏品牌——译者注)的游戏或其新一代的掌上游戏机(Gameboy)呢？

第二十三章
厦门酒店——家外之家

"裸露的房梁和房椽上张灯结彩,优美地挂满了蜘蛛和蜘蛛网,屋子里到处都被'装饰一新'。即使你很幸运,可以把自己藏在被单下面,蜈蚣、蚊子、蟑螂、跳蚤及其他害虫有时也会让你的旅行变得有趣而富有活力。这类娱乐是没有额外收费的。"

——选自 1912 年的《厦门内外》(In and about Amoy)第 280 页,毕腓力牧师撰

汉语词汇

楼 = building

路、街和道 = street (road, lane, etc.)

大道 = a main street (boulevard)

北 = north 南 = south 中 = central

中国国家代码 = 86 厦门城市代码 = 592

看到星级了吗?

几颗星并不是总能反映出酒店的质量、价值和合意程度——地理位置也很重要。我按照字母顺序排列的 50 多家酒店,其中鼓浪屿酒店排在最后。下面是一些特色酒店:

海景皇冠大酒店位于市区内;马哥孛罗东方大酒店屹立于筼筜湖畔;牡丹万鹏宾馆座拥万石植物园(足按很棒);驿缘酒店和亚洲海湾

大酒店位于环岛中路；悦华海景酒店毗邻会展中心；厦门悦华大酒店的前身就是花园酒店；鹭江酒店位于轮渡上，与鼓浪屿隔海相望；鼓浪屿别墅酒店屹立于鼓浪屿的海滨之上；华侨酒店以地方菜为胜；索菲特酒店以法国菜为特色；日月谷酒店是亚洲最好的温泉度假村之一；希尔福酒店的水上休闲很棒，等等。每个酒店都有它的优点和缺点。

厦门国际机场大酒店

电话：5736688　地址：厦门高崎国际机场　邮编：361006　电子邮箱：sale@xiahotel.net　网址：www.xiahotel.net

亚洲海湾大酒店

五星级的合资度假酒店，环境幽雅，位于环岛路，配有非常漂亮的滨海游泳池。电话：2198888　传真：2197777

地址：黄厝98号，环岛路中段

电子邮箱：hotel@gulf-hotel.com.cn　网址：www.gulf-hotel.com.cn

碧宫酒店

三星级。

电话：5854828　地址：湖滨中路24号　邮编：361004

厦门京闽中心酒店

四星级，一度为福建省最大的酒店。

电话：5123333　地址：厦门长青路北　邮编：361012

网址：www.jmhotel.com/（很好的英文资源！）

厦门宾馆

四星级，花园设置优美；泰国领事馆也在这里。

电话：2053333　地址：虎园路 16 号　邮编：361001
电子邮箱：xm@cityhotel.com　网址：http://www.cityhotelxm.com/
公交车：19 路或 27 路

海景皇冠大酒店

其前身为假日酒店，四星级。厦门第一家国际酒店，位于市区。很棒的自助餐、好莱坞酒吧和波托菲诺意式餐厅。

预订专线：800-830-3608　前台电话：2023333　传真：2036666
地址：镇海路 12-8 号　电子邮箱：hixmn@hi592.com

东海大厦酒店

交通非常便利，距离鼓浪屿轮渡步行仅 5 分钟的行程。
电话：2021111
地址：厦门中山路 1 号　邮编：361001

银河商务酒店

电话：5809188　地址：厦禾路 988 号　邮编：361004

厦门希尔福酒店

叹为观止的"水上运动"健身娱乐中心。房间价格合理，配有厨房和软床，信不信由你！（中国的床通常都像木板一样硬——真是名副其实的"有房有板"（room and board，膳宿））

电话：2082222　传真：2092222
地址：思明南路 495 号
电子邮箱：hr@hilford.com.cn
网址：www.hilford.com.cn/en/main.asp

厦门青年阳光自助公寓

每天 128~158 元，至少有 9 个分店，交通便利。网址：www.xmhomtel.com/

厦禾店：电话：2110038 地址：后埭溪路银龙广场 143 号 717 室

东渡店：电话：5611115 地址：东渡路 69 号鹭槟大厦 1905 室

仙岳店：电话：55011313 地址：仙岳路(SM 对面)

厦门国际青年旅舍

南华路 41 号(国际书店对面)

电话：2082345 传真：2199876 电子邮箱：yhaxm@yhaxm.com

网址：www.yhaxm.com/ 国际订房：www.hihostels.com

厦门金宝酒店

电话：6013888 传真：6013122

地址：厦门东渡路 126 号

电子邮箱：jinbao@public.xm.fj.cn 网址：www.jinbaohtl.com/

厦门金帝酒店

不贵，功能性强。电话：5111888

地址：仙岳路西段 189 号 邮编：361002

白鹭洲大酒店

电话：2226888 地址：湖滨南路 95 号 邮编：361004

电子邮箱：lakeview-xm@home-inn-hotels.com

网址：www.home-inn-hotels.com/

厦门龙都大酒店

三星级。电话：5806666　传真：5802999

地址：厦禾路878号　邮编：361004

电子邮箱：longdu@public.xm.fj.cn　网址：www.xmlongdu.com

鹭江酒店

屹立于轮渡之上，与鼓浪屿隔海相望。

电话：2022206　地址：鹭江道54号　邮编：361001

电子邮箱：lujihtl@public.xm.fj.cn

网址：www.fjta.com/xmlujiang/

厦门庐山宾馆

距离飞机场15分钟的车程，距离火车站10分钟的车程。电话：5136888

地址：嘉禾路102号　邮编：361009

厦门丽轩酒店

三星级。

电话：6021252　地址：湖里大道13号　邮编：361006

电子邮箱：lxhotel@public.xm.fj.cn　网址：www.xmluxury.com

悦华酒店

五星级，厦门旗舰店，占地面积约50多英亩！

电话：6023333　传真：6021431

地址：厦门湖里区悦华路101号　邮编：361006

电子邮箱：mandarin@xmmandarin.com

网址：www.xmmandarin.com

厦门马哥孛罗东方大酒店

四星级，是厦门市最好的酒店之一，面对筼筜湖。距离飞机场15分钟的车程，是老外的最佳住所。

电话：5091888　传真：5075236　地址：厦门建业路8号

邮编：361012

电子邮箱：xiamen@marcopolohotels.com

网址：www.marcopolohotels.com

闽南大酒店

火箭状的标志性建筑，厦门唯一带有旋转餐厅的酒店。距离火车站5分钟的车程，距离飞机场10分钟的车程。电话：5181188　传真：5180460

地址：湖滨南路一里26~34号　邮编：361004

电子邮箱：xmmnhotel@163.com　网址：http://www.xmmn.com/

厦门华侨大厦

以闽南菜最著名。电话：2660888　地址：新华路70~74号　邮编：361003

电子邮箱：webmaster@xmhqhotel.com.cn

网址：www.xmhqhotel.com.cn/

宏都大饭店

位于电子城附近。

电话：2228888　地址：厦门白鹭洲路201号　邮编：361004

牡丹万鹏宾馆

四星级,坐拥万石植物园　电话:2662888

地址:厦门虎园路 17~19 号　邮编:361003

电子邮箱: info@peony-hotel.com　网址:www.peony-hotel.com

厦门宝龙大酒店

五星级,屹立于筼筜湖畔。　电话:5188888

地址:厦门白鹭洲湖滨中路 133 号　邮编:361012

电子邮箱: xiamen@powerlonghotel.com

网址: www.powerlonghotel.com

厦门华美达长升大酒店

其前身为长升大酒店。电话:5031333

地址:厦门长青路 433 号　邮编:361012　网址:www.ramada.com

厦门剪爵湖畔公寓

电话:5112323　地址:建业路 3 号　邮编:361006

厦门喜来登酒店

电话:5525888　地址:嘉禾路 386-1 号

邮编:361009　电子邮箱: fiona.chen@sheraton.com

网址: www.sheraton.com/xiamen

厦门索菲特大酒店

五星级,环境幽雅,西菜很好。

电话：5078888

地址：湖滨北路 19 号　邮编：361012

电子邮箱：hotel@sofitelxiamen.com　网址：www.sofitel.com

厦门天鹅大酒店

电话：5395888　传真：5395666

地址：白鹭洲天鹅广场

电子邮箱：swanhotel@swanhotel.cn　网址：www.swanhotel.cn

厦门福联大饭店

三星级。电话：5055888　地址：湖滨南路 469 号　邮编：361004

万豪大酒店

以广东点心为胜。电话：5580888　地址：厦门台湾街 90 号　邮编：361009

电子邮箱：ljz@xm315.com　网址：www.wanhaohotel.cn

厦门航空金雁酒店

位于筼筜湖畔，独特的登机手续代办服务。

电话：2218888　地址：厦门湖滨南路 99 号　邮编：361004

电子邮箱：jyhotel@xiamenair.com.cn　网址：www.jinyan-hotel.com

厦门华夏酒店

三星级，提供粤菜、闽南菜、川菜及西菜。

电话：5159888

地址:厦门厦禾路 935 号　　邮编:361004

厦门金海岸大酒店

三星级,位于市政府和筼筜湖附近(提供婴儿看护服务!)。

电话:5303333　　地址:厦门湖滨北路 40 号　　邮编:361012

电子邮箱:goldcoast@gchtl.com.cn　　网址:www.gchtl.com.cn

厦门东南亚大酒店

四星级,位于火车站旁,距离飞机场 12 千米。

电话:5366661　　传真:5366662

地址:厦门思明区厦禾路 908 号　　邮编:361004

电子邮箱:xmplazah@public.xm.fj.cn

厦门日月谷温泉度假村

亚洲最好的酒店之一!

电话:6312222 传真:6312345

地址:海沧区东孚镇汤岸村　　邮编:361027

电子邮箱:dosm@riyuegu.com　　网址:www.riyuegu.com

公交线路:804 路、450 路、451 路或厦门——漳州大巴

厦门新加坡大酒店

位于中山公园背后。电话:2026668　传真:2025950

地址:溪岸路 113~121 号　　邮编:361003

公交线路:19 路或 21 路(至中山公园站下车)或 1 路(至第二市场站下车)

厦门国际会展酒店

五星级。电话：5959999　传真：5959666

地址：厦门会展二路199号　邮编：361008

电子邮箱：home@seaside.cn　网址：www.xmmandarin-seaside.com

厦门大学宾馆

价格实惠、交通便捷、环境幽静。三个选择：逸夫楼、克立楼、建文楼。逸夫楼最贵，建文楼最便宜。我们最好的餐厅之一就设在逸夫楼。住宿包括早餐。抵达路线：从学校的旧大门（南普陀寺旁）直走，这3栋楼都在第一个十字路口。电话：2087988　传真：2086116

驿缘酒店

位于环岛路。西菜很好。在星期天的国际基督教联合会之后举行25元的周日早午餐(10:30—12:00)。电话：5366661

地址：曾厝垵仓里5~6号　电子邮箱：5366661@xmtrip.com

鼓浪屿膳宿

抵达鼓浪屿轮渡码头的路线：

从飞机场出发(16000米)：乘坐27路公交车或乘的士。

从长途汽车站出发（约3000米）：公交车10路、23或30路

从火车站出发（约5000米）：公交车2路、19路、25路、28路、50路、51路、55路、56路、67路。

渡轮时刻表：白天每隔15分钟一班，晚上每隔20分钟一班。

鼓浪别墅酒店

三星级。位于隐蔽的滨海区，环境怡人。乘渡轮到岛的后面。

电话：2063280　　地址：鼓声路 14 号　　邮编：361002

电子邮箱：glvhotel@public.xm.fj.cn

美华老人疗养院

怡人的山顶隐居，很棒的素食食品（参见第 313 页）。乘渡轮抵达鼓浪别墅酒店，向右转，沿海岸走一小段路，然后走上一条狭窄的花岗岩小路（"拼音之父"卢戆章的半身塑像后面），沿左边的岔路往前走，经过山顶的墓地即到。电话：2066517

厦门夜百合宾馆

五个宽敞的房间，配有双人床和浴室。电话：2060920　　地址：鼓浪屿笔山路 11 号

电子邮箱：yyzpek@sohu.com　网址：http://nitelily.todayinchina.com/

湾景旅馆

电话：2060466　传真：2060468

地址：鼓浪屿龙头路 17 号

电子邮箱：bayviewinn@163.cn　网址：www.bayviewinn.cn

厦门海上花园酒店

四星级，是鼓浪屿上的第一家四星级酒店。位于鼓浪屿背面的港仔后沙滩旁。电话：2062688　传真：2062588

地址：鼓浪屿田尾路 27 号　　邮编：361002

网址：www.marinegardenhotel.com.cn/en/

琴岛酒店

位于轮渡左侧约 60 米处。电话：2066668　传真：2066688

地址：鼓浪屿鹿礁路

金泉宾馆

原美国领事馆，位于三明路26号。仅在举行10人以上的派对时才提供餐饮服务，而且需要提前预约安排。沿环岛路步行5分钟，轮渡右侧。电话：白天：5740505

地址：三明路26号三丘田码头附近

丽之岛酒店

距离轮渡码头步行5分钟的行程。房间小，但是整洁且便宜。电话：2063309

地址：龙头路133号

绿洲酒店

从轮渡码头直走1分钟　电话：2065390

地址：龙头路1号　邮编：361002

皓月园

环境怡人的小别墅，可俯瞰海景，位于鼓浪屿西北边的郑成功雕像后面。

鼓浪屿干部疗养院

环境非常好，但是价格很高：标准间500元（只接待干部？）电话：2063480　地址：田尾路18号

在鼓浪屿上找点儿便宜？

厦门鼓浪屿国际青年旅舍

距离轮渡仅100米,左转,上山(前英国领事馆,红墙)。44个床位,每晚6美元起。提供旅行安排帮助(门票、路线)。电话:2066066

地址：鹿礁路18号　电子邮箱：yha@yhagly.com　网址:www.yhagly.com

海华度假屋

三栋小型国外建筑风格的房子,可欣赏日光岩的美景——但是鼓浪屿上什么东西没有阳光呢？9个房间、18个床位,配浴室。最贵的房间:每晚200元,淡季时80元。

电话:2066935　地址:中华路28号

宾悦客栈

对于背包族来说,这是鼓浪屿上最便宜的住所了。客栈是由私人别墅改建而成的,位于三一堂旁边。简单的设施:卫生间、公共澡堂、树木成荫的小花园。床位价格每晚26元起。双人房60元。

电话:2063520　地址:安海路44号,三一堂旁边

自来水公司疗养院

皓月园再向南走。房价大约为每晚150元,可打折。电话:2062411　地址:漳州路

第二十四章
中国现代教育的摇篮

　　既然是中国现代教育的摇篮,那厦门拥有 28 所高等教育学院,11%的厦门人拥有大专以上学历,也就不足为奇了。

　　早在 19 世纪 40 年代,新教传教士就在这里创立了 20 所不同的学校——从中国第一所幼儿园到职业学校直至学院。鼓浪屿上还有中国的第一所日间学校,由弥来满牧师(Lyman Burt Peet)于 1845 年创建。几乎同一时间,养为霖(William Young)也开办了福建第一所女子学校。

　　由传教士开创的事业后来被富有的海外华人发扬光大。例如,美国驻厦领事 A·柏林盖姆·约翰逊(A. Burlingame Johnson)于 1898 年

厦门大学　20 世纪 30 年代

第二十四章 中国现代教育的摇篮

在鼓浪屿创立了同文学院，中国富豪资助该校并成立了理事会，由美国领事担任理事长。

他们的投资获得丰厚的回报。鼓浪屿培育了许多人才，如中国妇产科先驱林巧稚女士(她接生的婴儿超过50000名)、名声显赫的艺术家周廷旭(第一个获得英国皇家学院金奖的中国人，还加入英国篮球队参加奥运会！)、中国现代体育运动之父马约翰(John Ma)，以及"拼音之父"卢戆章(他发明了现代中文的标点符号)。此外，鼓浪屿还造就了100多位知名音乐家，以及蜚声海外的作家林语堂，《纽约时报》对其的讣告写道：

林语堂，诗人、小说家、历史学家及哲学家，他向西方诠释中国这个多灾多难大国的风土人情和中国人的所盼、所虑和所思，在这方面，他成绩卓著，无人能及。①

厦门的开创性教育今天仍在继续。想了解更多的历史，请参阅《魅力鼓浪屿》，尤其第4章"初创教育"、第5章"初创医学"和第6章"初创音乐和艺术"。

厦门大学

注：中英对照的《魅力厦大》共400页，涵盖了厦门大学的历史、现况和未来展望，还包括厦大103景插页地图和浏览指南。

"这(厦门大学)是所彻彻底底的中国学院，坐落在一个中国小乡村里，没有外国教师，也没有对外联系。学习的课程非常实用……当我们设想将来时，最鼓舞人心的莫过于将让全中国都知道这所学校。"

——保罗·哈奇森(Paul Hutchinson)于20世纪20年代②

---

① 《学者及哲学家林语堂仙逝，享年80岁》，载于《纽约时报》1975年3月27日。
② 保罗·哈奇森：《华东地区主要传教区》，上海：教会图书公司1920年版。

《魅力厦门》之所以大篇幅描写厦门大学有三大原因：

(1)厦门大学是中国最美丽的校园；

(2)厦门大学是中国最具战略性的大学（唯一一所位于经济特区的重点大学）；

(3)厦门大学是我家。

足矣！

厦门大学占地 400 英亩，坐卧五老峰与大海之间，清幽宁静，正如其右邻的南普陀寺——但每年的 4 月 6 日除外。这一天，整个校园都沸腾着庆祝其生日。1921 年 4 月 6 日，爱国华侨陈嘉庚创立厦门大学，他有一颗伟大的爱国之心，当然，还有一掷千金的财力。

陈嘉庚——亚洲的亨利·福特

这位厦门大学的捐助人可不像肯德基老人靠炸鸡发家，他致富的法宝是大米和橡胶。17 岁那年，他和他父亲在新加坡开了一家米店。从这个不起眼的小生意起步，他积储了足够的资金，然后投入船运和罐头制造，但橡胶才是他真正的聚宝盆。

橡胶大王

陈嘉庚是开创马来西亚橡胶业的橡胶集团的四位成员之一，也是东南亚为数不多的大富豪之一。鼎盛时期，他的生意遍布全球 48 个国家。自大萧条时代橡胶的价格直线下降后，陈嘉庚的橡胶产业再也无力回天，因此在资产缩水之前，他结束生意，变卖一些房产，把所得之款用于厦门大学的信托基金。

1937年日本入侵中国后,陈嘉庚组织创立了南洋各属华侨筹赈祖国难民总会,尽其余生为中国筹款。

在陈嘉庚对中国的众多捐献之中,厦门大学无疑是他的掌上明珠,即使在大学迁出厦门之时!

1937年抗日战争爆发后,厦门大学迁至福建长汀县,其位于与江西省交界的闽西森林地区(如今是个美丽的河畔小镇——值得一游!)。1945年战争结束后,厦门大学终于回家了。彼时的新任校长——著名生物学家汪德耀博士立即着手重修和扩建校园。如今,陈嘉庚先生的投资没有白费,汪校长的宏图也得以实现。

Foreign Language Dept. (1950s)
Girl Students
(Language Drills?)

亦笔亦戈

就在厦门大学刚从抗日战争中恢复过来之时,蒋介石又发动了国内战争!厦门大学的学生们理所当然地"一手持笔,一手持枪"捍卫祖国。1962年,这所坚忍不拔的大学被指定为国家重点大学,并从此开始蓬勃发展。

厦门大学现有32 000名全日制学生和数千名兼读生,包括1600多名外国留学生,学校为他们提供了各种学位课程。有个学生获得的学位多到我笑称他为华伦海特博士[①]。

[①] 华伦海特·加布里埃尔·丹尼尔(Fahrenheit):德国物理学家,他发明了水银温度计(1714年)并设计出华氏温标。

正如某宣传册里中肯的评价:"厦门大学成千上万的毕业生因在其各自领域的突出表现而获得国内外的高度认可。"

当然,厦门大学的"嘉庚楼"也因其21层的楼高获得了大家的"高度"认可。

厦大之旅可以从中国第一的厦门大学经济学院开始,然后是化学楼群。许多知名科学家(包括五位中国科学院院士)就是在这里用扫描隧道显微镜之类的高科技设备进行生物电化学、光谱电化学,还有其他我叫不出名的高深研究。

接下来是中国第一座人类博物馆,然后可以到中国最大的大学礼堂留影纪念。这个礼堂是一座宏伟的临海花岗岩建筑,由陈嘉庚的女婿李光前在20世纪50年代建造。

浏览途中你还可以到国际学术交流中心的逸夫楼中的咖啡店或餐馆小憩一下。电话:2087988。

饭后再到芙蓉湖边散散步,平静的湖面倒映着五老峰和中式学生宿舍。中心小岛上矗立着"陈嘉庚与学生"的塑像。

白天,芙蓉湖畔都是形只影单的学生,手中捧着课本在背诵英语。而晚上,这里的学生可是成双成对的,那就不是在学英语了。

90年代初期,学校规章禁止异性之间出现亲密举动,即使是我和我妻子在校内牵手也不行。但现在,男女之间可不只是牵牵手而已了。而且,男性之间也牵手……

也说握手

当看到厦大的一个门卫坐在另一个人腿上,搂着他的脖子,深情地盯着对方时,我差点从自行车上摔下来。半个小时后,他仍保持那个姿势。我终于

知道中国男性之间要比我们西方人亲密许多,我们可是始终保持着神圣不可侵犯的距离(据有关研究,此距离约为30英寸)。

中国人对隐私和身体距离的观点跟我们大不相同,因为他们有13亿人口,空间确实不够。男人们不假思索地握手、拍手臂或拥抱,对于熟知个中曲直的中国人来说自然没什么问题,可我却吃不消,有几次几乎要抓狂。

就拿最简单的握手为例。美国佬们也就是抓、捏、晃三下,马上就抽回手了,可是中国人一握手就聊开了,他们会一直紧紧地抓着你的手,有时还会抚摸它。尽管在中国呆了18年,这种举动至今仍会让我紧张。

有一次给200名学生做演讲,我解释为何不要和老外握手或避免身体其他部位的接触。就在第二天,我碰见了外事处的老黄,他可是我儿子最敬爱的中国老爷爷,还是典型的中式握手者。我们聊天的时候,老黄一直握着我的手,还足足抚摸了15分钟。最后他问:"小潘,这么握着我的手是不是不太舒服啊?"

"有一点。"我承认。

他爆笑出声,拍了拍我(这我还能接受),承认说:"我昨天听到你关于握手的演讲了!"

从此之后,这个老顽童见面就用美国式握手跟我打招呼,而且总是伴着狡猾的微笑。

厦门大学的一些"第一"

(摘录自《魅力厦大》)

中国唯一一所由海外华侨创办的重点大学

中国经济特区中唯一一所重点大学

中国主要的经济学院

中国大陆首次授予MBA学位的大学

"现代中国海洋学的摇篮"(培养了海洋学的第一个博士)

"现代航空学的摇篮"

中国第一个高等教育研究机构

中国为外国学生设立的第一所现代大学——1600多名外国学生

中国顶尖的化学系

中国最早教授国际法的大学之一

中国最早的经贸学院之一

中国固体表面物化国家1号重点实验室

中国唯一的分析科学重点实验室(数学和生命化学)

中国第一个中南亚及海外华侨研究机构

中国第一个人类博物馆

中国第一个台湾研究所和中国第一份台湾研究刊物

中国离台湾最近的大学

中国最大的大学礼堂(眺望大海)

中国函授教育的先锋(从20世纪50年代开始)

中国著名的数学家,包括陈景润等天才

以此列表将继续添加……

厦门大学海外教育学院
——中国为外国学生设立的第一所现代大学

学会一些简单的短语,诸如"你好!",你的中国主人就会惊叫:"你的中文真好!"——即使音调和发音都惨遭荼毒(参阅"痴迷普通话"一章)。

想学中文吗?中国朋友们都很乐意跟老外互教互学,或请个家教,但是如果你跟我一样没有章法,就到海外教育学院上课吧。学院成立

第二十四章 中国现代教育的摇篮

于 1956 年,至今教过的学生超过 20000 名,包括面授和函授。学院不仅教普通话,还教闽南话、中国语言文学(函授要 2~6 年)和中医学(1~5 年,函授或面授均可)。下次到中医院预约就诊前,记得提醒自己:学中医比学中文容易。

1988 年我们到厦门时,海外教育学院正大张旗鼓地吸引外国学生(或更准确点说,吸引外国学生的荷包)。尽管学院有意多多吸收外币,却没有足够的地方容纳奉献外币的学生,于是,就把我们安排在校外的公寓(那个地方现在是肯德基餐厅)。多亏了印度尼西亚校友林联兴(音译)的资助,情况早已改变了,10 层高的海外学生宿舍楼拔地而起,配备空调、电话以及食堂。他们甚至还有崭新的现代教学设施。

电话:2186211 2086139 电子邮箱:xmuoec@jingxian.xmu.edu.cn

厦门大学工商管理教育中心

中国第一个 MBA 学位就是在这里颁发的,比南开大学早了整整一个星期。在 80 年代末期,中心刚设立之时,很少有学生愿意学习管理,我们几乎得求他们来。而如今,申请者多到我们处理不过来——令人惊奇的是,在这个已经消灭了 class(阶级)的社会里,我竟要上这么多堂 class(课)(苏姗·玛丽对我的评价是我根本就没有 class(层次))。

1987 年,在加拿大国际发展署的帮助下,我们的 MBA 课程通过与戴尔豪斯大学、圣玛丽大学还有其他的加拿大

MBA 中心

大学联合的形式开始设立。第一批 30 名 MBA 学生在 1990 年 7 月毕业,当中有些人还跟我保持着联系,不时地从北京、纽约、伦敦甚至赫尔辛基给我寄来问候。

我们的学生包括厦华电子首席执行官、福耀玻璃工业集团董事,还有东林电子有限公司的创始人,我们的毕业生服务于一些国内外著名公司。

真希望这些"大人物"学生能记得那句中国老话"一日为师,终身为父",在中国新年的时候发个红包(如果厦大纪律检查委员会看到这句话,我会说,这纯属印刷错误!)。

欢迎参观厦大 MBA 教育中心并聘用我们的学生!电话:2186441 电子邮箱:xdmba@jingxian.xmu.edu.cn
网址:http://sm.xmu.edu.cn

集美大学——请参看"集美——中国'学乡'"一章

厦门理工学院

厦门理工学院是所省属大学,有两个校区。大部分学术活动将来都要搬到 70 公顷的集美校区,而位于蜂巢山的旧校区(从厦门大学沿上坡路走 5 分钟)仍将进行成人教育、科学研究、国际教育合作、软件开发教育等等。

厦门理工学院原名鹭江大学,成立于 1981 年。厦门经济特区也是在这一年成立的。学校拥有约 500 名教职工,还有 5500 名全日制学生和 3000 名兼读生。

想来厦门教书吗?我认识的厦门理工学院外教都很喜欢在这里教书。

地址:思明南路 394 号　电话:2189536
电子邮箱:xmlg@xmut.edu.cn　网址:www.xmut.edu.cn

厦门海洋职业技术学院

电话：5393508　　地址：体育路61号　　网址：www.xmoc.cn

私立学院

厦门南洋学院

电话：5128111

地址：仙岳路278号

电子邮箱：nanyang@xnanyang.com　　网址：www.xnanyang.com

厦门演艺职业学院

电话：2570571　　地址：鼓浪屿福建路32号

网址：www.xmyanyi.com

英华美(厦门)学院

电话：2960382　　地址：文灶帝豪大厦五楼

电子邮箱：tom@cn-informatics.com

网址：www.cn-informatics.com

美联国际英语

地址：厦门厦禾路879号美新广场1~2层，邮编 361004

联系人：Helen Zhou　　电话：3803357

电子邮箱：zhm1105@yahoo.com.cn

网址：www.metroenglish.com.cn

厦门国际学校

20世纪90年代中期，洪永世市长意识到要想吸引外国企业来厦门投资，就要为外商的孩子提供优质的国际教育——于是，厦门国际学校诞生了。今天，厦门国际学校是中国最好的国际学校之一，拥有约30名受过专业教育的老师，他们来自10来个不同的国家。截至2006

年9月,学校有来自32个国家和地区的277名学生。

2002年6月,厦门国际学校迁到30000平方米的现代化新校园,里面有体育馆、足球场、跑道、三个篮球场,以及一个室内游泳池。同时还配备图书馆、阅读室、实验室和语音室、大型自助餐厅和内部网等设施。

有孩子了吗?那就到厦门国际学校看看。还没有?那生一个,然后送到厦门国际学校读书吧!

地址:厦门杏林九天湖

电话:6256581　电子邮箱:askxis@xischina.com

网址:www.xischina.com

"自1997年起,厦门国际学校就向旅居厦门的老外子女提供优质的大学前英语教育。它是福建唯一、也是中国唯一五所有权授予国际预科文凭的学校之一(即小学课程、中学课程和文凭课程)。"

"我们的学生来自30多个国家和地区。老师都有学士学位,其中很多有硕士学位。学校的文凭受西部各州高等院校协会(WASC)认可。""我们诚挚地邀请旅厦国外人士来校参观访问,为您的孩子找到合适的学校。"

校长:约翰·M·戈温德博士

厦门国际学校毕业生就读的高等学院

哈佛大学(马萨诸塞州)

马萨诸塞州大学(马萨诸塞州)

斯坦福大学(加利福尼亚州)

费尔雷·迪肯森大学(新泽西州)

宾汉顿大学(纽约州)

布法罗大学(纽约州)

雪城大学(纽约州)

霍夫斯特雷大学(纽约州)

密西根州立大学(密西根州)

宾夕法尼亚州立大学(宾夕法尼亚)

内达华大学(内达华州里诺)

厦门大学(中国厦门)

德拉萨尔国际设计学院(中国上海)

诺丁汉大学(中国宁波)

康考迪大学(加拿大蒙特利尔)

Euro-Control Maastricht(荷兰)

厦门国际学校 2006 年秋季招收

来自 32 个国家和地区的 277 名学生：

阿根廷 1	澳大利亚 7	比利时 2
伯利兹 1	英国 7	加拿大 7
哥伦比亚 1	丹麦 1	荷兰 1
法国 2	德国 6	香港 5
印度 3	印度尼西亚 3	爱尔兰 3
意大利 4	日本 4	韩国 55
澳门 3	马来西亚 7	墨西哥 2
挪威 2	菲律宾 3	新加坡 14
南非 1	西班牙 1	苏里南 1
瑞典 3	台湾 78	泰国 1
美国 48		

厦门国际学校
—— 连接整个世界!

第二十四章 中国现代教育的摇篮

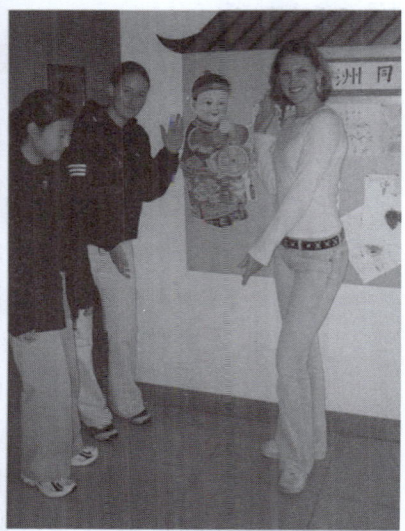

第二十五章
厦门卫生保健

厦门有逾千家卫生保健单位，包括一家先进的眼科治疗机构，它采用的是最新式的激光疗法。中山医院技术先进，2002年11月7日，这里的医生曾经为年仅三岁的周波令(音译)做了人工移植心脏手术(为这个穷困的民工孩子做心脏移植手术的费用都是由本地市民捐赠的)。我家的一个年轻朋友曾在中山医院做过开心手术，还有两个美国朋友在那里做了腹腔镜检查和胆囊切除手术(美国人想必是有很多胆汁吧)。

中山医院还有个"老外门诊"，而且急诊室还有外国医生和说英语的工作人员。

厦门医疗网站(仅限中文)：www.xmhealth.gov.cn

家居常备药

厦门有好几家现代化的医院以及技术非常先进的眼科医院，中山公园后面还有很棒的牙医诊所。但还是要打包一袋医药包供基本急救和医疗保健之用。医药包可以包括：为感冒发烧而准备的体温计，阿司匹林和泰诺，止泻药如止泻宁、补液盐、维他命，以及像康泰克、蜂蜜药、佩托比斯摩(Pepto Bismol tablets)(抑菌止泻药)等等。赶紧学点急救知识，带上《远离医生》(Where There Is No Doctor)这本书。

常见病痛(伤寒、流感、食物中毒以及恐怖袭击)的主要治疗步骤：
(1)退烧；(2)止泻；(3)多喝水。

厦门医院

中山医院 作为厦门大学的附属医院，是厦门的主要医院之一。这里有专为外国人开设的门诊，配备会说英语的护士和医生。

地址：湖滨南路201~206号

电话：2212328　电子邮箱：admin@xmzsh.com

网址：www.xmzsh.com

公交车：5、10、23、30、35、43、45、85路

厦门市第一医院

地址：厦门市镇海路上古街10号　电话：2137275

电子邮箱：yb@xmfh.com.cn

网址：www.xmfh.com.cn/default2.asp

公交车：35、86、96、99、106、618、809路　小巴：18A、18B、33、5B路

来福诊所　地址：湖滨北路西堤别墅123号

电话：5323168(24小时)　手机：13850082911　传真：5326168

厦门市中医院　地址：镇海路12号(从假日酒后往下走)

电话：2665005　传真：2022861　电子邮箱：feedback@xmtcm.com

中国人民解放军一七四医院

一户在中国旅居了数十年的、子女比赞笃湖的白鹭还多的美国家庭发誓推介解放军医院——不足为奇，军队的东西总是最好的。这里的医生还特别擅长看牙。

地址：文园路94~96号(从厦门宾馆过个天桥就是了)

电话：6335500　6335600

电子邮箱：info@xm174.com

网址：www.xm174.com

江头医院　电话：5523303

厦门市第二医院鼓浪屿分院　地址：福建路60号　电话：2063549

厦门市第二医院海沧医院　地址：海沧生活区海六路　电话：6055830

厦门眼科中心　从简单的配镜到最新的激光眼科手术——这里都将是您最好的护眼选择。

地址：厦禾路336号

电话：2109795　2109793　传真：2024325

电子邮箱：khfw@xiameneye.org.cn

网址：www.xiameneye.org.cn

厦门大学医院　只有实在别无选择的时候我才会来这里——或许有点儿直白。这家医院建于1921年前后，但是这里的一切却并没有随着时代的变迁而改进（但我还是得聪明点不喝酒，免得酒后一时糊涂，会来这儿）。

湖里医院　中西医　地址：华昌路（湖里区政府附近）

电话：6038135　公交车：1、9、11、22、34、40、41、43、83、806路

仙岳医院　地址：仙岳路387号　电话：5052717　5086654

厦门妇幼保健医院　地址：镇海路10号

电话：2662020　电子邮箱：xmfybj@163.com　网址：www.xmfybj.cn/default.asp

厦门莲花医院　地址：莲花北路9号　电话：5055107　5064076

电子邮箱：xmlh@xmlh.com

网址：www.xmlh.net

厦门同济医院　地址：厦门市南桥巷　电话：2023327

集美医院　地址：集美区尚南路35号　电话：6068398

集美灌口医院　地址：集美区双观庵　电话：6094143　6091025

同安区同民医院　地址：同安区马巷镇民安路10号

电话：7061415　7063194

厦门第三医院　地址：同安区祥平街道阳翟二路2号

电话：7022320　7123401

电子邮箱：dsyy@xmdsyy.com.cn

网址：www.xmdsyy.com.cn

同安闽海医院　地址：同安区轮山路　电话：7225955　7225344

牙医

姚氏牙医诊所——厦门第一！ 原属于解放军医院，在马里兰受过培训的姚医生（乔治）和王医生（洛奇）都会说英语，能提供最好的牙科护理（相信我们——或相信我们的牙齿！）。

这里的服务高效、专业，服务态度友好，而且还不贵。来过一次之后，您就不会再害怕看牙医了！

地址：厦禾路帝豪大厦2202（在其角楼的一层有24小时营业的麦当劳，二楼是都市风健身中心。

电话：2964399　传真：2964799

电子邮箱：yaodental@yahoo.com

网址：www.yaodental.com

厦门德真会齿科中心　中日合资企业。地址：禾祥西路881号

电话：2290088　电子邮箱：dental@public.xm.fj.cn

厦门口腔医院　地址：斗西路中山公园西门附近

电话：2010277　16821168

网址:www.xmkq.com

草中毒蛇

传说白鹭曾经从大陆上衔来种子和果实,并统治着厦门。那时人畜和平共处,一片繁荣,直到毒蛇的出现。为争夺对厦门的统治权,毒蛇和白鹭恶战7个日夜。白鹭赢了,但是许多白鹭为之牺牲血染凤凰树。凤凰树便因此成了厦门的市树,其花艳如烈火。今天厦门仍然叫"鹭岛",但是人们却很少看到毒蛇了。我曾在门廊边上杀死一条眼镜蛇,还见过几条竹叶青蛇。但是我们住在靠着森林的山坡上,在那里还可以看见大蟒蛇(尽管不像大陆上生长着的身长33英尺的网纹蟒)。

尽管如此,不必担心。厦门的医院都有抗毒药和抗毒经验。就算这些不行,这里还有天主教堂来送您最后一程。

经典庸医故事

最重要的事情先做——明朝故事(1368—1644年)

据说有一位医生因为处方不当医死一病人,病人家属盛怒之下就将这个医生监禁起来。夜晚,医生趁着夜色逃出来,游过一条大河,才回到家。当他看到儿子正在读医书,就说:"别忙着研读医书了,先做好最重要的事情——学会游泳。"

最重要的事情先做

庸医的赔偿——清朝故事(1644—1912年)

相传一个庸医给一人家的儿子医病,结果将其医死了,便不得不把自己的儿子让出来给受害者以作补偿。同样的方式,他失去了他的女儿。一天有一男子叩门求助,庸医便问道:"病人是谁?"

"我妻子。"

庸医流着泪告诉妻子说:"夫人,恐怕有人看上你了。"

踢我一脚——明朝故事(1368—1644年)

一位身负重担的樵夫狭路撞上了当地一个庸医。庸医气急败坏,抡起拳头便要打樵夫。樵夫忙跪地求饶道:"求你踢我吧。"

旁人问道:"你怎么宁愿让他踢你呀?"

被吓坏了的樵夫说道:"他的手可要比他的脚更容易置人于死地。"

"千万别用手!"

医者自医——清朝故事(1644—1912年)

一位垂死的医生叫道:"谁若能治好我,我就把秘藏的长生不老丹送给他,让他长生不老,能活上几百上千年。"

有人就问他:"你若有这么神奇的药,为何不自己服下去呢?"

他表情愕然,讷讷道:"医生是没办法为自己开处方的。"

第二十六章
言归正传生意经

"每个人都靠出售某样东西为生。"
——罗伯特·路易斯·斯蒂芬逊

想了解中国将往何处去,那就先看一看北京大学吧。长期以来,北大一直是政治活动家的一个温床,这段时间学校也是热闹非凡。可是,让学生们为之兴奋的并非政治,而是获取成功……与全中国一样,北大正在重塑自我,迎接现代化的、市场导向型的时代。

……生物专业的雷萍(音译)对这种新精神作了概括。她说:"虽说我们并不像前辈们那样专注于政治,但在内心里我们都是爱国的。我们更加实际。毕竟,我们处在一个崭新的纪元。"

——《时代》杂志(1998年5月11日)

厦门——中国的富矿

中国人的实用主义依然健康且富有生命力,使得中国成为外国企业家眼中的金矿。作为中国的门户,厦门经济特区正变成一座富矿。

1980年,厦门岛的西面成立了2.5平方公里的经济特区,1984年邓小平视察厦门后将整个厦门岛都划为经济特区。今天,幅员600平方公里的厦门岛及与之接壤的岛外辖区享有特区优惠政策、管理方法和省级自主权。到2005年年底,人均地区生产总值超过5000美金,在中国名列第三。

到2005年年底,来自50多个国家和地区的1500多家企业(其中包括38家世界500强企业)在厦门投资了6887个项目,总投资额达230多亿美元。截至2003年,位居前5位的投资者分别是香港(投资金额966.5亿美元)、台湾(427.8亿美元)、英国(157.6亿美元)、美国(135.5亿美元)和新加坡(69.2亿美元)。

"甚至在公元800年以前,厦门和泉州就已经是盛极一时的大都会,吸引了群岛、印度以及远在波斯的商人云集到此。"
——选自《中国评论》第22卷第5期(1897年)《关于厦门地况风貌、纪念碑、寺庙和俱乐部》

π和冰淇淋

"需要是发明之母"这句话很好地解释了中国人古已有之的注重实效和善于发明的特点,也道出了这个古老的国家何以能发明出这么多东西,从π到冰淇淋,无所不包。今天,他们依然在不断创新。

在山东省的一个偏僻小镇,我们见识到了一种"现代化"的街道清扫车——一台手工制作的拖拉机拉着一个由铁和木头做成的奇妙的装置,它能使其中十多把用稻草做的扫帚旋转并发挥作用!这个贫穷的小山村的大街、也是镇里唯一的大街因此一尘不染。

无论是乡下人还是城里人,中国人都显得足智多谋、适应性强而且不屈不挠;假如中国的未来能够借鉴她的历史,那么我们可以预期在即将到来的几十年间将要发生的奇迹——尤其是在商业领域。

经商,而不是征服

老外们应该庆幸,中国人从来都强调经商而不是征服。几个世纪以来,中国商人用世界上最先进的船舶航行于几大洋。他们使用水密隔舱,使商船永不沉没。中国本可以凭借其发明的火药、火箭以及大炮来击沉野蛮人的船舶,并用他们发明的弩来射杀幸存者。

总长1000英里的京杭大运河是地球上最长的人工水路,它引导中国人发明了悬索桥、运河船闸以及弓形架构的拱桥,是中国的运河和河流,而不是马克·吐温笔下的密西西比河,首先承载了桨轮轮船的航行。

威尼斯百叶窗源自中国,意大利通心粉起源于中国,煮面时煤炭的使用也是从中国开始的(中国人发明了深度钻井来获得天然气和食盐)。他们还发明了旋转曲柄、炼铁用的一种水车驱动的风箱以及地震仪。

中国人嗜书如命,因此他们发明了纸张和纸币,这一点儿都不会令人惊讶。全世界第一份报纸,即《邸报》,从公元363年一直办到1935年,中国记者是最早忙着赶稿的人。机械钟也并非源于欧洲,在其于欧洲面世的数世纪前,中国人就将其发明出来了。世界上最早的贺卡是中国的新年贺卡(中国的皇亲贵族为不用参加过多的拜年活动而发明贺卡)。而早在1000年前,中国皇帝的御臀已享受到4英寸大小、正方形的、能散发出香味的手纸了,这在世界上是最早的(尽管有一位著名的诗人曾警告不要用写过字的字如厕)。2000多年前他们发明了坐式抽水马桶(奇怪,我们如今干吗还用蹲坑式马桶呢?)。1000多年前他们发明了降落伞、中国式小提琴(二胡)和第一个动物园(于公元前1150年)。

3000多年前,中国人已经绘制出太阳、月亮和星星运行图,并在骨头和龟壳上记录下日食和月食,还记录了过去2100年间哈雷彗星前后27次出现的每一次情形。

中国人最先提出十进制和二项式数学。大约1500年前,"数学天才"祖冲之计算出圆的周长与其直径之比为3.1415926。

最后，但一定不是最次要的是：中国人发明了"0"。这在厦门市唾手可得，因为厦门的 GDP 后面的"0"有很多。

厦门丰富的资源

1. 自然和地理优势

厦门一直是中国最重要的战略港口之一。早在宋朝(公元 960—1279 年)，政府官员在东渡港山区建立检查区，形成一座天然的屏障。

一个世纪前，孙中山构想将厦门建成"东方大港"。因为厦门是世界最好的天然深水良港，在其 26 公里的海岸线中，有 1/5 平均水深超过 10 米，并且还为一系列近海岛屿构成天然防浪堤，成为船舶的天然避风港。回想孙中山所处的年代，美国的美孚财团和英国的亚洲公司就已在海沧投资，把海沧作为他们的石油中转站和船舶燃料补给基地。

今天，世界前 20 强的船务公司都在厦门设立分公司或办事处。厦门港在中国排名第七，名列世界港口前三十强，和全球 100 多个港口通航。

1997 年，国务院正式指定厦门为台湾和祖国大陆海运的直航港口，同年 4 月份，50 多年来第一艘集装箱货船从东渡码头启程，由大陆开往台湾。

2005 年，厦门国际港务股份有限公司成为中国第一个在香港证券交易所上市的唯一港口公司，筹资 1 亿 7500 万美元。

东渡码头 东渡码头有 79000 平方米的堆场和最高科技设备，如配有 300

吨的龙门起重机和其他品种齐全的先进设备。港口能同时容纳两艘50000吨位的轮船,每年的货物吞吐量达2100吨。东渡港和美国、新加坡、日本、欧洲等国家已实现直航,厦门外贸货物大都经香港中转。

厦门码头 有五个码头区,74个泊位,23个10000及以上吨位泊位,最大能容纳100000吨位的轮船,并设有集装箱、石油和煤炭等专用装卸区。

航空枢纽 厦门广阔的天然海港,加上她与香港和台湾地区在战略上的近邻关系(与台湾地区直线距离仅100英里),使得厦门成为来中国寻梦的海外华人及外国人的天然通道。假如您认为乘船去中国太慢,厦门还有中国一流的机场——厦门高崎国际机场。22家航空公司开通了飞往厦门的航线,每周400个航班,连接国内外89个目的地,包括新加坡、槟城、吉隆坡、马尼拉以及雅加达等。此外,货运航班可直达中国内地城市、香港、台湾地区、新加坡、日本名古屋和美国芝加哥。在厦门新机场着陆的飞机也与1924年那四架在厦门海湾着陆的飞机迥然不同——当时那些飞机在进行首次环球飞行。

环球与环中国! 1924年4月6日(比林德伯格(Lindbergh)飞越大西洋还早3年),四架特制的道格拉斯世界巡洋舰飞机起飞,开始其首次环球飞行。那些飞机中途停留的次数一定是比圣诞节期间廉价的韩国空中飞行还要多,因为他们足足花了两个月时间才抵达厦门。

7月7日那天,他们飞离上海,在厦门港着陆,补充燃料,并与美国领事一起进餐。第二天,他们飞离厦门。

幸运的是,现代飞机再也不必在厦门海湾着陆。即使有,至少也不是故意的。

2. 社会和文化优势

进取心比之地理更能说明为什么如今多达35万以上的海外华人和70%的台湾人到闽南沿海寻根谒祖。对于受到传统束缚的厦门农民来说,割断与家里的一切联系远走他乡去找工作是需要非凡的勇气的。他们当中的大多数人干的是艰苦的粗活,然而许多人靠节省每一便士、比索或比塞塔建立起今天在世界上有重大影响的产业帝国。当《时代》杂志报道说是海外华人,而不是东京,掌握着亚洲的经济命脉时,我一点儿也不感到惊讶。

当然,大多数人还是呆在厦门。也许被判死刑的威胁压制了他们的开拓精神。可是,他们并不缺乏动力和主动性。于是,他们改变方向,从赖以生存的农田转向其他工业领域。如今厦门拥有丰富的、具有高度积极性的合格劳工。

3. 厦门的教育

厦门的城市居民有11%以上受过高等教育,这主要是因为厦门拥有120家科研院所、28所高校、45所中等职业或技术学校以及66所高中。厦门的人才库拥有120000名专业人员的个人信息,人才交流中心每周举行3次招聘会。

4. 经济和政治

厦门作为经济特区经批准实行计划单列,享有省级经济管理权限

和地方立法权。这使厦门市的领导拥有了前所未有的灵活性，以便指导1516平方公里的行政区的发展，并确保在厦门的国内外企业拥有最佳投资环境。

1988年，当我们从开往中国的慢船上走下来时，厦门还是一座十分肮脏、死气沉沉的小城：水不够用且时有时无，经常停电，污染严重。城里唯一的高层建筑为港口的海滨大厦(现在其24层上开有一家必胜客)，而外国企业有减无增。当时厦门的基础设施尤其差。

在亲身经历厦门最糟糕的一次交通堵塞之后，洪永世市长将基础设施建设列入施政第一要务。过去六个车道的厦禾路比现在的自行车道还要狭窄，几乎不能通过，马路中央挤满了卖蔬菜、水果和生禽的小贩。现在，美丽如画的环岛路缓解了交通拥挤，同时，将延伸数里的沙滩和经修剪的公园呈现在您的面前，若干隧道在不破坏山景的前提下帮助缓解拥挤的交通。高层建筑宛如雨后春笋般在厦门出现。我的大儿子神能说："厦门现在就像小香港。"

值得庆幸的是，厦门还保留了许多有特色的殖民地建筑，吸引国内外游客。可是，走近一看，才发现某些漂亮的殖民地建筑并非建于19世纪40年代，而是20世纪90年代重建的！原来，这些建筑的原始构造破旧不堪，政府就将它们拆毁重建。上图中位于中山路和思明路交叉路口的楼房就是最好的例子。

环境保护 自1997年以来,厦门将市地区生产总值的3%投入环境规划,如筼筜湖治理项目花费了5000万美元,这个项目被联合国选为海洋污染预防和管理的示范地。

根据厦门的环境政策,只允许低排放、低能耗、技术密集型的高科技工业落户岛内。劳动密集型产业被转移到岛外人口较少、空间较大的杏林和集美区,而原材料和能源工业被安排在海沧投资区。

我们还较早地禁止含磷清洁剂、非生物降解泡沫塑料快餐盒以及持久性的杀虫剂。

厦门还是中国第一个通过媒体和互联网发布每日空气质量报告的城市!并提供实时更新的互联网提供环境最新消息,以及每月、每季度、半年和年度报告以及公告。

如果您有孩子,将他们送到我们的生态夏令营,这个夏令营是为大学生和12年级的学生设立的。在那儿,他们可以学到用于保护500多种古树的GIS数据库。这位四年级学生竟然因发明旧电池处理系统而取得专利!

"宁静,就像一帖膏药,它可以治愈声音的冲击。"
——老奥利弗·温德尔·霍尔摩斯(Oliver Wendell Holmes)

寂静的声音

厦门不仅已经治理空气和水污染,而且也在治理噪音污染。多年来,我一直羡慕鼓浪屿禁止机

动车辆和自行车通行给小岛带来的寂静。中国许多城市曾经尝试禁止汽车鸣喇叭但没有成功,因为中国的驾驶员都喜欢冲动,他们爱闹哄哄地按喇叭。后来,洪永世担任市长时颁布法令,禁止汽车鸣喇叭。于是,一夜之间,岛内拥有了寂静的夜晚(邻近的城市还在不懈地寻觅宁静!)

有了纯净的空气、水和平静,厦门终于成为名副其实的花园城市,吸引着大量游客以及希望安居乐业的生意人。假如我们大家都能遵守厦门市政府的"十不准",那就更好了。

在厦门的外国公司名单读起来像是行业的名人录。我使用厦门组装的戴尔电脑为这本书打字,我们用世界上最先进的厦门柯达工厂生产的胶卷拍照。当我太太买东西的时候,我们用厦门林德叉车从我们的丰田货车卸货……

在保留小城情调的同时,厦门已变成迷你型都会,进驻的外国公司有现代、宜家、丸红、松下、ABB、太古等等。

过去的成绩和对未来前景的期许让厦门有机会成为中国第一个引进 ISO 4000 标准的示范城市。

外国人与中国人都有很多地方可以存放他们赚到的钱,因为厦门有来自全球的 600 多家金融机构。如果您喜欢"篮子银行"(厦门在 20 世纪初的传统银行),我们在厦门大学的公寓里就有一个漂亮的篮子。

厦门市民"十不准"

1. 不准乱扔垃圾；
2. 不准随地吐痰；
3. 不准破坏绿化；
4. 不准损坏公共财产；
5. 不准闯红灯；
6. 不准在公共汽车上不讲文明；
7. 不准讲粗话或脏话；
8. 不准在公共场所吸烟；
9. 不准在岛内鸣汽车喇叭；
10. 不准在公共场所乱张贴。

厦门市民"十不规范"

厦门外商投资局

想要得到最新的经商信息,请访问外商投资局综合网站。

地址：中国厦门市湖滨北路外贸大厦 14~15 楼

电话：5054860 5054856   传真：5054859 5043092

电子邮箱：xmfiecip@public.xm.fj.cn

网址：www.fdi-xiamen-cn.com

投资机会

厦门的投资机会几乎无穷无尽,但也有所侧重。厦门市政府认真挑选了 4 个支柱产业,即化工、电子、电力和机械。不断扩展的海沧投资区的 100 平方公里已被认真细分为四个区域并且各有侧重：

新市区(发展商业和贸易、金融、房地产、旅游、娱乐和休闲)。

海港区(港口设施、能源工业、保税设施和仓储)。

南部工业区(石油化工产品)。

新阳工业区(机械、电子、化工和建材产品)。

在中国投资贸易洽谈会(CIFIT)淘金!

一年一度的中国投资贸易洽谈会是厦门和其他地区寻求商机的最好时机。

每年9月8日,中国投资贸易洽谈的展位带来从沿海的福建省到西藏的喜玛拉雅山高原地区的商机。

通过"投洽会"达成的投资占中国中小企业引进外资总额的一半以上,并且相当大一部分大型投资也是通过"投洽会"成交的。它吸引了来自140多个国家、2000多个国际和政府机构的100000多名来宾和客商参会。"投洽会"论坛和研讨会的1800多个发言人包括中国最高领导人、诺贝尔奖获得者、联合国官员以及各个国家的副总理。2005年"投洽会"上,签订了11362个投资项目,总金额高达600亿美元。

想知道更多情况? 厦门市政府的官员将十分乐意提供有关投资机会的信息和材料,使国内外客商可以很好地了解如何在厦门安家立业。

投洽会联系方式:

地址:中国厦门市湖滨北路外贸大厦2楼　邮编:361012

电话:0086-592-5079898-631 或 5068459

传真:0086-592-5129898 或 5146205

网址:http://www.chinafair.org.cn

电子邮箱:98xiamen@public.xm.fj.cn

诚实的厦门商人
——选自1912年的《厦门内外》第82页，毕腓力牧师撰

"曾听说过各种关于中国人善于欺骗的评论，然而在商业圈中，在商界，他们被誉为是整个东半球最正直最有良知的商人。在厦门真是这样的。"

"这个国家的商业竞争力、名望和诚实度和西方国家相比都有优势，并远远超过其他东方国家。您总是可以信任和您做生意的人。不管在交易中会有多少损失，中国人都会逐字严格地履行他们签下的合同。"

第十届台交会闭幕新闻稿

第十届台交会于2006年4月11日谢幕，吸引了来自46个国家和地区的19000多名专业客商参会，本次台交会参展企业共计760多家，展位达1612个，参展商包括：亚洲最大的机床生产企业沈阳机床集团、全球最大塑机制造商中国海天集团、全球最大的立式成型机生产企业台湾亨机机械工业股份有限公司、日本最大的钣金加工机械生产商天田株式会社、占据韩国60%市场份额的现代起亚机械、世界上最大的机器人制造公司FANUC's中国分公司。

包括台湾两岸共同市场基金会、台北市工业会、台北市电脑商业同业公会、高雄中小企业协会、台中世贸中心、台中工商发展投资策进会、台北市商业会、金门县商业会、香港厦门联谊总会等在内的30多个工商社团组团参会。

台交会的机电产品采购对接会也成功举办，吸引了来自14个国家和地区的54名采购商。

联系资讯：台交会组委会 厦门对台贸易促进中心

地址：中国厦门新华路 47 号文化宫 10~11 楼
(新地址为厦门市思明区湖滨南路 2 号御景苑 A 幢 7 层——译者注)
邮编：361003 电话：0086-592-2669866 传真：0086-592-2669868
电子邮箱：xiamèn8@public.xm.fj.cn
网址：http://www.straitsfair.org.cn/
更多帮助？寻求商业服务，请联系恩加（OrientPlus）！(详见本书"鸣谢"部分)

古代商业故事

假如您认为中国人在生意场上是新手的话，那么请三思，因为下面这些古代故事可以证明事实正好相反。

有限合伙（明朝故事）

两兄弟一起种小麦。到了收成的时候，他们讨论如何分配收益。大哥说："我拿上面一半，下面的一半归您。"

弟弟说："可所有的麦穗全在上面！"

"好吧，如果你觉得这样做不公平，那明年我要底下部分，你拿上面的！"

弟弟表示同意。第二年，他们种的是马铃薯。

兄弟合穿一双鞋（明朝故事）

两兄弟攒够钱买了一双鞋子轮流穿。大哥从早穿到晚，弟弟为了得到他应分享的好处，必须等到大哥上床睡觉，他才得以穿上鞋子到乡间四处走，一直走到黎明。鞋子很快就穿破了。

大哥问道："再买一双鞋子，如何？"

弟弟回答说:"不用了,谢谢。我想去睡觉。"

寓意:假如有人对你说"我们亲如兄弟",那么赶快把你的钱包藏好!

别发牢骚!(明朝故事)

两个人决定一起酿酒。一个说:"你提供大米,或提供水。"第二个说:"我提供大米,那酒怎样分呢?"

"绝对公平。酒酿好后,我们取回各自投入的东西。我只拿回液体,其余的全都归你。"

驱蚊护身符(明朝故事)

某人买了一个护身符来驱走蚊子,可是护身符不起作用。于是,他就回来找商家。商家说:"你必须把它用在合适的地方才能起作用!"

"什么地方?""蚊帐之内!"

东边吃,西边睡(明朝故事)

一个年轻的姑娘同时被两个求婚者追求。富有的小伙子住在村子东边,但人长得丑,而贫穷的邻居就住在村子西边,人长得很帅。姑娘于是向她母亲哭诉:"我能不能嫁两个,吃在东边,睡在西边?"

人民公仆(中国古代传说)

有个刚上任的新官,想让老百姓觉得他很有操守,于是,他在官府的墙上写下三行字:

不要钱。

不要官。

不怕死。

几天后,某位智者在每一行的后面添上两个字。结果变成了:
1.不要钱,嫌少。
2.不要官,嫌小。
3.不怕死,嫌早。

在 www.Amoymagic.com 网站上你可以看到更多中国古代幽默故事。

第二十七章
厦门成功故事

厦门一向以陈嘉庚——"亚洲的亨利·福特"（请见"集美"一章）这样的企业家著称,同样我们也有今天的时代先锋。那么怎样才能在厦门获得成功呢？以下是两位厦门年轻企业家的故事,您还可以在我们的魅力厦门网站上读到更多的故事。本章的末尾,介绍了"厦门工会"和"市长专线"——这是厦门众多举措中的两项,旨在帮助本地居民和外来人员在这座"海上花园"大展宏图。

与韦忠和一起踏水而行

韦忠和自童年时代起就踏水而行,但这在他的家乡屏南(位于宁德市境内)司空见惯。我曾亲眼看见几位屏南农民背负沉重的篮子安然穿越湖上。其中之奥秘并非太极或功夫（尽管屏南人因武术而闻名）,而在于湖本身。

总面积 40000 平方米 的白水洋湖位于一块平坦的巨石上,水深仅数英尺。浑然天成,是水上行走及水上运动和自行车赛的绝佳场所。有些人甚至驾车而过！而韦忠和不仅仅在屏南踏水而行,从厦门到北京到纽约,在其他任何地方他依然如此。

韦忠和出生于一个贫困的农民家庭。他的父母和祖父母都是农民。他和四个兄弟姐妹似乎注定要追随先辈的足迹——在耕犁后度过一生。他的两位姐姐没有上学,他的哥哥,仅读完初中,就开始工作以帮助韦忠和和他的弟弟完成学业。尽管如此,韦忠和还必须帮忙做农活。韦忠和说:"我努力学习,但我也努力工作。我要种田、割草放牛,中学时暑假和寒假都和大人一起刨地犁田。"

踏水而行

这种令人筋疲力尽的学习和生活作息可能会让许多人精神崩溃。但对韦忠和而言,这是一场严峻的考验,他借此磨炼出了强健的身体和坚定的意志。1984年,这个农民的儿子高考成绩在整个宁德地区名列前茅,高分考进了厦门大学外语系英语专业。韦忠和离开他家乡山区后依然行走于水上,但他很快就发现,真实的生活和白水洋的湖面很像——也许表面波澜不兴,但水下却暗滩潜伏,而涉水者应当学会如何涉水而行。

韦忠和于1984年进入厦门大学(XMU)外语系英语专业就读,很快就成为班上的顶尖学生。在来自英国、澳大利亚和美国的外教老师的指导下,他不断进步,并于1988年考上厦大"比较文学研究"研究生专业,师从陈敦全、林疑今(蜚声国际的作家林语堂之侄)及杨仁敬等教授。他的毕业论文是《中国唐代诗歌与英国意象派诗歌的比较研究》。

研究生二年级时,韦忠和在香港中文大学的博士入学考试中取得了优异成绩,获得了比较文学研究的奖学金,但由于接下来1989年夏天的学潮,他无法取得护照。在向厦门大学校长王洛林最后求助失败后,韦忠和放弃了。韦忠和对失去这样的绝好机会感到很痛苦,正如他所说:"我丧失了对比较文学研究的所有兴趣!"

韦忠和继续他的学业,但心不在此。他也放弃了执教的梦想。另外他做着两份兼职工作——分别是一家中美合资企业代表处和一家贸易公司。毕业后,他开始寻求新的发展方向,贸易在1991年是热门,而且厦门信达(XINDECO)是厦门的四大公司之一,于是他成为一名外销员并迅速再次行走于水上。

韦忠和在业务方面同学业方面一样出众,一年后,他成为信达董事长高晓的秘书,高晓是一位博学的企业家,曾执教于北京外交学院并曾在中国外交部工作20多年。"从他那里,我学了很多管理和书写商务文件方面的知识",韦忠和说,"他是一位学识渊博的企业家、学者和外交官。"

做总裁秘书两年之后,韦忠和被派往纽约和波士顿帮助启动信达在美国的业务。1994—1995年,信达从美国的GTE购买了厂房和一条高科技研究和生产设备,试产新式的薄膜显示器。该项投资失败,但当韦忠和开展这项业务时他接触到了被称为Internet(互联网)的新事物,他的人生再一次发生了意外的转变。

韦忠和在波士顿大学租了一间公寓并经常与来自美国和中国的学生聚会。当他了解所有能够了解到的关于互联网的信息后,他也处理了翻译问题。"那是我第一次做技术翻译,而且很难,"韦忠和说,"但我对互联网特别感兴趣。"

韦忠和返回厦门帮助组建信达商情有限公司,福建的第一家互联网公司(当时只有在北京和上海有几家)。1995—1996年,韦忠和组织举办了很多讲座,极力推动大众对互联网的兴趣。他的听众中有学生、商人和政府领导人,如原厦门市市委书记石兆彬和市长洪永世。他的讲座对厦门政府当时发展Internet和利用网络宣传推广厦门的政策有着重大的影响。

韦忠和领导信达商情时聘请了得克萨斯大学的网络专家Kenneth

Farrell 帮助设计中国指南网站（Chinavista.com）——中国最早的网站之一，但在当时厦门没有互联网接入资源。唯一的上网途径就是通过拨号，从上海或美国接入。尽管如此，互联网在中国的使用迅速增加。

韦忠和将大量旅游、商务和政府文献翻译成英文，放到 Chinavista.com 上，这引起了国内和国外人士的极大兴趣。Chinavista.com 当时没有给公司带来直接的盈利，但是它却促进了厦门信达在1997年成功上市。上市后的厦门信达资金充裕，但不愿给予 Chinavista.com 更多投资，而是将资金重点转向房地产。失望之极的韦忠和转身而去，但这次他没能悠然踏水而行，而是"沉没"了。

"离开 China Vista 到 厦门国际信托投资公司（XITIC）实业集团工作是个错误的决定！"韦忠和说，"我本该更耐心些，再坚持一下，说服信达给我们更多支持，因为该网站具有巨大的潜力。我们比 Sina.com 或 China.com 还更早，而且如果我没有辞去 China Vista 的职务，它会比现在更好。"

从1997年到2000年，韦忠和在国有企业厦门厦信实业集团工作三年多，但所得到的收获很有限。公司于2000年破产。作为公司副总裁，韦忠和是最后离开公司的人之一。2000年，曾一帆风顺的他却遭遇"失业"、迷失和沮丧。韦忠和以一种恰如其分的保守方式这样说道："这是我职业生涯中很糟的一段时期，我感到非常消沉！"

更为糟糕的是，2000年全球范围内网络公司的成功就像在他的伤口上又撒了把盐。"2000—2002年众多网络公司上市"，韦忠和说，"这让我感到更加沮丧！"

房地产行业的一位朋友请韦忠和帮忙，于是他试了几个月，但不喜欢那份工作，最后辞别。几个月后，他发现了专业翻译服务这一刚刚在中国兴起的新兴行业。韦忠和得知在北京和上海的几家公司成绩斐然，于是在2000年8月，他创办了福建省第一家专业翻译公司——厦门精艺达翻译服务有限公司(MTS)。"开始是我一人创立",韦忠和说,"但我需要合作伙伴,所以邀请大学同学 Stanley 加盟。"

韦忠和的第一份订单来自中国国际投资贸易洽谈会（CIFIT)的林清景(现在是 Amoy Paintings International 的创办人及总裁)。随即又与 Kodak、G.E. 和其他主要跨国公司签订了合同,他还运用自己在网络方面的知识创建了精艺达网站,通过网络他同时吸引了客户和译员。

"互联网为我提供了一个全球化的平台,满足全厦门乃至福建的翻译需求",韦忠和说,"我们翻译西班牙语、葡萄牙语、阿拉伯语、英语、法语、俄语、日语……我们继续帮助中国国际投资贸易洽谈会和本地企业向全球拓展,同时帮助外国公司入驻厦门及中国其他地区。"

精艺达取得成功的唯一重要原因是质量控制。韦忠和说:每个任务和项目,无论大小,不管是一张身份证还是几百页的技术手册,都至少经过同样的5步质量流程:

(1) 负责订单的项目经理进行项目分析;

(2) 安排有相关专业背景的资深译员进行初译;

(3) 公司内部专职校对/编辑人员检查并给出意见;

(4) 将修订稿和修订意见返回原翻译定稿;

(5) 项目经理检查并确认最终交稿。

"这五个步骤是最基本的,"韦忠和说,"像软件本地化或网站全球化这样的项目,质量控制的措施更为严格和复杂。"

MTS 对质量的重视获得了回报——特别是自从中国开始提出执行严格的翻译标准以来。目前厦门很少有政府或商业机构能够接受翻译重要文件的委托。厦门市政府部门或企业机构重要文件的翻译,不管是中国国际投资贸易洽谈会手册亦或是重要国际交流活动中市长的讲话,精艺达都是首选的服务机构。

精艺达的业务以每年50%的速度递增。韦忠和期望在两到三年内实现年营业额1000万元的目标,但他并不满足于此。韦忠和说,"六年的经营后我们的年销售额仍然没达到500万元人民币,与其他行业相比这的确相对较少。厦门市场占我们国内市场份额的90%,但厦门是一个小市场。现在我们40%的业务来自海外,而且我们在上海成立了分公司,这是我们扩张战略的关键所在。"他笑着补充道:"但有了互联网,整个世界都是我们的市场!"

看来韦忠和不再仅仅满足于踏水行走,他正期待着展翅高飞!

用心照亮世界!
从衣衫褴褛到富有的贾强

中国快速崛起的年轻企业家之一——东林电子公司的贾强先生,1991年来厦门时仅随身带着一个皮箱。就连这个皮箱也在第一周被偷了。"那个小偷不知道里面只有一件我妈妈给我织的毛衣。"贾强说。(所以贾强的故事甚至称不上是从衣衫褴褛到富有,因为他连褴褛的衣衫都没有了!)

曹放先生(左)、老潘(中)和贾强先生(右)

1991年,贾强毕业于西安交通大学国际贸易专业。因为女朋友在福建,所以他来到厦门,期望能在经济特区有更好的发展。

在一家地毯厂给台湾老板做了2年的翻译和助理后,那位老板对他说:"贾强,我想告诉你一个真实的故事。我的父亲在你这个年纪的时候非常穷。要运货50公里才有足够的钱吃午饭。现在他有上亿美元的资产。你的前途比他更光明。你受过教育,而且现在的中国大陆地区就像20年前的台湾一样充满绝好机遇。"

贾强想:"如果我现在无所事事,不做点什么,恐怕20年后我儿子都会有所疑问!"他尝试为一家德国纺织公司做贸易代理,但一年之后他依旧身无分文,连公共汽车票都买不起,午饭钱还要靠女友接济。但他得出了几条教训:

1. 选择适合我背景的行业;
2. 建起一个朋友兼伙伴的团队;
3. 选择团队成员时强调关系和能力并重。

贾强的姐姐在比利时读书时遇到一个人,谈及在厦门有一家工厂生产他需要的节能灯具产品。贾强在厦门的一个老同学知道这家工厂,随后他们前去参观。因为贾强懂贸易,而他的同学懂技术,他们就合伙做起了这行生意。

1995年2月,他们开办了厦门东林电子有限公司——经营面积不过100平方米,雇有6名员工。他们为之代理销售的厦门工厂无法提供客户需要的高品质产品,经过反复试验,他们开发出了自己的高品质灯具——不料他们在比利时的客户却因为与飞利浦公司的专利权冲突而放弃了灯具业务。

他们曾投资大笔资金开发高品质产品,但现在却付不起电话费。贾强说:"那是我黑暗的一年。我的妻子在赚大钱而我却破产了。"

1996年,当贾强走在回家(位于城市的贫困地区)的路上,贾强看到一个漂亮的办公室,出入的人衣着光鲜。"这与周围完全格格不入。"他说。原来这是家设计公司品牌和形象的公司。其所有者崔先生后来成为贾强最好的朋友(贾强甚至把他的狗取了和崔先生同样的名字)。贾强没有钱付给这家公司,但崔先生与他签订了一份合同,以每销售一盒灯具提成一美分为报酬,为他设计一个品牌和标识。

贾强到酒吧边喝酒边思索。他想把名字叫作"1/5",因为他们的灯具使用的能源仅为普通灯具的20%,但崔先生说:"这个名字不够温情。"随后贾强想到了"萤火虫"。

"就是这个!"崔先生说。那天晚上他们最后敲定了品名和标识,并拟定了企业格言——"用心照亮世界"。贾强说:"萤火虫用心照亮世界,作为萤火虫公司的人我们也要用心照亮世界。"

一周以后一位德国朋友告诉贾强许多德国酒吧都叫"萤火虫",因为这个名字给人一种温柔、浪漫的感觉。

成败一线

崔先生的下一个建议有点儿悬乎,这一招若不能让萤火虫飞起来,那萤火虫也就毁了。原来他让贾强在广交会上买个一万美金的展位。贾强的合伙人反对这个建议,因为这意味着他们要倾囊而出,太冒险了。但贾强说:"反正我们每天都在赔钱,若这样下去,三个月后我们也就破产了。这个办法或许还能提供一线机会。"在彻夜商讨并与崔先生作进一步会谈之后,他们买下了展位。

形象取胜

贾强说许多展位都像超市,展示着公司生产的每样产品。而萤火虫的展位几乎空空如也。"我只摆出了五盏灯",贾强说,"我们的摊位空得让人以为我是在卖自己的笔记本电脑!"

贾强这样简化展位,原因是他没有侧重产品而是侧重形象和情感,运用蓝天、大地、萤火虫标识等突出环境的主题。贾强没有拿到一张订单,展销会后空手而归。

两周以后,银行告诉贾强他们收到了一份来自英国的为20万美金订单所开立的信用证。"这不可能",他说,"没有公司联系过我,一定是弄错了。"但这不是错误,贾强打通了英国马克·卢斯(Mark Luce)的电话,和他说"我甚至不认识您"。

马克说:"但我记得您。在广交会上您的三件事打动了我。首先,您的英语一流而且您就是公司的总经理,您自己就代表着您的产品。其次,您是唯一一家拥有清晰形象的公司。最后,您只生产节能灯具。我相信您,我确信您会前途无量。"

既然萤火虫有了大订单,他们就从银行贷了一笔为期3个月的10万美元款项,用来建造一个足够大的工厂以实现按时交货。"那时候灯具的生产成本是现在的四倍",贾强说,"而且大部分节能灯的质量依然很差。在被一个朋友问及我们工厂的寿命能否超过一周之后,我们提出了一个口号:'我们工厂的寿命取决于我们灯具的质量。'"

生死抉择——一点不假

萤火虫在1997—1998年间非常成功,但同大部分公司一样,他们努力从一个凭本能经营的企业转型为专业化管理的公司。他们投资很大,且成长迅速,但当第三个合伙人挪用资金时,公司就出现了棘手的资金周转问题。1999年,供应商们停止供货,要求付款。贾强将所有供应商请到自己的办公室,并分别以公司和个人的名义写了两张借条给他们。他说:"如果我三个月内还不了债的话,我就从这个五楼窗户跳下去。"1999年底,萤火虫终于飞了起来,而且飞得很高。

与欧盟决战

2000年,当贾强在黑森林度假的时候,收到一个来自中国的电话。欧盟控告中国公司倾销。贾强取消了度假,飞往布鲁塞尔。那里的欧盟官员对他说:"中国的公司不够专业,而且根本不是真正的私营企业,都是国家经营并得到政府补助的,他们不关心利润,就是为了获取外

汇。"

贾强愤怒了。萤火虫从来没有从政府那里得到任何资金。因此他成为反对欧盟的第一位中国企业家。他从布鲁塞尔请来了一位律师,但他犯了一个错误。他聘请的是一位廉价律师,对反倾销案也缺乏经验。欧盟最终判定萤火虫公司没有遵循国际财务惯例并征收了66%的税金,这让他们失去了欧洲70%的市场。

贾强夜不成寐。"那无异于宣告萤火虫的末日。"他说。但是通过在卡拉奇经济特区开设工厂,他恢复了往日的信心。"巴基斯坦人说英语,并且鼓励外商投资。"他说。厦门的零部件被送到卡拉奇组装,而后运往欧盟。尽管成本较高,他们还是可以获利——直到西门子抢注了萤火虫的品牌。

把握萤火虫

飞利浦和欧司朗(西门子)一直提防那些小型但积极发展的公司,欧司朗在所有欧洲国家都注册了"萤火虫"的品牌。贾强往来于德国的专利和知识产权局及北京的欧盟办事处之间进行抗议。2005年6月1日,欧司朗妥协。萤火虫的灯具可以使用其品牌,但欧司朗可以在LED灯上使用该品牌。

今天,萤火虫拥有1000名雇员,每年的销售额1500万美金。"我们的规模还是小,"贾强说,"但我们有一个很好的团队,专利产品,在中国和全球市场经营良好。我们是沃尔玛、家乐福和麦德龙这些大型连锁店的供应商。到今天8月20日为止,我们所接的订单可以一直排到今年的12月份。"

新的厦门工厂将比目前的工厂大五倍,就在飞利浦的旁边。贾强说:"我当时跟政府说,我想成为一个全球性的工厂,想同世界该行业的人进行较量。他们同意了。"

展望未来

贾强相信萤火虫会成为全球性的主导品牌。他说他把自己的成功归功于厦门——这个城市和这里的人民。"我来的时候只带了一个衣箱,一周后连这个衣箱都没有了。今天我却有几百万美元。这一切都源于萤火虫的精神、厦门的政府机制、厦门人的开放心态。外来人员、外国人,都受到欢迎。厦门人诚实不会欺骗我们——尽管我自己某些时候比较滑头!"

"我们有一个大港口,便捷的交通运输和优美的生活环境。每天我开车往来于漂亮的环岛路上下班。地球上再没有这样的地方了!"

"我来到合适的地方,遇到善良的人,过着舒适的生活。我还夫复何求呢?上天很眷顾我了!"

为什么我们的市长专线(968123)如此之热!

直到几天前,我还认为我们的市长专线可能和中国其他125个城市的专线无甚差别。但当副秘书长曹放带我参观了专线中心后,我终于明白了就在2006年上半年,来自中国各地13个代表团的87名成员以及北京《人民日报》的团队成员,来到厦门参观学习中国最热的专线的原因。

张市长在接听电话

市长张昌平于2004年7月6日启动厦门市市长专线。他的目标是"改善城市以改善生活",其4种方法为:

1. 了解社情民意。

2. 听取批评意见。

3. 实现释疑解惑。

4. 解决实际问题。

迄今为止,"968123"已经接到113000个电话,平均每天大约有160个。民意测验显示98%的呼叫者对结果感到满意。中心已收到500多个感谢电。五个因素可以帮助说明为什么专线如此超乎寻常地高效:

张柏玲局长在现场电话办公

1. 高效而廉价。其他城市在专线的建设上花费数百万元并聘用20~80人,由于邮电部门在设备和人力方面的贡献,厦门专线的维护费用低廉,节省了数百万元。

专线结合了40个政府部门和28个作业机构。呼叫者的问题必须在当天上报到相关部门,相关部门必须在三日内联络呼叫者,而且通常要在10个工作日内解决问题。

张市长和市长热线工作人员

2. 无纸办公。在线操作最大限度地减少浪费和节省资源。

3. 领导接听。主要市领导至少一周接两次电话,通常是周二和周四。副市长每月接一次电话。张市长甚至还接过四次电话。报纸事先公布接听电话的领导姓名及时间,并报道解决问题的途径。当我参观该中心时,来自厦门电视台的记者和摄影师们正围绕着中国保险监督管理委员会厦门监管局局长张柏玲女士,她正在即时回答问题。

在过去的两年里,厦门市领导人受理了涉及 180 多个领域的 3000 多个问题,其中大部分都得到解决。

4. 结果导向。不断调查研究直至解决问题。

四大类别:

a. 普通/常规问题

b. 困难问题

c. 重大问题

d. 职责模糊(如果无法确定责任人,接听电话的人必须负责)

5. 市民观察员。由两位市民组成,一名男性和一名女性,监督专线接线员。观察员任期三个月,且必须:

a. 对服务厦门的工作充满热情

b. 勤奋

c. 受过教育——高中或以上学历

d. 身体健康——年龄 18~70 岁

分成四个小组的八个志愿者服务至今,他们来自各行各业,其中包括中学教师、钢琴教师、海洋学者、社区志愿者负责人等。他们的职责包括:

1. 监督接线员的态度。接线员不能与呼叫者争执、谩骂呼叫者,或先于呼叫者挂断电话。每位接线员的桌子上都有一面镜子,这样他们就可以从镜子中看到自己的反应——生动地起到提醒自己礼貌耐心的作用。

2. 追踪问题的解决。解决方法是否友好、合理并合法?

3. 评估解决过程。是否顺利、有效、从开始到最终都富有成效?接线员是否真正理解问题所在？

4. 真实反映社会。报告市民当前的感受和最为关心的问题。

人们打电话反映哪些问题？

2006年初，一位洪先生抱怨说他所在居民楼的住户已经

曹放先生和两名市民观察员

缴纳了有线电视的费用，但尚未来人安装，而春节眼看就要来临。在专线的帮助下，该居民楼的有线电视得到及时安装，居民可以尽情观赏春节特别节目。

2005年，一名厦门大学的学生注意到厦门的空气质量在中国600个城市中名列前十位，但询问为什么2003—2004年的日间"空气质量"指数下降了两个百分点。张市长通过专线人员对该学生的细心观察和关注的行为提出表扬，并亲自指示环保部门调查该问题。之后张市长提出了三个目标：(1)减少建筑粉尘；(2)降低汽车尾气排放；(3)禁止使用煤炭。

有些电话是常规性的问题，例如关于建筑工地夜晚噪音过大的抱怨。但还有些电话涉及重大问题，如非法倾倒过期药品的问题。在这种情况下，许多部门被调动起来，迅速调查和解决问题。

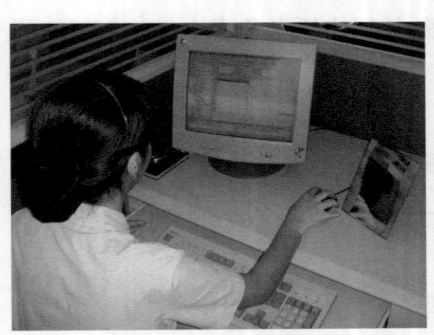

镜像社会，就是在桌子上放上镜子？

张市长问副秘书长曹放："专线的效果如何？"

曹放先生回答道："98%的呼叫者感到满意。"

但张市长没有称赞的表示,反而问道:"为什么2%不满意?"

不管是什么问题,如果对市民来说重要到需要报告,对专线来说也就重要到需要调查解决。

这就是专线为什么如此之热的原因——其原因之一就是我们都热爱自己的家园。

让进城务工人员感觉宾至如归
厦门市总工会进城务工人员服务中心

曹放副秘书长带我进入厦门市总工会进城务工人员服务中心时,来自江苏省铜山县的民工更宏成先生正在投诉他被无理解雇的情况。另外40~50个工人正坐在大厅,或盯着电子显示屏上发布的招工信息,或者观看保护工人合法权益的录像。和1988年相比,这是怎样翻天覆地的变化啊,我感慨万千!

1988年我到过一个民工家庭,看到一家人住在纸板和塑料搭盖起来的小平房里。我当时觉得挂着铁锁的纸板门很滑稽,但这就是一家人的栖身之地——直到一群学生来把房子拆了,并赶他们"回老家"。

民工们并没有"回家",因为他们需要工作。而且,厦门也需要这些工人。因此,我们不再赶他们"回老家",而是要让"他们感觉就像在家一样"。2003年4月28日挂牌的厦门总工会进城务工人员服务中心就是其中的举措之一。

2004年,张市长关于修建新的务工人员中心的建议被选为"十佳建议"(任何在厦门的人,中国人或外国人,公民或领导人,都可以提出建议，并且每年厦门市都一定要将"十佳建议"付诸实施。）。副秘书长曹放随后建议总工会争取将 90 年代末臭名昭著的远华集团房产作为服务中心用房。其他部门也在竞争这处房产，但市政府最后将它给了总工会，并拨款 800 万元，将其改

造成服务中心。今天，这个服务中心通过提供各种免费服务，改变着 80 万名在厦务工人员的生活。

免费服务

1. 务工人员热线：12351
2. 经济和法律权利咨询，电话咨询或来访均可。对所有务工人员开放，无论其是进城务工的劳动者还是工程师。
3. 帮助进城务工人员获得医疗保障，并帮助其子女获得和本地人的子女同样的教育福利。
4. 帮助 400 家审慎严格的厦门公司找到合格的员工。
5. 帮助务工人员找到工作。
6. 在春季（务工人员节后返城）和秋季（毕业生需要找工作）举办大型招聘会。最近的一次招聘会有 2300 多名务工人员参加，空缺职位 7000 多个。一位官员说："没有足够的工人——但那也正意味着公司将不断来招聘新的

工人们的免费读物

第二十七章 厦门成功故事

员工。"

免费的个人提高班

每个星期天下午 2:30—4:00,教师志愿者、律师、成功的企业家等,在配备有空调的多功能厅举办免费讲座。讲座的主题于几天前事先在报纸或杂志上公布,《厦门晚报》在每

工人乒乓球冠军(照片由工会提供)

周四的头版上免费刊登。主题从如何提高人与人之间的沟通技巧、保护个人的法律权利到如何成功、相信自己及成为一个好公民等无所不包。

2006 年中心已开设 54 门课程,为了鼓励务工人员参加,还发放了面值 10 元的活动优惠券,如乒乓球、卡拉 OK、网吧、舞厅等。所有这些中心所提供的活动都收费低廉(网吧从 11 点到 12 点免费,为务工者提供了在线找工作的机会)。

中心的免费图书馆有大量的藏书和期刊。26 岁的刘艳红来自湖北,她说她每天午休时间都来读杂志。她是商店职员,每月工资 1000 元。她的先生在 ABB 工作,月薪 2000 元。他们并不富裕,但厦门给了他们一个有希望的未来。

面向工人的个人提高班(照片由工会提供)

联谊会每年举办

12次大型的活动。会员参加烧烤、聚会、旅行等。并举办羽毛球、舞蹈和乒乓球等比赛。通过这些活动,会员们既可以赢取奖品,又可以结交朋友。志愿者执教联谊会的合唱团,每周六晚七点排练,并参加比赛。"这些新经验帮助他们拓展了视野,"服务中心法律保障中心的蔡琳说,"这些人员努力工作,但是休闲或交朋友的时间极少。我们帮助他们交朋友甚至找到伴侣!"

记得那些"其他人"

中国所有的大城市现在都有工会,但优秀的领导阶层是厦门工会与众不同的原因。例如陈建平主任,是全国"五一"劳动奖章获得者、福建省劳动模范及厦门市首届文明市民之一。这位富有才干的主任和他的员工将他们的才智、精力和想象力都用以改善工人的生活,甚至在假期时向工人出售火车票,并为许多无法返乡的人员提供食品等。

邓小平说:"提倡一部分人先富起来。"但他的意思并不是我们就可以忘记那些"其他人",一位叫斯科特·怀特(Scott White)的朋友对他们有这样的评语:"他们的生活如此脆弱。对一位工人或服务生愤怒或无心的话语都会让他们失去工作和未来。"

幸运的是我们的厦门工会帮助那些"其他人",给了他们一个未来。电话:2661096 热线:12351 网站:www.xmzgh.org

一次一只

一名男子看到一个男孩在捡起冲到海滩上的海星,一次捡起一只,再把它们放回大海。他告诉这个男孩:"你做的事情意义不大,海滩上有几百只海星,你无法让它们全部得救。"

小男孩说:"但对这一只是有意义的。"说着他将另一只海星放回大海。

第二十八章
痴迷普通话

"翻译总是背叛,诚如一个明朝作者所说,最上乘的译品也顶多如同把锦缎翻到背面——所有的线条轮廓都在,但是原有图案和颜色的细微之处却已失去。"

——冈仓天心《茶之书》

福建的语言要比中国其他任何一个沿海省份的语言叫人头疼得多。福州方言(最难学的方言中之一种)只有在福州城内方圆百里的范围内有人讲。考德威尔(Caldwell)先生能把"福州话"说得字正腔圆,但是在恩平,他对那里人所说的"南方普通话"一句也听不懂,靠近福州的福清,其居民多是厦门人移居过来的,他们所说的方言对于一个只懂"福州话"的人来说,也同样听不懂。

——出自1918年的《中国野营寻踪》(Camps and Trails in China)

如果您要在厦门呆上一段时间,您应该学点普通话,可以师从一名家庭教师,或者报名参加厦大国际交流学院开办的全日制或业余的普通话课程班。

我始终希望自己能学会普通话。来中国之前,我云大学上过普通话课程班,并且强记下了一大堆从台北和洛杉矶唐人街买来的识字卡的内容,我甚至还尝试了在航空杂志上刊登广告的课程——其许诺可以让学员的汉语在90天内达到他们母语那样的流利水平,甚至还能在外交部谋个好职位,否则双倍退还学费。绝望之余,我甚至以每月500美金的高价请了一年的家教。而一年之后,这个花了6000美金的可怜虫却只能勉强和老师用汉语说声"再见"。厦门成了我最后的希望。我想象着这些晦涩难懂的文字在我这儿熠熠生辉起来——如果我还能熬过那艰难的入门。

我们学校的管理员们心地善良,但是考虑到曾有无数的知识分子被派往农村干活,我认为也有许多"农民"被送到城里并学习管理——其中一位"农民"向我们致了欢迎词。

一位管理员给我们这个初级汉语班上课,第一天一开始就给我们发了一大堆中文表格并且用连珠炮似的汉语解释着让我们用汉语填表。看到我们都坐着干瞪眼,他说:"怎么啦? 现在就填表啊。"

我用结结巴巴的汉语说道:"老师,如果我们都已经会读中文、会写汉字的话,我们就不用在这个初级汉语班上课了。"

他赶紧大步跑出去,带着一个翻译回来了。

美妙的语言

"汉语是世界上最优美的语言之一,许多神圣的碑文是用它铭刻的。它的灵活性和优雅性,使其能够在那部最神奇的书中,淋漓尽致地表现出其中的细腻、哀婉、诗意和思想。"

——约翰·麦克格文(John MacGowan)撰于1889年

蒙混过关

不必担心,中国人异常有耐心而且很幽默。多跟你遇见的(中国)人用汉语交谈,你最终会学会汉语。在厦门,你所学的汉语会带有南方口音。

《圣经》上描述了以色列人是怎样区别敌友的:他们是通过让对方

说"Shibboleth"来区别的。敌人(即那些不会发"sh"这个音的人)无一例外地把"Shibboleth"发成"Sibboleth"。这些敌人舌头不听使唤,当然脑袋也就跟着一起搬家了。

中国的南方人也不会发"sh"的音,所以上海 Shànghǎi 被发成 Sànghǎi,他们分不清楚"f"和"h"、"l"和"n"或长"e"和短"e"。他们听不出"t"和"th"、"c"和"ch"或"z"和"zh"的区别。在做生意的时候就常常因此而引起混淆和误会,因为他们分不清"4"和"10"以及"食"。

"啤酒"博士

有些音,南方人在汉语里面发不清楚,在学英语时也感到发怵。不管怎么努力,很多厦门人还是把我的名字"Bill(比尔)"叫成了"Beer(啤酒)"。有一年圣诞节,我那些可怜的南方学生决定破罐子破摔,他们送我一张圣诞贺卡,上面干脆写上"啤酒"博士,还附赠一瓶包装精良的中国青岛啤酒(德国北上侵占山东省所留下的最持久的遗产)。

在厦门呆了18年,我也小染了南方口音,常让北方人笑话。因此有很多专家都建议在北方学习语言。但比起在北方受冻,我宁愿自己的普通话带点南方腔。大家就对付着听吧,"里号(你好)!"

英语课试点

二战期间,有个美国飞行员在中国坠机,幸为村民所救。村民叫来当地的英语老师当翻译。这位英语老师从未和外国人说过话,他查阅了英语惯用语手册,从第一页读到:"Hello, how are you?(哈啰,你好吗?)"

当时身负重伤的飞行员呻吟着要求找位医生,而这位老师对其他村民说:"真不好意思,这个人说的不是英语。我跟他说:'哈啰,你好吗?'可他答的却不是:'我很好,你呢?'"

一字千图

我常常一开口就是"子曰",这样做绝对保险,因为孔子或是其他中国古人说话总是这样言简意赅——用四个字或是更少的字就能把意思表达清楚。

通常人们会说:"一图千字",但是汉语却可能一字顶千图。在过去的5018年里,中国人把他们的智慧和文化加以提炼,融入简洁的成语和谚语之中。这些成语和谚语不仅对事物本质一语中的,更是让初学汉语的老外心里直打鼓。

就算是在识记了3000~4000个基本汉字之后,外国人也可能还是看不懂那些变化莫测的汉语,因为字典不可能把每个字的细微差别都完完整整地传达出来。中国有数十万个成语和谚语,往往是寥寥的3~4个字就能魔幻般地把和历史事件、经典诗词、绘画作品有关的典故或高深的哲学理念表述清楚。就拿我最喜爱的中国经典著作《孙子兵法》——它不仅影响了军事,还影响了商业和外交——来说,整部著作仅有5000字。这就好比用苏斯博士的《戴帽子的猫》的篇幅来描述《战争与和平》的全部内容。

汉语里,事事都有成语对应。商人挥霍资本(叫作)"涸泽而渔";公众人物意图掩盖他的不道德的私生活是"掩耳盗铃";没有耐心而急于求成会被斥为"揠苗助长"——如同那愚蠢的农民,为使禾苗长得快一点而使劲拔苗,结果把禾苗活活弄死了。

"contradiction"在汉语里是矛盾,即"矛—盾(一攻一防的两种古代兵器)"。矛盾一词出自一古代寓言,说的是武器商人在同时推销他那"坚不可摧"的盾和"无坚不摧"的矛(在华盛顿游说议案通过的人就如同是这个武器商的现代版)。不适当的政策就像是"抱薪救火";疑神疑鬼者看见的是"草木皆兵";有恒心的人就像那位决心将"铁杵磨成针的老奶奶;而阿谀奉承假借他人之力的则是"狐假虎威"。

每一句成语或谚语除了有它的寓意之外还能让人们想起它背后的形象的故事。道家创始人老子微言大义,仅用 4 字就揭示了柔能胜刚的道理。他说过:"齿亡舌存。"(坚硬的牙齿掉了,而柔软的舌头和牙龈却可以终老)。他想阐述的是"无为而治"的观点。

普通话既让我着迷又让我遭挫,但是我还是沉迷其中了。

也许是因为我喜欢这种"泥足深陷"的感觉吧。

惜迷汉语

汉语事事有表达法,事事有解决的办法,不过,向外国人传授汉语基础知识(ABC)这事儿除外。也许主要是因为汉语里根本没有 ABC。压根儿就没有字母,要记的是 4 万~5 万个汉字。

汉字是象形文字——事物或思想的图画。因此,从某种意义上说,所有会写汉字的中国人都是艺术家。而且,象形文字相对于字母有其优势,即它们不是抽象的表现而是具体的图画,因此中国人都能"看懂"它们的意思,尽管它们在广东话、四川话、北京话等等方言中发音完全不同。就连日本人也能看得懂,因为日本的语言,就像她大多的文化和宗教一样,是几百年前从古代中国演化而来的。

一些汉语象形文字(字形)与它们所代表的事物(外观)极其相像,即使是不懂汉字的外国人也能识别这些汉字的意思。"凹"字就是很明显地体现 "concave(凹陷,凹入)",而"凸"字则体现"convex(表面弯曲,凸起)"。如果你知道"man(人)"是写作"人"的话,那么"大"就是人伸张双臂,简单地表示"big(大)"或"great(伟大)"。

刀(knife),看起来就像是美国著名中餐馆大厨颜师傅的割肉刀。加上一点表示一滴血,就变成了"刃","刀刃"或者是"用刀杀"的意思,或者畅销书朱莉娅儿童读物里的故事情节。

"mountain"中文写作"山",竖立的三笔,形似三座山峰;而"river"写作"川",表示河流。

如果所有的汉字都这么容易解释,那么初学汉语的学生要填汉语入学表就毫不费事了。然而毋庸置疑,为了挫败外国人,在过去的5018年里,中国人把他们的象形文字格式化了,到了今天,恐怕只有凡·高才能在"星"字里面看到星星吧。为什么所有这些要这样写呢:香蕉要写作"香蕉",而事实上用图形 就可以表示了;用两笔加一画就可以画出 ,又为什么要这么麻烦地写上16笔的"苹果"来表示苹果呢?

"鱼"这个字的演变是令人匪夷所思的了,刚开始还好好的,后来就越变越复杂了。1世纪,基督徒用 就用得好好的。

然而变化是在潜移默化中进行着的。说到变化,人们总会问:"中国是不是发生了很多变化啊?"我回答:"一点变化也没有!出租车司机没变,商店没变,邮局职员没变……"

但是文字却在改变。解放后,在必经的一番深思熟虑之后,新中国决定通过简化汉字来同文盲做斗争。譬如,最常用的新汉字"会"(或者是"会议",因为中国人有很多工作时间用于开会)是从原来的13笔被简化成现在的6笔的——更便于记忆和书写。但是,有一些简化似乎走得太远了,比如,在公交站牌上,厦门的"厦"经常被写作3笔的"下",而不是12笔的"厦"。这偏离得太远了。这样的简化把汉字的优美和含义都抹杀了。如果美国政府为了便于文盲掌握英语而简化其拼写,美国人会愿意吗?(就像这样:How wood Amerikans lik it if Unkel Sam fot iliterasee by simplifide speling?)

温和的建议

撇开美感不说,北京政府胆敢篡改为世界上传统意识最强的人们所历代使用的语言,并给文盲以当头一击,真是勇气可嘉。如果北京政府在扫盲结束时能够采纳我列在下面的一些建议,也许文盲问题就永远解决了:

三角形:"三角形"显然不符合几何性质,不如就用▽。

耳朵:除麦克·泰森的对手外还有谁有耳朵像"耳朵"?就用 吧!

眼睛:古代用 要比用"眼睛"这两个字更能传情达意。

快餐:快餐的要义就是要快,干吗要舍快求慢浪费半天的时间写20多画的"快餐"二字,明明两个弧形就可以解决了 。

抑扬顿挫的汉语

汉语更折磨外国人耳朵的是声调(见章节末)、不规则的语法和词序。("Please buy me a coke.")"请买我杯可乐。"变成了("Please give me buy a coke.")"请给我买杯可乐。"中国人是通过在句尾加上"了"、"吗"和"呢"这些词来改变意义、时态或程度的。这就是为什么中国人说英语的时候经常说"changee"和"lookee"了。

大约在1890年,一位美国传教士让他的中国女仆煮鸡作晚餐。女仆去了3天才回来说:"很抱歉,牧师先生,我找不到一位愿意嫁给外国人的(姑娘)。"

"鸡"(jī)听起来和"妻"(qī)音很近,更准确点说,换个语境,"吃鸡"有嫖娼的意思,桑德斯上校(Colonel Sanders,肯德基的创始人——译者注)要大跌眼镜了。

汉语是习惯从左写到右还是从右写到左的呢?英国人写字是从左写到右的,希伯来人是从右写到左的,但是汉语却能随心所欲,从左到右,从右到左,从上到下——统统都能够接受。这三种写法,外加一种斜着写的,我竟然在某份报纸的同一页上都有幸见过。恐怕只有看了上下文才能明白。

有一次,我指着一个写着"厦大"二字的牌子,跟一个中国朋友说:"厦门大学的大厦遍布中国大陆和香港。"

朋友听了,笑着说:"你读反了。"没错,厦大反过来可不就是大厦吗!大厦很多时候是宾馆的意思,实际上它是一个音译词,来自俄语"dacha"(郊外别墅)。

过分谦虚就是失礼。——中国谚语

称谓

跟中国人交谈,要怎么称呼他们呢?汉语的尊称实在是多得惊人,就连普通劳动者也有特定尊称。他们被叫作"师傅",也没叫错,他们就是某一行的行家啊。试试看,找一个专门伐木的木匠让他来按时完成某项工作,你就会明白在社会主义中国什么叫师傅了。

我至少有8个正式的称谓,举其中几个来谈谈。我被叫作"潘教授"、"潘老师"、"潘师傅"和"潘先生"。长辈叫我"小潘"("小"意味着年纪小或年轻),但是比我年轻的叫我"老潘"("老"意味着年老或值得尊重)。中国的孩子叫我"Uncle"——可这是哪一种 Uncle 呢?我有时是伯伯,有时是叔叔,就看我比孩子的父亲年长还是年轻了。当孩子弄不清大人的年龄时通常会喊他"叔叔"。

但是所有的都带潘。由于中国推行独生子女政策,伯伯、叔叔、伯母、叔母的称谓日渐减少。没有了叔叔、阿姨、侄儿、侄女,传统的家庭结构正在经历剧烈的简化,它的简化,比之汉语的简化,是有过之而无不及。庆幸的是,在我家,我只管两个称谓:"儿子"和"老婆大人"。

不过,说真的,普通话是一种很美的语言,花点时间,会让你在这

儿呆得更愉快而且受益匪浅。

字典、措辞等等

不管你是否已经掌握了普通话,惯用语手册和字典都是必不可少的。现存的最好的词典是牛津大学出版社出版的《简明英—汉 汉—英词典》。这本词典通篇都用拼音标注,因此按照字母顺序汉英都可以查找。当然,如果你不知道汉字的发音,也就无从查找了。

汉语词典有好几种使用方法,但是这些方法即使是对中国人来说,也不简单。有些是按照笔画数的,分为一画、二画、三画、四画、五画等等。查找方法还可以按照首笔画(横、竖、撇,等等)加以细分。但是我遇到过一些汉字,甚至连汉语教授也没法按照这些方法找到。一位有真才实学的教授在花了15分钟翻遍了我的词典之后说:"既然我们知道这个字就没有必要再查找了。"

方法是因人而异的吧。

由北京外国语学院出版的《汉英词典》也是一本很不错的工具书——读起来很有意思。我花了四个月的时间将它通读了两遍就因为我很喜欢它简单的英文例句。

当然,别忘了,它的出版年份是1988年——距离"文革"结束也才十年多一点儿,所以每个句子都带有革命的印记毫不奇怪。我最喜欢的句子包括:

(Suppose: "I suppose she's gone to practice grenade throwing again.")

想:我想她又去练习扔手榴弹了。

(Anew, afresh: "Launch a fresh offensive.")

新:发起新的攻势。

(Barely: "When I joined the 8th Army route, I was barely the height of a rifle.")

仅仅:刚加入八路军的时候,我仅仅有来复枪那么高。

(Be: "I want to be a PLA man when I grow up.")

成为:我长大要成为一名人民解放军。

可以想象掌握这些词汇的学生周五晚上在英语角的对话内容。

普通话

了不起的语言!学一些还是很有好处的。不管怎么说,它是世界上1/5人口的官方语言。但是如果你被40000个象形文字吓着了,就从中国官方古罗马化的图解——拼音开始吧。拼音,既简单又好用——我会在《维廉博士非专利化拼音指南》中跟你讲明的。

维廉博士非专利化拼音指南

花点时间掌握中国官方罗马文字系统——拼音,你就会发现厦门的魅力更真切生动。一些拼音的读音跟英语很相似,而另一些却截然不同。举个例子看看,你究竟是怎么发"厦门"的音的。

汉字由三个部分组成:声母、韵母和声调。比如,"厦门",它是由"xià"(厦)和"mén"(门)两个字组成的。"x"是声母,"ia"是韵母,而"xia"是发第四声的。

拼音的"x"听起来像"sh"的音,所以厦门读起来就像"Sh-Yah Men",(把Sh和yah结合起来,所以"厦门"就只有两个音节——像是(英语里面的)"shaman"的发音在"Sh"后面加上"yah"。

400个左右不同的音造就普通话为一个同音异形字的天堂,不过四个声调(加上上下文)有助于我们理解。

第一声　是平声,发声位置在正常发声音域的上方。

第二声　是从中间的位置往顶部上升。

第三声 从中间位置开始落到底然后再上升(苏珊·玛丽说在最低位置的时候如果你的下巴碰到了胸,那你就发对了)。

第四声 高起低落,就像你在骂人一样。

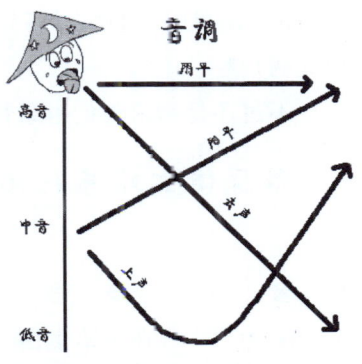

这四个声调(听起来像是20世纪60年代的某个流行乐队)的发音要点:

声调能彻底改变字词的意思。举"ma"为例,有第一声、第二声、第三声和第四声之分,"ma"就分别表示"妈"、"麻"、"马"和"骂"。弄错了的话你就可能把别人的妈叫成"马"了。

怕了吗?千万别怕!别拿"我是音调盲"当幌子来逃避,因为你从蹒跚学步开始就在使用声调了。

"音调盲"以及老外的其他蹩脚托辞

老外学不好普通话,经常归咎于音调,找借口说:"我是音调盲!"纯属胡诌。所有说英语的人都使用声调——尤其是我们已婚之人。从苏珊那儿,我听到了普通话的所有的4种音调,可能还不止4种。

当苏珊用第一声叫"Bill!"的时候,她的意思是:"过来!"用第二声叫"Bill",是在问:"你在哪儿?"或者"是你吗?"第三声"Bill"是保留用于对我施行审讯用的,意思是:"难道你想让我相信你?"第四声"Bill"尖利刺耳,我知道问题严重了。但是如果我老婆减弱声音,叫我的昵称,用类似台湾台风中心那种平静的、拖长的语调叫道"维康",那则是最让人捉摸不定的第5声,是可怕的危险的预兆,我就大难临头了。美国人,至少是恋家的美国人懂声调哦。

幸运的是,中国人是很宽容的,尽管有时候你"残杀"了普通话,自

创语调。简单的一句"你好吗"就会让随和的主人称赞道:"你汉语说得很好啊!"

不过还是帮帮他们也帮帮你自己掌握拼音吧。

维廉博士非专利化拼音指南

声 母

拼音	英语	示例	发音
b,p,m,f,d, n,l,g,k,j,s, y,ch,sh,t,w	跟在英语里面 几乎一样	dou gan shu	dough gone shoe
c	像 ts 在 rats 里的发音	cai can	tseye tsahn
h	喉音 h, 像德语 ch 在 ach 的发音	hao hu	how who
q	像 ch 在 chick 里 面的发音	qu qin	chew cheen
r	介于 j & r 之间	ru	roo
x	像 sh 的发音	xia	shee-yah
z	像 ds 在 kids 里面的发音	zai zong	dzye dzong

韵 母

拼音	英语	示例	发音
a	ah 在 ah! 里的发音	ba ta	bah tah
ai	像 y 在 my 里的发音	lai hai	lye hi
an	ahn (lawn)	can	tsahn

第二十八章 痴迷普通话

ang	ahng (angst)	mang	mahng
ao	ow 在 cow 里的发音	zao	zow
ar	ar 在 are 里的发音	nar	nar
e	u 在 bush 里的发音	re	ruh
ei	a 在 day 里的发音	gei	gay
en	un 在 pun 里的发音	wen	wun
eng	ung 在 rung 里的发音	leng	lung
er	ur 在 pur 里的发音	mer	mur
i	像 ee 在 wee 里的发音	qi	chee
	(跟在 b、p、m、d、t、n、j、		
	q、x 后)	mi	mee
	像 z 在 z、c、s 后的发音	ci	cz
		zi	dz
	像 r 在 ch、sh 和	shi	shir
	r 后的发音	chi	chir (chirp)
ia	e-ya,在同一个音节里	xia	sheeyah
ian	yen	tian	tyen
iang	yahng	jiang	jyahng
iao	ee-yow 在一个音节里 (喵)	piao	pee-yow
		tiao	tee-yow
ie	yeh	tie	tyeh
in	像 een 在 preen 里面的发音	pin	peen
ing	ing 在 sing 里面的音	ming	ming
iong	eeyong (长 o)	xiong	sheeyong
iu	eo 在 leo 里的音	liu	leo
o	似乎是一个长 o 和	mo	mwo-uh

	一个短 u 在一起发的音,前面带 w	po	pwo-uh
o	像 ong 在 gong 里面的音 o 的音比较长	tong	tong
ou	o 在 toe 里的音	zhou	joe
u	像 oo 在 boo 中的音,除了在 j、q、x 和 y 后面音像法语的 eu	du lu yu	doo loo yeu
ua	wah (ua in guava)	gua	gwah
uai	wye (像 rye 里面的音)	guai	gwye
uan	发为 wahn (swan) 除了在 j、q、x 或 y 后面,这时发 wen(when)音	duan yuan	dwahn ywen
uang	wahng(就像在 angst 的发音)	kuang	kwahng
ue	oo 和 yeh(yeah)发为一个音节	xue	shooeh
ui	像 way	chui	chway
un	发音像 woon oo 是 book 里面的音	jun	jwun
uo	像 o (oh) 和 u (uh) 结合成一个音	duo	dwo-uh

第二十九章
向 上 看

有归属感时,时间过得真快!1988年我们乘坐慢船来到中国时,根本想不到厦门会有这么大的魔力,使得我们不愿再离开。一旦厦门情结溶入您的血液里,就将伴您终身。(同样的话自然也适用于疟疾,只是谁会爱上蚊子呢?)

厦门是古今中外的完美结合,是乐观自信的人的家园。中国人总是在往前看,这也许是因为他们有着悠久的历史,正如温斯顿·丘吉尔所说:"一个人能回溯多远,往往就能前瞻多远。"

中国人至少可以往回看5018年,这得花上几个月的时间。对我们老外来说,很庆幸中国人从历史中吸取经验教训,但是不停留在历史中,他们向上看。

往上爬

在11月份的某个寒冷的上午,苏珊和马太去购物,我和神能则选了一条平时不怎么走的道路——从南普陀寺后面的小路上山,越过写着"外人止步"的牌子,爬到山顶。

我们在覆盖着苔藓的潮湿的岩石中择路而行,享受着山林间的寂静。我们踏过厥草,穿过覆盖着灰绿色苔藓的树枝。有时我陷入幻想,想象我们正在探索一条从未有人走过的小路。但是,每次我都被硬生生地拉回现实中——岩壁上深深刻着古代诗人的文字呢!他们拿着锤子与凿子寻求永生,比埃里克在格陵兰岛上置业还要早几个世纪(埃里克于982年发现了格陵兰岛。——译者注)

  我在一个岔路口(fork)(也许是筷子)(fork 有"餐叉"之意。——译者注)停住,问神能:"走哪条路?"

  "往上!"他说。

  "为什么?"我问道。

  "因为往上爬更好玩。"

  对于孩子来说,要让他们去除与生俱来的攀登欲得花上十来年的时光。及至成年,许多人甚至不知道或已不在乎哪条路是向上的了。但是向上的记忆在脑中却挥之不去,正由于这隐隐的不满足,我们常常希望通过向外看或向内看来补足,殊不知,我们需要的就是向上看。正如梭罗所说:

  "成年后,我们似乎徘徊在对儿时梦想的辨析中,但这些梦想在我们学习语言之前就从记忆中消失了。"

  我想儿童是一个特别的群体,他们比天使低一级,又比大人高一级,如果我们能够重新找回儿时的雄心与那容易知足的心态,拥有这种神奇,也等于拥有了一个王国。

  我和神能在南普陀寺后的五老峰顶太阳晒干的岩石上坐下来,我打开记事本,写道:

向　　上

  最卑微的种子,深埋地下

  何惧给养微薄

第二十九章 向上看

何惧地心引力
扭转纤弱之躯,奋力向上
只为收获
那尚未得见的阳光

生命的魔力源于向上看,不过正如丘吉尔所说,我们从过去看到未来。为了更全面地了解中国,我希望您能阅读历史补遗"鸦片主"。也希望我们所有人——老外和老内——好好地。

享受厦门!

全家福——比尔、休、神能、马太、猫咪

第三十章

鸦片主①

历史每次重演时,代价都会上升。

——无名氏

昧着良心去成就野心的人无异于焚画取灰。

——中国谚语

"我的目标一直都是一样的:以过去为鉴,以免重蹈覆辙,凸显昨日的未知面,通过它,或许在其基础之上,建立起一个道德世界,在那里人们不再受难,孩童不再挨饿,也不用再在惊恐中奔逃。"

——出自诺贝尔奖得主艾列·维泽尔(Elie Wiesel)的《个人的回应》(A Personal Response)

为什么写"鸦片主"?

如果您对《魅力厦门》多有涉猎的话,您会明白为什么苏珊·玛丽抱怨说:"维廉从来没个正经!"对鸦片时代的研究却使我醍醐灌顶——然而大多数西方人对此还知之甚少。一位在厦门的美国教授竟然说他觉得鸦片战争之所以打起来是为了防止中国出口鸦片;当然,事实恰恰相反。

我热爱厦门充满魔力的海滩、山川以及殖民时代的建筑,也喜欢

---

① 请登录 www.amoymagic.com 查阅本章的延伸版。

在星期天去位于厦门的、中国最古老的新教教堂做礼拜。但是让人伤心的是，这是不同种类的魔力，恰似一个更为隐秘的巫术曾使厦门向西方开放。

整整一个世纪，西方国家在非法买卖鸦片，其规模之大足以使现代哥伦比亚的任一个身家数十亿美元的毒品王国相形见绌。到20世纪20年代，欧洲在亚洲所攫取的利润足足有一半来自鸦片。

说不？

是中国，而不是美国首先开始了向毒品"说不"的反毒方案。当时中国的当权者诉诸西方人的道德感和正义感以及"天道"，妄图使西方人终止恶行。然而西方人所回应的是一场向毒品"说是！"的运动并发动两次鸦片战争来付诸实施。美国前总统亚当斯宣称中国拒绝进口鸦片是对"人权和国家权"的侵犯，这是美国对中国人权的首次攻击。厦门真正的魅力不在于她的建筑、地理或气候，而在于她的人民——富有宽宥心的人民！

鸦片(大烟)馆

(见麦克格文(Macgowan)1889年的《厦门传教纪事》

(*The Story of the Amoy Mission*)第180页)

"今天所有的店铺都忙得不可开交，因为这是庙会最红火的时候，买者蜂拥而至。但是就在这些店铺之中，散落着许多这样的房子，它们虽大门洞开，门头上却挂着竹帘子，里面到底怎么样呢？因为这些房子不是私人领地，它们是鸦片馆，于是我们就走进了一家。把竹帘挑开，我们进到了屋里，只见里面光线暗淡，一条宽宽的长条椅靠墙环绕。

"按照不同的间隔，摆放着许多油灯，男人们就躺在这些灯的边上。有的已经睡着了，大多数人脸色苍白，憔悴不堪，散发着鸦片的气息。他们直挺挺地躺在那儿，看上去和尸体无异。他们不像是传言的那样，一旦吸食鸦片后，就恍如进入仙境，那里美不胜收，让人享乐无穷……有个男人冲我笑了一下，说道："这就是从你们国家运来的，不是吗？"我感到些许伤感，我知道他传达着一个普遍的观点，即所有的鸦片都是从英国运来的。但是待在这种鸦片房里并不舒服。那逼人的、恐怖的气味，那长条椅上躺满的苍白的人形，那种身处社会最底层的感觉都让人觉得窒息。这时我们听到了外面的人声，看到了照耀在竹帘子上的明亮的阳光，于是就三步并作两步跑出了这个昏暗、散发着臭气的鸦片馆，竟有一种被释放的感觉。但是里面的那些人是得不到"释放"了。

瘾君子们（史密斯摄于1908年）

鸦片贸易的诞生

欧洲的鸦片贩子挑衅中国的死刑律罚最早可追溯至1729年，只因鸦片所带来的巨额利润比起罂粟来更让人上瘾。唯一棘手的就是供货问题，可是自1756年英国征服加尔各答后，这个问题也就解决了。

当时的英军统帅克莱夫（Clive）惊诧于印度这个"富有而繁荣的王国"。可随着印度农民被迫放弃传统作物而改种大英帝国的首要经济作物，亦即中国主要的进口物——鸦片之后，数十年间，这个富有的王国贫困了下来。

印度首任总督沃伦·黑斯廷斯（Warren Hastings），在好不容易夺取了荷兰人的鸦片贸易之后，迅速地扩大了罂粟的生产，并派遣两艘满

第三十章 鸦片主

载鸦片的船只开往广州探探行情。其中一艘船只失事,另一艘却逃过了中国官员的眼睛并在黄埔出售了 20 万磅鸦片。

经过调查,英国得出中国存在 3 亿的潜在"客户",于是大英帝国授予东印度公司在这一"贸易"上的垄断地位(谨慎地规避了"鸦片"一词),"贸易"这个保全体面的托辞一直被用到 20 世纪(据记载,大多数英国商人和传教士反对英国介入毒品交易,可是没什么用)。

1799 年 12 月 2 日,一位气得发狂的中国皇帝写下一道昭书,言明:

"老弱者不堪饥饿而填沟壑;强梁者沦为盗匪。然而俱终难逃同归于尽之命运。"

黑斯廷斯勋爵坚持认为英国的鸦片走私是出于"对人类的同情",然而在中国皇帝的笔下,外国人

"走私严禁之鸦片泛滥大地。真乃违心悖理之事。"

继自己的三个儿子(其中一个还是太子)死于吸毒之后,道光帝命令广州总督要对鸦片严加控制。他谴责英国作为"基督国家犯了五德(五德指的是仁、义、礼、智、信——译者注)中的四德"。气急败坏的鸦片走私犯陈情要求挽回英国的颜面,但是英国议会建议暂缓,推断说如果中国皇帝面对巨额利润的引诱,他会让步的。不过中国皇帝拒绝扮演犹大一角。他写道:

"朕知断绝毒品不易,盖贪婪唯利是图之辈每挫朕之心愿。但朕决不忍驱使庶民陷于罪恶痛苦之深渊,以增加国库之收入。"

随着危机的加深,鸦片贩子的胆子也越来越大。1832 年 2 月,阿默斯特(Amherst)勋爵带船沿广州海岸线北上,寻找鸦片市场。他对福建

港口的官员信誓旦旦地说,他的船只驶自加尔各答,意欲前往日本,现在因为风暴而搁浅了,但是他难以解释清楚船上板条箱中的中文传单,上面刊登的是中国海沿岸的鸦片经销点。

中国人在广州的抗议毫无效果。愤怒的英国人说他们从来没有听说过这艘船——严格地说,倒是一点儿没错,因为阿默斯特勋爵在船上用的是化名。阿瑟·韦利(Arthur Waley)在他的《中国人眼中的鸦片战争》(The Opium War Through Chinese Eyes) 一书中总结道:"毫不奇怪,林则徐在广州执行公务期间,需假设英国人所言皆无可信之处。"

阿默斯特勋爵异常出轨的行为在伦敦得到了赞美,议会下院批准了鸦片的生产和销售。沙夫茨伯里(Shaftsbury)勋爵后来写道,英国政府不仅鼓励鸦片贸易,而且还仔细地研究过中国瘾君子们的口味,以"使鸦片对他们产生更大的诱惑,这样就可以保证鸦片有充足的市场"。

1836年,愤怒的中国皇帝又下达了一份诏书,诏书的结尾处说皇帝因为愤怒而"发抖"。一位名叫纳皮尔(Napier)的英国勋爵恼羞成怒地做出回应:"那就颤抖吧,卢总督(指当时两广总督卢坤——译者注),猛烈地颤抖吧。"卢总督免却了外交手段,直接在河流中把外国商船上下封锁起来,备觉羞辱的纳皮尔败下阵来。当纳皮尔生病时,卢总督还把他送到了澳门,后来纳皮尔也就客死于澳门,成为为鸦片事业而献身的"烈士"。

狂怒的西方人要求就纳皮尔之死报复中国。大鸦片商马地臣(Matheson)谴责矢志禁毒不动摇的中国官员是"愚蠢、贪婪和冥顽不化",并陈情要求英国运用武力迫使中国开放更多的自由贸易口岸。查顿(Jardine)和马地臣打造起了漂亮的柚木船,彻底装备停当之后,往来于中国沿海,不停地运输马地臣坚称为无害的、"为中国所需要的货

第三十章 鸦片主

物。"

就在英国在中国加大鸦片贸易量的时候,在其国内却通过了几部法律严禁鸦片在英国的使用。西方的医学专家支持这种双重标准,辩称对于中国人来说,鸦片是"一种无害的社会、家庭奢侈品",和茶叶相仿。孟买的副总医师后来声称,中国人发现鸦片是"享乐的源泉,是上天的赐福,是生活必需品"。他补充道:"鸦片特别切合中国人的体格、习惯以及老百姓钱不多的特点。"

一位西方作家在《中国丛报》(Chinese Repository)(见1836年11月第五卷第300页)中提出了不同的观点。他控诉鸦片贸易商为谋杀者以及那些

"在一项只会加剧懒惰、疾病、贫穷、痛苦、罪行、疯狂、失望和死亡的贸易上所给予的不断支持、鼓舞和投入。"

一位印度阿萨姆邦的茶种植园主写道,为了得到鸦片,那些吸毒成瘾的男人可以"去偷盗,变卖家产、妻儿,最后甚至杀人越货"。来自伦敦传道会(London Missionary Society)的沃尔特·梅德赫斯特(Walter Medhurst)一直是鸦片贸易不懈的反对者,他描述这一"无害的"药物的作用是:

"可怜的受害者在吸毒后,乱人心智的毒品的力道有多大,相应地吸毒者抵御诱惑的能力就降低多少;身心俱疲后,此人已再无能力

去挣那微薄的薪俸。然后愤怒的亲戚或无情的债主把他从住处赶出,最后他们只能倒毙在街头,无人怜悯和过问。"

大英帝国不为所动。实际上,它把肮脏的鸦片交易看成是一场精神上的十字军东征,辩称鸦片是对中国人的救赎,因为若没有鸦片进口,人口过剩的中国人会种起罂粟,而不种粮食了。

天道

在一封写给英国维多利亚女王的信中,钦差大臣林则徐言辞犀利地写道:

"闻贵国禁食鸦片甚严,是固明知鸦片之为害也。既不使为害于贵国,则他国尚不可移害,况中国乎?似此但知利己,不顾害人,乃天理所不容,人情所公愤。"

在林则徐看来,天道是:

"……对所有人的公平、公正之道。它不容损人利己;全世界的人要一视同仁。他们爱惜生命而憎恨危害生命。查贵国距内地六七万里。尽管如此,天理对贵我两国人民都是一样,因他们都有一样的天性。普天之下找不到愚昧至于不能分辨利和害之不同也……"

但是英国人已利欲熏心,不管什么害处了。1843年4月6日,《泰晤士报》总结了首相罗伯特·皮尔(Robert Peel)的立场:

"道德和宗教、人类的福祉、英国和中国的友好关系以及英国商人的新市场都能成其为很好的主题;但是鸦片贸易能给印度政府带来高达120万英镑的价值……"

钦差大臣林则徐给英国人下了为期3天的最后通牒,并在其后的足足一周内等待回复,未果,于是他下令封锁了港口。在被拘禁期间,外国人在吃喝上受到了优待,他们的财产也得到妥善的保管。按照林则徐的推想,如果他对这些暂时被囚禁的外国人以礼相待,投桃报李,这些人会认识到他们既往做法的错误,会摒弃鸦片贸易,并转而求助于法律来解决争端。但是西方媒体却大肆宣扬中国人对欧洲人如何残暴处置,为战争的爆发煽风点火。

付之一炬

艾略特(Elliott)船长交出了20283箱鸦片,价值200万英镑。销毁这些鸦片就花了林则徐六个星期,灰色的烟霾遮蔽了广州城的上空,林则徐还评点在场的外国观察员"从他们庄重的态度上,我该能判断出在真心悔悟"。

但是,殊不知这些外国人之所以脸红,不是因为羞愧而是因为愤怒。1839年7月,英军破坏和瓦解了29只中国人的作战舢板。7月5日毫不怀疑的农民冲出来欢呼英舰离开了定海。乔斯林(Jocelyn)勋爵在《远征中国六个月》(Six Months with the Chinese Expedition(1841年))一书中描述了英国人是怎样"迎候"定海农民的:

"英舰对着小镇舷炮齐发,木料的坠落声、倒塌的房屋声以及人们的呻吟声在岸上回荡……我们弃船登岸,岸上已没有人烟,一些尸体、弓箭、断矛和破枪成为战场上仅有的留存物。"

守城官员宁死不降。正如韦利(Waley)写道:

"面对来自十五艘战舰上的集中火力,清军从一开始就没有多少招架之力;如同广岛在遭到原子弹进攻时,人们却奢望它能给予还击一样。"

英军还发起了所谓的保护行动,他们张贴了安全告示,说只要沿途的老百姓自愿交出他们的牲畜,他们就可免遭劫掠。1840年的《中国

丛书》上记载：

"他们(中国人)在千般事务中都收到了来自于我们的不公正。我们一边在那发布告示,说着甜言蜜语,而另一边我们的士兵和水手却在那大肆劫掠、强行带走他们的家禽家畜……"

1841年10月10日,英军攻占了和定海相对的镇海。宁波也在3日后失陷。曹盛(音译)记载了在英军攻打上海期间他回家时的经历：
"我发现有几个洋鬼子在那儿,正用步枪把门砸开。我想起妻子还藏在里面,心想要是她难逃一死,我也不想活了。我冲上去,想把他们挡在门外,结果却被他们抓住。他们冲进屋内,翻箱倒柜,拿走钱、首饰、小玩艺儿——任何能拿得动的东西。一番洗劫之后,他们拿出刀抵住我的咽喉,威胁说如果我不指出其他贵重物品的藏身之处,就杀了我……我连比带划总算让他们弄清楚我们并非有钱人,最后他们放了我……"

"在那天当中他们又来了几拨人,一遍遍旧戏重演……"
一位朋友帮助曹盛搞来了一只鸡,让他去孝敬孝敬洋鬼子,换个所谓的"保护证"。然后他和他那三天没有吃饭的妻子冒险出了家门。曹盛后来写道：

"那天晚上开饭的时候,手里拿着鸡骨头,酒杯端上唇,回头望望我那两个儿子,他们像往常一样伺候着我。我伸出手,抚摸着他们的头……不知道该笑,还是该哭。"

6月22日,曹盛写道："外国人已淫掠够了,因为城池是没有抵抗就陷落了的,所以至今还没有大屠杀出现。""大屠杀"出现在7月9日

的镇江。诗人褚实云在日记中写道:

"死尸散落街头……恐怖的日子何时是个尽头?我们一家何时才能团聚……这些天来,妇女们遭到奸杀。"

外国士兵还"安慰"这些受害者,在城中张贴宣传单,鼓动幸存者去吸食鸦片,说什么"打折贱卖鸦片,机会不容错过"。

投降

已是满目疮痍的中国投降了。根据《南京条约》(1843年6月26日),中国答应为所销毁的鸦片赔款600万镑(三倍于鸦片的实际损失)并把香港割让给英国。这一结果竟然还让帕默斯顿(Palmerston)勋爵不满意,他抱怨说600万英镑不足以支付所损毁的鸦片和英军来中国征战的费用。《泰晤士报》对他的这一主张给予了奚落,认为"英军劫掠中国城镇、屠杀中国百姓,只是出于自己不足为外人道的罪恶目的",真正应该得到赔偿的是清政府而不是英国政府。

王室反驳了这一批评,辩称战争是因为自由贸易问题引起的,而不是鸦片。1844年出任香港总督的约翰·戴维斯(John Davis)爵士公然说中国人自己也不想禁绝鸦片,在这个问题上是你情我愿,英国从来都没有强迫他们来购买、吸食鸦片。他抗议说,英国"只是提供了毒品,中国人又不是不得不吸,他们完全有自己的选择"。

既然《南京条约》有意规避了"鸦片"一词,这一毒品交易严格地说就仍是非法的。在其后的一份补充条约上,英国甚至答应英国官员将完全终止鸦片的走私。这纯粹是空话。当"塔利亚"(Thalia)号上的霍普(Hope)上尉阻挠了几艘装满鸦片的船只由上海北上时,他被指责为是在"贸易"进程当中对英国国民自由的横加干涉,结果他遭到解职,被

匆匆打发去印度了。

"大船开路，小船借道。"——中国谚语

搭顺风船的帝国主义列强

西方国家众口一词地欢呼英国的胜利。美国前总统亚当斯宣称战争完全是因为中国对外国人"无礼的、让人有失颜面的"大不敬态度引起的，他还主张：

"中华帝国所奉行的基本原则就是抑制、反对商业的。她不承认自己有责任去维护商业交往……是时候让这种对人权和各个国家基本权利的践踏停下来了。"

美国匆匆派了迦勒·库欣（Caleb Cushing）为特使来到中国，库欣代表美国政府宣称美国想和中国签署一项旨在谋求双方"永久友谊"的条约。他还带了三艘炮艇来"强调"美国的友谊。库欣提醒备受羞辱的中国人：

"上次和英国的战争就是由于广州的官员行为不当所致，他们无视代表英国政府的驻外官员的权利。"

库欣还补充说如果中国不吸取教训，那么"将足以证明她想招惹其他西方列强（美国）（爆发战争）"。

继库欣之后，一位法国外交官带着七艘军舰也接踵而至，他和库欣提出了同样的要求，就是要谋求"永久友谊"和贸易权。这些"搭顺风船的帝国主义列强"在中国的为所欲为直到1949年新中国的解放才算告一段落。

第三十章 鸦片主

尽管英国为了鸦片交易和中国打了一仗，但是在经济和道德层面上，鸦片还是为大多数贸易商、生产商、政府领导者和传教士所反对。一位贸易商用统计数字证明，鸦片贸易毁坏了合法的商业并且"在给中国人提供这种让人兴奋的毒品的同时，我们也榨干了他们的钱财，他们已无力购买我们生产的其他东西了"。

朴廷格尔(Pottinger)借用了一个现成的答案，只是作了略微改动："如果印度不生产鸦片，其他国家也会生产的。"他还自鸣得意地补充说如果中国人真的德行无亏，他们就会"既不吸食鸦片，也不允许鸦片走私"。

中国在继续抵制鸦片贸易，19世纪50年代，帕默斯顿勋爵警告说："我们将不得不给中国再来一次打击，这一时间在日益迫近。"他解释说："这些诸如中国、葡萄牙和西班牙在美洲领地的政府有待进一步教化，每隔八年或十年就得教训他们一次，让他们听话、安守本分。"

教训中国——由"亚罗号事件"引发的战争

"教训"中国的借口出自香港。在英国王室的保护下，香港成了中国罪犯和海盗的乐园，他们猖獗一时。时任两广总督的叶名琛查封了一艘中国船只"亚罗号"，指控船上的12名臭名昭著的海盗有罪。英方愤怒地要求释放这些罪犯，辩称他们是从受英国政府保护的英国人的船只上被抓走的。德比(Derby)勋爵嘲笑这一指控：

"(谁说)这艘船是由中国人所建造，为中国海盗所抢，又由中国人卖出，中国人买进，中国人开，为中国人拥有的！这是一艘英国人的船只，有权要求得到条约的保护，享有不受中国官员检查的豁免权。"

叶总督交出了这些海盗，但是拒绝了约翰·保林(John Bowring)爵士给予道歉的要求。英国这下逮着了"教训"中国的机会。帕默斯顿勋爵用特有的夸张手法谴责叶总督为"令一个国家蒙羞的最不人道的怪物之一"。1857年2月3日,英国宣战,理由是中国的"暴力行径、对(英国)国旗的侮辱以及对条约权利的侵犯"。

英国议会一致反对进行第二次鸦片战争,他们同意德比勋爵的观点,即战争是让"反战和无辜的人民流血,在法律和道义上说不通"。帕默斯顿勋爵向王室狠狠地告了这些背信弃义的反对派们一状,议会遭解散,无论如何这场战争都要打了。

当中国人拒绝批准《天津条约》时,英法联军攻占了北京,火烧了清漪园(颐和园的前身——译者注),在四面楚歌的情况下,中国屈服了,结束了整整一个世纪来的抵抗。鸦片最终在中国合法化了,中国对其所征收的进口关税要比英国——"自由贸易"的建议者——对中国的丝绸和茶叶所征收的进口关税低。

替罪羊

第二次鸦片战争后,英国着手加强自己20年来的努力,要使西方的民意相信英国从来都没有把鸦片强加在中国的头上。1870年5月10日,在议会就鸦片所展开的辩论中,格拉德斯通(Gladstone,于1868—1894年间四度出任英国首相——译者注)先生争辩说中国政府已经"明智地"决定把鸦片作为商品来对待。他称赞说鸦片不光对英国而言是个税收来源,对中国和印度也大为有利:

"这是世界财经史上所出现的最辉煌的事件之一。我很难想象有或曾经有一个国家……其有6000000英镑的财政收入是来自一种特定商品(他还是规避了"鸦片"一词),如此,若站在尽可能贴近事实的角度上,并在不违背任何政治道义的情况下,你们能说这600万实际

第三十章 鸦片主

上全部是由另一个国家的居民支付的,而他们却对这一负担没有怨言。"

伦敦的《泰晤士报》(1880年10月22日)宣称"中国政府承认把鸦片作为一种合法进口商品来对待,不是迫不得已,而是出于心甘情愿,是审慎考虑的结果。"科逊(Curzon)勋爵——后来出任英国驻印度的政务次官——"否认英国曾将鸦片强加给中国;没有哪个当红史学家、也没有哪个对这一事件知道得一清二楚的外交家愿意支持这一主张,即英国在这方面强迫过中国。"

生而养之只为了拿大烟枪

西方人长久以来对博大而古老的中国一向心存敬畏,可是经历了两次鸦片战争,中国人已变得让人不屑一顾,他们被生养下来只是为了拿大烟(鸦片在中国的俗称——译者注)枪。不论是在中国、波兰的奥斯威辛、南非、尼加拉瓜还是在(南北)战争前的美国南方,曾经一度是这样的,那些粗野的恶行只是通过美化自己并丑化对方才得以持续。英国辩称中国人不光心理上需要鸦片,他们在体格上也有这种需求,英国在全亚洲垄断鸦片是为了向中国人提供人道主义服务。

随着东方巨龙沉迷于鸦片所营造的睡梦中,沙夫茨伯里的预言应验了:不义之财

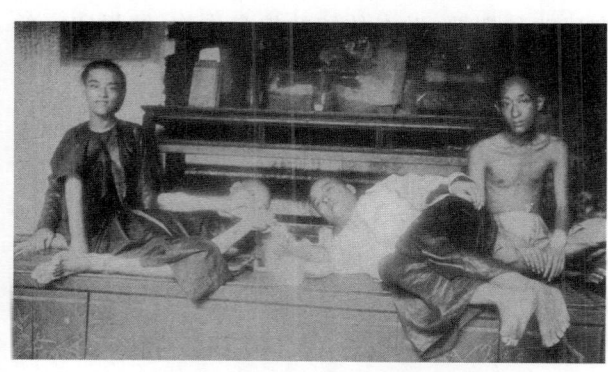

瘾君子们(麦克格文摄于1913年)

扼杀了正当得利。1877年,塞谬尔·S·曼德(Samuel S. Mander)写道:"在中国向印度进口商品所支付的1200万英镑中,光85000箱鸦片就价值1050万英镑,用在合法贸易上的只有150万英镑。"中国道德和经济基础的崩溃让守法商人遭受重创,伦敦的私营银行家们发出警告:"因为鸦片贸易,中国的购买力似乎瘫痪了。"在一封写给反鸦片协会(Anti-Opium Society)的信(1882年5月6日)中,阿瑟·科顿(Arthur Cotton)爵士(印度事务上的著名的权威)争论说:"……没有丝毫的理由可用来支持我们继续进行这种贸易……"他肯定说:

"一个令人震惊的事实是,在完全不依赖鸦片贸易的情况下,我们政府每年就有350万英镑的盈余,政府的收入还在以每年50万英镑的速度增长!"

鸦片的拥趸者争论说印度农民需要来自鸦片的利润,可是科顿爵士举证说印度农民从一英亩甘蔗上所得到的利润是他们在一英亩罂粟上所得利润的四倍。可是如同中国的瘾君子,英属印度的种植罂粟的农民也是尽可牺牲的。而且他们的确被当作了牺牲品。

英国强制印度农民改种罂粟,抛弃传统的粮食作物,结果印度的妈妈们只能给她们瘦弱不堪的孩子喂食鸦片,以缓解深入骨髓的饥饿,这种饥饿从他们一生下来就像瘟疫一样折磨着他们,直到他们早夭结束。

1838年,80万印度人死在"阿格拉饥荒(Agra Famine)"中。1860年,印度西北部有50多万人死于饥饿,而在1865—1867年间,在"奥里萨邦饥荒(Orissa Famine)"有100万人死去(占其人口的三分之一)。在1868—1870年间,三分之一的拉杰普塔纳人口被饥饿夺去生命。

欧洲公众对印度饥荒的大声疾呼让英国政府尴尬不已,英国实行了简单的饥荒救助方案。在1873—1874年间的"比哈尔饥荒(Bihar Famine)"中只死了28人,可是每救一条命就要花费一美元,英国政府觉得代价太高,就放弃了这一救助方案。两年后,驻印度的英国大臣眼睁睁地看着印度南部饥荒单在英国自治领就夺去了525万条生命。发生在1896—1897年间的饥荒又让75万人丧生,1899年,250万人饿死。可是罂粟却一片兴旺。

以毒攻毒

中国政府不情愿地决定让国产鸦片充斥市场以摧毁西方在中国的鸦片贸易。这是一个痛苦的决策,中国的统治者认为不管出于什么原因,生产鸦片将会"人神共伐"的。

这当然激起了英国的责难,其痛恨中国侵害了自己的鸦片垄断地位。到1876年止,中国每年从鸦片中可以获得150万的收入,可是R·艾尔考克(R. Alcock)在议会下院宣称如果英国停止自己的鸦片交易,中国将很高兴放弃这一贸易。

五年后,R·艾尔考克爵士,这个原本坚定的反对鸦片的"十字军战士"却改弦更张,将自己出卖了。

背叛者

1881年12月,艾尔考克爵士推出了《鸦片和常识》(Opium and the Common Sense)一书,让提倡反对鸦片的人大为震惊。他宣称鸦片的害处并不比酒精的害处大,他认为:

(1)"早些年间,中国人禁止鸦片是假意为之……"

(2)"英国政府从来都没有把鸦片强加给中国;中国人总想吸食更多的鸦片,印度加工的鸦片还供不应求。"

B·福赛特·洛克(B. Fosset Lock)先生在《鸦片贸易和卢瑟福·艾尔

考克爵士》(The Opium Trade and Sir Rutherford Alcock)(见《当代评论》(Contemporary Review)1882年4月期)一文中解释了艾尔考克爵士的背叛。原来仅在艾尔考克爵士的《鸦片和常识》一书出版前的一个月,他被任命为英国北婆罗洲公司(British North Borneo Company)的主管,而这家公司是登特公司 (Dent)——第一大鸦片贸易公司——的分支机构。事实证明,比起当年作为反对鸦片的道德家来说,艾尔考克现在当这个鸦片贸易商更是如鱼得水。到20世纪20年代末,英国来自北婆罗洲的收益整整100%都是出自鸦片贸易。

关于死亡人数统计

"当被询问,是否认为人们在战后不会对数百万犹太人的遭遇产生疑问,艾希曼(Eichmann,希特勒的左膀右臂)回答说:'死了一百人是个大灾祸,而死了一百万人,只是一个统计数字而已。'"

《纽伦堡战争罪行审判纪实》(Nuremberg War Crimes Trial Witness)

濒临死亡的中国

现在中国的妇女和儿童也加入了瘾君子的行列。1889年,塞缪尔·史密斯先生在英国议会下院大声疾呼:"有一件事是肯定的:如果对这种堕落不加以反抗,中国将会作出诸如全民自杀的事情,其国民将陷入贫苦、饥馑和死亡之中。"他请求英国做出点儿牺牲,结束鸦片贸易,因为"为了一项伟大的事业而做出牺牲,没有什么比这更能显出一国的高贵。"

英国"高贵的"回应就是皇家鸦片专门调查委员会(Royal Opium Commission)整理出的长达2556页的报告,其得出结论说鸦片的害处并不比酒精大,并且"没有证据表明中国的主流民意主张应该停止从

第三十章 鸦片主

印度进口鸦片"。

总督张之洞请求政府改变现状。1896年,他在《中国的唯一希望》中写道:扔了鸦片吧!这种外国毒品让民众家不为家,大量殒命。并不是因为与国外的交往使中国一步步走向毁灭,罪魁祸首其实是可怕的鸦片。它给我们的百姓带来多少不幸和忧伤啊!它以可怕的速度在全国各省蔓延,带来的是令人痛苦的后果。像瘟疫一般,鸦片使成百上千万的人们在它面前倒下……最令人悲哀的莫过于它使人的灵魂堕落。它摧垮了人的意志,榨干了人的精力,使吸食鸦片的人无法做日常的工作,也无法外出走动。它耗尽了吸食鸦片者的财富,使不幸的人们遭受贫穷、衰老……许多有识之士都意识到鸦片会最终使这个民族走向灭亡……

1901年,法国作家兼海军军官皮埃尔·劳蒂(Pierre Loti)写道:"中国正亡于毒品。"1906年,一份写给皇帝的请愿书中声称:

"中国永远不能和世界列强比肩了,除非她能让其国民戒除吸食鸦片的恶习,鸦片把四分之一的中国人折磨得形销骨立,半死不活。"

——《中国时报》(China Times, 1906年1月16日)

戒毒

1907年,临朝训政的慈禧太后发誓用十年时间来根除鸦片之祸。到该年6月底,在一个为中国人所控制的城市中的700家鸦片馆都被全部关闭。到1910年上半年止,中国国内鸦片的产量减少了70%~85%。

与此同时,英国还坚持认为中国的鸦片问题由来已久,中国政府这次想结束鸦片的使用只是假意为之。

具有讽刺意味的是,当遭受贫困的中国农民自愿焚毁罂粟田的时候,由于这一做法导致了鸦片供应的短缺,他们实际上是帮了那些靠鸦片发财的英国鸦片商,让他们获得更多的利润。英国还在哀叹自己所谓的损失,为在上海和广东库房里未售出的鸦片存货怨声不断。中国驻上海的官员们"急人所难",他们从英商那里购买了1200箱、价值2500万美元的鸦片,然后把这些鸦片付诸一炬,这让人想起百年前林则徐虎门销烟的壮举。中国庄严地宣布,从这一天起,鸦片不再是中国合法进口商品。这并没有让惯于走私的英国人烦恼。

1924年2月26日,一艘装载了180箱鸦片的汽船来到上海。然而另有数千箱走私鸦片却从来都没被发现过。甚至连印度政府的代表约翰·坎贝尔(John Campbell)也坦承大多数走私鸦片"是用汽船从利物浦和伦敦运来的,其中从伦敦港运来的鸦片就有3000磅。"他说:"统计表明,毫无疑问,数十万盎司(一年差不多80万盎司)的鸦片曾被运往中东,然后再非法输入中国。中国自己并不生产吗啡……"

"想要得到更多,失去的反而是已有的快乐。"

——中国谚语

新市场

中国加强了边境管理,英国的鸦片商只得把希望转向其在亚洲的其他殖民地。在英属海峡殖民地(新加坡、槟榔屿、马六甲、纳闽岛)所生产的鸦片从1916年的353938磅增加到1920年的370688磅,全然不顾英国在海牙协定(Hague Convention)上所作的承诺,即要限制鸦片的销售。1918年,英国在亚洲所谋取的收益当中有60%来自鸦片销售。1925年,鸦片收益占新加坡财政收入的48%,北婆罗洲的财政收入100%来自鸦片。在1923年的鸦片大会上,坎贝尔先生承认英属印度政府决定维持鸦片内销和出口上的高水平,并且他们

"控制着鸦片的生产、分发、销售、占有——在每个可能和鸦片有联系的实际问题上——用尽可能严厉的方法。他们从罂粟籽下地时起就建立了一套复杂而高效的管理体系,不放弃对毒品的控制,直到它们被卖到消费者手中,或者它们确实已经出口。"

有些智者挖苦说英国王室就差替瘾君子们点燃烟枪了。

当印度人企求英国放弃鸦片政策时,英国回应说,她垄断鸦片是为了向印度提供人道主义服务(正如其向中国提供的那样),结束这一贸易将是"一种嘲讽;对数百万人来说完全是种不人道"。

"历史告诉我们,一旦民众和国家别无选择时,他们就会采取明智的行动。"

——以色列政治家阿班·艾班(Abba Eban)

咎由自取

林则徐曾在百年前发出警告:"只要您的臣民一天天在制造鸦片,谁能够担保有朝一日他们不会也吸食鸦片成瘾?"林的预言应验了。甚至在其扩大国外鸦片交易的时候,大英帝国也在为缩减日益增长的国内鸦片消费而努力,其在1920年和1923年都通过了危险药品法案。绝望的西方列强还先后两次召开了国际鸦片大会来讨论这种世界范围内的鸦片流行病的致因和疗救方案,而当这些发生时,欧洲在亚洲所获得的利润还有足足一半来自鸦片贸易!

尽管英国每年出口700吨鸦片,卖给印度的瘾君子们的鸦片就达到500吨,但英国和其他西方列强都坚持他们巨大的鸦片垄断是"合法的",因此无可指责,他们认为日益增长的鸦片问题的唯一致因出在中国的鸦片制造者身上,塞西尔(Cecil)勋爵妄称他们是"人类中最没有价值的组成部分之一"。

香港——鸦片的最后据点

1924年,为表现出一种善意,英国在香港开展了轰轰烈烈取缔非法(即非英国人)的鸦片贸易活动。与此同时,英国扩大了自身的鸦片生产。1922年,香港政府经手了30吨鸦片,并且通过出售没收来的走私鸦片收获了巨额利润。英国不顾在《海牙协定》上的承诺,在1923年请求允许翻倍进口印度的鸦片,然后在香港大量销售以补偿其在中国大陆所失去的利润。这一销售推动得逞了。

1924年,一个委员会调查发现有20%~25%的香港成年人在使用鸦片,并且使用人口占总人口的百分比在6~7年间持续上升。对此,英国还是那种老说法:"我们是不可能禁止中国人吸食鸦片的。"可是日本人就有办法多了。

日本的禁烟经验

日本是唯一忠实执行1912年《海牙协定》上禁止鸦片规定的殖民国家,此前数十年来,日本一直在其国内和殖民地和吸毒进行着抗争。日本坚持认为贩卖鸦片不仅是不道德的,而且从长远来看也是赚不到钱的。

在1895年取得台湾以后,日本在台湾的当务之急之一就是结束鸦片的使用。在日本有效的警察组织和严格的监督和调查面前,欧洲的鸦片走私贩无计可施。台湾和鸦片有关的死亡人数从1908年的215476人降为1923年的38000人。日本也禁止鸦片走私到朝鲜半岛。

在第二次国际鸦片大会上,日本的杉村(Sugimura)先生控诉说:"从鸦片中谋取这么多收入,对一个国家来说并不是有面子的事。"他

第三十章 鸦片主

敦促西方列强从人道和经济的角度来看待鸦片问题,他提到,在台湾,"甚至从经济和金融的角度来看,牺牲鸦片贸易带来的税收其实最终还能获利,因为鸦片禁止之后,该地的生产力提高了。"

英国代表就日本代表在"英国政府的公平公正"上所给予的攻击进行了反驳,但波兰代表站在日本代表这一边。波兰代表认为由于西方列强在鸦片垄断上的花言巧语,使得1924年世界距离消灭鸦片的目标比起1913年来更遥远了。

塞西尔勋爵的一番话最终让这一批评偃旗息鼓了,他说鸦片"纯粹是印度内部问题……我觉得根本就犯不上拿到国际会议上来讨论"。

英国一直占有着香港的鸦片垄断权,到1945年才算结束,当时英国在战后鸦片上所谋得的利润比起其在国际社会上所承受的尴尬来说,只能是小巫见大巫了。

谢天谢地,鸦片贩运的历史已经离我们而去了,但是鸦片能让人一夜暴富和显赫一时的思想并没有完全根除。

"人类喜欢发泄仇恨。它让人感觉舒服和理直气壮。人们对于习惯的思想意识和信念总是抱着惊人的正义感。人们需要一些替罪羊及自己人群之外的他人来发泄怒火和敌意。如果人们想要了解自己为什么如此残忍、犯下如此暴行,其有必要分析一下人类的这一'恶'的需求,并对降低他人人格的行为提出质疑。"

——朗·贝克(Ron Baker)教授,"大屠杀"的幸存者

您看到了什么

科学家们说你把对方想象成什么人,对方往往就是什么人。可能对于国家来说,也是同理。想象中的"日本"是和富士山、日式花园、优

质的轿车和电器——而不是和南京大屠杀、炮轰珍珠港或者奴役厦门联系在一起的。于是我们(美国)把日本过去的暴行置之脑后,在战后废墟上帮助建立起一个新日本。

想象中的德国是和贝多芬、宝马车及一流的工程技术——而不是和屠杀了数百万犹太人和非犹太人的屠夫联系在一起的。于是我们(美国)没有抓住德国过去的不是不放,而是帮助其战后重建。

时间和经济上的成功已经洗刷了日本和德国的罪名,但是我们对中国的看法还局限于大跃进、"文化大革命"或者毛泽东的口腔卫生方面。

有人在丑化中国,也有人在神化中国。可是中国既不是妖魔也不是神。中国和我们国家一样,有着和我们一样的弱点、过失、希冀和梦想。中国人如同狂欢节上的玻璃杯,借助他们,我们看到的是有些扭曲的、黑色的影像,可是那些影像就是我们自己。

"我们要赐福给那些维护和平的人,因为他们可以称得上是上帝的孩子。"

——和平王子

应急电话号码

火警：	119	报警：	110
电话查询：	114	时间查询：	117
天气预报：	121	电信用户投诉：	180

市长热线　　　968123

国际机场问询
　　自动：　　6020017
　　人工：　　6022936-6017

24小时厦门航班查询

订票服务：　800 8582666
船运问询：　2022517
铁路服务问询：5054340
气象局服务：6013031
旅游热线：　111858
厦门机场：　96321　800-858-2666
气象：　　　12121
电话/因特网查询 10000

就医

急救	120	第一医院	2137101
第二医院	2063549	中山医院	2210468
中医院	2022860	湖里医院	5622502
集美医院	6068398	海沧医院	6055880
杏林医院	6079206	同安医院	7022591

关于老厦门的参考文献

Abend, Hallett, Treaty Ports, Doubleday, Doran and Company, Inc, New York, 1944

Beach, Harlan P., Dawn on the Hills of T'ang, or, Missions in China, Student Volunteer Movement for Foreign Missions," New York, 1905

Darley, Mary, Cameos of a Chinese City, [Jian'Ou] Church of England Zenana Missionary Society, Missionary Society, 27 Chancery Lane, London, 1917

Darley, Mary, The Light of the Morning, Church of England Zenana Missionary Society, Missionary Society, 27 Chancery Lane, London, 1903

De Jong, Gerald F., The Reformed Church in China 1842–1951, Wm. B. Eerdmans Publishing Co., Michigan, 1992

Dukes, Edwin Joshua, Everyday Life in China; or, Scenes Along River and Road in Fuh-Kien, London Missionary Society's Edition, The Religious Tract Society, 56, Paternoster Row; 65, St. Paul's Churchyard; and 164, Piccadilly, 1885

Fisher, Lena Leonard, The River Dragon's Bride, Abingdon Press, New York, 1922

Franck, Harry A., Roving Through Southern China, The Century Co., New York, 1925

Fullerton, W.Y., andWilson, C.E., New China–A Story of Modern Travel, Morgan and Scott, Ltd., (Office of the Christian), 12 Paternoster Buildings, London, 1910

Gutzlaff, Karl F. A., Journal of Three Voyages Along the Coast of China in 1831, 1832, and 1833, Frederick Westley and A.H. Davis, London, 1834

Hewlett, Sir Meyrick, Forty Years in China, Macmillan & Co., Ltd., 1943

Hollister, Mary Brewster, Lady Fourth Daughter of China, The Central Committee on the United Study of Foreign Missions, Cambridge, Massachusetts, 1932

Hutchinson, Paul, Ed., A Guide to Important Mission Stations in Eastern China, The Mission Book Company, Shanghai, 1920

Johnston, Meta and Lena, Jin Ko-Niu–A Brief Sketch of the Life of Jessie M.

Johnston For Eighteen Years W.M.A. Missionary in Amoy, China, T. French Downie 21 Warwick Lane, London, E.C. 1907

林语堂,《中国人》(也译作《吾国吾民》),外语教学与研究出版社,北京,1998

Lowrie, Rev. Walter M., Memoirs, Board of Foreign Missions of the Presbyterian Church, New York, 1850

Macgowan, James, How England Saved China, T. Fisher Unwin, London, 1913

Macgowan, John, Beside the Bamboo, London Missionary Society, 16 New Bridge Street, London, 1914

Macgowan, Rev. John, Christ or Confucius, Which? , or, The Story of the Amoy Mission, London Missionary Society, 14 Blomfield Street, E.C.; John Snow & Co., 2 Ivy Lane, Paternoster Row, E.C. 1895

Macgowan, Rev. John, Men and Manners of Modern China, T. Fisher Unwin, London, 1912. use, 43 Gerrard Street, W. 1907

Macgowan, Rev. John, Sidelights on Chinese Life, Kegan Paul, Trench, Trubner & Co., Limited, Dryden H

Manson–Bahr, Sir Philip, Patrick Manson, The Father of Tropical Medicine, Thomas Nelson and Sons, Ltd., Edinburgh, 1962

Neill, Desmond, Elegant Flower–First Steps in China, John Murray, Albemarle St., London, 1956

Werner, E.T.C., Myths & Legends of China, George G. Harrap & Co. Ltd., London, 1922

Williams, Edward Thomas, China–Yesterday and Today, George G. Harrap & co., Ltd., London, 1923

Williamson, Rev. G.R., Memoir of the Rev. David Abeel, D.D. Robert Carter, New York, 1848

读者来函

(100 多封来函中的一部分)

2003 年 1 月 16 日, Anna Sobrepena(新加坡): "迫不及待地期待您的新作!"

2006 年 7 月 31 日, C. Parker(亲笔信函形式): 感谢您写了厦门。您的写作风格,对于像我这样患有"注意缺陷障碍"的人来说,太合适不过了,读来轻松,想放下就放下,拿起来时还照样读得津津有味。您能把那么多琐碎的信息与丰富的历史知识以及个人或家庭生活趣事结合得那么好,这种写作能力实在让我感到惊诧。您的作品有趣、诙谐、实用、不拘一格,并饱含实用信息,这些信息对于初抵厦门甚至那些在厦门旅居多年的人都一样有用。谢谢您。

2003 年 2 月 24 日, 海洋学研究生院大气化学研究中心的 K. Rahn 博士: "我是在厦门买的这本书,并把它从头至尾通读了一遍。很高兴认识这本书的作者,我很欣赏您的幽默感。"

2003 年 3 月 3 日, J. Wilcox 博士(加利福尼亚,心理学家): "我可以想见厦门人一定会很感激您把他们的社区绘制到了地图上。"

2003 年 3 月 14 日, James 和 Norma Mason (华盛顿): "您的书为我们的精神带来了极大的愉悦……我们研究您独特的中国图片,在

读者来函

《魅力厦门》中'旅行';我们讨论您生活的世界;每次我都渴望订张机票去厦门这所大学体验一下。"

2003年4月2日,David Reid(厦门):"大约6个月前,那时我刚到厦门不久,我买到了这本书……我只想说我很感谢您的书,它使我对福建省有了一点了解。"

2000年1月27日,马军(音译)(在厦门的中国人):"今晚读了《魅力厦门》后,我惊奇地发现它对我的工作帮助很大。您对厦门的很多地方都提出了很实用的评价。"

2000年2月17日,Jonathan Raiti(中东):"上周,一位朋友的朋友给我看了您的《魅力厦门》,当时我正在赶往福州的路上,整个旅途中我一直在享受阅读这本书的快乐。后来,我跟很多在福州工作的朋友提起过这本了不起的书,我们都想买一本,多少钱啊?"

2000年2月18日,Joy Jia(厦门柯达):"前几天,我读了这本向世界介绍厦门的书——《魅力厦门》,这本书很有趣……是本好书,它对厦门进行了生动的描写,并提供了有关厦门及其周边地区的详尽信息,内容几乎涵盖方方面面,包括地理位置、历史、文化、当地习俗以及节日、食品、购物观等……吸引我的不仅是它对厦门各个方面的介绍,还有它所释放出来的幽默感。还有,您亲手拍摄的照片很可爱、很新鲜、很幽默,正如您的语言一样。总的来说,它是知识与乐趣的完美结合,是本不错的书……看上去您的书在柯达的老外中间很流行噢。"

2000年2月23日,Cindy Wang(IKEA公司):"我是从我的一个

老外同事那里得知这本书的,也很高兴能有机会阅读它。它不仅对外国人来说是个很实用的向导,而且对于像我这样的厦门人来说也是一样。它让我获得更多知识。您知道吗?在我读这本书之前,我竟不知道'博饼'游戏是怎么发明出来的!"

2000年3月7日,Hugh Bing(厦门商人):"对于想来厦门或想在厦门居住的外国人来说,《魅力厦门》确实是一本好书。对于我们中国人来说也是一本精彩的书,尤其是对于那些想通过外国人的视角来研究厦门的研究人员和学生来说更是如此。最后,我还是想夸一夸您的书,在很多方面它都堪称各类厦门指南书籍中最好的一本书。很显然,您花了大量的时间、也做了大量的工作去调查研究,并深入当地人的生活。简直不能想象您该为此付出了多少艰辛。"

2000年3月31日,Martin Runte(德国):"潘博士您好,我叫Martin,德国人,一年半以前我就开始住在厦门了,我非常喜欢厦门,它是中国最好的城市之一。我曾经在北京、上海和香港居住过,而厦门是最好的。今天我终于买到了您的书,我得说,看了第一眼后我就觉得它真的太棒了。我以为我很了解厦门,但是这本书里面有那么多的知识是我不知道的。这个周末我必须读一读这本书,然后核对每一件事情。"

2000年7月26日,Tracy Meyers:"潘维廉博士,几个星期前我很偶然地看到了您的书,一个当地人(他不懂英语)给了我一本。我非常喜欢。我在哪里可以多买一些呢?

"在过去的10年中,我在中国的许多地区生活和工作过。1997年我离开了北京并来到了厦门,像您一样,我也爱上了厦门,现在我称厦门为我的家。我认为它是中国最好的城市之一。"

读者来函

2000年8月1日,Dave Haralson:"我写信是想告诉您,昨天一位来自纽约州尤蒂卡的朋友给了我一本《魅力厦门》,这位朋友上个学期在厦大任教。昨天晚上我把这本书从头至尾读了一遍。我刚刚来到中国的时候买了一本您之前出版的简本。真希望您老一点或者我年轻一点,这样在当时我就可以看到这本书了。仅仅是您总结出来的那些公交线路就很值得阅读了!……好啦,说得够多了。只是想让您知道我有多么的喜欢《魅力厦门》。对于那些像我一样来到中国的人来说,这是多么美妙的事情啊。"

2001年10月17日,Agnes(柯达):"我读了《魅力厦门》这本书,它是一本非常好的书,我从中学到了很多知识。我还从李女士那里了解到您将写一本关于福建的书。希望您也能取得成功!"

2001年11月8日,Pistachio:"维廉早上好,读到您的《魅力厦门》这本书我好兴奋啊,这本书是一位朋友给我的……我现在只浏览了几页,还没有读完呢,但是我相信它对于我和我的美国朋友们来说一定很有帮助。我迫不及待要发电邮给您了。我知道我必须马上给您发电邮,我太想结识您了。"

2001年4月19日,Cindy Friend(美国):您好,潘博二!顺便介绍一下我自己,我叫Cindy Friend,是个您书上说的"老外"(来自堪萨斯州托旺达),将在厦门逗留5个半月的时间。我是跟我的丈夫John一起来的,他在厦门太古飞机工程有限公司(波音)有项改装一些飞机的任务……John和我都读了您的书,我们都很喜欢,也期盼着能够亲自体验一下厦门的魅力……因为我没出去工作,所以我有更多的时间去体验厦门的魅力,期待着您潘博士的来信,谢谢您!!

2001年4月23日,Yu Bek：潘先生，您好！最近我刚好途经厦门,谢谢您的书,它使我的厦门之旅更加令人难忘了。虽然厦门是个很有潜力的旅游地,但是它还是很缺乏旅游刊物。没有什么人或什么东西告诉我们该去什么地方、要做什么、去哪里吃饭,我甚至都找不到一张厦门的明信片！（后来朋友帮我买了一些厦门大学的明信片。）

2001年5月26日,Jenelle Lindsay(加利福尼亚州内华达市)：我借了一本您的书,发现它很有趣。我目前在福州华南女子学院教英语阅读与写作,打算今年6月回加利福尼亚老家。

2001年7月5日,Dane Wu(美国华盛顿州塔科马市)：亲爱的啤酒(据潘教授书中记载，他的一些有南方口音的学生常将其名字中的Bill错误地发成Beer(啤酒),后来这些学生就"破罐破摔",将潘先生谑称为Beer,此为读者有意仿之——译者注),我读了您的《魅力厦门》这本书,我真的非常喜欢里面各种各样的实用信息(作为一个中国人),也很喜欢您无处不在的幽默感。我认为您做了一件非常了不起的事情,您提供的文化差异方面的知识足以帮我应付我身边的美国朋友了(开个玩笑)。

我和家人——老婆和两个儿子,一起分享了与您见面的经历。他们都期待着在不久的将来也能跟您的家人会会面(不是为了交朋友,而是为了免费坐一坐您宽敞的丰田轿车)。谢谢您的书,期盼着早点读到您的下一本书,名字可能是"Mathic Xiatle"(潘教授在"痴迷普通话"一章中,记载了新中国为了扫盲而简化了汉字,有的实在过于简化,失去了原有韵味,潘教授对此颇有微词,并说如果美语也遭简化的话,美国人肯定也是不乐意的。想必该读者是有意在此戏谑一下——译者注)之类的。

2001年7月7日,Dorothy Aksamit:亲爱的维廉博士,您打破了我

卖者来函

老公宁静的退休生活。在我看到《魅力厦门》这本书之前,我曾去过鼓浪屿,看到过那些圆形的房子。当时,我就知道我找到了一个特别的地方。我还在做我老公的思想工作,他对这次长途旅行热情不大。恭喜,《魅力厦门》!它是我看过的最好的城市指南书。感激您在书中写到了"鸦片主"(这一部分记述了西方列强(主要是英国)由在中国贩卖鸦片开始,在中国大肆搜刮,让中国经历了100多年丧权辱国的屈辱史,可是许多西方人士对这段历史并不清楚,潘教授写此部分,是想让更多人了解历史——译者注)。

2001年7月11日,Nellie Chen(假日酒店销售经理):亲爱的潘维廉博士,几年前我看到了您的《魅力厦门》的试行本,但是我并没有花时间去读。上个周末我的表弟张力(音译)让我去看第55页上您描写他在"文化大革命"时期的文章,我在书店里买了一本2001年版的《魅力厦门》,我对它真的是爱不释手,一口气把它读完了。作为厦门假日酒店的销售经理,我的工作职责就是照顾长期住在酒店里的外国移民,我第一次感觉到您的书对那些移民的帮助有多大。您为厦门做出了很大的贡献。

2001年9月6日,Max Braverman:亲爱的潘博士,您的书《魅力厦门》让我在厦门的前几天过得很舒服,如果没有它我可能就没那么舒服了。我来这里是去集美大学教英语写作和英美文化的。这已经是我在中国任教的第二年了。在这里我住在一家酒店里。这家酒店提供5元钱的自助午餐,这样还不错。晚饭时,我要面对一大张带有说明的中文菜谱,我不敢点任何想吃的东西,觉得它们都会增加肥胖的几率(我有足足250磅重)。然而《魅力厦门》将我从饥饿中救了回来,我跟一名耐心的女服务生坐在一起,我们仔细研究第178页到第187页的

内容。她起初用对勾标记了她们酒店供应的菜,我从头至尾又用星号标记了一遍,以提醒我自己这些菜是我喜欢的。非常感谢您的书为我在厦门的文化传播工作所做的贡献。

2001年10月10日,Richard Holwill(华盛顿):我的厦门导游给了我一本您的书——他们两个是您以前的学生,上个周末在投资洽谈会上我收集了400多张名片,其中两张就是您这两位学生的。我在回家的飞机上阅读了您的书,深感遗憾的是我没能在来时的路上看到它。它为我带来了很大的愉悦,我喜欢那些双关语,尤其是那些图片形式的双关语。

2001年9月10日,Michelle(戴尔公司):嗨,老潘,我买了那本书,快速阅读了一遍,说实话,您比大多数的当地人更像厦门人。您比当地人更了解这里的文化和历史。您的书是一本很好的指南书,并且充满了乐趣。您真是个天才。

2002年10月2日,Eugene K. Wilson:亲爱的潘博士,作为本周在厦门旅游的游客,我很幸运地买到了您的书。除了那些实用的信息之外,我还看到了您的有趣,对,是幽默。您还写过关于这个地方的其他书吗?

2002年10月10日,亲爱的维廉,来自加拿大的Jennifer和本人——来自澳大利亚的Ross——是刚刚来到厦门的,很幸运我们得到了一本您的书,上面写的是关于这个城市的奇闻轶事等。

2002年11月4日,Phoebe Zhen:亲爱的潘先生,读到您的《魅力厦门》这本书时我惊讶不已。我惊讶的是您在日常生活中竟能发现那么多有趣的事情。我在厦门长大,可我觉得周围的每件事都好像很普通,我甚至有点厌倦了周围的环境。

读者来函

    2002年11月7日,Lisa Norton(伊利诺斯州,芝加哥):亲爱的维廉,我最近刚刚从芝加哥来到厦门。尽管在离开伊利诺斯州之前我就读过《魅力厦门》了,但是,直到我开始安顿下来,准备熟悉这个城市时,我才真正评出它的价值。正如您所说的那样,厦门是个很好的城市,而您的书值得一生收藏。如果没有它(公交路线),我无论如何也不可能搞定的。感谢您花时间写了这本书!

    2002年11月25日,Nathan Kling(科罗拉多):您好维廉,刚刚买到您的书。了不起的读物!您确实有种机敏的幽默感……看到厦门的图片我很惊讶。我尤其喜欢关于中国犹太人的插图……我期待着跟我的儿子Brian一起分享这一切。

    2003年1月10日,Frankie Siy(得克萨斯州休斯敦医学博士):两年前我在上海买到了您的书。但是仅仅几个月前我才有机会阅读它,从那以后我就一直在读它,而且乐在其中。我喜欢您以老外或老内的视角看待问题的方式。新年(羊年)前后我到厦门的时候有没有可能请您签名呢?我在得克萨斯的一位朋友也会很高兴能得到您的签名书的。他们的儿媳是厦门人。希望至少能在那儿看到您。别担心,我不会跟踪您的。祝您大安!

    2003年1月13日,Anna Ong(菲律宾马尼拉):几周前我在厦门,当时买了一本您的书。我很高兴能够找到这么实用的书,因为下个月我和我的家人都要搬到厦门去了。我的老公(祖籍是福建,但是一直生活在马尼拉)、我和我们9个月大的孩子从2月10日开始就住在厦门了。到时候我们也会在厦门大学学习普通话的。

图书在版编目(CIP)数据

魅力厦门/(美)潘维廉著,精艺达翻译服务有限公司译.—厦门:厦门大学出版社,2003.9(2019.2重印)
(魅力·老潘)
ISBN 978-7-5615-2126-7

Ⅰ.①魅… Ⅱ.①潘… ②精… Ⅲ.①厦门市-概况 Ⅳ.①K925.73

中国版本图书馆 CIP 数据核字(2003)第 086843 号

出 版 人	郑文礼
责任编辑	施高翔

出版发行 厦门大学出版社
社　　址 厦门市软件园二期望海路 39 号
邮政编码 361008
总 编 办 0592-2182177　0592-2181406(传真)
营销中心 0592-2184458　0592-2181365
网　　址 http://www.xmupress.com
邮　　箱 xmup@xmupress.com
印　　刷 厦门集大印刷厂

开本 880 mm×1 230 mm　1/32
印张 17
插页 6
字数 455 千字
版次 2007 年 9 月第 2 版
印次 2019 年 2 月第 2 次印刷
定价 42.00 元

本书如有印装质量问题请直接寄承印厂调换

厦门大学出版社
微信二维码

厦门大学出版社
微博二维码